日本古代の輸送と道路

佐々木虔一
武廣亮平
森田喜久男 編

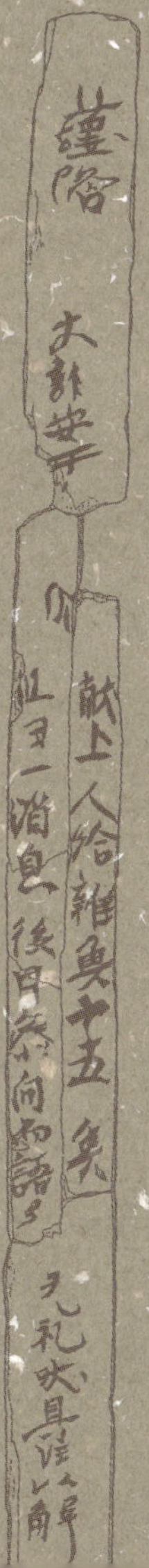

八木書店

序 ―日本古代の輸送と道路の実像に迫る―

本書は、六世紀～九世紀を中心とした日本古代の交通を、輸送と道路に注目し、多方面から明らかにすることを試みた論文集である。

内容は、二〇一七年六月二十四・二十五日に東京・日本大学経済学部で催された古代交通研究会第十九回大会「移動を支えた人・場・道」をテーマとするシンポジウムの報告、さらには古代道路の発掘調査事例をもとにした論文を中心として、関連分野の新しい論文やコラムを加えて構成されている。

古代交通研究会は、一九九二年の第一回大会より、継続的に大会を開催してきた。考古学・文献史学・歴史地理学・文学・民俗学・土木工学などの幅広い学際的研究を進め、さらには朝鮮諸国や中国（隋・唐）の古代交通に関する成果をも吸収して議論を深めてきた。その成果は、研究誌・事典・論文集などで公刊してきた。

本書では、大会テーマを基本とし、移動する人、移送される人、往来する使者、輸送される物、移動を支えた施設、道路（橋・渡り）など幅広く論じて、古代交通についての具体的な歴史像を提供することを試みた。

Ⅰ部は、総論として、輸送を人担と駄馬の活動の両面から検討している。逓送と供給システムを具体的に考察し、平安時代中・後期の使者往来を、在地の負担の面からも論じている。コラムでは、駄馬による輸送集団としての僦馬の党や、流刑地に送られる流人の移送について扱っている。

Ⅱ部は、移動する人々、輸送を支える人々について、東国から難波への防人の移動、運脚夫による調庸物の輸送にともなう問題、俘囚の東北地方から国内各地への移送などが論じられている。

また、部領使や遣唐使の船員らについてくわしく扱っている。輸送については、須恵器の輸送と交易について考察している。

コラムでは、鹿島使、香取使の派遣とその特色と国造の馬所有について検討している。

Ⅲ部では、移動を支える施設について、仏教施設（寺院・布施屋等）が貢調運脚夫の休息・宿泊などを支えたこと、また、唐代の交通路に沿う宿泊施設のあり方を論じている。ともに福田思想（仏教による救済思想）の面から考察している。

また、国司の部内巡行の時の施設、渤海使の来朝に当たっての加賀・能登国の対応について論じている。

コラムでは、大宰府に置かれた運脚夫等の救済施設の続命院や、相模国が平城京内に置いていた調邸を扱っている。

Ⅳ部では、移動・輸送を支えた道路の管理・修復保全のあり方を検討し、さらに京内の道路・橋・溝・堀などの維持・管理の実態についてのべている。

また、古代道路の発掘調査による報告では、新田柵（団子山西遺跡、宮城県大崎市）へ向かう道路、下総国庁（国府台《こうのだい》遺跡、千葉県市川市）へ向かう道について論じられている。

また、今回は、山陰道に関する三ヵ所の道路遺跡が報告されている。鳥取県青谷横木《あおやよこぎ》遺跡―駅路と条里の関係が示されている。島根県松江市魚見塚《うおみづか》遺跡―出雲国から隠岐国へ向かう駅路が、はじめて検出されている。島根県出雲市杉沢遺跡『出雲国風土記』にみえる正西道の検出、以上の三つである。とくにこの三つの事例は、それまで情報の少なかった古代の山陰道についての重要な報告である。

コラムでは、行基の伝承にみられる道路・池・溝・橋について検討している。さらに交通路と渡りについて、浮橋（船橋）や渡船について扱っている。
本書は輸送と道路を共通テーマとして論じていて、新しい事実や論点も多く出されている。反面、それぞれの論点についての検証、確認については、今後の研究にまつところも大きいと思われる。本書が古代交通研究に活発な議論をよぶことを期待して、序文としたい。

二〇一九年四月

佐々木　虔一

『日本古代の輸送と道路』目次

I部　総　論

1　古代の輸送と交通 ―人と駄馬の活動―

佐々木　虔一

はじめに

日本の古代社会において物資を大量に輸送する要因の一つとして、地方の国ぐに（国造制下の国をふくめて）から大王（天皇）の王宮に向けた貢納物の納入があった。貨幣経済の未熟な段階にあり、八世紀において、中央政府の財政は、貢納物による現物に依存していた。中央官司への財源の支給や、貴族・官人への位禄・季禄等の支給の多くは、貢納物の中から分与されていた。

これに対して、地方の国ぐに（国・郡）の財政は、田租として納められる米によって支えられていた。田租の米の大部分は、それぞれの国・郡の倉庫に納められて地方財政を支えた。田租が中央の財政とならなかった理由の一つは、米は重量が重く、地方から中央への輸送（とくに東国）には適さなかったからである。田租の米の一部は、舂《つ》いて舂米《しょう》（玄米）として、王宮（都）へ送られ、官人の食料支給などに用いられた。

地方から大王（天皇）のもとへ送られる貢納物は王宮（都）の倉庫をめざした。王宮（都）の所在地は継体～崇峻天皇までの六世紀には、磐余《いわれ》の地（奈良県桜井市～橿原市）周辺に集中していた。七世紀の推古天皇の小治田宮から持統天皇の藤原宮まで、一時的に難波《なにわ》宮や近江大津宮に移った時を除いて飛鳥（奈良県明日香村）付近に置かれた（仁藤、二〇一一）。

さらに、王宮の地は、近江大津宮（六六七）→飛鳥浄御原宮（六七二）→藤原宮（六九四）→平城京（七一〇）→長岡京（七八四）→平安京（七九四）と変遷した（聖武天皇の時に一時、恭仁《くに》宮・紫香楽《しがらき》宮・難波宮に政権の機能の一部が移された）。

しかし、王宮の地が移動しても、畿内および近江国の相互の公的な行程は一日以内（和泉国は二日）であり王宮間の距離はきわめて近接していた。（『延喜式』主計上8山城国条・28近江国条。条文名・番号は虎尾俊哉編『延喜式』集英社による）。

『万葉集』の中で東国の人びとが王宮の地として意識していたのは、やまと（「夜麻登」、巻十四―三三六三番、「夜麻等」、巻十四―三四五七番）であった。東国だけでなく、諸国から貢納物の輸送にあたる人びとは、「やまと」という所をめざして進んだのである。

物資の輸送に必要となる国家的な道路網の整備は、長元三年（一〇三〇）の「上野国交替実録帳」（『平安遺文』第九巻四六〇九号）の記載からみると、天智朝の庚午年（六七〇）には、駅路・駅家の成立などから一定の完成をみていたと考えられる。

調庸物を中心とする貢納物の主要な内容は、①繊維製品（絹布・麻布・綿など）、②水産物・海産物（魚介類、海藻類を乾燥・調整加工した品物）③その他、塩・紅花・油・木工製品・陶器など多様であった（『延喜式』主計上2諸国調条・3諸国庸条・4中男作物条）。

これらの貢納物は、長距離、長時間の輸送に適するように、さらには貢納先での官司の使用用途を考慮した荷造りがなされていた。

本稿では、地方の国ぐにからの貢納物の輸送について、日唐の法令上の共通点、相違点を輸送手段の面から考察した。また、調庸物等の輸送の実態を人が担ぐ方式と、馬（駄馬）を利用するものとの二側面から検討した。

一　貢納物の輸送手段

（1）唐令の規定と唐代の実例

貢納物を輸送するための手段としては、人が担いで運送する人担や、駄馬、車、船などが利用されている。実際にどのような輸送手段が用いられていたのか、この点について中国の唐代の例と、わが国の古代の例について検討を加えたい。唐令については、『唐令拾遺』『唐令拾遺補』および、天聖令の研究にもとづく唐令の復元を利用した（仁井田、一九八三・一九九七。天一閣博物館、二〇〇六）。

唐賦役令三条（『唐令拾遺』）

諸《およ》そ庸調の物は年毎《ごと》に八月上旬より起りて輸《いだ》せ。三十日の内に畢《お》へよ。九月上旬、各、本州を発《た》て。a庸調の車・舟いまだ発たざる間に、身死ぬること有らば、其の物は却《しりぞ》き還《かへ》せ。b其の運脚は庸調の家に出さしめよ。c和顧に任せて送り達《とど》けよ、須《もち》ふるところの裹《つつみ》・束の調度は庸調を折りとりて充てよ。物に随ひて輸《いだ》し納めよ。

令文の大意は「庸調の物資は毎年八月上旬から輸送の準備をして、三十日以内に終え九月上旬に本州（現地）を出発しなさい。庸調を輸送する車や船がまだ出発する前に、納入者が死亡した場合は、庸調物は返却しなさい。運脚は庸調を出す家に出させよ。和顧により送りとどけなさい。庸調を包み、荷造りする費用は、庸調物から割りて充てなさい。物資ごとに輸送し納入しなさい」と理解できる。

唐令の庸調物輸送の規定の特色はつぎの点に要約できる。

a「庸調の車舟」…庸調の運送に車・船を用いることを前提としている。

b「運脚は庸調の家に出さしめよ」…運脚は養老令以下、日本の例では、運脚夫（運送にあたる脚夫）と理解されている。『大唐六典』では「運租庸・雑物等脚」「駄脚」「車載脚」ともあり、「運脚」を脚夫と限定していない（清木場、一九九二）。運脚を運送するための費用と理解することもできる。

c「和顧に任せて送り達けよ」…和顧（人を雇い賃金を払い輸送する）という輸送方法を前提としている。

調庸物の輸送手段についてみると、唐令では、車・船の利用が前提として考えられている。『唐令拾遺』田令二条では「若し江南の諸州、水路により運送し」とあり、水路（運河・河川・湖沼等）の利用が広く行われていたことがわかる。また天一閣博物館の天聖令による唐賦役令四条には「諸そ租を運送すべくは（中略）其の課船ある処は、任に課船を以て充てよ」とあり、課船の利用を認めている。このように唐令の規定では、租・庸・調等の貢納物の地方から中央（洛陽・長安等の倉庫）までの輸送手段として、船と車の利用が行われていたのである（加藤、一九七九・二〇〇五。荒井、二〇一五）。

隋の煬帝《ようだい》の時、六一〇年に長江、淮河、黄河と、それに接する中小河川、湖沼を結んで大運河とよばれる内陸水路網が成立した。以後、租・庸・調の貢納物は大運河を利用して、地方から中央へと輸送された（河野、二〇一五。図1）。

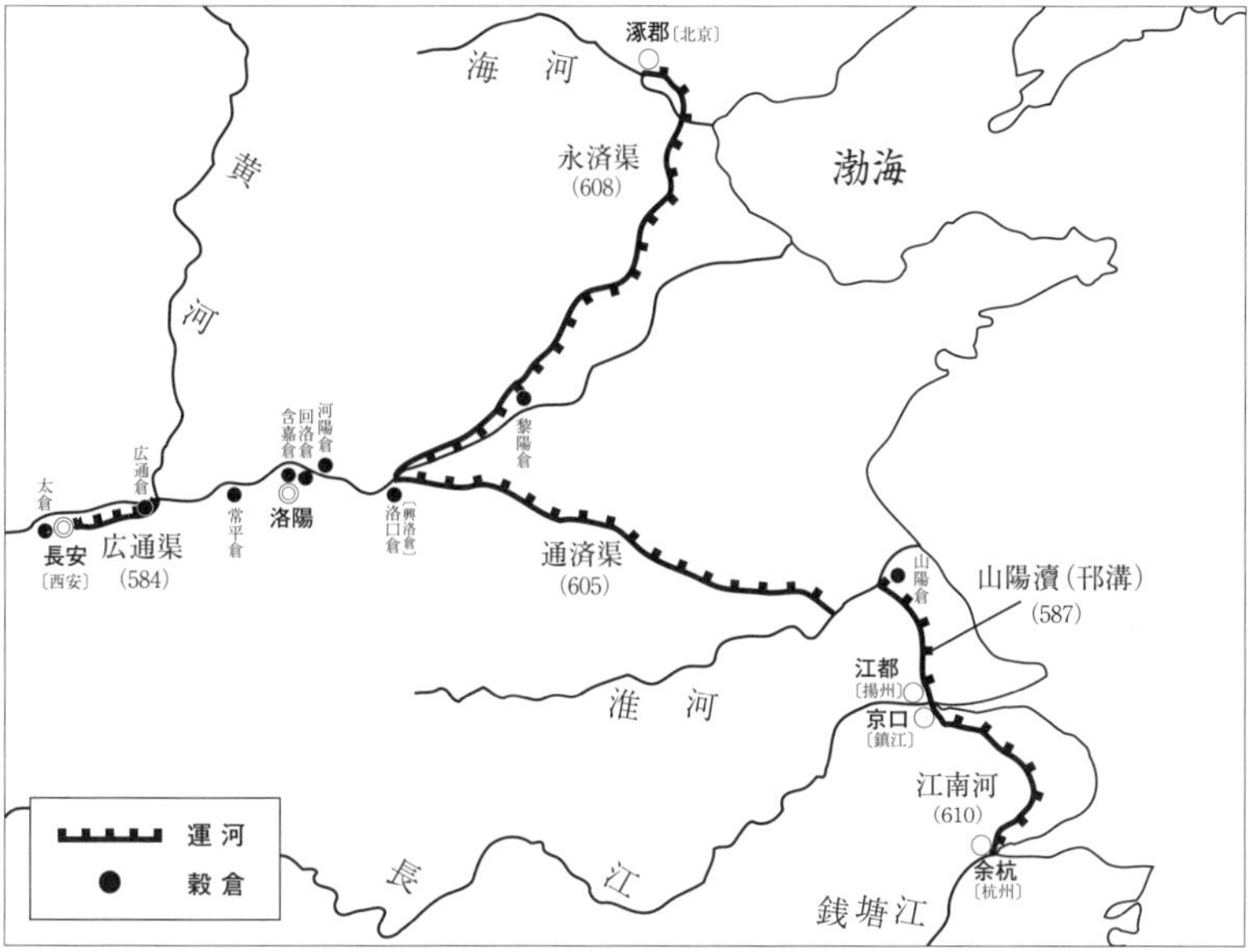

図1　隋代の大運河（河野、2015）

開元二十一年（七三三）、唐の玄宗皇帝の諮問に答えて、裴耀卿は、江南、江東地域の租米を洛陽・長安の地へ輸送する方法について、くわしく奏上している（『旧唐書』巻四〇食貨下）。それによると、租米は大運河を船で輸送し、水路の険しい所では、河岸に道路を開き、牛の曳く車で輸送する。各地に設けられた倉庫に収納する方法である（加藤、二〇〇四）。

八三八年（唐の開成三年）七月二日に大運河を通行した入唐求法僧の円仁（七九四～八六四）は、大運河について「寛《ひろ》さ二丈余（六ｍ）直流して曲がりなし、これすなわち、隋の煬帝の堀る所なり」と記し、船の運行については三十余の船を繋いで、水牛二頭で川岸の道から船を曳いて進んでいるとのべている。また七月二十日条には「船の行くこと太《はなは》だ遅し。即ち水牛を停め、更に三船を編成し、一番とし、一番毎に水手七人を分かち、舫（船）を曳かせて行く」とも記している。大運河に何艘も船をつないで、水牛二頭、あるいは三艘を水手（船を曳く人夫）七人で引いて進んでい

る（『入唐求法巡礼行記』。佐藤、二〇〇九）。

唐代の租・庸・調の物資の輸送は、大運河を人夫や水牛の曳く船で航行し、船の航行の困難な地域では、陸上を車（牛の曳く車）に載せて運ぶ方法が一般的であった。このような輸送方法のあり方が、唐賦役令三条の「庸調の車・舟」という輸送手段の明記につながったのである。

（2）養老令の規定と日本の実例

養老賦役令3調庸物条（『日本思想大系3　律令』）

凡《およ》そ調庸の物は、年毎に八月の中旬より起りて輸《いだ》せ。近き国は十月三十日より、中つめの国は十一月三十日、遠き国は十二月三十日より以前《さき》に納《い》れ訖《お》へよ。其れ調《つき》の糸は七月三十日より以前に輸し訖れ。若しa調庸本国より発たざる間に、身死ぬること有らば、其の物は却け還せ。其れb運ぶ脚《よほろ》は均しく庸調の家に出さしめよ。皆、国司領《うなが》し送れ。c僦勾し便に随ひて羅《か》ふて輸すこと得じ。

養老賦役令3調庸物条の規定の特色をみてみよう。

a「調庸」…この下に「車・舟」の語はみられない。

b「運ぶ脚」…運脚を養老令以下、日本の史料では、運送にあたる脚夫と位置づけている。「諸国の役夫及び運脚の者、郷に還るの日、粮食乏少にして、達することを得るに由し無し」（『続日本紀』和銅五年〈七一二〉十月乙丑条）とある「運脚」は、運送にあたる脚夫の意味に用いている。

c義解説によると僦勾とは、国司が賃を取り民に代って運送すること。羅輸とは、指定物以外の物資を輸送して輸納先（王宮の地）で指定物を買い納入すること、という。こうした納入方法を禁止している。逆にいえば、こうした納入方法も一部で行われていたと推定される。

これに対して、わが国の貢納物の輸送手段として、養老賦役令3調庸物条には、「車舟」の語句はみられない。むしろ、特定の輸送手段を規定、明記していないと考えられる。特定の輸送手段を規定していない理由は、貢納物の輸送手段として車・船の他に人担、駄馬など、地域ごとに多様な手段が用いられていたからである。

わが国では中国の大運河のような単一の内陸河川（水路）によって、地方の国ぐにから、中央の王宮の地まで輸送できる交通体系は、地形的、地理的条件から存在しなかった。地方の国ぐには、それぞれの条件のもと、人担（脚夫）、駄馬、船、車などの輸送手段を併用して貢納物の中央への輸送を行っている。

こうした輸送手段を用いている例を、神亀五年（七二八）、美作国の庸米輸送を例として検討してみたい。

美作国（司）が言う大庭《おおにわ》・真島《ましま》の二郡は、一年に送る庸米は八百六十余石である。この地は山は険しく遠く、人、馬ともに疲れ損害が多い。そこで、庸米を軽貨（重量の軽い貨物）である綿・鍬《くわ》等に換えて貢納することを願い許されている（『続日本紀』神亀五年四月辛巳条）。

美作国大庭・真島二郡から、平城京までの輸送経路と輸送手段について考えてみたい。美作国は和銅六年（七一三）備前国から分立している。

大庭・真島二郡は北は伯耆国に接する山間部に位置する。美作国府（岡山県津山市）までは、人担、駄馬で輸送し、そこから吉井川を利用して船で備前国長船《おさふね》（岡山県備前市長船）まで運び、さらに陸路を東に向かい、備前国の国津である方上津《かたかみ》（備前市片上）まで車や駄馬で輸送したと推定される（木下、二〇〇九）。

『延喜式』主税上116諸国運漕功賃条には、「美作国二十一束、但し国より備前国方上津に運ぶ駄賃五束」とあるので、美作国府から方上津まで駄馬を用いて輸送したとも考えられる。貢納物は備前国方上津から海船に積まれて淀川河口へ運ばれ、淀川、木津川をさかのぼり、木津（山城国相楽郡）で荷上げをして、陸路を人担・駄馬（あるいは車も利用）で平城京へと運んだ（高橋、一九九五）。このように、美作国からの庸米（のち綿・鍬）の運京にあたって人担・駄馬・川船・車・海船など多様な運送手段が用いられていたことがわかる。

大宝令（七〇一成立）や養老令（七一八成立）以前において、調庸物等の貢納物の輸送に当り、人担以外の輸送手段が用いられている例をあげておきたい。

①欽明五年（五四四）には、紀伊国の漁者《あま》が贄を草馬（牝馬）に負わせて貢納する光景を「倭国檜隈邑」の川原《かはらの》民直宮《たみのあたひみや》が楼の上から見ている、という（『日本書紀』欽明七年秋七月条）。

②壬申の乱（六七二）にあたり天武天皇方は、伊勢国の湯沐《ゆへ》の米を運ぶ駄馬五十疋の隊列に、大和国菟田郡の郡家のほとりで遭遇した。そこで米を棄てさせて、駄馬を天武天皇方の歩者《かちびと》の乗用とした、という（『日本書紀』天武元年六月是日条）。

③天武十三年（六八四）、土佐国の報告によると、大地震があり、土佐国では、海水が高騰（津波か）した。そのために調《つき》運ぶ船「運調船」が多く流失してしまった、という（『日本書紀』天武十三年十月壬辰条・十一月庚戌条）。

養老令以前の地方の国ぐにからの貢納物納入に用いられた輸送手段の多様さをうかがうことができる。

二　脚夫（担夫）による貢納物の輸送

（1）陸路・人担方式

律令制下において、調庸物は正丁（二十一歳～六十歳の男子）に納入責任が課せられ、その京への輸送も調庸を出す家から運脚夫を出した。調庸物等の物資の京への輸送にあたり、陸上交通路（道路）を通り、脚夫が担いで運び、納入する方式が原則であったとする説が出されてきている。これを陸路・人担方式という。この方式による輸送が行われた理由は、調庸物の納入対象が在地の首長層ではなく、律令国家であることを明確にするためという（松原、一九八五）。さらに、直線的に都までつづいている大道が、国家対公民とくに地方農民の支配、被支配の図式をいだかせる舞台装置となり、調庸の民としての逃れられない宿命を実感させる効果があったという（武田、一九八九）。しかし、こうした陸路・人担方式を原則と考えることへの批判も出されている。

西海道諸国からの調庸綿の運京などでは活発な海運の利用がうかがえ、通説的見解を疑問視する説がある（森、一九九二）。また、養老賦役令3調庸物条は運脚を調庸負担者から出すことを規定するのみで、輸送手段については特に定めていない。日本では陸路・人担方式を原則とすると考えてきたが、そこまでのことを読み取ることはできないとする説もある（市、二〇一一）。

この、陸路・人担方式を原則と考える説については、すでに述べたように、養老賦役令3条には、陸路を使用するとか、人担方式で輸送するという規定はみられないと考える。むしろ、大宝令・養老令制定以前から人担の他に、駄馬や船の利用が広く行われていたことは明らかである。

（2）脚夫（担夫）による輸送

諸国から貢納物を京まで送る輸送手段の一つとして、脚夫が担ぐ、人担方式がある。陸路・人担方式による輸送で最も遠隔地に位置する陸奥国（行程上り五十日、下り二十五日）は、神護景雲二年（七六八）に、遠隔地であり、

表1　都と地方の行程日数

道	国名	行程日数 上り	行程日数 下り
東海道	安房国	34日	17日
	上総国	30日	15日
	下総国	30日	15日
	常陸国	30日	15日
東山道	上野国	29日	14日
	下野国	34日	17日
北陸道	越後国	34日	17日
	佐渡国	34日	17日
山陰道	石見国	29日	15日
	隠岐国	35日	18日
南海道	土佐国	35日	18日
西海道	大宰府	27日	14日
	豊後国	31日	16日

＊『延喜式』主計上21～71条による。

輸送の困難と輸送期間が長く、産業の妨げになることなどを理由として、調庸物は陸奥国の国庫に収め十年に一度京進することとなった。これは、同年の、陸奥国の兵士四千人を鎮兵として徴発することと関連があろう（『続日本紀』神護景雲二年九月壬辰条）。

大宰府管内に属する西海道の九国と三島（対馬・壱岐・多褹《たね》）は、調庸物等は、大宰府の府庫に納入することが原則で、一部の物資（綿など）が、海路により京へと輸送された。

陸路・人担方式で輸送する国ぐにの中で、最も遠隔地に位置するのは、東海道は安房国、東山道は下野国、北陸道は佐渡・越後国、山陰道は隠岐国である（表1）。東国、西国とも辺遠の国は、三十日以上の日数を要して京へと進上したのである。

諸国の役民や調庸の運脚夫らの労苦は、とくに、往還の食料が自弁とされた（国家より支給されない）ことによる負担が大きかった。当時の状況を伝える史料を検討してみよう。

①諸国の「役夫や運脚」は郷里に帰るに、食料が乏しく、帰り着くことができない。そこで「郡稲」から支出して便利な所に用意しておき、役夫が来るごとに、自由に購入できるようにしなさい。行旅の者は銭を持ち、重い荷物（自弁の食料等）を持たないようにしなさい（『続日本紀』和銅五年〈七一二〉十月乙丑条）。

②諸国の地は河や山によりへだてられ、「負担の輩」（貢納物を運送する人びと）は行役に苦しむ。食料を十分に用意すれば貢納物の数量を欠き、食料を減らせば飢えに苦しむ（『続日本紀』和銅六年三月壬午条）。

③諸国の庸調の脚夫は、任務が終わり、郷里に帰る時、路は遠く食料はなくなる。また、病人は恤《めぐ》み養われることもなくなんとか餓死を免れようとする（『続日本紀』天平宝字元年〈七五七〉十月庚戌条）。

④聞くところによると、冬の間、市（平城京内の東西市）の辺りに飢えた人が多い。その理由は、諸国の「調脚」（調の運脚夫）は郷里に帰ることができず、また病気と飢えと寒さに苦しむという（『続日本紀』天平宝字三年〈七五九〉五月甲戌条）。

各種の役夫や調庸物の運脚夫の帰国に際しては、往路を引率した貢調使（国司）、綱領（郡司）らは同行せず、役夫、運脚夫らのみで、帰国の途についた。関では往路に用いた歴名（姓名・年令を記した名簿）の写しにより、通行を確認した（養老関市令5丁匠上役条）。

帰国にあたっての最大の困難は、食料の欠乏により本国まで帰国できないことであった。

⑤諸国の役民、郷に還る日、食糧は絶え乏しく、多く道路の途中で飢えて、溝や壑（谷か）に転落し死ぬ者も少なくなかった（『続日本紀』和銅五年正月乙酉条）。

前出の史料①～⑤でも、役夫や運脚夫らが、帰国の途中で、飢えや病気で苦しみ、あるいは死亡する者が少なくなかったことがわかる。

こうした役夫や運脚夫らの惨状は、大宰府管内でも同様であった（Ⅲ部西別府元日コラム「続命院」参照）。

各種の担夫（脚夫）の窮状に対して、一部で彼らに食料（本国から京への往復の食料）を支給する政策がとられるようになる。その早い例が慶雲三年（七〇六）に始まる匠丁に対する公粮の支給である（『類聚三代格』巻十七・慶雲三年二月十六日勅。櫛木、二〇一七）。

大同五年（八一〇）二月十七日の太政官符によると、「延暦二十二年（八〇三）二月二十日に五畿内・七道諸国に下した太政官符では、「調庸を除く外の向京担夫」の粮食は神亀元年格に準じて、国儲を用いて充てよ」と定められている（『類聚三代格』巻六・大同五年二月十七日太政官符）。

神亀元年（七二四）の格《きゃく》で、調庸を除く外の向京担夫の粮食は国儲《こくちょ》（正税稲を出挙した利稲、公用稲の一種）から支給することとなった。調庸物を運送する運脚を除いた京へ向かう担夫に対しては、食料が支給されることになったのである。

天平九年（七三七）の「但馬国正税帳」には、こうした実情が記されている（『大日本古文書』第二巻六五頁）。

運雑物向京夫一千六十人　行程十日 向京六日 還国四日
往還単一万六百日 向京六千三百六十日 還国四千二百四十日 充稲三千三百九十二束 向京日別四把 還国日別二把

但馬国から京への行程は、上《のぼ》り六日、下《くだ》り四日（『延喜式』主計上45但馬国条では上り七日、下り四日）である。「運雑物向京夫」とは、神亀元年格の「調庸を除く外《ほか》の向京担夫」に相当する。「但馬国正税帳」によると、粮食として、向京（上り）は一日につき稲四把、還国（下り）は一日につき稲二把を支給したことが読みとれる。

こうして、「調庸を除く外の向京担夫」に対しては、行程に応じて正税から食料支給が実行されていたことがわかる。

担夫の運送する荷物の重さは、どの程度であったろうか。『延喜式』木工式19人担条に、「大六十斤を一担とせよ」とあるので、一斤を六七四gとすると約四〇kgとなる。脚夫らは四〇kgの荷物を担いで進んだのである。運送する調庸物を収納し、保護する容器には、籠、甕《かめ》、壺《つぼ》、俵、唐（韓）櫃などさまざまな形状のものがあった。基本的には背中に背負う形であろう。静岡県浜松市伊場遺跡の大溝内の六世紀後半から九世紀初頭の各時期の地層から万遍

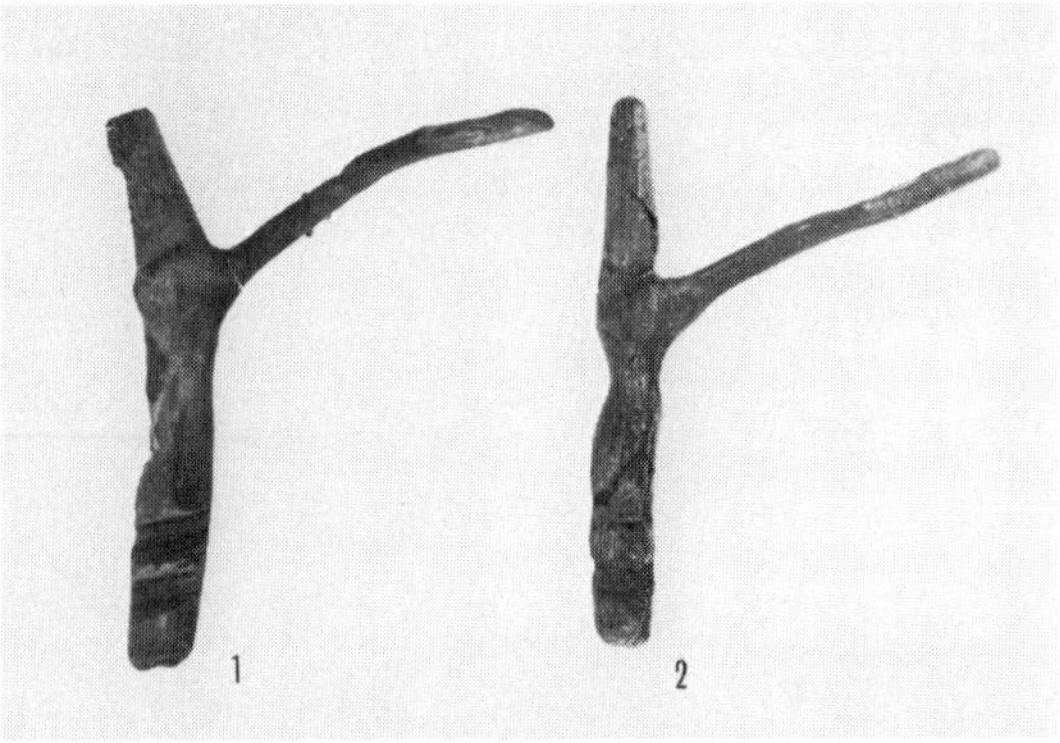

図２　伊場遺跡出土の背負子（斎藤・向坂、1978）
1. 高さ 402 ㎜　2. 高さ 400 ㎜

なく背負子《しょいこ》に使用したと推定される木製品（木の肢を利用した背負子の下端に相当する部分）が多数出土している（図２）（斎藤・向坂、一九七八）。

これは遠江国敷智《ふち》郡家と推定される場所に地域の人びとが、背負子を利用して調庸等の物資を集積する時に用いたものである。背負子は郡家関連施設に保管され、長期間使用されたものであろう。京へ向かう脚夫も、同様の背負子を用いたものと思われる。

（３）調庸物の運脚夫の食料自弁の背景

しかし、調庸を運ぶ向京担夫（運脚夫）に対する公粮の支給は行われず、『延喜式』においても食料自弁の原則がひきつがれている。

『延喜式』民部上20運脚条

凡そ調庸および中男作物を京に送らんには、正丁を差して運脚に充てよ。余は脚直を出だし、以て脚夫に資《あ》てよ。（中略）路次に設け置け。上道の日より官に納むるまで、一人に日に米二升・塩二勺を給い、還る日は半《なかば》を減ぜよ。（後略）

運脚夫の労役につかない人から脚直（運脚夫の食料等）を提出させて、それを路次に準備して支給する方式である。運脚夫（労役）と脚直（食料）も、ともに徴発された正丁に課せられている。「調庸を除く外の向京担夫」の食料が、正税から支給されたのに対して、なぜ、調庸物等の運脚夫の食料のみが自弁とされたのであろうか。それには調庸物貢納の歴史的背景に大きな要因がある。

調庸の起源を考えると、調の和訓は「ミツキ・ツキ」であり、『万葉集』巻二〇―四三六〇番や「祝詞」(「久度・古関」にみえる「四方の国の進《たてまつ》れる御調《みつき》の荷前《にさき》を取り並べて」古典文学大系『古事記・祝詞』)によると、ツキは奉るものであり、四方国《よものくに》より天皇に奉るものといわれる。ツキは贄《にへ》などと同様に、征服された人びとが征服した者に食料等を献上する服属儀礼に起源をもつといわれる(石上、一九七三)。

『肥前国風土記』松浦郡値嘉《ちか》郷条に、景行天皇の時の伝承として、阿雲《あずみ》連百足を遣して、土蜘蛛《つちぐも》(在地で王権に服属しない有力者)の大耳と垂耳を捕え、殺そうとした時、大耳は罪を許されるならば、御贄《みにへ》を造り、天皇の御膳に貢納すると約束し、木の皮で長蚫《あわび》・鞭蚫・短蚫・蔭蚫・羽割蚫等の見本を作り、天皇の御所(行宮、平戸島の南端か)に献上した。これにより、温情により大耳らの罪は赦されたと記されている。このとき提出した食料見本の蚫のうち、『延喜式』主計上68肥前国条に、肥前国から貢進する調のアワビとして、「御取鰒《あわび》 短鰒・長鰒・羽割鰒」の名がみえ、○印の三種類が『肥前国風土記』と『延喜式』とで共通する。

肥前国の律令制下の調のアワビは、『肥前国風土記』にみえる在地首長らが大王に服属儀礼の一つとして提出した御贄の系譜をひくものであることがわかる。東国の調も東国の在地首長から王権に対する、特別な服属儀礼ととらえることができる(吉村、二〇〇九。川尻、二〇一七)。

調や贄の貢納は、在地首長である国造や伴造らが、支配下の民衆に賦課して、大王の王宮・御膳にまで、送り届けるものである。運送に必要な担夫の食料等は在地首長側の負担であり、実際には、貢納にあたる民衆の自弁とされたのであろう。律令制下の調庸物の貢納の起源を、このように考えると、調庸物の運脚夫の食料自弁の背景が理解できる。

律令制下の調庸物運送の中で、運脚夫の食料不足が調庸物運送の障害となると、政府はその対策として、国造の蓄稲に起源をもつと考えられる、郡稲や郡発稲の利用を図った。郡発稲とは常陸国は京への行程が遥かに遠く、そのため貢調の脚夫は路次の食料が絶えるので、霊亀年中（七一五〜七一七）に常陸守石川難波麻呂が設置したという（『類聚三代格』巻十四・弘仁二年二月十七日太政官符）。名称からみて郡発稲とは、国内の郡稲を集約したものであろう。

郡稲・郡発稲ともに、国造の蓄積した稲に起源をもつ財源である（竹内、一九七四。佐々木、一九九五）。その利用がすすめられている点に、調庸物納入の起源と運脚夫の食料自弁の背景をみることができる。

三　駄馬による輸送

（1）馬所有の広がり —国造の馬から百姓の馬へ—

国造および伴造らによる馬の所有は六世紀から進行していた。大化の東国国司詔（第三詔）にみられる東国に派遣された国司らの罪状の中に、国造・伴造ら在地首長の所有する馬を取る（奪う）行為が多くみられる（『日本書紀』大化二年三月辛巳条。Ⅱ部コラム堀川徹「国造制と馬」参照）。

東国国司らの派遣された東国とは、東海道は三河以東、東山道は信濃以東と考える（井上、一九六五。大津、一九九二）。

当時東国は、蝦夷の地と接する軍事上の重要地域（特にのちの坂東諸国）で、国造・伴造らは良馬を多く所有していたのである。その良馬を赴任してきた東国国司らが奪ったのが、彼らの罪状の一つとなった。

当時の身分制度を見ると、大王の下に「群卿・大夫および臣・連・国造・伴造并《あわ》せて諸の百姓等」と記され、国造・伴造の下に位置したのが「百姓」（村落首長）である（『日本書紀』大化二年〈六四六〉三月甲子条）。

国造・伴造の下に位置づけられる「百姓」の馬所有と利用の広がりを検討する。

「百姓」が京へ向かう日に、その乗馬が疲れ痩せて行かなくなるのを心配して、布二尋《ふたひろ》・麻二束《ふたつか》を、三河・尾張の人に送り雇い、馬を飼わせて、京へ行った。帰郷の日にさらに鍬一口を送ったが、三河の人らは飼うことができずに、かえって死なせてしまった。もしこれが細馬《よきうま》ならば偽りて盗まれたと言い、牝馬《めすうま》ならば子を産ませてその馬を奪ってしまう。こうした噂が流れている。今、法令を定める。路傍の国で馬をあずけて飼わせる時は、雇われた人を村首（長）に連れて行き、報酬を与え、帰郷の日には、さらなる報酬は必要ない。もし預かり主が馬を疲れ損なうことがあれば、全く報酬を払わなくてよい。この法令に違反したら、重罪に処す。

（『日本書紀』大化二年三月甲申条）

三河・尾張国の人に馬をあずけて海（伊勢湾）を渡り、京（飛鳥地方）へ向かったのであろう。馬が長旅で疲れ痩せることを心配しているので、この「百姓」とは東海道を長い間通行してきており、乗馬あるいは駄馬を同行してきた恐らくは相模国以東の人びとであろう。

この史料は、七世紀半頃において「百姓」（村落の有力者）の間に、馬の飼育・所有が広まり、乗馬、駄馬として、長期間の旅に利用するようになってきていたことを示している。

（2）当国の馬と百姓の馬

百姓の馬所有を考える上で、養老公式令51朝集使条にみえる「当国の馬」と、『延喜式』兵部87買百姓馬条にみえる「百姓の馬」について検討してみたい。

この条文では朝集使（各種の報告書を中央へ届ける使者、国司が務める）が京との往来に当たり、駅馬を利用できる諸国を次の範囲と決めている。

およそ朝集使は、東海道は坂（足柄坂）の東、東山道は山（碓氷峠）の東、北陸道は神《かむ》の済《わたり》の以北《きた》、山陰道は出雲より以西、山陽道は安芸より以西、南海道は土左等の国、及び西海道は、皆駅馬に乗る。自余は各当国の馬に乗る。

東海道は足柄山、東山道は碓氷峠を堺として京より遠方の国の朝集使は駅馬の利用が認められる。しかし、堺より京に近い国ぐにの朝集使は、駅馬の利用が認められずに当国の馬を利用すると定めている。永延二年（九八八）の「尾張国郡司百姓等解文」十一条には、「国内に重役ありといへども、駅伝の徭にすぎたるはなし」といわれるほど、駅伝の送迎の負担は大きかったからである。

当国の馬とは、どのような馬か。朝集使条の法律の解釈である令釈説（七八七〜七九三成立）や古記説（七三八頃成立）はともに当国の馬は、百姓の馬と説明している。当国の馬（百姓の馬）を、賃料を払って雇い、朝集使の公用に充てる。雇われた馬の一日の労役は、馬を提供した百姓の一日分の雑徭に当たるとしている。

天平六年（七三四）の「出雲国計会帳」によると馬牛について各種の帳簿が作成され、中央に進上されている

（『大日本古文書』第一巻五九八頁）。

駅馬帳一巻、駅家鋪設帳一巻、伝馬帳一巻、種馬帳一巻、繋飼馬帳一巻、伯姓牛馬帳一巻、兵馬帳一巻、官器仗帳一巻　伯姓器仗帳一巻、津守帳一巻、公私船□。（○は筆者による）

伯姓は官に対するもので、「公私」の私（民間）と同じである。「佰姓牛馬帳」は百姓の所有する牛馬の所有者、

牛・馬の年令・性別・毛色などが登録されたものであろう。このように国に登録・掌握されていた百姓の馬の存在が確かめられる（河野、二〇一八）。

『延喜式』兵部87買百姓馬条には「およそ諸国の駅馬は、皆、百姓の馬の騎用に堪ふるものを買ひて、置け、国司の私馬を買ひ用ふるをえず」とあり、この「百姓の馬」とは、官の所有する官馬ではなく、民間の人々の所有する馬を意味している。

「百姓の馬」の具体例は『日本霊異記』下巻二十七話に見ることができる。「宝亀九年（七七八）十二月下旬に、備後国葦田《あしだ》郡屋穴国《やあなくに》郷の人、穴君弟公《あなのきみ》は、伯父と共に正月の物を買いに、馬・布・綿・塩を持ち（おそらく馬に負わせて）、深津市（広島県福山市芦田川の河口部）へ行った。市まで途中で野宿をしなければならない距離であった。正月の物を買うのに、交易する物として、布・綿・塩などを馬に負わせて行く。弟公は途中で伯父に殺され、伯父は奪った馬を深津市で讃岐国の人に売っている。」とある。穴君弟公は旧国造の吉備穴国造の一族とするも、郡司ではなく村落の有力者に属し「百姓の馬」所有を実現していた人であろう。地方での馬の飼育・所有が、市を媒介として広まっていることを示している（佐々木、一九九八。舘野、二〇〇五）。

諸国の正税帳には不用となった伝馬が「不用馬」「不用伝馬」として稲五十束〜六十束で売却されている。ちなみに『延喜式』主税上111駅馬不用条に不用駅馬は稲三十束とある。天平十年（七三八）の「周防国正税帳」（『大日本古文書』第二巻一四二頁）には、不用馬が六匹、各五〇束で売却されている。

同じく「周防国正税帳」（『大日本古文書』第二巻一二八頁）には、「市替《かいかえ》伝馬」の上馬が一匹二百五十束で売却されている。五十束で不用馬を買った人びとによって、さらに広く馬の所有が広がったと考えられる。

この「不用馬」が不用とされた理由は、前足に「宇弖《うで》」とあるもの五匹、後足に「多利《たり》」とあるもの一匹で、年令は五～七歳の馬なので、老令ではなく、「宇弖」「多利」という病気、障害によるものであろう。「多利」は馬の脚が屈重して歩行困難をおこす病気である。「俗に多利といふ、馬脚屈重なり」とみえる（『和名類聚抄』巻十一、牛馬病条。鈴木、一九六八・一九八四）。

馬の体格よりも過重な荷を負わせて労役させると、馬の前肢・後脚に負担がかかり、歩行障害の原因となった。藤原宮造営に使用された馬の骨の中に脚部の過重負担による関節炎をおこしている例がある。これらは運河を利用して馬に木材を運搬させるという過重な使役によるものとされる（山崎、二〇一七）。藤原宮造営にあたり、駄馬が木材運送に大量投入されていた可能性が高い（馬場、二〇一七）。

（3）駄馬による調庸物の輸送

調庸物を駄馬で輸送していたことをうかがわせるのは、養老公式令63訴訟条の令釈説である。条文は「訴訟は本属の役所に訴えるのが原則であるが、遠くはなれている場合は、近くの役所に申し出よ」と定めている。

令釈説は、「調を運ぶ人が駄馬をひきいて京へ向かう途中で、駄馬・調物を奪われた。さらに行くと奪われた馬をみつけた。このことを所在の役所に連絡して処断することを認める」と解説している。これは駄馬に調物を負わせて京へ向かう途中で調物と駄馬を盗人（個人か集団かは不明）に盗まれたという（望月、二〇〇八）。おそらく実際に起こった事件と裁判にもとづく解釈であろう。

調庸物を京へ輸送する部隊は、脚夫、駄馬、引率する貢調使（国司）、綱領（郡司）、綱丁（輸送部隊の統率者）らから構成され、駅路等の官道を利用して進んだ（図3）。

図3　平安時代前期の貢納物運搬風景―下総国葛飾郡付近―（想像図）
（清武雄二監修・松田奈穂子作図）

静岡市曲金北《まがりかねきた》遺跡では、側溝の心々間十二mの東海道の遺構が発見されている。側溝から出土した土器からみると、この道路は八世紀前半～十世紀初め頃に使われていたと想定される。この道路の側溝から「常陸国鹿島郡」（2号）と墨書された木簡が出土した。木簡は常陸国から京へ向かう調庸物の運送に関係があるものと思われる（及川、一九九六）。

つぎに、調庸物や舂米（穀を舂いて玄米にしたもの）の京への輸送に駄馬を利用している例をみてみよう。

神護景雲二年（七六八）、東海道巡察使・紀朝臣広名の言上によると、諸国の百姓が申すには「舂米の運送は、もとは、雑徭《ぞうよう》を徴発して、人別に食料が支給されていた。ところが、今は雑徭の分として馬を供出し、ただ牽丁（馬子）の分の食料のみ支給されている。「窮弊の百姓」は馬を供出できないので、食料も支給されない。もとの方式で運送して、各人に食料を支給してほしい」と要望した。この要望は受け入れられて、東海道以外の諸国も同様の処置がとられた（『続日本紀』神護景雲二年三月条）。

ここで注目すべきは、七六八年以前には、東海道諸国から舂米運送にあたり、雑徭（正丁に課される年間六十日を限度とする労役）の分として駄馬を供出させて運送する方式がとられていたことである。しかし、この運送方法に対して、「窮弊の百姓」（富裕でない農民層）は、馬を供出できないという申し出により、もとの運送方法（人担）に戻されている。この「窮弊の百姓」とは、馬の飼育・所有できない階層の人びとである。

馬の飼育・所有できる条件について、官馬・駄馬について検討してみよう。

官馬の養育にあたる戸の条件として、「当団の兵士の内にして家富みて養《か》ふに堪へたる者を簡《えら》びて充てよ」（養老厩牧令13牧馬応堪条）とある。駅馬・伝馬については「駅馬は（中略）馬ごとに各、中中の戸をして、養ひ飼はしめよ。伝馬は（中略）家富みて兼丁（戸内に複数の正丁のいる家）ある者を取りて付《さづ》けよ」（養老厩牧令16置駅馬条）とある。

官馬の養育条件は、「家富みて養ふに堪へたる者」（養老厩牧令13牧馬応堪条）、駅馬・伝馬は「中中の戸」「家富みて兼丁ある者」（養老厩牧令16置駅馬条）とある。このように、戸の経済的、正丁数の条件があった。

同じように、官田の牛を養育させる戸の条件として「其れ牛は一戸をして一頭養《か》はしめよ。いはく、中中以上の戸をいふ」（養老田令36置官田条）。それについて古記説は、中以上の戸で戸内の正丁三人以上（兼丁）、正丁が多くとも、家貧しい場合は充てない、戸の雑徭は免除すると説明している。

当時の馬牛の飼育・所有が、家富みて養ふに堪へたる者、正丁三人以上を満たす富裕な農民層の間に広まっていたことがうかがえる。宝亀六年（七七五）、伊勢、尾張、美濃三国の報告によると「異常な風雨があり、百姓三百余人、馬牛千余頭が水に流された。破壊された国分寺その他の寺院の塔は十九にものぼる」という（『続日本紀』宝亀六年八月癸未条）。伊勢、尾張、美濃国では、馬牛の飼育・所有が広まっていたことがわかる。

（4）馬の体格と輸送能力

我が国の古代馬は体高（前肢の蹄《ひづめ》から肩の上辺、頸と胴との接合部までの長さ）と体重からみると、小形馬（体高一〇八cm、体重一八五kg前後）と中形馬（体高一二七～一三七cm、体重二八〇kg前後）の二系統が存在した（林田、一九七八）。

現存する日本の在来馬のうち、小形馬は対州馬、トカラ馬、宮古馬など（体高約一一五cm、体重約一九〇kg）、中形馬は木曽馬、御崎馬など（体高約一三〇cm、体重約三〇〇kg）である。現在の中央競馬会の主要レースに出場する競走馬のサラブレッドは、体高一五〇cm前後、体重四五〇～五〇〇kgの大形馬である。

馬の輸送能力（積載量）は、およそ馬体重の三分の一程度を標準とする（新城、一九六七）。武装した成年男子の重量は七〇～八〇kgに達するので、小形馬は騎乗用・軍事用としては適さない。養老厩牧令1厩細馬条では、厩《うまや》の馬を細馬・中馬・駑馬の三種に分け、駑馬は下馬として駄馬にまわされた。

わが国では当初、駄馬の負う荷物の重さは、大二百斤（米俵四俵、約一三五kg）であったのを、天平十一年（七三九）に、大百五十斤（米俵三俵、約一〇一kg）を限度とするように改めている（『続日本紀』天平十一年四月乙亥条）。これは、日本の当時の駄馬の体格にあわせて変更したものである。『延喜式』雑式27公私運米条はこの規定をひきついでいる。公私運米条によると、

> およそ公私、米を運ぶは、五斗を俵とせよ。すなわち三俵を用いて駄とせよ。自余の雑物は、またこれにならへ。その遠路の国は斟量してこれを減らせ。

とあり、奈良時代から平安時代前期（十世紀）までは、駄馬の公的運送量は変化していない。

人担・駄馬・車の公的な運送重量を同じ物品名で比較してみよう。『延喜式』木工19人担条・20車載条（表2）では駄馬は車載の三分の一と定められている。車載は牛一頭がひく車の運送量である。これによれば、人担・駄馬・車載の運送量は、一対三対九〜一〇という比例がもとめられる。

平城京の推定第一次朝堂院地区で出土した神亀六年（七二九）四月の年紀をもつ瓦の進上を示す木簡によると、一人あたりの運送量は、女《め》瓦一〇枚、宇《うね》瓦六枚、鐙《あぶみ》瓦八枚となっている。これは表2にみる規定よりもゆるやかである（横田・鬼頭、一九七八）。

（5）駄馬の活動の広がり

「凡そ諸道に駅馬置かむことは、（中略）皆筋骨強く壮《さか》りなる者を取りて充てよ」（養老厩牧令16置駅馬条）とあり、乗用に堪える強壮な馬、体格の良い馬はまず、駅馬・伝馬その他の兵馬に充てられ、体格の劣る馬が駄馬に回されたのである。このため駄馬に用いられる馬には小形馬が多く、その負荷量も小さかった。体重一八五kg前後の小形馬では適切な負荷量は六〇〜七〇kgであったろう。『延喜式』木工19人担条の定める人担の三倍を荷うのは、厳しかったと思われる。『日本霊異記』上巻二十一話には、馬に重い駄を負わせて使役する話がみられる。

表2　人担・駄馬・車載の運送量

物品名	人　担	駄　馬	車　載
女　瓦	一二枚	四〇枚	一二〇枚
筒　瓦	一六枚	四六・六枚	一四〇枚
鐙　瓦	九　枚	二六・六枚	八〇枚
宇　瓦	七　枚	二〇枚	六〇枚

「河内国に瓜を売る男がいた。名は石別《いしわけ》といった。馬の力よりも過ぎて重き荷を負わせた。馬が歩行できなくなると怒って鞭で打った。

馬は重き荷を負って疲れ、両の眼から涙を流した。男は瓜を売り終わると馬を殺した。このように馬を殺すことが度重なった」という。過重な荷を負わされる駄馬が仕事が終わると殺される（屠殺して食用にされる）のは、藤原宮の造営時に使役された駄馬にもみられる（山崎、二〇一七）。

八世紀以後、各地で駄馬の使用が広まっていることが確認される（望月、二〇〇八）。山口県長登《ながのぼり》銅山（山口県美祢市）は、中央直営の採銅、精錬遺跡である。ここでは、天平二年（七三〇）の年紀のある六号木簡に、製錬銅を運搬する駄馬丁二十二名、駄馬十一・十二匹（うち九匹は草馬〈牝馬〉である）、駄馬として使用するのは牝馬の方が使役しやすいからである（池田・森田・八木、一九九七）。

長野県屋代《やしろ》遺跡群の屋代木簡一一四号は信濃国埴科《はにしな》郡の郡司から郡符を屋代郷長・里長に出し（年代は七一四～七四〇頃）、郡家の行事のための敷席や鱒《ます》などの品物や造営のため匠丁の粮代と夫と馬（駄馬か）十二疋の徴発を命じている（寺内、一九九六）。

また新潟県長岡市八幡林《はちまんばやし》遺跡からは、八世紀末～九世紀中頃の荷物の運搬に従事した駄馬二六匹と進丁十二人、荷物として内子鮭を記した帳簿様木簡が出土している（田中、一九九四。平川、一九九五）。八幡林遺跡は、越後国古志《こし》郡家・大家駅家に関連する遺跡であり、この地で駄馬に積まれた「内子鮭」（ここもりの鮭、スジコの入った鮭）は、『延喜式』主計上41越後国条に越後国の調（鮭）中男作物（鮭内子并子）とみえるものと同じであろう。おそらく駄馬の隊列により越後から平城京（平安京）まで運送されたものであろう。

この越後からの鮭の運送の様子は『宇治拾遺物語』上巻十五「大童子《おおわらわ》、鮭ぬすみたる事」に生き生きと描写されている（荒井、二〇一六）。

駄馬に関する研究は畿内と近国（近江、伊勢等）を中心に駄馬による封戸租米の運送についての研究がみられる。

あるいは車の利用についてなどの研究が進んでいる（亀谷、一九九七。北条、二〇〇〇。中村、二〇〇五。木下、二〇一三。河野、二〇一八）。

今後、古代の運送について、より豊かな、多方面からの論考が発表されることを期待して、筆をおくこととする。

参考文献

足立喜六訳注・塩入良道補注、一九七〇『東洋文庫一五七　入唐求法巡礼行記』一（平凡社）
荒井秀規、二〇一五「古代史料にみる海路と船」（鈴木靖民・川尻秋生・鐘江宏之編『日本古代の運河と水上交通』八木書店）
二〇一六「律令制下の交易と交通」（舘野和己・出田和久編『日本古代の交通・交流・情報　2旅と交易』吉川弘文館）
池田善文・森田孝一・八木充、一九九七「山口・長登銅山跡」（『木簡研究』一六）
石上英一、一九七三「日本古代における調庸制の特質」（『歴史学研究』別冊、特集「歴史における民族と民主主義」）
市　大樹、二〇一一『すべての道は平城京へ―古代国家の〈支配の道〉―』（吉川弘文館）
井上光貞、一九六五「大化改新と東国」（『日本古代国家の研究』岩波書店）
及川　司、一九九六「静岡県静岡市曲金北遺跡の古代道路遺構について―古代東海道の発見―」（『古代交通研究』五）
大津　透、一九九二「大化改新と東国国司」（『新版古代の日本8　関東』角川書店）
加藤友康、一九七九「日本古代における輸送に関する一試論―「輸送手段」の分析を中心として―」（『原始古代社会研究』五、校倉書房）
二〇〇四「日本古代における交通・輸送と車―大会テーマ「古代の車」検討のために―」（『古代交通研究』一三）
二〇〇五「貢納と運搬」（上原真人・吉川真司・白石太一郎・吉村武彦編『列島の古代史　人・もの・こと

4　人と物の移動』岩波書店）
亀谷弘明、一九九七「古代の封戸と交通—長屋王家木簡の分析から—」（『古代交通研究』六）
川尻秋生、二〇一七『古代の東国2　坂東の成立　飛鳥・奈良時代』（吉川弘文館）
河野保博　二〇一五「〔コラム〕隋・煬帝の運河」（鈴木靖民・川尻秋生・鐘江宏之編『日本古代の運河と水上交通』八木書店）
　　二〇一八「唐代・日本古代の馬と交通制度—日唐厩牧令の比較から—」（鶴間和幸・村松弘一編『馬が語る古代東アジア世界史』汲古書院）
木下　良、二〇〇九『事典　日本古代の道と駅』（吉川弘文館）
　　二〇一三「車路・車道」（『日本古代道路の復原的研究』吉川弘文館）
清木場東、一九九一「唐代の水陸運賃について—脚法を中心として—」（『東洋史研究』五〇—三）
櫛木謙周、二〇一七「律令制的技術労働力編成の形成とその背景」（『洛北史学』一九）
斎藤　忠・向坂鋼二、一九七八『伊場遺跡発掘調査報告書第三冊・伊場遺跡遺物編（一）』（浜松市教育委員会）
佐々木虔一、一九九五『古代東国社会と交通』（校倉書房）
　　一九九八「津・市と情報伝達」（『歴史評論』五七四）
佐藤長門、二〇〇九「円仁の足跡をたずねて（Ⅳ）—江蘇省」（『栃木史学』二三）
新城常三、一九六七『鎌倉時代の交通』（吉川弘文館）
鈴木健夫、一九六八「平安時代における農民の馬」（『日本歴史』二三九）
　　一九八四「古代馬の疾病と馬医について」（竹内理三先生喜寿記念論文集刊行会編『律令制と古代社会』東京堂出版）
高橋美久二、一九九五『古代交通の考古地理』（大明堂）
竹内理三、一九七四「「郡稲」考」（『史観』八八）
武田佐知子、一九八九「古代における道と国家」（『ヒストリア』一二五）

舘野和己、二〇〇五「市と交易―平城京東西市を中心に―」（上原真人・吉川真司・白石太一郎・吉村武彦編『列島の古代史　人・もの・こと4　人と物の移動』岩波書店）
田中　靖、一九九四「新潟・八幡林遺跡」（『木簡研究』一六）
寺内隆夫、一九九六「長野・屋代遺跡群」（『木簡研究』一八）
天一閣博物館、二〇〇六『天一閣蔵明鈔本天聖令校證付唐令復原研究』（中華書局）
中村順昭、二〇〇五「愛智郡封戸租米の輸納をめぐる郡司と下級官人」（吉村武彦編『律令制国家と古代社会』塙書房）
仁井田陞、一九八三『唐令拾遺』（東京大学出版会）
仁井田陞著・池田温編集代表、一九九七『唐令拾遺補』（東京大学出版会）
仁藤敦史、二〇一一『都はなぜ移るのか―遷都の古代史―』（吉川弘文館）
馬場　基、二〇一七「都城の造営と交通路」（鈴木靖民・荒木敏夫・川尻秋生編『日本古代の道路と景観―駅家・官衙・寺―』八木書店）
林田重幸、一九七八『日本在来馬の系統に関する研究―特に九州在来馬との比較―』（日本中央競馬会）
平川　南、一九九五「八幡林遺跡木簡と地方官衙論」（『木簡研究』一七）
北条秀樹、二〇〇〇「愛智郡封租米輸納をめぐる社会情勢―平安前期徴税機構の一考察―」（『日本古代国家の地方支配』吉川弘文館）
松原弘宣、一九八五『日本古代水上交通史の研究』（吉川弘文館）
横田拓実・鬼頭清明、一九七八『古代史演習　木簡』吉川弘文館）
望月悠佑、二〇〇八「律令国家における駄馬」（『続日本紀研究』三七二）
森　哲也、一九九二「大宰府九箇使の研究」（『古代交通研究』創刊号）
山崎　健、二〇一七「馬の貢進・貝の貢進」（二〇一六年度『条里制・古代都市研究』三三）
吉村武彦、二〇〇九「「東国の調」とヤマト政権」（吉村武彦・山路直充編『房総と古代王権―東国と文字の世界―』

高志書院）

2　奈良・平安期の逓送・供給 ―その展開と国家・地域社会―

大日方　克己

はじめに

律令国家の交通制度である駅伝制の基盤として、駅・郡ごとに人・モノ・情報（文書）が送り継がれていく逓送、逓送される人に対する食料・夫馬（交通労働力）の供給がある。それは律令国家が、地域社会と交通の慣行を基盤に、政治的支配および負担体系の構築とあわせて国家的な交通制度として編成したものだったことを筆者はかつて論じた（大日方、一九八五）。とくに郡を中心とした逓送・供給の体制を基軸とした捉え方は、その後の研究に批判的に継承されてきた（市、二〇一七a）。

また律令駅伝制が平安期に入って衰退していくことは、律令制の衰退などの言説とともに、昭和初期の坂本太郎の見解以来通説化していた（坂本、一九二八）。筆者旧稿は、九世紀における郡を中心とした駅の再編成の過程を論じ、単純な衰退、解体ではないとした。さらに受領や一国平均役に着目する近年の平安中後期研究の進展のなかで、たとえば公卿勅使駅家雑事が一国平均役として課されたこと、それに対する免除や負担のあり様などが明らかにされつつあるなど（上島、二〇一〇b。前田、二〇一八）、逓送・供給に関しても重要な視点が提示されている。ただ、それらが律令国家の交通や逓送・供給の体制からどのように展開したかは、永田英明の見解などを除くと必ずしも十分に検討されているわけではない（永田、二〇〇四b・c）。

本稿では、「逓送・供給」という与えられたテーマのなかで、律令駅伝制から平安中後期の逓送・供給雑事への展開を素描してみたい。

一　律令国家の交通と負担体系、その特質

(1)　律令駅伝制の特徴

まず律令国家の駅伝制について概観を整理しておこう。

駅鈴を付与され緊急かつ重要な任務を負った駅使が、駅路上の一定区間ごとに設置された駅で食などの供給をうけ、駅馬や駅子の労働により逓送されていく交通システムが駅制である。また公文書伝達や国司の赴任など種々の一般的な公的交通は、郡で供給をうけつつ、伝馬を中心として郡内から徴発された夫馬により逓送されることで機能した。駅の財源としては当初は駅起稲が設定されたが、天平十一年（七三九）に正税に混合された（『続日本紀』同年六月戊寅条）。以後正税を財源とすることに統一されるが、駅使への供給はすでに天平九年度「但馬国正税帳」にみえる。郡の逓送・供給の財源は当初、郡稲だったが、天平六年に郡稲など諸稲が混合されて正税に一本化されて（『続日本紀』同年正月庚辰条）以降は、正税からの支出となった。つまり天平十一年以降は国府財源としての正

税から駅と郡の逓送供給費用は賄われたのである。その実態は、天平期の郡稲帳や正税帳から知ることができる。

たとえば天平四年度「越前国郡稲帳」では、赴任する能登国史生（「壱拾剋七封伝符」）、検船使（「四剋伝符」）、向京越前国相撲人、官符逓送使などへの食料、出羽国進上御馬飼秣料などの供給が記されている。このうち官符逓送使は、若狭国から越前国へ逓送した使者、越前国から能登国へ逓送する使者に分けられている（『大日本古文書』第一巻四六一～四六三頁）。天平六年度「尾張国正税帳」では、陸奥国進上御馬飼秣料や上野国に下る父馬飼秣料がみえる（同書第一巻六一一頁）。天平九年度「但馬国正税帳」では、奉幣駅使、免罪赦書などの逓送駅使、官符逓送使、赴任国司（因幡守、出雲掾）、中宮職捉稲使がみえる（同書第二巻六〇～六一頁）。中宮職捉稲使は、中宮職の封の稲を出挙、収納するために派遣されてきたもので、この年は舎人巨勢朝臣長野と将従の計二人が、出挙のため二月一日～六月二十九日、収納のため九月一日～十二月九日の計二四五日滞在し、その間の食料が供給されている（同書第二巻六二頁）。天平十年度「駿河国正税帳」でも、赴任国師、文書逓送使、御馬貢上使（陸奥・甲斐）、各種の人・モノの逓送・部領使のほか、政府から下総国に派遣された検校正税使、病気治療のため下野国那須湯に下る小野朝臣牛養などへの食料供給がみえる（同書第二巻一〇七～一一四頁）。天平十年度「周防国正税帳」でも、赴任国司、各種の人・モノの逓送・部領使、向京相撲人がみえる（同書第二巻一三〇～一三四頁）。

このような多様な人と貢納物などの移動は、郡の逓送だけでなく、駅をも利用して行われた。そのため駅の負担過重が八世紀後半以降問題となり、その整理や規制策がとられていく（永田、二〇〇四a）。それは九世紀以降の国家的儀礼の整備とかかわり、国司・郡司の管轄下による駅と伝馬の一体的利用と再編も伴っていった（大日方、一九八五）。

(2) 正税帳の駅伝馬・供給記載と税帳勘会

天平期正税帳にみえる交通関係の収支は、『延喜式』主税下1正税帳条の正税帳書式に駅伝馬と供給の項目として規定される。

まず駅馬・伝馬については、駅家数・駅馬数、うち不用馬として売却した数とその価直、売却した死馬皮の価直、同様に伝の設置数・伝馬数、うち不用馬として売却した数とその価直、売却した死馬皮の価直、支出としては売却駅馬飼秣、購入した駅馬の数と価直、購入した伝馬の数と価直があげられている。供給支出項目としては、貢上御馬飼秣、駅使(三度使・臨時使)、伝使(新任国司・新任講師・貢上御贄使・貢上御馬使)が立てられている。

正税帳は主税寮で税帳勘会をうけ、不適切な部分があれば正税返却帳を発行されることになる。十世紀以降の税帳勘会では、前年度帳と比較して増減を監査することになるので、帳簿上の駅伝馬の増減も正税返却帳に勘出され、受領功過につながることになるはずである。一方で『延喜式』主税上110駅馬死損条には駅馬の死損率が規定されている。山城・河内など四八ヵ国に二割、志摩など十二ヵ国に一割という許容率を定めたものである。駅馬更新にかかる財政支出を一定限度内に制限しようとしたもので、逆に法定駅馬数の維持を根拠に駅馬の更新費用を必要以上に立用しようとした国司側の動向があったとされる(永田、二〇〇四b)。

永田英明によれば、さらに九世紀初頭には兵部省・民部省勘会と解由制度がバランスを保ちながら駅伝馬制度の維持管理に機能していたが、九世紀後半以降には実態を規制する効力を失い、駅伝馬制の維持は国司に一任されるようになった。そして律令財政の窮乏化にともなって駅伝馬制独自の維持政策は九・十世紀の交に至り消滅した。十世紀以降に展開する受領功過定は財政項目が主眼となって、駅伝馬制の維持が問題とされることはなくなり、切り捨てられていったと論じた（永田、二〇〇四b）。駅伝馬の実質的な消滅過程を受領制と勘会制度から論じた点は注目される。しかし駅伝馬が実質的に消滅したとしても、勅使や官使の交通、国家儀礼への貢進など特定の交通は、路次諸国の逓送・供給によって機能している。駅伝馬の維持よりも、これらの交通を受領制のもとでどのように実現、維持しようとしたかが、次の問題になってくる。次節以降では十一世紀を中心に具体的にみてみよう。

二　平安中後期の逓送・供給雑事

（1）東大寺領荘園への逓送・供給役の賦課と免除

天喜二年（一〇五四）二月二十三日付で、A東大寺領山城国玉井荘の造内裏加徴物免除の官宣旨（『平安遺文』第三巻七〇九号）、B東大寺領美濃国大井・茜部荘の造内裏加徴物免除の官宣旨（『平安遺文』第三巻七一〇号）、C大井・茜部荘の収公免除の官宣旨（『平安遺文』第三巻七一一号）が発給されている。いずれも東大寺の申請に基づいて山城国玉井荘、美濃国大井・茜部荘の免除をそれぞれの国司に命じたものである。

Aによると玉井荘では、まず長久年間（一〇四〇〜四四）に造内裏加徴が課せられたが、寺家の申請によって停止の宣旨が下された。その後新たな宣旨を得たとして国司が「色々雑役」を課し、検非違使・右衛門府生笠高吉を拒捍使として派遣して荘民から責め取ったため、臨時雑役の免除と検非違使庁の責を停止するように求めている。この免除宣旨に対して、山城守藤原為資は逆に、内裏の門造営のための材木の賦課を玉井荘に命じる官宣旨の発給を求めている（『平安遺文』第三巻七一五号）。長久の内裏造営において、この玉井荘やBの大井・茜部荘に課せられた造内裏加徴が一国平均役として確認される初見とされている（上島、二〇一〇a）。

またAによれば玉井荘に課せられたのは造内裏加徴だけではない。「或号斎宮上下幷夫馬充負、或宇佐使供給夫馬、或徴国宰私夫役、或充検非違使供給幷私干蒭等、或放入馬司蒭使、或令入徴防河夫・造内裏加徴」などの状況もあった。「斎宮上下幷夫馬充負」「宇佐使供給夫馬」「検非違使供給幷私干蒭等」という交通にかかわる負担も大きかった。

大井・茜部荘でも、Cに「宛負御馬逓送官使供給・借馬夫役等了」「宛負件御馬逓送夫役・相撲使供給等役」とみえるように、御馬逓送供給と相撲使供給という交通関係の賦課が大きく訴えられている。とくに各務郡駅から可児郡瓶前之駅までの逓送の夫役が課せられ、ときに信濃国まで使役されたり、借馬が返却されなかったりする状況が訴えられている。次にそれらを具体的にみてみよう。

（2）斎宮群行・帰京

玉井荘に課せられた「斎宮上下幷夫馬充負」とは、永承六年（一〇五一）正月に斎宮を退下した嘉子内親王の帰京に際してのものである。

『江家次第』巻十二「斎宮帰京次第」によると、帰京は伊賀から大和を経て、山城国相楽頓宮に至り、船で木津川・淀川を下り、難波で禊をした後、再び船で淀川をさかのぼり入京する九泊十日の行程である。この間、通過し宿泊する伊勢・伊賀・大和・山城・摂津・河内の国司による供給、それに加えて近江国司からの夫馬の提供などがある。このうち山城国司は相楽頓宮での供給、船の献上などをすることになっている。玉井荘は、現在の京都府井手町、相楽頓宮北方の木津川右岸に比定される。嘉子内親王の帰京にあたって賦課されたのは、こうした基準に基づく山城国司の供給の一部だった。

『延喜式』斎宮99遣使奉迎条では、帰京の頓宮や供給については群行時の例に准ぜよとある。斎宮53頓宮条に規定する斎宮群行の場合は、近江国府・甲賀・垂水、伊勢国の鈴鹿・壱志の五ヵ所に頓宮を設けることになっていた。いずれも国司が造営し、そのための財源として近江国稲一万五千束、伊勢国二万二千束が設定され、舗設・雑器・供給もそこからまかなうことと規定されていた。帰京についても伊勢・近江国は同じ財源、大和・山城・摂津・河内国は正税から支出することが想定されていたのであろう。

『江家次第』では群行における路次諸国の負担について特に記してはいないが、近江国や伊勢国の受領による供給奉仕の状況は、たとえば田中本『春記』にみえる長暦二年（一〇三八）の良子内親王の群行の場合に詳しい（榎村、二〇〇九）。

（3）伊勢公卿勅使駅家雑事

斎宮群行・帰京と並んで、路次諸国から供給されるものに伊勢公卿勅使の交通がある。伊勢公卿勅使は、国家的大事や伊勢神宮の異変に際して臨時に派遣されるもので、九世紀末に成立した（藤森、二〇〇八）。平安後期から鎌倉期にかけて頻繁に派遣され、その逓送・供給は駅家雑事と称され、一国平均役として路次諸国に課せられた（小島、一九八五。上島、二〇一〇b。遠藤、二〇〇八。前田、二〇一八）。その実態について整理しておこう。

まず『江家次第』巻十二「伊勢公卿勅使」では、往路について、甲賀、鈴鹿、壱志駅での宿泊と国司による供給を記している。実際の状況を『伊勢公卿勅使』（『礼儀類典』所収）が引用する「承保元年記」によってみてみよう。「承保元年記」は承保元年（一〇七四）六月に伊勢公卿勅使として派遣された参議源経信の記録である。

まず経信は出立前の六月二十三日に、宣旨によって近江・伊勢国司に供給を命じるよう指示された。このときの伊勢守は不明だが、近江守は藤原実政である（『国司補任』第五）。往路は近江二日、伊勢三日で、うち一日は神宮司が供給を勤仕する。出立した六月二十八日は、勢多駅、国司館、年来の例として借屋が造営され、近江国司目代前伊豆守業亮郎等らにより儲が設けられた。二十九日はこれまでの使も利用してきた「栗太駅」の郡司重綱大岡宅に宿泊した。経信は借屋を作らないのは国司の怠慢であると批判している。ここでも国司目代・郡司等が逓送雑事を勤仕した。三十日は伊勢国鈴鹿駅に宿泊した。借屋三〇宇が造営され、伊勢国司が在庁官人に命じて逓送雑事を勤仕させた。（姓欠）信任がまず国司の饗を供したが、国の所課に対して諸荘園が勤仕しないという。ついで前駿河守平維盛が別に饗饌を提供したが返却し、かわりに「宇治殿」（藤原頼通）の荘園から饗饌を送らせている。七月一日は壱志駅に宿泊した。郡司等が供給に勤仕したが、飛騨前司平貞季も儲物を用意し、「国所課」ともに勤仕した。二日には離宮院に到着し、神宮司が供給に勤めた。

帰路は往路と同じく、七月四日に壱志駅に宿泊、郡司等が迎送に勤仕した。五日はまず平貞季が饗饌を用意したので禄を支給した。大中臣公輔が肴物と牛を送ってくれたが、牛は返却した。その後鈴鹿駅まで進み宿泊した。六日には、伊勢国在庁官人が慣例だとして牛三頭を送ってきたが返却した。伊勢前司の指示により、馬二頭を官人延任へ渡した。この日も往路と同じ重綱大岡宅に宿泊した。七日は勢多駅に宿泊し、牛五頭を引き出されるが、いずれも返却した。

以上の行程で、近江国、伊勢国の供給と各駅での目代、在庁官人、郡司ら国衙官人による勤仕が確認される。注意すべきは、この駅家雑事を勤仕しない荘園が多く、十分に確保できなかったとして、平維盛や貞季の伊勢平氏が饗饌を提供している点である。十二世紀に駅家雑事が一国平均役として確立して以降も伊勢平氏、とくに平家による援助が重要だったことは高橋昌明・前田英之により指摘されている（高橋、二〇〇二。前田、二〇一八）。しかし承保元年の経信は同じ伊勢平氏でも維盛の提供は断っているが、貞季の提供は受けている。寛治四年（一〇九〇）の公卿勅使・権大納言源雅実の場合も、官宣旨により伊勢と近江の路次諸国に供給を命じ、壱志駅の舗設は同様に平貞季の所課とされた。しかし貞季の触穢が判明したため、壱志駅に寄らずに離宮院まで行って宿泊している。触穢という事態があったとはいえ、伊勢平氏の一部による負担・奉仕は十一世紀後半段階からみてとれる。

寛治六年八月二十一日に権大納言源雅実が再度（『後二条師通記』同日条）、さらに翌七年十月十九日にも権大納言源師時（『後二条師通記』『中右記』同日条）が公卿勅使としてたて続けに発遣された。このときに課せられた逓送雑事が問題になって、同七年閏三月二十日の大安寺解により、同八年五月二十九日付官宣旨で、大安寺講堂・南大門などの造営を理由に、大安寺領野洲郡野州荘・淵荘の「国司入勘収公臨時雑役幷勅使逓送雑事等」の免除が認定された（『平安遺文』第四巻一三三一号）。この両荘はすでに治安三年（一〇二三）に国司による収公、「郡司百姓不善之輩」による私領化などが進行しているということで、「収公幷臨時雑役之責」免除の官宣旨が下されていたが（『平安遺文』第二巻四九一号）、それ以後も国衙との間でたびたび問題が生じていたのである。

寛治七年の公卿勅使発遣にあたっては、近江国に対して、守不在のため在庁官人に駅家雑事の差配が命じられたが、堀河天皇は寺社領を除く荘園に公卿勅使供給役を課す方針を打ち出した（『後二条師通記』同年十月二十七日条）。大安寺領野州荘・淵荘の免除はこれを受けたものである。なおそれは、それまでの近江守高階為家が、春日社神人に濫妨を行ったとして興福寺大衆に嗷訴され、八月二十六日に罷免され、配流が決定された（『後二条師通記』同日条）直後のことだった。

それはともあれ、この寛治七年の方針が駅家雑事役の荘園を含めた一国平均賦課の初見とされるが（上島、二〇一〇b）、承保元年に伊勢国の所課に諸荘が従わないとみえるので、すでに一国平均的な賦課は寛治七年以前から行われていたとみてよい。しかし野州荘・淵荘のように寺社領など免除された荘園が多く、不十分なものだった（前田、二〇一八）。

（4）御馬逓送役

諸国牧からの貢馬に対して路次諸国が飼秣料、食料等を正税から供給することは、前述のように天平期の正税帳、『延喜式』主税下1正税帳条にみえる。貢馬は、九〜十世紀前半の間に甲斐・武蔵・信濃・上野四国に設定された御牧（勅旨牧）からと陸奥国交易貢馬に集約された。前者は八月の駒牽という国家的年中行事儀礼において、天皇の前で牽き廻され、王卿や左右馬寮に牽き分けられた（大日方、二〇〇八。佐藤健太郎、二〇一六）。それぞれの式日と貢馬数は『政事要略』巻二十二・二十三の「年中行事八月」によると、八月七日甲斐国真衣野・柏前三〇疋、十三日武蔵国秩父二〇疋、十五日信濃国諸牧六〇疋、十七日甲斐国穂坂牧二〇疋、二十日武蔵国小野牧四〇疋、二十三日信濃国望月牧二〇疋、二十五日武蔵国石川・小川・由比牧五〇疋、同日武蔵国立野牧二〇疋、二十八日上野国諸牧五〇疋となっていた。合計で三〇〇疋以上が毎年貢上されることになっていた。この大量の貢馬を逓送・供給することが路次諸国・諸駅の過重な負担となり、九世紀の駅の窮乏化の要因の一つになっていた。後論するように、永延二年（九八八）「尾張国郡司百姓等解文」でも御馬逓送が問題にされている。

十一世紀以降、信濃国諸牧以外は貢納が途絶え、式日には御馬逗留解文を奏上するようになった。かわって陸奥国交易貢馬の比重が大きくなった。不定期ではあるが、受領の一任中に一度という慣例ができていたようである。したがって大井・茜部荘など十一世紀に問題になる御馬逓送役は、信濃と陸奥の貢馬に係るものだった（大日方、二〇〇八）。

大井荘は現在の岐阜県大垣市の中心部、茜部荘は岐阜市南部に比定される。いずれも東山道に近接する位置にある。陸奥交易貢馬は、関東地方で東山道から東海道に入り、尾張国からは墨俣で木曽川を渡り美濃国の東山道にもどるルートをとっていた。それだけに、両道からの交通の合流点に近接する大井荘の負担は特に大きかった（大日方、二〇〇八）。

天喜三年（一〇五五）十月二十六日付「美濃国大井荘住人等解案」（『平安遺文』第三巻七四八号）によって、大井荘に課せられた負担の具体的な内容がわかる。天喜二年に陸奥国貢馬雑役として、借屋とその舗設・装束、机四前、借馬一疋、夫二人、飼秣五束、大豆一斗が課せられている。それに対して改めて東大寺を通じて免除を求めたものである。

（5）相撲使供給役

相撲使とは相撲節に出場、奉仕する相撲人を招集するために諸国に派遣される使者である。相撲節は十二世紀前半の白河院政期まではほぼ毎年七月末に行われた国家的年中行事だった。七月二十八日の召合、二十九日の抜出・追相撲の二日間にわたり、天皇の前で諸国から招集された相撲人が相撲を取り、あわせて楽舞や饗宴が繰り広げられ、多くの公卿たちも参列し観覧する一大祝祭的イベントだった（大日方、二〇〇八）。通例は二～三月ころに相撲使定があり、近衛府武官のなかから任命された。

たとえば長和四年（一〇一五）五月二日の相撲使定で、丹波・丹後・但馬―府生若倭部亮範、丹波・丹後・但馬・因幡―随身近衛安倍守近、伯耆・出雲・石見―三国吉高、播磨・美作・備前・備中―府生下毛野公頼、畿内・紀伊―府生奉良、阿波・土左―宇自可義忠、と決定された（『小右記』同日条）。

永久三年（一一一五）閏三月二十八日の相撲使定でも、摂津・河内・讃岐─府生惟宗忠清、和泉・紀伊・淡路・山陰道八ヵ国─院分、府生兼久、山陽道八ヵ国─番長下毛野武正（摂政随身）、伊予・阿波・土佐─府生惟宗忠清、大宰府管内─近衛秦行重（大将家忠随身）、と決定された（『長秋記』同日条）。

相撲使は、担当する諸国へ下向し数ヵ月間滞在、活動して相撲人を引き連れて七月下旬ころまでに入京する。その間の路次諸国や担当諸国から供給を受けることになる。それが美濃国大井・茜部荘に賦課されたような「相撲使供給役」である。相撲使定では、随身の任命を希望する各所からの働きかけもあって、人選や担当国の差し替えが相次いでいるが、それには担当する地域との利害関係も大きく影響していた。相撲使の権利としての供給雑事もそのなかに入っていたであろう。

それに対して八世紀の場合は、天平期正税帳にみられるように、諸国の相撲人がそれぞれに自立して京に向かっていた。天平六年度「出雲国計会帳」には、六月二十六日付で相撲人蝮部臣真島等二人を進上する解を真島自身が持参したことが記されている（『大日本古文書』第一巻六〇五頁）。天平十年度「周防国正税帳」では京に向かう相撲人、長門国相撲人三人に六月二十日から四日間、周防国相撲人三人に六月二十一日から三日間の供給が記されている（『大日本古文書』第二巻一三二頁）。長門国境と周防国府間の交通は一日分として計算されているので、長門国相撲人は周防国府で周防国相撲人と合流し安芸国へ向かい、そこで安芸国相撲人と合流して備後国へと、途中の国々の相撲人と合流しながら京へ向かっていったと考えられる。別に相撲使、部領使などの記載はみえないので、相撲人だけで国府から京へ送り出されていったのである。

八世紀の相撲節は七月七日に行われていたが、九世紀末以降、七月末の召合・抜出の儀式構造へ再編されていった。それと前後して相撲使の派遣が始まったのではないかと考えられる。一方その終焉であるが、相撲節は保安三年（一一二二）を最後にほとんど行われなくなる。その後、保元三年（一一五八）、承安四年（一一七四）に単発的に行われたのを最後に事実上廃絶する。保元三年、承安四年の相撲節では相撲使は派遣されず、京にいる知行国主のもとへ相撲人貢進を命じる近衛府牒が伝達され、知行国主から留守所へ相撲人貢進の指示が出されている。相撲使の派遣も保安三年が最後だったとしてよい（大日方、二〇〇九）。一時断絶したことにより、相撲使供給役などの所課が困難になったこともその理由であろう。

三　受領の赴任と路次供給

（1）国司赴任の交通

次に受領赴任の交通と路次の逓送・供給との関係について見ておきたい。

まず八世紀以来の国司の赴任と供給について、市大樹の見解にしたがって整理しておこう（市、二〇一七b）。『延喜式』太政官17新任国司食法条には、赴任国司に対する食馬等の供給の有無が規定されている。赴任する国の遠近に応じて㋑食料・馬ともに供給されない国司、㋺食料・蒭のみ供給され、馬は支給されない国司、㋩海路を取り、食料を供給される国司、㋥伝符を付与される国司（伝符の剋数に応じて食料・馬ともに供給される国司）に区分される。一方九世紀末〜十一世紀前半の国司任符を分析すると、路次諸国・縁海諸国に対して食料・馬の供給を指示する文言が記される場合が多い。それはⓐ「伝符壱枚　某剋」、ⓑ「縁海之国、亦宜レ給レ粮」、ⓒ「路次之国、亦宜レ給レ食」、ⓓ「路次之国、亦宜レ給二食馬一」に区分でき、『延喜式』と比較するとⓓが対応しない。ⓓは十世紀以降になって成立し、この文言によって供給を受けることができるようになったものである。伝馬制が機能しなくなったことを背景にしている。また正規とは異なるルートを取って赴任する場合には枉道官符も必要だった。『朝野群載』巻二十二・諸国雑事上には、出羽守橘時舒が赴任にあたり東海道を利用するため、東海道諸国に食馬供給を命じる官符の発給を申請した天禄二年（九七一）四月五日付の解が収録されている。

以上のような赴任国司への供給は、すでにみてきたように天平期正税帳、『延喜式』主税下1正税帳条では、正税から立用されていた。ところが十一世紀以降にみえる状況は明らかに異なっている。

『朝野群載』は十二世紀前半に成立したものであるが、巻二十二に「国務条々事」という箇条書きにした受領の心得が収録されている。その6条に「前使㆑立㆓吏幹勇堪郎等一両人㆒、令㆑点㆓定夕宿所㆒事」とあり、赴任する受領は前もって郎等を派遣して宿所を設定させておくこと、そのときに「隣里之愁」をすべきではないと述べている。また5条では途中で郎等たちが「人物」を奪取するなどの闘乱をすべきではないとも述べている。ここからは、路次諸国の逓送・供給が期待できず、自力で確保しなければならなくなっていること、そのために武力を背景に「奪㆓取人物㆒」つまり交通労働や馬、食料などの提供を強要し、路次の地域社会と闘乱を起こす場合もあったことがうかがえる。

実際に十一世紀初頭、長保三年（一〇〇一）七月に尾張守として赤染衛門を伴なって下向した大江匡衡は、自力で借屋を確保していた。『赤染衛門集』には、たとえば「七日えちがはといふところに、いきつきぬ。きしにかりやつくりておりたるに」とあり、愛知川の川岸に仮屋を設営して宿泊していたことがわかる（戸川、二〇〇九）。

（2）因幡守平時範・藤原宗成の下向

康和元年（一〇九九）二月に因幡守として下向した平時範の場合をみてみよう。時範はこのとき右中弁、摂関家家司でもあり、事務官僚として白河院の信頼も厚かった。

『時範記』によると、二月九日、方違のため移っていた山城介紀頼季宅を出立し、その日は山崎に宿泊した。山崎では石清水八幡別当頼清が饌を設け、夜にはわざわざ訪ねてきている。別当頼清と頼季は同族であり、また中弁は石清水社との関係も担当していることによるものだろう。十日は摂津国武庫郡河面牧司宅に宿泊し、摂津守藤原家貞が馬と酒肴を送った。河面牧は摂関家領であり（森、二〇一六）、この年の正月摂津守に補任された（『中右記』同日条）ばかりの摂津守藤原家貞も摂関家の家人だった可能性が高い（『後二条師通記』寛治六年十月十三日条）。

十一日には山陽道を播磨国に入り明石駅家、十二日には高草駅家、十三日には美作路に入り佐用に、それぞれ宿泊している。明石駅家では播磨国司が饗饌・菓子・蒭秣を用意した。高草駅家は播磨国府近傍であるが、播磨国司が舗設を整え、粮米・蒭秣を送り、夜には馬一疋も送った。佐用でも国司が粮米・蒭秣を送った。これらの返礼として時範は、明石駅で国司使少監物清経に、高草駅で播磨国府に、それぞれ馬一疋を贈っている。十四日には、因幡との国境志戸坂峠の麓、美作国坂根に宿泊した。美作国司が仮屋を設置して饗応し、秣を供給した。十五日に坂根を出発するにあたって、美作国書生に馬を与えた。そして志戸坂峠の頂上で因幡国在庁官人たちと境迎の儀を行った後は、一気に因幡国府まで駆け抜けている。

このときの播磨守は、有力な白河院近臣受領の藤原顕季であり、明石駅家に顕季から使として派遣され饗応を担当した少監物清経とは、寛治七年（一〇九三）十月十八日に白河院御給で監物に任じられた源清経であろう（『中右記』同日条）。美作守は藤原基隆である。母家子は堀河天皇の乳母であり、堀河天皇の乳兄弟、白河院の近臣として、次々と大国受領を歴任して蓄積した莫大な財力で天皇や院に奉仕した、典型的な院近臣受領である。

このように時範は、摂関家領に宿泊し、石清水八幡別当や、摂津・播磨・美作の受領たちから至り尽くせりの供給を受けている。それに対する返礼も忘れていない。「国務条々事」のように、郎等を派遣して自力で宿所を確保するようなことはなかった。朝廷の実力派官僚として、摂関家家司として、天皇、摂関のみならず白河院の信頼も厚い時範の人的ネットワークがこうした供給を可能にしたのであろう。事前に、在京している受領たちに供給を依頼し、受領たちからそれぞれの国衙在庁へ指示されたのである。

平時範の下向から十二年後の天永二年（一一一一）に因幡守に任じられたのが藤原宗成である（『中右記』同年七月二十九日条）。宗成は任終年となる元永二年（一一一九）に因幡国へ下向した。知行国主の父宗忠は同行していないが、『中右記』にその様子が断片的に記されている。

まず七月三日に宗忠の中御門第で出門の儀を行い、方違のため中将亭に移った。宗忠の弟で左中将・蔵人頭の宗輔第だろう。十四日に侍二十人を伴って出立した。関白藤原忠実から三疋、内大臣藤原忠通以下公卿や受領層十二人から各一疋の合計十五疋の馬が贈られた。時範と同様に播磨経由のルートをとり、右中弁藤原為隆の摂津国武庫郡小松荘、播磨守藤原基隆が設定した三箇所、美作国では摂関家領粟倉荘で宿泊、供給をうける手はずを整えている（戸川、二〇〇九）。七月二十日に因幡国府に入った。ここでも受領としての藤原基隆の供給がみてとれるが、摂津・美作では受領ではなく摂関家関係に供給や宿泊場所の提供を求めている。

いずれにせよ本人や知行国主の人的ネットワークを通じて他の受領や荘園から供給を受けていたことがわかる。それが期待できない場合に「国務条々」のようなことを覚悟しなければならなかったといえる。

以上二節にわたって、十一世紀を中心にした逓送・供給をみてきた。それらのうち貢上御馬や斎宮群行・帰京、各種の使者に対しては、『延喜式』やそれ以前の段階では正税など国府財源から費用が支出されていた。相撲使や伊勢公卿勅使などは九世紀後半以降に成立したものだった。一方で、国司の赴任には正税からの供給がなくなり、自力で確保しなければならなくなっていた。ではこれらの変化はいつ、どのように起こったのだろうか。

四　律令駅伝制から逓送・供給雑事へ

（1）「出雲国正税返却帳」に勘出された駅馬と供給

九条家本『延喜式』裏文書のなかに、承暦二年（一〇七八）十二月末日付で発行された「出雲国正税返却帳」の断簡が残っている。『松江市史』史料編3古代・中世Ⅰにすべての断簡の翻刻が収録されている。出雲守だった藤原行房が受領功過定を受けるために前任者の任終年と自身の任期にあたる延久二年（一〇七〇）度から承保元年（一〇七四）度分を一括して発行されたものだった（大日方、二〇〇七）。正税返却帳は、本来は主税寮による税帳勘会によって不備や誤りを勘出し書き連ねたものだったが、十一世紀以降は正税が実質を失っており、発行されること自体が税帳勘会を受けた証拠として、受領功過定において必須とされていた。この五年度分の出雲国正税返却帳は誤字を除いてほぼ同一であり、いずれも長保五年（一〇〇三）を最後に勘出がなくなっている。受領功過のための形式的文書になっていることがみてとれる。とはいえ延長元年（九二三）～長保五年（一〇〇三）の八十年間にわたる勘出からは、国府財政と正税の実態をある程度うかがうことはできる。

そのなかで、逓送・供給の問題と関係する勘出として、延長三年度に「誤加注秡使鈴負弐人食料」「誤過駅使已下伝使已上」の二項目がみえる。駅伝使への正税支出に不適切なものがあったということだが、裏返せばこの段階ではまだ正税から駅伝使へ供給されていたことを示している。

ところで他年度にはこのような勘出がみえない。この年度だけ駅伝使料が勘出されていることに関係すると思われるのが、『別聚符宣抄』延長三年十二月二十八日太政官符「応㆔依㆑法勤㆓行朝使逓送供給違式㆒事」である。諸国の不堪佃田言上に対して実検のため官使が派遣されるが、彼らが多くの従類を引き連れて行くため、路次諸国の逓送を煩わせ、不堪佃田を言上した当国も供給に苦しめられている状況が指摘され、その違式を政府に報告するように命じている。したがってこの太政官符をうけて、主税寮が税帳勘会において、通過する官使に対する供給を、「誤過駅使已下伝使已上」として勘出したのではないかと考えられる。またこのことから不堪佃田使など派遣される官使に対する供給も、本来は路次諸国および派遣先諸国の正税から立用されていたとみることができる。

天慶五年（九四二）以降、不堪佃田の言上に対して、先年官符定数の三分の二を免除する方式がとられるようになってからは、新たに不堪佃田を言上してきた国に対してだけ不堪佃田使が派遣されるにとどめられた（『西宮記』恒例三・不堪佃田事）。それも十一世紀までには不堪佃田を言上する国が毎年同じ三十五ヵ国に限定されるようになり（『北山抄』巻三・拾遺雑抄下）、不堪佃田使そのものが派遣されなくなった（佐藤宗諄、一九七七。佐々木、一九九四）。このことは、不堪佃田の免除方式の変化のなかでのことではあるが、官使への正税からの供給が大きく変わっていく時期に重なる点にも注意しておきたい。

このような「上下諸使逓送供給」が、本来正税から立用する重要費目であることは、『別聚符宣抄』天暦二年（九四八）五月二十三日宣において、「奉幣修善仏神用途」「上下諸使逓送供給」「国司任中位禄季禄等料」以外の臨時用途に正税を充てることの停止を命じていることからわかる。政府から諸国への賦課を受領たちが安易に正税から立用していたために、正税が枯渇し始めていることへの対応でもあった。

ところが正税返却帳からは、康保元年（九六四）前後を境に、位禄と臨時の賦課物（召物、内裏造営料、杵築社造営料）以外の勘出がほとんどみられなくなる。駅伝馬の維持そのものが放棄されてしまった（永田、二〇〇四b）だけでなく、供給料も含めて正税支出の内容と、政府による国衙財政への管理方針が変わっていることをうかがわせる（寺内、二〇〇四）。

（2）「尾張国郡司百姓等解文」にみる逓送・供給費用の財源

駅伝馬が維持されなくなると、逓送のための夫馬は「雇借」が主流になった。『別聚符宣抄』延喜十四年（九一四）六月十三日太政官符は、国司・公使の交通に枉道を取ることを停止させるものであるが、本来東山道を取るべきところ東海道を経由するものが多く、通行量が過多となって、駿河国など路次諸国の負担が大きくなっていることが訴えられている。そのために多数の夫馬が「雇借」されている状況も指摘されている。この「雇借」の財源は官符からは明らかではない。『延喜式』規定の正税帳書式にはみえないので、本来正税からは立用されないと考えられる。財源は別途設定されていたとみるべきで、その参考になるのが十世紀末、尾張守藤原元命の「非法」を訴えた「尾張国郡司百姓等解文」の第11条である（『新修稲沢市史　資料編三　尾張国解文』）。

この条では「諸駅伝食料幷駅子口分田百五十六町直米」が三ヵ年にわたって下給されないことが訴えられている。『延喜式』兵部79東海道駅伝馬条では尾張国は三駅なので、一駅料田十二町×三と「伝馬料田」十六町の計五十二町の三ヵ年分が、「諸駅伝食料幷駅子口分田」百五十六町になる。「駅子口分田」は、班田制や口分田の実態が失われている十世紀後半において、文字通りに駅子に班給された口分田とみることはできない。しかし「口分田」自体は租帳などにも記載され、公文勘会上はまだ存在していた。したがって、駅戸・駅子の実態が失われた後も、駅子口分田は帳簿上残されており、それが一般百姓により耕作され、徴収された田直が「駅子」＝駅の逓送労働力の功粮に宛てられることになっていたと解される（永田、二〇〇四ｃ）。「伝馬料田」と「伝食料田」は同じものと考えられ（永田、二〇〇四ｃ）、「上下官使」などの供給の財源として設定されたとみてよい。尾張国では供給は正税からの立用ではなくなっていたのである。正税を減少させないという公文勘会の原則に応じて、正税支出ではなく別途の財源設定を行った結果であろう。

しかしそれも下給されていないことが訴えられているのである。そのため、「御馬逓送」＝陸奥交易貢馬の貢上使らが「供給等閑」「厨備疎略」と称して「賄賂」を強要したり、「飼秣」を求めて徘徊し「土産」を得たりする状況だという。これは実質的には、「郡司百姓」らの一方的負担のもとで御馬逓送が行われていることになる。正税から立用されず、別途設定された財源からの下給も途絶え、なし崩しに負担として百姓に課せられていく過渡的な状況がみてとれよう。

むすびにかえて ―律令駅伝制から逓送・供給雑事へ―

最後に十世紀以降の受領制下における逓送・供給雑事の成立をまとめてむすびにかえたい。受領制下においては、駅伝制の維持は政府にとっては関心事ではなくなり、国家的に必要な特定の交通が実現すればよいというスタンスとなった。そのために路次諸国の逓送・供給は受領に一任され、受領の裁量によって行われるようになった。当初は律令駅伝制を継承して正税から供給は立用されていたが、正税を減少させないという受領功過の方針と正税枯渇という現実をうけて、正税以外から手当てするようになった。それが臨時雑役としての逓送供給役であり、その賦課、徴収にあたっては十一世紀後半以降一国平均役の申請も行われるようになった。受領赴任時の交通は自力でその手段を確保しなければならなくなったが、受領相互のネットワークや荘園に依存して行われることも多かった。

路次諸国の受領が、往来する他の受領へ提供する逓送・供給は、国衙を通じてなされており、国内の徴収物のなかから捻出されたであろうことは想像に難くない。

参考文献

市　大樹、二〇一七a「序章」（『日本古代都鄙間交通の研究』塙書房）
二〇一七b「国司任符の伝達と受信」（市前掲書）
上島　享、二〇一〇a「大規模造営の時代」（『日本中世社会の形成と王権』名古屋大学出版会）
二〇一〇b「一国平均役の確立過程」（上島前掲書、初出一九九〇年）
榎村寛之、二〇〇九「十一世紀斎王群行の社会的背景―『田中本春記』に見る伊勢への旅―」（『伊勢斎宮の歴史と文化』塙書房、初出一九九六年）
遠藤基郎、二〇〇八「伊勢公卿勅使での非公家沙汰諸国所課」（『中世王権と王朝儀礼』第三章補説2、東京大学出版会、初出一九九〇年）
大日方克己、一九八五「律令国家の交通制度の構造―逓送・供給をめぐって―」（『日本史研究』二六九）
二〇〇七「家司受領藤原行房と出雲国正税返却帳」（『社会文化論集』四、島根大学法文学部）
二〇〇八『古代国家と年中行事』（講談社学術文庫、初版一九九三年〈吉川弘文館〉）
二〇〇九「院政期の王権と相撲儀礼」（『古代文化』六一―三）
小島鉦作、一九八五「伊勢公卿勅使駅家役と社寺領荘園」（『〈小島鉦作著作集第二巻〉伊勢神宮史の研究』吉川弘文館、初出一九三一年）
坂本太郎、一九二八『上代駅制の研究』（至文堂）
佐々木宗雄、一九九四『日本王朝国家論』（名著出版）
佐藤健太郎、二〇一六『日本古代の牧と馬政官司』（塙書房）
佐藤宗諄、一九七七「王朝儀式の成立過程―不堪佃田奏を中心に―」（『平安前期政治史序説』東京大学出版会）

高橋昌明、二〇〇二『増補改訂　清盛以前』（平凡社、初版一九八四年）
寺内　浩、二〇〇四「大帳・正税帳制度の解体」（『受領制の研究』塙書房、初出一九九四年）
戸川　点、二〇〇九「受領層の旅」（倉田実・久保田孝夫編『〈平安文学と隣接諸学7〉王朝文学と交通』竹林舎）
永田英明、二〇〇四ａ「駅制運用の展開と変質」（『古代駅伝馬制度の研究』吉川弘文館、初出一九九六年）
二〇〇四ｂ「駅伝馬制管理行政の変質―国司受領化とのかかわりで―」（永田前掲書、初出一九九七年）
二〇〇四ｃ「平安前期における駅家の変質と地域支配―「尾張国解文」にみる駅伝馬制―」（永田前掲書）
林　陸郎・鈴木靖民、一九八五『復元天平諸国正税帳』（現代思潮社）
藤森　馨、二〇〇八「平安時代中期における神宮奉幣使の展開―公卿勅使制度成立に関する試論―」（『改訂増補　平安時代の宮廷祭祀と神祇官人』原書房、初出一九八八年）
前田英之、二〇一八「一国平均役の制度と運用実態―伊勢公卿勅使駅家雑事役の検討から―」（『ヒストリア』二六九）
宮崎康充、一九九一『国司補任』第五（続群書類従完成会）
森　公章、二〇一六『〈日記で読む日本史11〉平安時代の国司の赴任　『時範記』をよむ』（臨川書店）

〔コラム〕僦馬の党

「僦馬の党」の研究をめぐって

昌泰二年（八九九）九月十九日に出された、東海道の相模国足柄坂と東山道の上野国碓氷坂に関の設置を命じた太政官符（図）には、「僦馬《しゅうば》の党」と称される集団の活動がうかがわれる。それによると、「僦馬の党」は坂東諸国の富豪の輩と呼ばれる人々から構成される集団で、駄馬によって物資を運送することを生業としていた。「僦」とは「雇う」の意であり、本来「僦馬の党」とは、荷を運ぶために馬を雇った輸送集団ということであろう。ところが、彼らが用いた馬は実際には略奪したもので、東山道の馬を盗んで東海道で荷を運ばせ、東海道の駄馬を奪って東山道に赴かせているとされており、「党」と称される結合関係をもって群盗化していると認識されている。

この「僦馬の党」の活動にいち早く注目したのが三宅長兵衛であった（三宅、一九五四）。三宅の所説は、第一に、「僦馬の党」発生の前段階には、昌泰二年の太政官符が引用する上野国解にみえる群盗蜂起（三宅はこれを反律令闘争ととらえる）という坂東における反乱があり、これと密接に関連することを指摘し、第二に、「僦馬の党」を輸送業者として、その淵源を駅子（駅戸）に求め、駅戸を率いる富戸（富豪の輩）が結合の中心的な位置を占めるという、駅制の崩壊―転換から「僦馬の党」の発生を説いたものであった。

第一の論点は、石母田正の平将門の乱の前提となるという評価に継承され（石母田、一九五六）、また佐々木虔一によって将門の乱における将門の機動性の論拠ともされてきた（佐々木、一九九五）。

このなかにあって、「僦馬の党」は坂東諸国富豪の輩であり、駄をもって輸送に従事し、その駄は彼らが略奪したものという太政官符の解釈の図式に異をはさんだ阿部猛の解釈も出されてきた（阿部、二

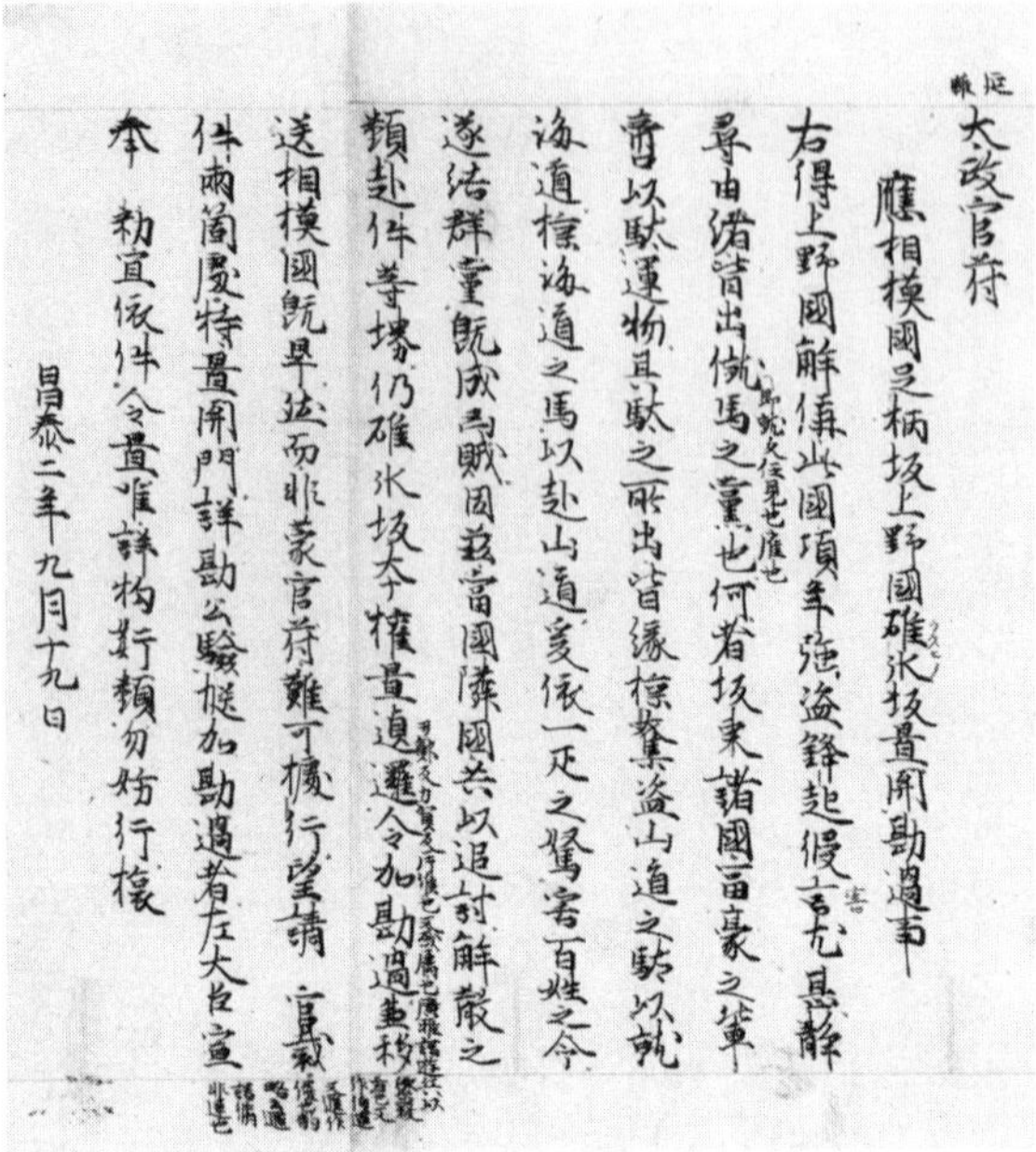

太政官符
應相模國足柄坂上野國碓氷《ウスヒ》坂置關勘過事
右得上野國解偁此國頃年強盗鋒起侵害尤甚静
尋由緒皆出僦馬之黨也何者坂東諸國富豪之輩
啻以駄運物其駄之所出皆縁掠奪盗山道之駄以就
海道掠海道之馬以赴山道爰依一疋之駑害百姓之命
遂結群黨既成凶賊因玆當國隣國共以追討解散之
類赴件等堺仍碓氷坂本權置邏令加勘過兼移
送相模國既畢然而非蒙官府難可據行望請　官裁
件兩箇處特置關門詳勘公驗慥加勘過者左大臣宣
奉　勅宜依件令置唯詳拘奸類勿妨行㩦
昌泰二年九月十九日

図　『類聚三代格』巻十八・昌泰二年（八九九）九月十九日太政官符（前田育徳会尊経閣文庫所蔵）

〇〇〇）。

阿部は、この太政官符の「坂東諸国富豪之輩、啻以㆑駄運㆑物」という文言について、物資輸送における坂東の特徴である駄（馬）による輸送の事実を述べているにすぎず、馬を掠奪したり掠め取る行為を「富豪之輩」にかけて読まなければならない理由はないとし、「僦馬の党という運送業者を富豪の輩が組織していたというのは、史料の読みすぎであるまいか」と解釈した。しかし、この解釈では、駄をもって物を運ぶのが「富豪之輩」に限定されることとなってしまうことから疑問が残る。富豪の輩による物資輸送手段への需要増大を背景とした「僦馬の党」の活動があったとみるべきであろう。

「強雇」との関係

今少しこの太政官符に即して、三宅の第二の論点に関わる「僦馬の党」の活動についてみてみたい。駅制の転換から輸送業者の発生をみることに対して、東国における専業的輸送業者は西国に比して展開していないとする立場からの森田悌の反論がある。東国においては郡司・綱丁による律令制的輸送編成が基本であり、これに対して王臣家による「強雇」と称される輸送手段の強奪の頻発とその禁制に注目した説である（森田、一九七一）。とくに禁制の対象とされた「強雇」の発生が、貞観九年（八六七）十二月二十日太政官符（『類聚三代格』巻十九）により知られる京周辺での「強雇」から、寛平六年（八九四）七月十六日太政官符（同）で禁止を命じた国の範囲が、東海道は駿河国まで、北陸道は越中国までの諸国に広がっていることの指摘は重要である。

西日本に比べ運送業者の未発達な東日本方面では、王臣家にとって「強雇」を行なうことにより独自の輸送手段を確保する必要があった（森田、一九八八）とする、「傀馬の党」の行動を輸送手段の確保が目的であったとの指摘はすでに遠藤元男もふれているところである（遠藤、一九八三）。遠藤・森田の説く輸送業者の未発達に「強雇」発生の原因を求める所説は、より積極的に九世紀の東国おける交通需要増大の背景として、当地における初期荘園の発展とそれによる運上物の増大があったとする戸田芳実の想定（戸田、一九七五）につながる見解となっている。

しかしながら、「傀馬の党」の活動の地域的特性を考えると、東日本における王臣家による交通需要の増大から輸送手段の確保が不可欠となり「強雇」が発生し、しかもそれが京周辺から地域的に拡大するという図式のなかに「傀馬の党」の活動を位置づけてよいのかという問題である。先の寛平六年の太政官符の解釈について、九世紀には「船車人馬」の「強雇」問題が、上総・越後に至る東海道・北陸道諸国に拡大していたとする戸田説に対し、「傀馬の党」の構成員を院宮王臣家の家人化した富豪の輩とみる戸田の見解は継承すべきとしつつも、この太政官符で示される「強雇」の対象地域は、尾張・参河・遠江・駿河等の国であり、解の主体が上総国であっても、院の使者が強雇を行なったのは中部地域であるとの川尻秋生の指摘がある（川尻、一九九四）。「強雇」が問題化している地域は、川尻の批判にあるように上総・越後に至る東海道・北陸道地域に拡大しているものではなく、「強雇」の発生地域が東国にはいまだ及んでおらず、「僦馬の党」の活動と直結はできないのではなかろうか。

「僦馬の党」発生と東国

馬で運ぶことには、―とくに米などの重量貨物は、西日本のように船で運ぶことと比較して―大量の輸送手段が必要であり、「強雇」の場合には、陸上交通と水上交通の結節点である津や街道という交通の要衝で発生していた。一方、「僦馬の党」の活動地域をみると、東山道と東海道を結ぶ南北交通のルート上でみられることに注意すべきである。遠藤が注目するように、「当国隣国」で追討したときに「解散の類」は相模国足柄坂や上野国碓氷峠に赴くといった機動性を考えると、この僦馬の党の中心的勢力は武蔵国にあったものとみられ（遠藤、一九八三）、以後森田によって武蔵国西部山麓地帯が活動の本拠と比定され（森田、一九八八）、川尻もこれを首肯している（川尻、二〇〇七）。

「僦馬の党」の中心勢力が武蔵国にあったとした点、および彼らの活動地域が碓氷峠と足柄峠を結ぶ南北ルート上にあると考えるべき視点は重要である。しかし、昌泰二年の太政官符について「上野国と隣国が追捕しても、（中略）足柄坂・碓氷坂を越えて逃げてしまう」とする川尻の理解（川尻、二〇〇七）は疑問である。同官符では、件等の堺（碓氷・足柄）にやってくるので、碓氷坂本で捕捉して相模国に送り返している―これは上野国の立場からの表現であり、相模国であるならば、足柄で捕捉して上野へ送り返すことになるはず―としている。「僦馬の党」の活動はいずれも二つの坂を西へ越えていないこと、すなわち彼らの活動範囲は坂の東側の地域＝坂東（東国）であり、坂をまたぐ東西交通の展開とはなっていないことに注目すべきであろう。

東国という地域内での流通の新しい展開をみることができること、東国内部での地域的な広がりをみせている彼らの活動が東国の不安定な政治情勢をもたらしたことに注目するならば、やはり将門の乱へ展開する東国史の検討のなかで再度検証すべき課題の一つといえよう。また、彼らの活動が群盗化していると称されていることは、貞観三年（八六一）武蔵国で郡ごとに検非違使を設置したときに「凶猾党を成し、群盗山に満つ」（『日本三代実録』同年十一月十六日条）といわれ、寛平元年（八八九）には、東国の群盗の首領とされた物部氏永が蜂起し、その活動が昌泰年間（八九八～九〇一）まで続いた（『扶桑略記』寛平元年四月二十七日条）こととも連動していたといえる。「僦馬の党」の活動が、地域的な広がりをもち、東国の不安定な政治情勢をもたらし、律令体制の弱体化を招いたことや、地域横断的な組織的結合が形成されていたことが、平将門の乱の基盤ともなっていたことにも再度注目しておくべきであろう。

（加藤友康）

参考文献

阿部　猛、二〇〇〇「僦馬の党」（『日本荘園史の研究』同成社、二〇〇五年に所収）
石母田正、一九五六「将門の乱について」（『石母田正著作集』七、岩波書店、一九八九年に所収）
遠藤元男、一九八三「僦馬の党の行動と性格」（遠藤元男先生頌寿記念会編『日本古代史論苑』国書刊行会）
川尻秋生、一九九四「院と東国」（『古代東国史の基礎的研究』塙書房、二〇〇三年に所収）
同、二〇〇七『〈戦争の日本史 四〉平将門の乱』（吉川弘文館）
佐々木虔一、一九九五「古代東国社会と交通をめぐる課題」（『古代東国社会と交通』校倉書房）
戸田芳実、一九七五「九世紀東国荘園とその交通形態」（『初期中世社会史の研究』東京大学出版会、一九九一年に所収）
三宅長兵衛、一九五四「将門の乱の史的前提―特に「僦馬の党」を中心として―」（林陸朗編『論集平将門研究』現代思潮社、一九七五年に所収）
森田　悌、一九七一「僦馬の党について」（『埼玉研究』二二）
同、一九八八『古代の武蔵―稲荷山古墳の時代とその後』（吉川弘文館）

〔コラム〕流人と交通　―菅原道真と小野篁―

道真の大宰府への道

罪を犯した人物が裁判にかけられ、罪ありと判断されれば刑罰を科された。古代にあっては、笞・杖・徒・流・死である。この内、死罪の次に重いのが流罪で、罪によって重い順に、遠流・中流・近流とされ、配所が決められていた。配流地は、早く神亀元年（七二四）に規定され（『清獬眼抄《せいかいがんしょう》』所引同年六月三日官符）、『延喜式』刑部18遠近条に継承された。

それでは、罪人はどのように配所に送られたのであろうか。罪人ではないが、左遷された菅原道真の例を見てみよう。

道真は、延喜元年（九〇一）正月二十五日に、突然、醍醐天皇の廃立を企てたかどで大宰権帥に左遷された。よく知られた史実であろう。そして、その二日後、次のような太政官符が下された（『政事要略』巻二十二・年中行事・八月上・四日北野天神会事）。

太政官符大宰府
　左衛門少尉正六位上善友朝臣益友、左右兵衛各
　一人
右、件人、為ㇾ領㆓送権帥従二位菅原朝臣（道真）㆒、発遣如ㇾ件。府宜㆓承知ㇾ之。但任中雑俸料、幷監従、及不ㇾ預㆓釐務㆒、依㆓前員外帥正三位藤原朝臣吉野例㆒行ㇾ之。又山城・摂津等国无ㇾ給㆓食・馬㆒。路次国又宜ㇾ准ㇾ此。
　　昌泰四年正月廿七日

道真を大宰府に送るため、領送使が任命された（おそらく検非違使）。承和の変に連座した藤原朝臣吉野の例に準じて、任期中の俸禄、従者はなく、帥としての仕事にも預かれないとの待遇であった。この点は、大宰府での生活が軟禁状態であったことからも知られよう。また、山城・摂津国では食べ物や馬を支給せず、路次の国でも同じ処遇であった。獄令15在路条によれば、罪人の移送には路次の国

が食料を支給し、伝馬を用いてもよい場合があった。実際、天平十年（七三八）、流人一人を護送するのに、刑部省の六位の役人一人と従者二人の計三人が当たっており（「周防国正税帳」）、獄令の規定が遵守されていたことがわかる（食料が支給された）。それに比べて、道真の処遇は過酷と言うべきであろう。

　この官符の理解には、『朝野群載』巻第二十・大宰府に収められた史料が参考になる。

可レ逓二送宇佐使一牒
蔵人所牒　大宰府
　応レ供二給逓送使等一事
　　正五位下行左衛門権佐藤原朝臣泰憲
　卜部正六位上直宿禰行盛
　小舎人二人
牒、件等人為レ令レ奉二御幣幷神宝於宇佐宮一、発遣如レ件。府宜二知レ状供給・逓送一。略牒到、准レ状。故牒。
　　長保四年十月　日　出納木工少属中原資任
別当右大臣兼右近衛大将藤原朝臣
　　　　　　　　蔵人左少弁源朝臣経成
頭右京大夫兼左近中将近江介藤原朝臣資房
　　　　　　　式部丞藤原公基
右近衛権中将兼備中介藤原朝臣信長

これは、下向する間、宇佐使が供給・逓送を受けるべきことを蔵人所が大宰府に命じた牒である。注目したいのは、使者に先んじて文書が大宰府に送られたわけではなく、使者がこの文書を携行して路次の駅家などに見せ、馬や食糧を供給してもらう仕組みになっていたことだ。宛所の大宰府はその最終目的地なのである。いわば任符に近い機能を持つ文書ということになる。さすれば、先の太政官符も領送使が携帯し、路次の国では供給が必要ないことを示し、大宰府に到着した段階で正任の帥に見せ、道真の処遇を伝達したのだろう。

漢詩が語る陸路

大宰府への経路については、陸路で山陽道を下る場合と、防人のように難波津から船で下る場合があったが、「山城・摂津等国食・馬を給うことなかれ。路次の国も又宜しく此に准ずべし」としているから、道真の場合は陸路であろう。現に『菅家後集』（左遷後の道真の詩を集めた集）には、播磨国明石駅長に示した漢詩が収められている。

さらに、『菅家後集』叙意一百韻には、道中の興味深いようすがつづられている。関係箇所だけ読み下しとともに掲げる。

（前略）
牛涔皆坎穽
鳥路惣鷹鸇
老僕長扶杖
疲驂数費鞭
（中略）
伝送蹄傷馬
江迎尾損船
郵亭余五十
程里半三千
（後略）

（前略）
牛涔《ぎゅうしん》、皆坎穽《かんせい》
鳥路、惣て鷹鸇《ようせん》
老いたる僕《しもべ》は長《つね》に杖に扶けらる
疲《つか》れたる驂《そいうま》は数《しばしば》鞭を費せり
（中略）
伝《うまや》は、蹄の傷《やぶ》れたる馬を送る
江は、尾《とも》の損《そこなわ》れたる船を迎う
郵亭、余ること五十
程里、三千に半《なかば》せり
（後略）

下向する際自分の命が狙われたこと、疲れた馬に鞭打ってもなかなか進まないばかりか、護衛の者が鞭を当てたことなどが述べられている。だが、それにもまして興味深いのは、「伝」には蹄が傷んだ馬、江には船尾の壊れた船が用いられ、「郵亭」すなわち駅家の数が五〇あまりであったとの指摘である。これらから、官符の命令どおり十分な供給が受けられなかったこと（「尾の損れたる船」とは渡河用であろう）、また、五〇強という駅家の数も、都から大宰府までのほぼ妥当な数字である（実際には六〇弱）。また、「程里三千に半す」、すなわち千五百里という数も、少し誇張はあるが正当な値である。この漢詩からみても、道真は陸路で大宰府に護送されたと推測される。

小野篁の駅家での歌

さて、最後に一つ。『古今和歌集』巻九・羇旅歌の歌を紹介しよう。

隠岐の国に流されける時に、船に乗りて出でたつ

とて、京なる人のもとにつかはしける

　わたの原八十島かけて漕ぎ出でぬと　人にはつげよ海人の釣り舟　　小野篁朝臣

『小倉百人一首』にも収められたあまりにも有名な小野篁の和歌である。

また、次のような漢詩も『和漢朗詠集』巻下に収められている。

渡口郵船風定出　波頭謫処日晴看　　野（小野篁）

渡口《とこう》の郵船《ゆうせん》は風定まって出づ　波頭の謫処《たくしょ》は日晴れて看ゆ　　野

彼は承和の遣唐副使に任じられながらそれを拒否し、その上遣唐使の派遣を風刺する漢詩を作った。それを読んだ嵯峨上皇は激怒して、官位を剥奪した上、隠岐への流罪に処した。いずれも船に乗って隠岐に出発する際のものである。

問題は、これらの歌や詩をどこで詠んだのかという点である。以前の注釈書の多くは難波津のこととしていた。篁は難波津から船旅をしたとみたのである。しかし、近年では、出雲国千酌《ちくみ》駅家でのものとする解釈が多くなってきた。佐伯有清『悲運の遣唐僧　円載の数奇な生涯』（吉川弘文館、一九九九年）での指摘が画期であろうか。

ちなみに、『今昔物語集』巻二十四・第四十五語には、篁が明石で和歌を詠んだ説話があり、隠岐から帰京した後に、篁から伝え聞いた話であるとしている。ある程度の信頼性がある説話であろう。やはり、篁も陸路をとった可能性が高い。

郡家（島根）より北へ去ること一十七里一百八十歩にして、隠岐の渡なる千酌の駅家の浜に至る。渡船あり。

（『出雲国風土記』巻末記）

隠岐へは、出雲国千酌駅家から船で赴くことになっていた。島根県松江市美保関町千酌が遺称地である。近年の注釈の妥当性は、道真の例からも裏付けられよう。なお、最近刊行された『松江市史』に、篁の和歌・漢詩は収められていない。（川尻秋生）

Ⅱ部　移動する人々・輸送を支える人々

1　防　人

小野一之

はじめに

律令国家が防人の制度を定めたことにより、東国の人民が畿内を経て西国の筑紫までのルートを定期的に往還することが常態化した。「都鄙間」交通を超えるような、列島を横断する長距離を、軍団に編成された大量の人々が移動を繰り返したことは、前後の時代に類を見ない出来事であるだけに、歴史的・社会的な影響は計り知れないものがあったのではなかろうか。

防人の制度は、大化二年（六四六）の大化改新詔の記載は措いて、天智三年（六六四）の対外的な防衛政策と関連して持統朝までに成立したとするのが通説である。一方、当初の防人が西海道地域の支配貫徹のための軍隊とする見解（野田、一九八〇）も否定しきれない（北條、二〇〇〇。宮瀧、二〇〇五）。また、防人軍の編成に国造丁・助丁・主帳丁と兵士の火長・上丁などからなる律令制以前の国造軍の遺制が見られることも指摘されている（岸、一九六六）。いずれにしても防人制度が律令国家の成立と軌を一にして登場し、天平宝字元年（七五七）の「東国防人」の廃止とその後の部分復活などの紆余曲折があったものの、養老軍防令に規定された確固たる制度であったことは間違いない。

防人制度が成立した七世紀後半は、列島に官道が敷設され駅制が整えられるなど、国家の交通体系も急速に整備されていく時期である。本稿では、主に『万葉集』に掲載された防人歌を素材に、律令体制のもとで実行された防人の交通の実態について、令制との関係や歴史的な意義についても再考することを目的としたい。

一　防人の行程㈠　―東海道と東山道―

『万葉集』巻二十には、天平勝宝七歳（七五五）に交替のため着任した防人とその家族の歌八十四首が、当時兵部少輔の立場にあった大伴家持によって採録・掲載されている。その防人の出身国は、遠江・相模・駿河・上総・常陸・下野・下総・信濃・上野・武蔵（掲載順）の十ヵ国となっている。また、天平十年（七三八）の「駿河国正税帳」（『大日本古文書』第二巻一〇六頁）には、帰還する伊豆・甲斐・相模・安房・上総・下総・常陸（記載順）の七ヵ国出身の防人数が記載されている。この他、『日本霊異記』中巻第三の説話の主人公・吉志火麻呂が武蔵国多磨郡の出身の「筑紫の前守」であり、佐賀県中原《なかばる》遺跡で近年発見された木簡に防人を示す「甲斐国□（津カ）戍□（人カ）」があるなど（小松、二〇〇六）、現在知られる防人の出身地はすべて東国である。養老軍防令は防人の徴発地を規定していないが、配置にあたっては津（難波津）を中継点として前後の交通を定めるなど、東国からの赴任を前提とした規定になっている。

では、こうした「東国防人」はどのようなルートで任地先の筑紫方面に向かったのであろうか。軍防令20衛士向京条に「防人の津に至らむ間に皆国司をして親ら自ら部領せしめよ」とあることから、まずは各国の国府に集合し、そこから出発したと想像できる。実際、天平勝宝七歳の防人歌の詞書によれば、国司が兼務する防人部領使によって国毎に歌が上進されている。

その防人歌に詠み込まれた地名を拾ってみると次のようになる。まず、各防人の故郷に近い地名として「遠江志留波の磯」（遠江・巻二十―四三二四番〈以下『万葉集』は断りがない限り巻二十より引用〉）、「駿河の嶺」（駿河・四三四五番）、「筑波嶺」（常陸・四三六七・四三六九番）、「鹿島の神」（同・四三七〇番）、「筑波の山」（同・四三七一番）、「千葉の野」（下総・四三八七番）、「碓氷の坂」（上野・四四〇七番）、「多摩の横山」（武蔵・四四一七番）がある。次に第一次集結地点である難波津までの旅の途次の地名としては、「足柄の御坂」「不破の関」（常陸・四三七二番）、「足柄の峰」（武蔵・四四二一番）、「足柄の御坂」「御坂」（同・四四二三・四四二四番）がある。

これらによると、武蔵の防人は武蔵国府（府中市）から直ちに南下し「多摩の横山」（多摩丘陵・多摩市）を抜けて東海道に入り、「足柄の御坂」（足柄峠・南足柄市）を越えたようである。東山道の上野の防人が「碓氷の坂」（入山峠・安中市）を越えるのは自然だが、宝亀二年（七七一）に東海道に移管される以前で、当時は東山道の属していた武蔵の防人も東海道に向ったのである。一方、常陸の防人は「足柄の御坂」を過ぎた後、東海道の鈴鹿関（鈴鹿市）ではなく、東山道の不破関（岐阜県垂井町）を採ったことが知られるので、武蔵を含めた東海道諸国のすべての防人は、東海道から東山道の尾張・美濃ルートで畿内方面に入った可能性がある。

すでに明らかにされているように（川尻、二〇〇二・二〇一三）、東国では東海道と東山道を混交させたようなルートが、奈良・平安時代を通じて国司の赴任や税の貢納などの人や物資の移動などに広く利用されていた。この「東日本の幹線路」と呼ばれるコースは、京から近江・美濃・尾張・三河・遠江・駿河・相模・武蔵・上野・下野・

陸奥へと繋がっていた。五畿七道の東海道・東山道に制約されない令制以前からの自然地形に即した列島の主要な交通路である。

大量の防人を一時に移動させる便宜上の方策である可能性もあるが、以上のように、防人の交通路は令制以前からのもので、令制に拘らないものであった。

二　防人の行程(二)　―海路の可能性―

防人は難波津に集結した後、瀬戸内海を船で移動することになっていたようである。軍防令20衛士向京条には「津より発たむ日には専使部領して大宰府に付けよ」とだけあるが、防人歌のなかには相模・上総・常陸・下野の防人が難波からの出航の情景を詠んでいることから、海路を採ったことは明らかである。ところが、難波津までの行程のなかでも船の使用を思わせる防人歌があることが注意される。それは次の二首である。

遠江志留波の磯と尓閇の浦と合ひてしあらば言も通はむ（四三二四番）

遠江のこの磯と浦が合わさっていたならば言葉が通わせられるのにと、防人は故郷への思いを詠う。遠江の防人歌は七首あるが、難波での歌はなく、いずれも難波に至る前の旅の途次でのものである。この二つの地名比定は困難なようだが、「志留波の磯」が家に近い磯、「尓閇の浦」が集合地の遠江国府に近い浦と考えられるので、この防人は、磯から浦まで、あるいは浦から先を船で渡ったと見るべきであろう。

久慈川は幸くあり待て潮舟にま梶しじ貫き我は帰り来む（四三六八番）

この常陸出身の防人は、故郷の川に向かって無事に帰って来るから待っていてくれと詠う。たくさんの楫を伴った潮舟に乗って帰って来ると言っているので、海路が想定されている。久慈川は太平洋の鹿島灘に流れ込んでいるので、河と海を繋ぐ水運のようにも取れる。

このようにわずかな例であるが、海路を採ったことを思わせる防人歌があるのはどうした訳であろうか。天平勝宝七歳（七五五）の防人歌については、この年の防人交替に際して、大伴家持が要職にあった兵部省から東国国司宛に歌を収集する旨の指令が出されていた、とする指摘がある（伊藤、一九九二・二〇〇五）。こうした事情により、武蔵の場合のように国府で防人歌が作られたり、相模・常陸・下野の防人のように難波あたりで集中的に詠われたり、国司や部領使の責任による積極的な対応が求められた。そうしたなかで、天平勝宝七歳以前の伝承歌の蓄積が参照されたのではなかろうか。

武蔵の防人歌「わが背なを筑紫へ遣りて愛しみ帯は解かななあやにかも寝も」（四四二二番）は、「昔年の防人の歌」として家持に贈られ、『万葉集』巻二十に掲載された「わが背なを筑紫は遣りて愛しみ結は解かななあやにかも寝む」（四四二八番）とほとんど同じ歌である。上野の防人歌「ひなくもり碓氷の坂を越えしだに妹が恋ひしく忘らえぬかも」（四四〇七番）は、巻十四の上野の東歌「日の暮れに碓氷の山を越ゆる日は背なのが袖もさやに振らしつ」（三四〇二番）と情景が一致する。このように、この時の防人歌の背景には過去の東歌・防人歌の伝承歌があったと考えられる（土屋、一九七九。針原、二〇一一）。また、右に引用した常陸の防人歌「久慈川は……」は巻九雑歌の「白崎は幸くあり待て大船にま梶しじ貫きまたかへり見む」（一六六八番）と発想が全く同じである。この歌の前後は紀伊国の歌が並び、「白崎」の比定地は和歌山県日高郡みなべ町である。

このように天平勝宝七歳の防人歌にはこの年代を遡る背景があることが確かめられるが、そのなかに、防人に限らず畿内方面への行程に海路を使っていた記憶が反映されているのではないか。令制以前に、陸奥の牡鹿地方（石巻市）と紀伊・上総国などを結ぶ「海の道」があったことが指摘されているが（平川、二〇一二）、七世紀後半に遡る防人の移動に海路が用いられた可能性を考えておきたい。

なお、下野の防人の「白波の寄そる浜辺に別れなばいともすべなみ八度袖振る」（四三七九番）は、故郷を出て間もなく浜辺を去るような情景であるが、下野は海に面しておらず、直後に難波津を離れる際の歌が続くので、これも難波での歌と見られる。また、武蔵の防人の「大君の命恐み愛しけ真子が手離り島伝ひ行く」（四四一四番）も家を出た直後の情景を詠んでいる。「島伝ひ行く」は、今日のほとんどの『万葉集』注釈書が瀬戸内海の海路の景観を示したものとしているが、武蔵の防人歌の場合、難波での歌がなく、すべてが国府での歌と考えられるので、この「島」は集落を示す古語のシマとすべきであろう（小野、二〇〇六）。この防人の出身は秩父郡であるが、現在の埼玉県秩父地方にもシマの方言が残されている。この防人は集合地である国府までの道の情景を詠っているのであろう。

ところで、『日本書紀』大化二年（六四六）三月条のいわゆる旧俗廃止詔のなかに、上京する百姓が三河・尾張の人に馬を預けることによるトラブルを戒める次の段がある。

> 復、百姓有りて、京に向る日に臨みて、乗る所の馬の、疲れ痩せて行かざらむことを恐りて、布二尋・麻二束を以て、参河・尾張、両の国の人に送りて、雇ひて養飼《か》はしむ。乃ち京に入りぬ。郷に還る日に、鍬一口を送る。而るを参河人等、養飼ふこと能はずして、翻《かへ》りて痩せ死なしむ。（中略）故に今、制を立てむ。凡そ路傍の国に馬を養はば、雇はるる人を将て、審に村首首は長なりに告げて、方に訓物《おくりもの》を授けよ。其の郷に還る日に、更に報を須ゐず。如し疲れ損へることを致さば、物得べからざれ。縦し斯の詔に違へらば、将に重き罪科せむ。

これについて、東国百姓が三河湾・伊勢湾を船で渡るために一時馬を預ける慣習があったことが推測されるが

（荒井、二〇一五）、防人の移動についても、この付近での馬の疲労を理由にした、海路を採る方法が旧来からあったことが考えられよう。この旧俗廃止詔の条項は、都鄙間交通を阻害する古い慣習を撤廃し日常化する意図があったとされるが（北、二〇一七）、陸路と海路の併用による混乱を避けるため、天平勝宝七歳の防人のように東海道を西に進んでから、尾張以西は東山道の不破関を貫ける陸路のコースを採ることに繋がっていったのではなかろうか。

律令国家が軍防令55防人向防条に「若し家人、奴婢及び牛馬、将《ゐ》て行かむと欲《ねが》ふこと有らば聴せ」と規定した理由は、防人の赴任先での農業経営を想定した可能性もあるが、一つには陸路を採ることを推進したことの反映でもあろう。しかし、その場合でも難波津以降が海路であることと関連して、三河・尾張での馬の賃貸や売却の問題があり、後にした地元でも農耕馬が必要であったため、実際に牛馬を伴う防人は限定されたのではなかろうか。次の武蔵の防人歌は、馬を放してしまい夫を徒歩で行かせたことを妻が悔やんで詠んだものであるが、陸路を徒歩で行かざるを得ない防人の状況を、馬が逃亡したというフィクションにもとづいて詠われたのであろう（小野、二〇一五）。

　赤駒を山野にはがし捕りかにて多摩の横山徒歩ゆか遣らむ（四四一七番）

以上のことから、律令国家のもとでの防人の交通は、難波津到着以前の行程においては、東海道と東山道を混交させることによる陸路優先のコースが採られたことが窺える。

三　防人の行程㈢　―宮都・難波―

さて、天平勝宝七歳に各国の部領使に引率された防人の一行は、難波に入る前に平城宮に立ち寄ったであろうか（今野・小野、二〇一三）。このような設問をする理由は、律令国家の課題として対外的な防備の任務に就く防人に対し、何らかの儀礼的な行為を行ない、国家の威容を見せつける最大の舞台装置が都城と考えるからである。税の貢進や衛士の任務などと異なり都城が目的地でない防人に、旅の行程に近い平城宮に行かせる必要はなかったであろうか。

当時の平城宮は恭仁京・紫香楽宮からの還都から十年が経ち、宮域南面の壬生門正面の東区では礎石建物の第二次大極殿・朝堂院の建設が進み、その前面ではやはり全棟礎石建物に替えられた兵部省が「ミニ朝堂院」のごとく式部省と左右並んでいたであろう（渡辺、二〇一〇a・b）。律令人民としての防人にこれを実見させることは、宮都の荘厳化のそもそもの目的に適うことであろう。

これについて、結論的には、少なくとも天平勝宝七歳の防人は平城宮に寄らなかったと考えたい。理由の第一は、難波に防人を検校する勅使が来ているからである。巻二十の一連の防人歌の直後に「三月三日、防人を検校せしときに、勅使と兵部の使人等と、同じく集ひて飲宴して作りし歌三首」（四四三三〜四四三五番）がある。歌を寄せたのは勅使紫微大弼安倍沙美麻呂と大伴家持である。難波津で防人の出航を見届け、業務が終了した上巳の節句に関係者の慰労の宴があったものと見られる。

難波にあった沙美麻呂と家持の歌は、「上がる雲雀」になぞらえて都への望郷の念を早くも募らせている内容である。多くの防人歌を採集し、自らも「防人の悲別の心を追ひ痛みて作りし歌」（四三三一〜四三三三番）、「防人の情と為りて思ひを陳べて作りし歌」（四三九八〜四四〇〇番）を詠った家持であるが、家族と悲痛な別れをして少なくとも三年は戻れない防人の心情に、家持を始めこの宴会の参加者は至っていないようである。

それはともかく、勅使と兵部省の幹部が難波に来て防人の検校をしているので、平城宮は通らなかったか、例え通過したとしても何も行われなかったとみていいだろう。「難波道を行きて来までと我妹子が付けし紐が緒絶えにけるかも」（四四〇四番）と詠ったのは上野の防人である。この防人の旅は、筑紫でもなく大和でもなく、難波への道と家族から認識されていたことも傍証となろう。

ところで、その場合の平城宮に替わる役割を果たしたのが、難波津に近い難波宮であった可能性はある。後期難波宮は天平年間の造営が知られ、天平十六年（七四四）の橘諸兄による皇都宣言に至っている（佐藤、二〇一〇）。天平勝宝八歳（七五六）には孝謙天皇の行幸もあったので、天平勝宝七歳当時も機能したはずである。防人の長い旅路における再編成の場として平城宮ではなく難波宮が果たしたとすれば、問題は副都制・複都制のあり方に関わってくるが、これ以上の考察を進める材料はない。

なお、防人一行が鈴鹿関の東海道ではなく不破関を貫ける東山道を使った場合、平城宮に立ち寄るためには迂回が必要であることも問題となる。近江・山城を通って南下する東山道を使って平城宮に入り、用務後は渋谷古道（加藤、二〇一六）などを再び北上して山陽道に通じる方法か、あるいは矢田丘陵と生駒山地を越える日下直越道（吉川、二〇〇九。馬場、二〇一七）、または大和川に沿う竜田道を行くことになろう。防人検校のため難波に行く大伴家持が竜田道を行ったことは、下総の防人歌を採録した直後に掲載した自身の歌に「竜田山見つつ越え来し桜花散りか過ぎなむ我が帰るとに」（四三九五番）があることによって知られる。平城宮に立ち寄る必要がなければ、防人一行は不破関を通った後、逢坂関も越え、平安京期の山陽道に相当するルートを行き、『延喜式』兵部78畿内駅伝馬条記載の山崎駅、島上郡家跡の発掘調査で八世紀前半の遺構を検出した山陽道を通り（宮崎、二〇〇四）、途中で南に折れ難波にたどり着くのが、最も自然で最短のコースであろう。

さて、難波での兵部省による検校と筑紫に向けての出航に伴う儀礼が壮麗だったことは、一連の防人歌から見て取れる。天平勝宝七歳の防人歌八十四首の歌のなかで、推定も含めて「難波津」での出航前後の歌と思われるのは十四首程に及ぶ。『万葉集』掲載歌は「拙劣歌」を除いたものなので詳細はわからないものの、遠江・駿河・信濃・上野（先に引いた「難波道」の歌は含めない）・武蔵のように難波の歌が全くないのは、難波到着以前に作歌と採集が終わっていたからであろう。単純計算すれば以上五ヵ国を除く五ヵ国の防人歌四十八首のうち三割程度が難波での歌となる。そこでは、次のように「船飾り」「船装ひ」の語が使われている。

難波津に装ひ装ひて今日の日や出でて罷らむ見る母なしに（四三三〇番）

おしてるや難波の津ゆり船装ひ我は漕ぎぬと妹に告ぎこそ（四三六五番）

白波の寄そる浜辺に別れなばいともすべなみ八度袖振る（四三七九番）

最初の相模の防人はこの晴れの舞台の出立の儀式を母に見てもらえないのを残念がり、次の歌の常陸の防人は、この出航式のことを家に残した妻に伝えてくれと訴え、下野の防人は、いよいよ難波津を離れるにあたって見えもしない故郷に向けて八度も袖を振った。「船装ひ」には出航の準備のことであるが、同じ『万葉集』のなかでも「我が大君皇子の御門を神宮に装ひまつりて」（巻二―一九九番）、「年に装ふ我が舟漕がむ」（巻十―二〇五八）の用例が示す通り、特別の装飾や設えの意が込められている。国家により強制された儀式とは言え、検校を終えた防人の難波出立式のようなセレモニーが大規模に行われたからこそ、防人たちはその興奮を歌に託したのであろう。

防人歌は全体として「大君の命恐み」（相模・四三二八番、上総・四三五八番、下総・四三九四番、信濃・四四〇三番、武蔵・四四一四番、大伴家持の「防人の情と為りて思ひを陳べて作りし歌」〈四三九八番〉も使う）のような類型的な表現や語が多く、儀礼的な作歌場面を想定せざるを得ないことがあるが、難波での歌には異様な切迫感を感じさせる歌が少なくないように思う。次の歌は下野の防人によるものだが、その代表例であろう。難波まで来て他国からの防人集団も集まり、大量の兵士が船に乗せられ、異常な雰囲気の中で次々に船が港を出発する光景にこの一防人は戦慄する。今までの旅路では実感がわかなかったのであろう、ここにきてついに観念せざるを得なかったのである。もはや故郷のこと、妻のこと、己の防人としての任務のことなどは言葉にも出せない状況に追い込まれているのである。

　国々の防人集ひ船乗りて別るを見ればいともすべなし（四三八一番）

以上のとおり、律令国家は防人の筑紫方面への配置までの交通において、難波津での出航の儀礼を、最大のセレモニーとして位置付けた様子が窺える。

おわりに

　これまで天平勝宝七歳の防人歌から防人交通のルートを考察してきたが、歌の中で先々の地名が詠み込まれるのはむしろ特異な場合であったかも知れない。と言うのは、この年以外の『万葉集』の防人歌に経路の地名を扱った歌がないからである。巻十四の「防人歌」五首（三五六七～三五七一番）には全くなく、巻二十の「昔年の防人歌」八首（四四二五～四四三二番）に、最終目的地を示す「わが背なを筑紫は遣りて」（四四二八番）があるのが唯一の例外である。同じ巻の四四三六番の「昔年に相替はりし防人歌一首」に至っては、「闇の夜の行く先知らず行く我を何時来まさむと問ひし児らはも」と、行先不明と防人本人が明言している。

　恐らく天平勝宝七歳の防人歌の場合は、先述したように、兵部省から各国の国府に歌を収集する計画が知らされていたことと関係しているのであろう。特に武蔵の場合のように、防人歌が国府において国司の指導のもとで、「仮想の妻たち」も含めて歌が創られたとすれば（小野、二〇一一・二〇一四）、その作歌の場において、これから防人たちが進む「多摩の横山」「足柄の御坂」「筑紫」などの地名が歌の題材として提示されたと考えるのである。

防人の定員は三千人で、毎年千人の新防人が交替で着任したとする試算がある（瀧川、一九七四）。これに伴う防人集団の交通が繰り返されることにより、東国の地元においても経路や目的地の地理的な情報が伝承されることはあったであろう。要は、こうした列島を横断するような千人単位の防人の交通が律令国家の制度として強制され、これが定期的に繰り返されたことが重大な意味を持ったのである。郡司層などの地方豪族が交通を独占することを防いだ役割もあったであろう（松原、二〇〇九）。一方では、防人歌が、防人宣誓式やこれに関わる宴のような集団の場で誕生し（吉野、一九八四）、家持はこれを採集することにより身分を越えた和歌世界の共有をめざした（東城、二〇一六）。こうした交通体系の整備と和歌文化の形成という文明化が進められたことにより、律令国家の版図の地理的な情報が律令人民の間にも浸透していったのである。

また、先述の佐賀県中原遺跡出土の木簡によれば、甲斐国から徴発された防人の一部が延暦年間に至って土着していることが指摘されている（平川、二〇一四。川尻、二〇一七）。前後の時代に例を見ない防人の制度により、大量の「東国防人」たちは、列島の横断を繰り返すとともに、西国での土着化を進めた。防人は律令国家の東西の均質化に対しても一定の役割を果たしたのではなかろうか。

参考文献

荒井秀規、二〇一五「古代史料にみる海路と船」（鈴木靖民・川尻秋生・鐘江宏之編『日本古代の運河と水上交通』八木書店）
伊藤　博、一九九二『萬葉集の歌群と配列 下』（塙書房）
　　　　　二〇〇五『萬葉集釋注 十』（集英社文庫）
小野一之、二〇〇六「万葉東歌・防人歌と歌枕の世界」（『新版 武蔵国府のまち　府中市の歴史』府中市教育委員会）

二〇一一「万葉集と東国の旅路」（『古代東海道と万葉の世界』葛飾区郷土と天文の博物館）
二〇一四「『万葉集』防人歌の虚実」（『歴史と文学―文学作品はどこまで史料たりうるか』小径社）
二〇一五「「防人、国府からの旅立ち」と「中世合戦物語―ある僧の回想―」常設展示室リニューアルにともなう映像ナレーションの記録」（『府中市郷土の森博物館紀要』二八）
加藤真二、二〇一六「「渋谷越」雑考」（『奈良文化財研究所紀要』二〇一六）
川尻秋生、二〇〇二「古代東国における交通の特質―東海道・東山道利用の実態―」（『古代交通研究』一一）
二〇一三「山道と海路―信濃国・越後国・会津郡と日本海交通―」（鈴木靖民・吉村武彦・加藤友康編『古代山国の交通と社会』八木書店）
二〇一七『坂東の成立』（〈古代の東国2〉吉川弘文館）
岸　俊男、一九六六『日本古代政治史研究』（塙書房）
北　康宏、二〇一七『日本古代君主制成立史の研究』（塙書房）
小松　譲、二〇〇六「佐賀・中原遺跡」（『木簡研究』二八）
今野耕作・小野一之、二〇一三「万葉集防人歌「赤駒」の歌をめぐって（対談）」（『府中市郷土の森博物館紀要』二六）
酒井芳司、二〇一六「九州地方の軍事と交通」（舘野和己・出田和久編『日本古代の交通・交流・情報1　制度と実態』吉川弘文館）
佐藤　隆、二〇一〇「後期難波宮の造営過程と〝副都制〟の再検討」（『条里制・古代都市研究』二五）
瀧川政次郎、一九七四『萬葉律令考』（東京堂出版）
土屋文明、一九七九『萬葉集上野國歌私注』（第二版、煥乎堂）
東城敏毅、二〇一六『万葉集防人歌群の構造』（和泉書院）
野田嶺志、一九八〇『防人と衛士―律令国家の兵士』（教育社歴史新書）
馬場　基、二〇一七「都城の造営と交通路」（鈴木靖民・荒木敏夫・川尻秋生編『日本古代の道路と景観―駅家・官

衙・寺―』八木書店）
針原孝之、二〇一一『大伴家持―人と文学』（勉誠出版）
平川　南、二〇一二『東北「海道」の古代史』（岩波書店）
二〇一四『出土文字に新しい古代史を求めて』（同成社）
北條秀樹、二〇〇〇『日本古代国家の地方支配』（吉川弘文館）
松原弘宣、二〇〇九『日本古代の交通と情報伝達』（汲古書院）
宮崎康雄、二〇〇四「摂津国」（古代交通研究会編『日本古代道路事典』八木書店）
宮瀧交二、二〇〇五「防人」（平川南・沖森卓也・栄原永遠男・山中章編『文字による交流』〈文字と古代日本2〉吉川弘文館）
吉川真司、二〇〇九「生駒山麓の初期行基寺院―石凝院と生馬院―」（『ふるさと生駒―三〇周年記念誌―』生駒民俗会）
吉野　裕、一九八四『防人歌の基礎構造』（筑摩叢書）
渡辺晃宏、二〇一〇a『平城京一三〇〇年「全検証」』（柏書房）
二〇一〇b「平城京の構造」（田辺征夫・佐藤信編『平城京の時代』〈古代の都2〉吉川弘文館）

2　脚夫・乞食・死穢

今津勝紀

はじめに

調庸の輸納について、養老賦役令3調庸物条では、

凡調庸物、毎レ年八月中旬起輸、近国十月三十日、中国十一月三十日、遠国十二月三十日以前納訖。其調糸七月三十日以前輸訖。若調庸未レ発二本国一間、有二身死一者、其物却還。其運脚均出二庸調之家一、皆国司領送。不レ得二僦勾随レ便羅輸一。

と定めている。これによると、調庸物は京からの地理的距離により、国々で毎年八月中旬より輸させ、近国は十月三十日、中国は十一月三十日、遠国は十二月三十日までに納め訖ることとされており、その調庸物の運脚は均しく庸調の家が負担することになっていた。すなわち自弁である。

養老四年（七二〇）には、調庸の脚夫を除いて、雑物の輸送に携わる担夫には帰国の路糧が支給され（『続日本紀』

養老四年三月己巳条)、神亀元年（七二四）には雑物を京に運ぶ向京担夫に糧料が支給されるようになり（『続日本紀』神亀元年三月甲申条）、年料舂米や雑物の運送には正税を財源とした路糧が支給され、場合によっては担夫が雇傭されることもあったのだが、調庸に関しては一貫して令の原則が維持された（加藤、二〇〇五）。

日本古代の最大の人口集中地は都城であり、現在、平城京の人口は一〇万人を切るだろうと言われているが（鬼頭、二〇〇〇）、それはいわば定住する人口を数え上げたものである。別の機会に述べたことだが、古代の都城には一年を通じて貢調や舂米運京などを通じて、つねに三千人から五千人といった規模の一時的な流入人口が存在した（今津、二〇一六）。都市の定住人口に比して、膨大な量の流入人口があったことになる。すなわち、都城は諸国からの脚夫や駄馬であふれていたのだが、これだけの規模の人口の移動は、日本古代において最大のものであったろう。

ここでは、こうした脚夫の移動がどのような社会的意味をもったのか、以下、脚夫と寺院、脚夫と乞食、乞食と死穢について考えてみたい。

一　脚夫と寺院

まず取りあげたいのは、『東大寺諷誦文稿』である（以下、諷誦文稿）。諷誦文稿は鵜飼徹定旧蔵の『紙本墨書華厳文義要決』巻一の紙背に記されたもので、戦前に国宝指定されたが第二次世界大戦で焼失し、現在は戦前にコロタイプで刊行された複製本のみが存在する。諷誦文稿の一部にヲコト点が含まれるため、国語学者により注目され（中田、一九六九。築島、二〇〇一）、それは法会に際して読誦される願文・表白、講話の類いが含まれる雑多な書付とされてきたのだが、近年、諷誦文稿の検討が進み、それが天長年間に成立したものであること（小林、一九九一）、諷誦文稿は南都の官大寺僧の説法の手控えであることなどが明らかにされ（鈴木、一九九四）、藤本誠が諷誦文稿は法会での利用を前提として編纂された法会次第とでもいうべきものであり、それは首尾一貫したものであったことを明らかにした（藤本、二〇一六）。藤本の研究により、法会次第としての諷誦文稿、法会での例証譚としての『日本霊異記』というように、それぞれの性格が明確になり、これらを組み合わせて、当時の法会の様子を具体的に復原することが可能になった。

諷誦文稿全体については藤本の研究に詳しいが、ここで注目したいのは、そこに調庸運脚により旅路で没逝した「東西国亡霊」を供養する話がふくまれることである。次のようにある。

乞二誓東西国亡霊等一、蔵レ形布端、是東国之物産。寒時曳蒙綿端、西国所レ出。然由二官言朝庭言一、離二已本郷妻子眷属中一、辛二苦旅路一、不レ凌二寒風霜雪一、飢二寒遠道一、仮令、无レ福之人、中途得レ病、不レ得二一杪之湯・片手之米一、不三相二見親愛妻子老父母一、没二逝旅路一。東国人作二道路荊本之魂魄一、西国人作二風波之下霊海浜之尸一。留レ国相待親属都不三計二知忌日一。留レ家相恋妻子不レ知二其葬墓一。如レ是類国家甚多。三途誰助済。故垂二平等之諷誦一。一切諷誦云。法華名云。心経云。阿弥云。地蔵云。

これは東西諸国の亡霊を慰めるもので、そこに描かれているのは、官や朝廷の命令により己が属する本郷、妻子や眷属を離れて、辛苦の旅路にでた亡霊である。東国の布、西国の綿といった産物がみえるが、これらはいずれも調庸で貢納される品々である。すなわち、これは調庸運脚により帰郷することなく、中途で病をえて亡くなった脚夫を悼んだものにほかならない。

この点について、鈴木景二は地域の寺院での亡霊鎮魂仏事を反映すると指摘する（鈴木、二〇一四）。地域の寺院において、脚夫の亡霊を慰めることは行われたものと考えられるが、内容としては、東国と西国が対に表現されており、東西国の亡霊を慰撫するのであるから、それは中央の方がふさわしいのかもしれない。中央の寺院における法会で読まれてもおかしくない内容にも思われるが、ここで注目したいのは、こうした調庸運脚が道半ばで死没するものが多くあったとされること、また、そうした亡霊の鎮魂を寺院が行っていたことである（中林、二〇〇七）。

まず、寺院が交通機能を担っていたことはよく知られる事実であり、八世紀の行基の諸事業は交通に関わるものであった。例えば、『日本三代実録』貞観十八年（八七六）三月三日条には、

是日。山城国泉橋寺申牒曰、故僧正行基、五畿境内建二立卌九院一。泉橋寺是其一也。泉河渡口、正当二寺門一。河水流急、橋梁易レ破。毎レ遭二洪水一、行路不レ通。当土道俗合レ力、買二得大船二艘・小船一艘一、施二入寺家一。以備二人馬之済渡一。太政官、天長六年・承和六年両度、下二符国宰一、充二配浪人一、守二護寺家及船橋一。而国吏称レ非二永例一、比年无レ宛。望請重被二下知一、永配二浪人一、視二護寺家及船橋一。太政官処分。依レ請焉。

とあるように、行基によって、木津川の架橋にともない泉橋院という布施屋が設けられたが、この泉橋院はのちに泉橋寺となったことがみえる。しかし、川の流れが急で洪水に遭うたびに通行できない状況にあったので、天長六年（八二九）と承和六年（八三九）の二度にわたり、浪人すなわち浮浪人を配して寺家と舟橋を守らせることを命じたが、国司が遵守しないので、重ねてそれを命じたものである。

こうした布施屋はいずれも交通路に設けられるものであり、そこを行き交う人々の便宜のために設けられた。東大寺も布施屋を設けているように（『大日本古文書』第四巻五二〇頁）、寺院の作善行為として普遍的なものであり、道路と寺院はセットで作られた。

『続日本後紀』承和二年（八三五）六月癸卯条には、

（前略）勅。如レ聞、東海・東山両道、河津之処、或渡舟数少、或橋梁不レ備。由レ是、貢調担夫来二集河辺一、累

レ日経レ旬、不レ得二利渉一。宜三毎レ河加二増渡舟二艘一。其価直者、須レ用二正税一。又造二浮橋一、令レ得二通行一、及建二布施屋一。備レ橋造作料者用二救急稲一。

とあるが、この命令は三代格にも収められており、承和二年六月二十九日格によると、この時、浮橋二ヵ所、東海・東山道の渡船一六艘、布施屋二ヵ所が設けられたこと、その事業を任された預は大安寺僧の忠一であったことがうかがえる（『類聚三代格』巻十六・船瀬幷浮橋布施屋事）。承和二年に設けられた布施屋は、美濃・尾張両国の堺に位置する墨俣川の左右辺に設置されたものだが、その理由は、貢調脚夫が日を累ね旬を経れども「不レ得二渡達一、彼此相争、常事二闘乱一、身命破害、官物流失」によるものだった。こうした交通に関する実践的な施設の建設は僧侶が担った。仏教では、福徳を得ることのできる供養対象として、三法・父母・貧窮者があり、そのための敬田（三法）・恩田（父母）・悲田（貧窮者）の三福田をもうけることがあるが、布施屋の設置はそうした悲田の一種であり、貢調脚夫は貧窮者に他ならなかったのである。

　日本に仏教が伝来したのは六世紀の欽明朝のことだが、六世紀の末に飛鳥寺が建立されて以降、寺院は少しずつ拡大していった。

『日本書紀』推古三十二年（六二四）九月丙子条には、

校二寺及僧尼一、具録二其寺所レ造之縁、亦僧尼入道之縁、及度之年月日一也。当二是時一、有二寺卌六所、僧八百十六人、尼五百六十九人、幷一千三百八十五人一。

とあり、寺及び僧尼の登録が行われる。これは後に寺院単位で作成される資財帳の基礎になるが、七世紀の前半において寺院の数は四六ヵ所、僧尼あわせて一三八五人にすぎなかった。

　こうした七世紀の前半、いわゆる飛鳥期に遡る寺院は少ない。例えば吉備の場合、賞田廃寺・大崎廃寺・秦原廃寺・箭田廃寺の四箇寺に過ぎないのだが、七世紀後半の白鳳期になると一気に四三ヵ寺へと増える（湊・亀田、二〇〇六）。このように白鳳期に寺院が爆発的に増加することは考古学的にも確認されており、現在、全国で約五〇〇程度の古代寺院跡が検出されている。

『扶桑略記』持統六年（六九二）九月条には

（前略）有レ勅、令レ計二天下諸寺一。凡五百四十五寺、寺別施二入燈分稲一千束一。大官大寺、資財奴婢、種々施入。
改二旧洪鐘一、加二調銅数千斤一、新鋳レ之。

とあり、寺院に燈分の稲を施入したことがみえるが、持統六年の段階で対象となった全国の寺院の数は五四五にのぼった。持統六年勅にみえる寺の数は、考古学的に検出された寺院跡と近似しており、この程度の数の寺院が建立されたことは事実であったろう。

このように寺院が増加する背景には、これまでも指摘されてきたことだが、『日本書紀』天武十四年（六八五）三月壬申条に、

詔、諸国毎レ家、作二仏舎一、乃置二仏像及経一、以礼拝供養。

とあるように、この時期に諸国で家ごとに仏舎を作り、仏像・経を安置すること、すなわち氏毎に寺を作ることを奨励したことがあるだろう。古く川原寺式瓦の広範な分布がそれに関連すると考えられてきたところでもある。

また、この時期には王権の命により、金光明経・仁王般若経がしきりに読まれているが、こうした経典の普及はあくまでも仏法による護国を目的としたものであった。この時期に建立される寺院の伽藍配置には規則性があるが、塔と金堂を中心とする清浄な仏地を僧尼の活動の場である講堂や僧坊が囲む構造は、本郷真紹が指摘するように、寺院が清浄なる空間であることを示すとともに、王権・朝廷の清浄性を視覚的に示すものでもあった（本郷、二〇

〇五）。すなわち、仏教興隆の主導者が天皇であることを広く示すとともに、天皇の清浄性を可視的にも演出するのである。

仏教そのものに即してみると、以上はこれまでの古代仏教史研究で広く共有されている認識といえるだろう。しかし、この時期に天皇を清浄として頂点に位置づける寺院が日本列島で爆発的にふえることの意味は、もう少し広く社会全体に関わる文明史的問題として捉えられてもいいように思う。実は、寺院が爆発的に増加するこの時期は、まさに列島規模での人の移動が活発化した時期であり、その最たるものが中央化される物流であった。古代の税制が整備されるのにともない、多くの人々が都を目指すようになるのである。

評制の成立する大化五年以降には、男身之調が施行されたが、『日本書紀』白雉元年（六五〇）二月戊寅条では、白雉の祥瑞を長門が献上したことにより「三年調役」が免除されており、少なくともこの頃には、毎年賦課される調としての税体系が成立した。但し、律令調制の特徴は丁男からの収取にあり、こうした丁調は、鬼頭清明が指摘するように、食封制や兵制に関連するもので、編戸をへることにより成立する（鬼頭、一九七九）。そのため一般に言われているように、丁調は、天智朝の庚午年籍作成以降、天武朝に至る律令的公民制創出の過程に対応して実現すると考えるべきであろう。恐らく天武朝には、ミツキとしてのニヘを含む調制の体系及び丁男からの収取という律令調制の原型が成立したものと思われる（今津、二〇一二）。

もとより、列島規模の人の移動を考えるならば、王宮への上番や奉仕など、移動そのものは古くからあるのだが、七世紀中葉以降に税制が整備されるのにともない、それを運ぶ人の移動が大規模化したことが想定できる。寺は、行路の人が病をえたならば参宿し（『日本霊異記』下二八）、飢人や乞食に施行する施設でもあったが（吉野、二〇一〇）、七世紀の後半に至り、寺院が爆発的に増加する現実的な背景として、こうした列島規模での人と物の移動の活発化があったのである。

二　乞食化する脚夫

このように律令制の形成にともない脚夫は大幅に増加したと考えられるのだが、諷誦文稿に示されるように、脚夫の往還は過酷なものであった。

調庸の場合、『延喜式』段階に至るまで令制の原則が維持されたので、調庸脚夫の往還が困難をきわめたことは想像に難くない。無事に都にたどり着いたとして、調庸の納入事務は数日間にわたり、脚夫の場合、それにとどまらず京下で労役に徴発されることがままあった。『日本後紀』大同四年（八〇九）九月丙午条には「停レ役二諸国脚夫於京下一、以二旱疫民疲一也」とあり（『類聚国史』巻一七三）、この年の冬、これから上京する諸国からの脚夫を京下で使役することを停止しているが、こうした脚夫の使役は止まなかったようで、弘仁十三年（八二二）正月二十六日格では、次のように命じている。

　太政官符
　応レ停二止脚夫役一事
右被二右大臣宣一偁、奉　勅、頻年諸国損害相仍。百姓困窮、無レ所レ息レ肩。而貢調人夫、入レ都脱レ担、未レ経二幾日一、東西駆使。憂歎之懐、逐レ年有レ聞。撫臨之道、事須二矜恤一。宜三諸国脚夫都下之役、自今以後永従二停止一。
　　弘仁十三年正月廿六日

これによると、貢調人夫が都に入ってようやく担を脱するも、未だ幾日を経ずして、東西に駆使されているが、諸国疲弊の折、こうした「都下之役」を停止するよう命じたものである（『類聚三代格』巻一七・蠲免事）。このような命令の実効性がどれほどのものかは判らないが、上京した脚夫がさまざまに駈使されることは、当然のごとくあり得ることであったろうし、なくなるようなものではなかった。

そして、上京した脚夫のなかには、帰郷の機会を逸するものもあった。天平宝字二年（七五八）の冬には平城京の市辺に「餓人」が多くあったとされるが、それは諸国の「調脚」の帰郷困難者であった（『続日本紀』天平宝字三年五月甲戌条）。平城京の東市の西辺には相模国が所有する広さ一町の調邸が存在したが、調邸という名称から考えて、その機能は何よりも綱領郡司・貢調脚夫を貢納物とともに収容する施設であったろう。市辺にはこうした脚夫が多く集まっていたはずであり、特に冬は諸国より貢調脚夫が集中する時期でもある。脚夫のなかには、市辺の「餓人」に転落するものも多くあったのではなかろうか。平城京の東西市頭には、大勢の「乞丐者」がいた（『続日本紀』天平宝字八年三月己未条）。

ようやく帰還がかなうとしてもそれには困難がともなった。一応、戸令32鰥寡条には、

　凡鰥寡、孤独、貧窮、老疾、不レ能二自存一者、令二近親収養一。若無二近親一、付二坊里一安䘏。如在レ路病患、不レ能二自勝一者、当界郡司、収付二村里一安養。仍加二医療一、并勘二問所由一。具注二貫属一。患損之日、移二送前所一。

とあり、路にあって自勝することのできないものは、当界の郡司が村里に付して安養させ、医療を加え回復をまって前所に送ることになっていた。また往還の困難対策として、『延喜式』雑式30駅路植菓樹条に「凡諸国駅路辺植二菓樹一。令三往還人得二休息一。若無レ水処。量便掘レ井」と規定するように、往還の人のために路辺に果樹を植え、井戸を掘るなど便宜をはかったりもしていた。

こうした脚夫の往還を支援する施策は古くからみえるところで、和銅五年（七一二）には「詔曰、諸国役夫及運脚者、還レ郷之日、粮食乏少、无レ由レ得レ達。宜下割二郡稲一別貯二便地一、随二役夫到一任令中交易上。又令下行旅人必齎レ銭

為レ資、因息二重担之労一、亦知中用銭之便上」(『続日本紀』和銅五年十月乙丑条)との措置が出されている。これは当時発行された和銅開珎を役夫や運脚に持たせ、地方政府の財源となっていた郡稲を適当な場所に割き置き、それを道中の糧食として和銅開珎と交換させることを命じたもので、律令国家による銭貨の回収手段としての意味もあるが、往還の脚夫の便を考えてのものでもあったろう。粮食乏少にして本郷に達することのできないものもいたのである。

　また、この措置に関連して、『続日本紀』和銅六年(七一三)三月壬午条には、

　又詔、諸国之地、江山遐阻、負担之輩、久苦二行役一。具二備資粮一、闕二納貢之恒数一、減二損重負一、恐二饉レ路之不レ少。宜下各持二一嚢銭一、作二当炉給一、永省二労費一、往還得上レ便。宜下国郡司等、募二豪富家一、置二米路側一、任中其売買上。一年之内、売二米一百斛以上一者。以レ名奏聞。(後略)

とあるように、負担の輩の往還を支援するために郡稲だけでなく、近隣の豪富の家を募り米を供出させ、路側での売買に任すべしとの措置がとられている(『続日本紀』和銅六年三月壬午条)。いずれも往還の役夫・脚夫のための政策だが、当時は平城京の造営も開始されており、徴発された雇役丁など役民も多く上京した。通常の負担の輩に加えて交通量が増加したはずだが、これら役民と脚夫が交換できる食料の供給が滞っていたことが考えられるだろう。

　こうした脚夫の往還のための政策は、次々と出された。

『続日本紀』養老五年(七二一)四月癸卯条には「令三天下諸国、挙二力田之人一」とあり、力田の褒賞が行われる。癸卯は二十七日に相当するが、同日に出された養老五年四月二十七日格は『類聚三代格』巻十二・隠首括出浪人事・天平八年二月二十五日格に引用されており、次のようにあった。

　勅、養老五年四月廿七日格云、見二獲浮浪一、実得二本貫一、如有二悔レ過欲レ帰者一、逓二送本土一者。更煩二路次一。宜下随二其欲一レ帰与レ状発遣上。又云、自余無レ貫編二附当処一者。宜下停二編附一直録二名簿一、全輸二調庸一当処苦使上。

天平八年二月廿五日

ここに引用された養老五年四月二十七日格は、括出した浮浪で本貫への帰還を願うものにつき、本土への逓送を命じたものであるが（鎌田、二〇〇一）、坂江渉も指摘するように、この浮浪の逓送と力田褒賞は関連するものであった（坂江、二〇一五）。

例えば、『続日本後紀』天長十年（八三三）十月辛卯条には、

安芸国（中略）又言、力田佐伯郡人伊福部五百足・同姓豊公・若桜部継常等所㆓耕作㆒田各卅町已上、貯積之稲亦各四万束已上、並立性寛厚、周施㆓困乏㆒。往還糧絶・風雨寄宿之輩、皆得㆑頼焉。詔各叙㆓一階㆒。

とあるが、力田である伊福部五百足らが表彰された具体的な理由は、「往還糧絶・風雨寄宿之輩」といった「困乏」への施しであった。力田は、孝子・順孫・義夫・節婦とならび褒賞されることがあるが、卓越した農業経営が褒賞されるのではなく、『日本文徳天皇実録』嘉祥三年（八五〇）七月甲申条に、

伊予国力田物部連道吉・鴨部首福主等叙㆓位一階㆒。道吉等傾㆓尽私産㆒、賑㆓贍窮民㆒。故有㆓此賞㆒。

とあるように、私産を傾尽し、窮民を賑贍したがゆえに褒賞されるのであった。

こうした窮民には「往還糧絶・風雨寄宿之輩」が含まれるのであり、調庸運脚などの往還百姓への支援が力田には期待されていた。養老五年の力田褒賞は本貫へ逓送される浮浪人への支援策として理解できるが、これが同日に出されている理由はそこにある。この力田推挙の直前には、山陽道の通過する諸郡の分割記事がみえるが、これもそうした交通政策の一環として理解すべきであろう。養老五年に律令政府は山陽道をはじめとする交通制度を整備したのである。

しかし、こうして実際に、帰還の途についたとしても脚夫は困難に見舞われた。『続日本紀』天平宝字元年（七

五七）十月庚戌条に、

勅曰、如聞、諸国庸調脚夫、事畢帰レ郷、路遠糧絶。又行旅病人、無二親恤養一、欲レ免二飢死一、餬レ口仮レ生。並辛二苦途中一、遂致二横斃一。朕念二乎此一、深増二憫矜一。宜下仰二京国官司一、量二給糧食医薬一、勤加二検校一、令上レ達二本郷一。若有二官人怠緩不レ行者一、科二違勅罪一。

とあるように、貢調脚夫のなかには食料も途絶し、病をえても看る人もなく、遂に横斃するものがでた。こうした脚夫は多くあったようで、『日本後紀』延暦二十四年（八〇五）四月癸卯条でも、

勅、如聞、貢調脚夫、在レ路留滞、或飢横斃者衆。良由下路次国郡不レ存二法令一、随レ便村里無上レ意二撫養一也。自今以後、如有二此色一、当界官司、拠レ法科処。郡国官司、存レ情相救。其医療供給、一依二法令一。

として、路にあって動けなくなり、飢えて横斃する者が多いので、戸令鰥寡条の規定の通り、国郡官司が医療を供給すべきことが求められている。この点は『延喜式』にも継承されており、諸国往還の百姓の保護を専当国司に義務づけ、正税による収養や病者の送達、死者の埋葬を義務づけてられている（民部下39在路飢病条）。

関連して戸令11給侍条に、

凡年八十及篤疾、給二侍一人一、九十二人。百歳五人。皆先尽二子孫一。若無二子孫一、聴レ取二近親一。無二近親一、外取二白丁一。若欲レ取二同家中男一者、並聴。郡領以下官人、数加二巡察一。若供侍不如法者、随レ便推決。其篤疾十歳以下、有二二等以上親一者、並不レ給レ侍。

とあるように、高年と篤疾者には子・孫をはじめとする近親が、さらに近親がいない場合には非近親者の白丁が侍丁に充てられた。篤疾とは、戸令7目盲条に規定があるように、悪疾・癲狂・二支癈・両目盲であり、侍丁とは、八十歳以上の高年とこれらの者の世話をする丁のことである。古代の日本においても近親者による高年・篤疾者の

看養は普遍的なことであった。

また、『日本書紀』皇極元年（六四二）五月丙子条には、

翹岐児死去。是時、翹岐与レ妻、畏二忌児死一、果不レ臨レ喪。凡百済・新羅風俗、有二死亡者一、雖二父母兄弟夫婦姉妹一、永不二自看一。以レ此而観、無レ慈之甚、豈別二禽獣一。

とあり、百済の義慈王に連なる翹岐の児が亡くなった際、翹岐とその妻が児の死を忌みて、喪に臨まなかったことを伝えるが、それは百済と新羅の風俗であり、慈悲のないこと禽獣とかわりないと非難している。この前後の記事には翹岐の従者が死亡したこと（五月乙亥条）、翹岐が妻子を連れて家移りしたことがみえるので（五月戊寅条）、これは死穢を避けるものであったのかもしれず、『日本書紀』本文が伝える理由が本当であるのかは定かでないが、少なくとも近親者が喪葬を行うことは前提とされており、古代においても近親者は看護と葬送を担ったものと考えられる。こうした近親者による看病も喪葬もかなわないのが、まさに諷誦文稿で鎮められる亡霊となった、都で市辺の「餓人」に転落した脚夫、往還の路次で横死する脚夫であった。このような習俗は日本の古代社会の本質に関わるものであり、実に根深いものがあった。

三　死穢の恐怖　―感染症の忌避―

市辺の餓人は乞食をするのだが、路にて横死する脚夫も乞食と同様の存在であったろう。

古代の乞食について、それを具体的に示すのが『日本霊異記』（上四）の「聖徳皇太子示二異表一縁」である。この話は、聖徳太子信仰を示すよく知られたもので、聖徳太子は行幸に際し往路で、来ていた衣を片岡村の路の側に病で臥していた乞匃人（カタイ）に与えたが、復路ではその乞匃人の姿がなく、衣が木の枝に掛けられていたのを

再度着たところ、従者に「賤しき人に触れて穢れたる衣、何すれぞ乏しくして更に著《き》たまう」と咎められるが、乞匃人が聖の化身であることを聖徳太子が見抜いていたというものである。カタイとは『和名類聚抄』に「乞索児即乞児也。倭名賀多井」とみえる物乞をする乞食のことであり、そうした乞食を蔑む表現である。ここで注目したいのは、この乞匃人は路辺の乞食であったこと、さらに乞匃人は病者であり臥していたこと、そうした乞匃人は賤しく穢れたものとされていたこと、である。

中世の絵巻物などには、一遍上人絵伝をはじめとして、市や路辺・寺社の門前に乞食や非人が描かれる。乞食には人通りが必要であり、そうした人が集まり、通うところで乞食は行われた。そして、乞食は賤しく穢れたものとされていたが、貧窮した物乞が汚れた裸衣の姿であったろうことは想像にかたくない。絵巻物に描かれる乞食の身なりもみすぼらしい衣をまとうに過ぎなかった。これらは乞食の基本的属性である。

しかるに乞食が病者であることは決定的に重要であった。なぜなら身体の健常な者は主人に隷属し、家人・奴婢となることで命をつなぐことができたからで、それがかなわない場合に乞食化したのである。古代にも奴婢の売買は多く確認できるし、『日本書紀』天武五年甲戌条は下野国で所部の百姓が凶年であるために子を売ろうとしていたことがみえる。中世には、ある程度の年齢に達していれば子どもでさえ労働力として期待されたがゆえに、その身体が売買されることがあったが（斎藤、二〇〇三）、これは古代でも同様であろう。平安期には、京中の病者・孤児への京中賑給の実施が恒例化するが（櫛木、二〇一四）、主人の保護下にある奴婢は賑給の対象とはならなかった。京中には家から放逐された多くの病者と孤児がおり（西山、二〇〇四）、『延喜式』では京中路辺の病者・孤児を悲田院・施薬院に収容することが規定されていたが（左右京職25路辺病者条）、彼らは乞食により命をつないでいたのである。

自らの属した本郷に帰還することの出来る健常な脚夫は別にして、路にあって横死する脚夫は、事実上乞食と同様の存在であり病者であった。そして、乞食化した脚夫は病気を媒介した。

『日本後紀』大同三年（八〇八）二月丙辰条には、

勅、今聞、往還百姓、在レ路病患、或因二飢渇一、即致二死亡一。是誠所司不レ存二格旨一、村里無レ意二看養一也。又頃者疫癘、死者稍多、屍骸無レ斂、露二委路傍一、甚乖二掩レ骼埋レ胔之義一。宜レ令下諸国巡検看養、一依二先格一、所レ有之骸、皆悉収斂上焉。

とあり、路傍に放置された往還百姓の死骸の埋葬が命じられているが（『類聚国史』一七三疾疫）、これまでみてきたように、古代の地域社会、村里はこうした行旅の病人・脚夫を忌避した。この場合、大同三年の春から京中で疫病が蔓延しており、この往還の百姓で路に在りて病を患うものとは、京中で流行している疫病に罹患したものにほかならない。このように京下で疫病にさらされる脚夫は多くあったと考えられるが、彼らが帰国することで、諸国が飢疫を言上する事態に至るのである（今津、二〇一六）。

こうした行旅の病人への療養、横死した脚夫の死骸の埋葬が繰り返し命令されるように、当時の地域社会では、外部から病気をもたらす血縁も地縁もない他人は忌避された。この点に関連して、やはり重要な意味をもつのが大化の風俗矯正詔である。

『日本書紀』大化二年三月甲申条は、薄葬令ほか当時の風俗矯正の合計八項目の詔をつたえる。薄葬令は庶民については、

庶民亡時、収二埋於地一。其帷帳等、可レ用二麁布一。一日莫レ停。

と規定するとともに、

凡自二畿内一及二諸国等一、宜定二一所一、而使二収埋一、不レ得三汚穢散二埋処々一。（後略）

ことを命じている。ここに示されているように、庶民の遺骸は即時に埋葬するものとし、畿内より諸国にいたるすべての国において、埋納する際に汚穢を処々に散埋させることなく、一所に埋めることとしている。

また大化二年三月甲申の詔の第八～十一段は祓除に関するもので、

①復有二被レ役辺畔之民一、事了還レ郷之日、忽然得疾、臥二死路頭一。於是、路頭之家、乃謂之曰、何故使三人死二於余路一、因留二死者友伴一、強使二祓除一。由レ是、兄雖レ臥二死於路一、其弟不レ収者多。②復有二百姓一、溺二死於河一。逢者乃謂之曰、何故於我使レ遇二溺人一、因留二溺者友伴一、強使二祓除一。由レ是、兄雖レ溺二死於河一、其弟不レ救者衆。③復有二被レ役之民一、路頭炊飯。於是、路頭之家、乃謂之曰、何故任レ情炊二飯余路一、強使二祓除一。④復有二百姓一、就レ他借レ甑炊飯。其甑触レ物而覆。於是、甑主乃使二祓除一。如二此等一類、愚俗所レ染。今悉除断、勿レ使二復為一。

とみえる。①役民が事了りて還郷する際に、路頭に病死したならば、路頭の家のものが「何の故にか人をして余路に死なしむる」として、死んだ者の「友伴」を留めて、祓除を強要すること、そして、祓除の強要を避けるために路傍に死者を放置するものの多いことがみえる。死者を忌避して祓除を強要する点は、②同じく河で溺死した人に遭遇した場合にもみえる。この場合も溺れたる者の「友伴」に祓除を要求している。また、③帰還する役民が路頭で炊飯する際にも、路頭之家が「何の故にか情の任に余路に炊き飯む」として祓除を強要するが、竈の火を穢すことを忌む信仰が背景にあったと考えられる。これらはいずれも愚俗として非難されているが、その核心は穢の忌避にあった。

このように路頭で病死する乞食状態の役民・脚夫の穢が忌避されているのだが、こうした穢の忌避について注意したいのは、『延喜式』臨時祭49触穢応忌条に、

凡触二穢悪事一応レ忌者、人死限卅日自二葬日一始計。・産七日、六畜死五日・産三日鶏非二忌限一。其喫レ宍三日此官尋常忌レ之、但当二祭時一、余司皆忌。

とあることで、平安時代には人死をはじめとして六畜の死など触穢の忌避が制度化されていた。この触穢の筆頭にあるのが人死であり、人の死穢こそが最も忌避される穢であった。一般に、平安期には死穢を忌避する穢観念が肥大化したと考える向きもあるが、大化の風俗矯正詔はそうした死穢の忌避を愚俗として非難しているのであり、人死の穢を忌避する風習は七世紀中葉にまで遡る。

では、こうした穢の本質はどのようなものであったか。また、なぜ人死が穢とされ忌避されたのか、最後にこの点にふれてみたい。

まず、古代においては、例えば、『播磨国風土記』賀毛郡雲潤《うるみ》里条には、雲潤の地名起源について、丹津日子の神が「法太の川底を雲潤の方に越さむと欲ふ」と言った時に、その村に在った太水の神が、「吾は宍の血を以ちて佃る。故、河の水を欲りせず」と断った話がみえる。また、同じく『播磨国風土記』讃容郡条の地名起源には、妹玉津日女命が、生きた鹿を捕獲し、その腹を割いて、稲をその血に植えたところ、一夜の間に苗が生じたので、それを植えたことがみえる。これらはいずれも動物の血が豊穣をもたらすとの信仰もあったわけで、これは決して忌むべきものではなかった。

この点を考える上で、重要なのは『延喜式』臨時祭55甲乙触穢条に規定する穢の伝染である。

凡甲処有レ穢、乙入二其処一謂著座、下亦同。乙及同処人皆為レ穢。丙入二乙処一、只丙一身為レ穢、同処人不レ為レ穢。乙入二丙処一、同処人皆為レ穢。丁入二丙処一不レ為レ穢。其触二死葬一之人、雖レ非二神事月一、不レ得レ参二著諸司幷諸衛陣及侍従所等一。

有名な規定だが、ここに規定するように、穢は甲乙丙丁と感染し伝染するものであった。ここでも死葬の触穢が問題とされているように、穢れの最たるものが人死であった。脇田晴子は触穢の忌避を一種の「衛生思想」とし（脇田、二〇〇二）、保立道久・櫛木謙周も穢と衛生観念の関連を指摘するが（保立、二〇〇四。櫛木、二〇一四）、このように死穢との接触を回避する背景には、死をもたらす感染症への恐怖があったのではないだろうか。

史料にみえる古代の疫病の実態は、現在の医学的水準に照らして理解することができない。当時の人々の身体感・世界観・宇宙観が現代とは異なるものである以上、仕方のないことであるが、人間が畜群を管理するようになって以来、犬・牛などに由来する結核や麻疹などの感染症が人間の世界に入り込んできたことは間違いなく、麻疹は犬、天然痘は牛、インフルエンザは水禽、百日咳は豚や犬に起源をもつと考えられている（山本、二〇一一）。考古学的痕跡は骨に変異をもたらす場合でしかわからないのだが、結核菌に冒された脊椎カリエスの痕跡のある人骨は、弥生時代の集落遺跡である鳥取県鳥取市青谷の青谷上寺地遺跡からも出土しており、これらの病原体は日本の古代にも存在した（藤田、二〇一二）。日本古代においても周期的に感染症が蔓延していたことが指摘されているが（マクニール、一九八五。新川、二〇一三）、これらは、いずれも人間に致死的被害をもたらすものであった。

人類はこうした感染症を克服するのに多くの時間を費やしたが、感染を避けるもっとも原初的方法は接触の回避であったろう。感染症を避けるために接触を忌避する事例は、アイヌ人の交易にもみられるところであり、千島アイヌは相手と直接対面せず、言葉もかわさない沈黙交易を行っていた（瀬川、二〇一五）。また、インドのカースト間の断絶も同様に考えられるかもしれない（マクニール、一九八五）。インドに発生した宗教である仏教の根本に、こうした教えが織り込まれたとしても不思議ではないだろう。

人間の体は死とともに崩壊をはじめるが、路上で横死する病者となった役民・脚夫は病気を媒介するものでもあった。当地の人々にとっては血縁も地縁もない、そうした人の死は穢として認識され忌避の対象となったが、穢の本質にはこうした感染症への恐怖があり、穢を忌避することで感染接触の危険を減じていたのではなかろうか。

おわりに

養老喪葬令9皇都条では「凡皇都及道路側近、並不レ得二葬埋一」と規定し、天子の居所と公行の道路の近辺で埋葬することを禁じている。喪葬令集解皇都条に引用する古記には道路を諸国の大路とするように、都鄙間交通の大路辺への死骸の埋葬を禁じたものであろう。これは、まさに天子の居所たる皇都とそこに至る道路の清浄を求めたものだが、大山喬平が明らかにした国家のキヨメの構造を端的に表現したものである（大山、一九七八）。王の身体そのものが何より重要な古代社会において、王は感染症から隔離された清浄な状態に安置されねばならなかったが、そこに至るまでの道にも清浄性が要求されたのである。

しかし、都市の本質がそうであるように、古代の都城は汚穢に満ちていた。感染症を媒介する乞食・脚夫は、都の市辺や都への往還路に多くあったが、これは都城の造営と税制の整備という古代王権の統治システムが生み出したものであった。儒教的規範を持ち出すまでもなく、村里において近親者による看病・療養は行われたが、そこから外れるのが京中の乞食、具体的には病者と孤児、さらに本郷を離れた瀕死の脚夫である。したがって、これらは公的権力によってしか救養・埋葬されなかったのである。貧窮者への供養は仏教的作善であり、賑給は儒教的徳治であるが、六世紀以降、王の身体が儒教・仏教により荘厳・護持されるようになることで、穢も国家的に管理されるのであった。

参考文献

今津勝紀、二〇一二　「律令調制の構造とその歴史的前提」（『日本古代の税制と社会』塙書房）
二〇一六　「税の貢進―貢調脚夫の往還と古代社会―」（舘野和己・出田和久編『日本古代の交通・交流・情報1　制度と実態』吉川弘文館）
ウイリアム・H・マクニール、一九八五　『疫病と世界史』（佐々木昭夫訳、新潮社）
大山喬平、一九七八　「中世の身分制と国家」（『日本中世農村史の研究』岩波書店）
加藤友康、二〇〇五　「貢納と運搬」（上原真人ほか編『列島の古代史四　人と物の移動』岩波書店）
鎌田元一、二〇〇一　「律令国家の浮逃対策」（『律令公民制の研究』塙書房）
鬼頭清明、一九七九　「日本における律令的収取の成立」（『律令国家と農民』塙書房）
二〇〇〇　「平城京の人口推計と階層構成」（『古代木簡と都城の研究』塙書房）
櫛木謙周、二〇一四　『日本古代の首都と公共性―賑給、清掃と除災の祭祀・習俗―』（塙書房）
小林真由美、一九九一　「東大寺諷誦文稿の成立年代」（『国語国文』六〇―九）
斎藤研一、二〇〇三　『子どもの中世史』（吉川弘文館）
坂江　渉、二〇一五　『日本古代国家の農民規範と地域社会』（思文閣出版）
新川登亀男、二〇一三　「日常生活のなかの病と死」（三宅和朗編『環境の日本史二　古代の暮らしと祈り』吉川弘文館）
鈴木景二、一九九四　「都鄙間交通と在地秩序―奈良・平安初期の仏教を素材として―」（『日本史研究』三七九）
二〇一四　「律令国家と神祇・仏教」（大津透ほか編『岩波講座日本歴史三　古代三』岩波書店）
瀬川拓郎、二〇一五　『アイヌ学入門』（講談社現代新書）
築島裕編、二〇〇一　『東大寺諷誦文稿總索引』（汲古書院）
中田祝夫、一九六九　『東大寺諷誦文稿の國語學的研究』（風間書房）
中林隆之、二〇〇七　「古代の宗教と鎮魂（追悼）」（『新しい歴史学のために』二六九）

西山良平、二〇〇四『都市平安京』（京都大学出版会）
藤田尚編、二〇一二『古病理学事典』（同成社）
藤本　誠、二〇一六『古代国家仏教と在地社会―日本霊異記と東大寺諷誦文稿の研究―』（吉川弘文館）
保立道久、二〇〇四『黄金国家―東アジアと平安日本』（青木書店）
本郷真紹、二〇〇五「古代寺院の機能」（『律令国家仏教の研究』法蔵館）
湊　哲夫・亀田修一、二〇〇六『吉備の古代寺院』（吉備人出版）
山本太郎、二〇一一『感染症と文明―共生への道』（岩波新書）
吉野秋二、二〇一〇「非人身分成立の歴史的前提」（『日本古代社会編成の研究』塙書房）
脇田晴子、二〇〇二『日本中世被差別民の研究』（岩波書店）

3　俘囚の移配

永田　一

はじめに

律令国家は東北地方において支配領域を拡大するため、八・九世紀にかけて繰り返し蝦夷と衝突した。戦いを通じて多くの蝦夷が捕虜となり、また懐柔工作によって多数の蝦夷が帰降したため、律令国家はそうした蝦夷を自らの支配に組み込み、統治していく必要があった。帰服した蝦夷は「俘囚」身分に編成される場合と、編成されずに「蝦夷」身分とされる場合があった。妻子親族程度の小単位に分解されたのが「俘囚」、服属前から在地において有していた支配関係を容認されたのが「蝦夷」である。ただし、弘仁年間（八一〇～八二四）の支配政策を通じて両者の概念は変質し、やがて区別も曖昧になり、最終的には「俘囚」の語のみが用いられるようになった（平川、一九八七）。後者の「蝦夷」については、八世紀末以降になると「夷」と一文字で表記されることが多い。したがって、本稿では「俘囚」と区別し〝夷〟と表記する。

なお、帰服した蝦夷を表す言葉には「夷俘」もあり、①帰降した蝦夷（〝夷〟）と俘囚の総称（八・九世紀を通じて多く見られる）、②俘囚と異なる帰降した蝦夷（〝夷〟）のみを指す（宝亀〜延暦年間〈七七〇〜八〇六〉に数例）、の二つの使用法があった（平川、一九八七。永田、二〇〇七）。ただし②の用例は限られ、基本的には①の意味で使われることが多い。

『続日本紀』以下の国史には、陸奥国・出羽国の俘囚を他の令制国に移配したことや、諸国に俘囚・〝夷〟が居住していたことを伝える記事がある。陸奥国・出羽国で帰服した俘囚・〝夷〟のなかには、律令国家の政策により関東・北陸以西の諸国に移配された人々が数多くいた。そして中世の史料にも移配された俘囚・〝夷〟の子孫の姿がわずかだが見られるのである。本稿では、こうした俘囚・〝夷〟の移配と、移配後の実態などについて考察していく。

一　俘囚移配の傾向と目的

最初に、俘囚身分の特殊性について触れておきたい。『日本書紀』には俘囚の語は見えず、古代日本で俘囚という身分が設けられたのは八世紀初頭と考えられている。石母田正は、律令国家が夷狄身分としての「蝦夷」を設定したが、現実の「蝦夷」支配の進行は〈百姓↕夷狄〉という対立構造のみで捉えられない集団を生み出し、そうした集団を表す中間的な特殊身分として俘囚は生まれたと論じている（石母田、一九六三）。

〔史料1〕『続日本紀』神亀二年（七二五）閏正月己丑条

俘囚百卌四人配㆓于伊予国㆒、五百七十八人配㆓于筑紫㆒、十五人配㆓于和泉監㆒焉。

この〔史料1〕が日本古代の史料における「俘囚」の語の初出記事である。神亀二年に移配された俘囚は、前年の陸奥国の海道蝦夷と出羽国の蝦狄の征討により捕虜になった人々とみられる（『続日本紀』神亀元年四月丙申条・

同年五月壬午条など）。俘囚という身分は、設けられた当初から移配と深く関係していた。

俘囚・〝夷〟の移配には、陸奥国・出羽国から内国への一次的移配と、すでに内国に移配された俘囚・〝夷〟が何らかの事情により別の内国に移配される二次的移配があった。また、俘囚と〝夷〟の一次的移配は開始された時期がそれぞれ異なり、律令国家は弘仁二年（八一一）に俘囚・〝夷〟の一次的移配の方針を転換した。よって、まず弘仁二年以前における俘囚・〝夷〟の移配について確認していく。

神亀二年～宝亀七年（七七六）にかけて、俘囚が陸奥国・出羽国から畿内より西、特に西海道諸国に数百人規模で移配された（表1―1～4）。天平十年（七三八）に俘囚が移配されたが（表1―2）、前年に陸奥国から雄勝村を経由して出羽国へ向かう連絡路敷設を目的とした軍事行動が展開されている。また、宝亀七年に陸奥国・出羽国から俘囚が移配されているが、同年に陸奥・出羽両国で蝦夷征討が行われていた。このように、神亀二年～宝亀七年にかけては、直前に行われた蝦夷征討で捕虜とした蝦夷を俘囚身分とし、畿内より西の諸国、特に西海道諸国に集中して移配した。これは、主に防人に替わり西国警備に充てることを目的としていたためと考えられる。

こうした初期の俘囚移配の様相は、延暦十年代を境に変化していく。まず、延暦十四年（七九五）の陸奥国から日向国への移配以後、陸奥国から内国へ懲罰的な移配が行われるようになった（表1―5・6）。いずれも少人数であることから、家族や親族単位とみられる。

同じ頃、俘囚の移配先が内国全体へと拡大する。延暦十八年（七九九）には陸奥国から土佐国へ移配されており（表1―6）、延暦十九年（八〇〇）頃には出雲国へ俘囚が移配された（表1―7）。また、『延喜式』主税上5出挙本稲条には伊勢国以下の三五ヵ国に俘囚料が設置されていたことが見え（表2）、俘囚が広く全国に移配されていたことがうかがわれる。

表1　俘囚・「夷俘」の移配事例

	年月日	移配前	移配後	人数	理由	出典
1	神亀二年閏正月己丑（七二五）	陸奥*	伊予 筑紫 和泉監	一四四 五七八 一五	（俘囚）	続日本紀 〈日本紀略〉 〈扶桑略記〉
2	天平十年（七三八）	陸奥	摂津職	一一五	（俘囚）	天平十年駿河国正税帳
3	宝亀七年九月丁卯（七七六）	陸奥	大宰管内諸国	三九五	（俘囚）	続日本紀
4	宝亀七年十一月癸未	出羽	大宰管内・讃岐 諸司及び参議已上に班賜	三五八 七八	（俘囚）	続日本紀
5	延暦十四年五月丙子（七九五）	陸奥	日向	六六	俘囚吉弥侯部真麻呂を殺害した、俘囚大伴部阿弖良等妻子親族を配流	類聚国史
6	延暦十八年十二月乙酉（七九九）	陸奥	土佐	四	（俘囚）野心改まらず、賊地と往還	日本後紀
7	延暦十九年三月己亥（八〇〇）		出雲	六〇余	（俘囚）	類聚国史
8	延暦二十四年十月戊午（八〇五）	播磨	多褹嶋	一〇	（俘囚）野心改まらず	日本後紀
9	大同元年十月壬戌（八〇六）	近江	大宰府	六四〇	「夷俘」を防人にあてる	類聚国史
10	弘仁十一年六月辛巳（八二〇）	因幡	土佐	六	（俘囚）百姓の牛馬を盗む	類聚国史
11	弘仁十四年五月戊午（八二三）	甲斐	伊豆	一三	賊首吉弥侯部井出麿等大少男女一三人を配流	類聚国史
12	天長八年二月戊寅（八三一）	甲斐	駿河		俘囚吉弥侯部三気麻呂・吉弥侯部草手の二烟を駿河国に附貫。魚塩に便なり	類聚国史
13	天長九年十二月戊寅（八三二）	伊予	阿波	五	（俘囚）情願にしたがう	類聚国史
14	貞観十一年十二月戊子（八六九）	諸国	大宰府		要所に分番させ新羅海賊に備える（「俘囚」「夷俘」「俘夷」の表記混用）	日本三代実録 〈類聚三代格〉
15	寛平七年三月十三日（八九五）	諸国	博多警固所	五〇	新羅凶賊に備えるため、「夷俘」五〇人を増員	類聚三代格

＊『続日本紀』には国名が記されていない。『日本紀略』『扶桑略記』の「陸奥俘囚」という記述による。

さらに、延暦十年頃からは、俘囚と並行して〝夷〟の移配が行われるようになった。延暦十七年（七九八）、相摸・武蔵・常陸・上野・下野・出雲の各国に対し「夷俘」に時服や禄物を毎年支給することが命じられており（『類聚国史』巻一九〇・俘囚・延暦十七年六月己亥条〈後掲〔史料5〕〉）、延暦十九年には甲斐国に「夷俘」を教喩することが命じられているなど（『類聚国史』巻一九〇・俘囚・延暦十九年五月己未条〈後掲〔史料6〕〉）、延暦年間以降より内国に「夷俘」が居たことが確認できる。武廣亮平は、延暦～弘仁年間の移配「夷俘」には〝夷〟が含まれていたこと、「夷俘（〝夷〟＋俘囚）」の移配は坂上田村麻呂の征夷をきっかけとして延暦十三年（七九四）以降に規模が拡大するとともに、移配先も全国に広がったことを指摘している（武廣、一九九四）。

また、二次的移配が行われるようになったのは、延暦二十四年（八〇五）の播磨から多褹嶋への懲罰的移配の事例以降である（表1―8）。坂上田村麻呂が征夷や対蝦夷政策に深く関与するようになって以降、律令国家は俘囚・〝夷〟支配の方針を見直し、それが移配政策を変化させたと考えて良いだろう。

このように、陸奥国・出羽国から他の令制国への俘囚の一次的移配は神亀二年頃からはじまり、延暦十三年頃からはそれと並行して〝夷〟の一次的移配が行われた。ところが、律令国家と蝦夷の三八年間にわたる戦い、いわゆる三十八年戦争が終結を迎えると、律令国家は移配政策を転換した。

表2　俘囚料一覧（単位は束）

伊勢	1,000	佐渡	2,000
遠江	26,800	因幡	6,000
駿河	200	伯耆	13,000
甲斐	50,000	出雲	13,000
相摸	28,600	播磨	75,000
武蔵	30,000	美作	10,000
上総	25,000	備前	4,340
下総	20,000	備中	3,000
常陸	100,000	讃岐	10,000
近江	105,000	伊予	20,000
美濃	41,000	土佐	32,688
信濃	3,000	筑前	57,370
上野	10,000	筑後	44,082
下野	100,000	肥前	13,090
越前	10,000	肥後	173,435
加賀	5,000	豊後	39,370
越中	13,433	日向	1,101
越後	9,000		

＊『延喜式』主税上5出挙本稲条をもとに作成。

〔史料2〕『日本後紀』弘仁二年十月甲戌条

勅㆓征夷将軍参議正四位上行大蔵卿兼陸奥出羽按察使文室朝臣綿麻呂等㆒曰、省㆓今月五日奏状㆒、斬獲稍多、帰降不㆑少。将軍之経略、士卒之戦功、於㆑此而知矣。其蝦夷者、依㆑請須㆑移㆓配中国㆒。唯俘囚者、思㆓量便宜㆒、安㆓置当土㆒。勉加㆓教喩㆒、勿㆑致㆓騒擾㆒。又新獲之夷、依㆓将軍等奏㆒、宜㆓早進上㆒。但人数巨多、路次難㆑報。其強壮者歩行、羸弱者給㆑馬。

〔史料2〕によれば、「蝦夷（〝夷〟）」を内国に移配し、俘囚は東北地方に留めるようになったことが知られる。俘囚は八世紀前半より移配されていたが、延暦十三年頃から〝夷〟も移配されるようになっていた。こうした経緯を踏まえ、弘仁二年に俘囚を陸奥国・出羽国の現地に留め、〝夷〟を内国へ移配するよう方針を定めたのだろう。ただし、弘仁二年以降は、俘囚のみならず〝夷〟の一次的移配を行ったことを直接示す史料も見えない。それは、〔史料2〕に見える方針決定は三十八年戦争終結時の状況に対する措置という意味が強かったこと、その後律令国家は大規模な蝦夷征討を行わず、新たに捕虜となったり帰降する蝦夷が減少し、一次的移配を行う必要性が失われていったことなどが関係していると思われる。

では、弘仁二年以降における移配について確認していく。天長年間（八二四〜八三四）になると、俘囚の要請を聞き入れる形での二次的移配が行われている（前掲表1—12・13）。前後の時期にそうした例はなく、天長期のみの特異な事例である。

また、九世紀後半に俘囚・〝夷〟を移配した事例としては貞観十一年（八六九）の諸国から大宰府への移配（前掲表1—14）、寛平七年（八九五）の諸国から博多警固所への移配（前掲表1—15）があり、いずれも二次的移配である。律令国家は九世紀末に至っても、俘囚・〝夷〟に大宰府周辺の防衛を担わせていた。

そもそも陸奥国・出羽国から移配した目的は何だったのか。次のような説が提唱されている。

A律令国家に抵抗する蝦夷勢力の分散隔離が目的とする説（板橋、一九五六）。

B関東地方や東北地方南部からの移民と対になる形で在地の住民を内国に移配し、同時に在地における蝦夷系住民の勢力分断をねらった住民交換策とする説（工藤、一九七〇）。

C東国防人の代わりとして大宰府周辺を警備させるなど、軍事的利用を目的としたとする説（井上、一九七〇）。

D（九世紀以降の移配について）小帝国主義の基盤の維持・再編成に関わるもので、夷狄を含む社会構造を諸国に創出することを目的としたとする説（伊藤、一九八六）。

E（延暦年間以降に拡大した移配について）俘囚に対する禄等の支給による財政負担を諸国に分担させることを目的としたとする説（今泉、一九九二）。

F（延暦年間以降の〝夷〟の移配について）律令国家側の勢力として取り込むことに成功した蝦夷の有力首長を通じて蝦夷の支配を貫徹するため、内国に移配したとする説（武廣、一九九四）。

これらのうちB説については、柵戸への移民と俘囚・〝夷〟移配が行われた時期が必ずしも一致しておらず規模にも差があったこと、俘囚の移配が開始された当初は移配先が西海道諸国に集中しており、さらに『日本後紀』以下の国史からは近江国の俘囚の動向が多く確認されるなど、関東や西海道諸国以外の一部の国にも移配が集中していたことが知られ、地域的にも一致しておらず疑問がある。

C説について、八世紀に西海道諸国へ移配された俘囚や、九世紀の二次的移配で大宰府周辺に送られた俘囚・〝夷〟などについては、確かに軍事的役割を期待されていたと見てよいだろう。しかし、俘囚・〝夷〟の移配先は延暦十年頃以降は全国に拡大されるため、その全てを軍事的利用が目的だったとするのは躊躇される。

Ａ・Ｄ・Ｅ・Ｆ説について、どれが俘囚・〝夷〟移配の最大の目的かを特定することは難しい。しかし、Ａ・Ｅ・Ｆ説は律令国家にとって俘囚・〝夷〟を支配するための現実的目的、Ｄ説は支配イデオロギー上の目的であり、これらを互いに相容れないものとする必要はない。Ａ説は八・九世紀を通じ一次的移配における目的だったのであり、Ｄ・Ｅ・Ｆ説については、延暦年間以降にその重要性が認識され、重視されることになったと考える。

二　移送中の様子と移配先での支配

俘囚は陸奥国・出羽国から遠く離れた令制国へどのようにして送られたのか。天平十年の「駿河国正税帳」（『大日本古文書』第二巻一〇九・一一四頁）には駿河国を往来したさまざまな使者が記されており、そこに陸奥国から摂津職へ一一五人の俘囚が送られたことが見える。この時、俘囚を率いていたのが俘囚部領使である。部領使は兵士などの集団や物資を移動・輸送する際、それを統率する役職だが、注目されるのは岸田朝臣継手と有度部黒背の二名が俘囚部領使と防人部領使を兼ねていたことで、防人と俘囚の移送が同じ次元のものと捉えられていたことをうかがわせる。また、この時の移配先は摂津職となっているが、これは軍防令20衛士向京条の規定から、西国へ移送される際の中継地であったと指摘されている（武廣、一九九四）。なお、俘囚部領使には一日食、俘囚には半日食が支給されたとあり、支給された食料の分量に差があった。

天平十年の「筑後国正税帳」（『大日本古文書』第二巻一四七頁）には、四月二十六日までに六二人の俘囚が到着したことが見える。陸奥国から駿河国を通過して摂津職へ移送された一一五人の俘囚のうち、六二人が最終的に筑後国に移配されたということだろう。「筑後国正税帳」にはこの六二人の俘囚に稲と塩を支給した日数が記されており、ａ四八人（四月二十六日～十二月三十日）、ｂ三人（四月二十六日～十二月三日）、ｃ七人（四月二十六日～十一月九日）、

d四人（四月二十六日～十一月二日）と、四つのグループに分けられている。b・c・dの少人数のグループは家族単位だろう。

このようにして俘囚は陸奥・出羽両国から内国へ移送された。続いて移配先の国に着いた直後の俘囚の待遇について、次の史料から考えていきたい。

〔史料3〕『類聚国史』巻一九〇・俘囚・延暦十九年三月己亥朔条

出雲国介従五位下石川朝臣清主言、俘囚等冬衣服、依レ例須二絹布混給一。而清主改二承前例一、皆以レ絹賜。又毎レ人給二乗田一町一。即使二富民佃レ之。新到俘囚六十余人、寒節遠来、事須二優賞一。因各給二絹一疋・綿一屯一。隔二五六日一、給レ饗賜レ禄。毎レ至二朔日一、常加二存問一。又召二発百姓一、令レ耕二其園圃一者。勅、撫二慰俘囚一、先既立レ例。而清主任レ意失レ旨、饗賜多レ費、耕佃増レ煩、皆非二朝制一。又夷之為レ性、貪同二浮壑一。若不二常厚一、定動二怨心一。自今以後、不レ得二更然一。

「先既立レ例」とあることから、移配直後の俘囚の待遇は「例」により細かく定められていたことが知られる。また出雲介石川清主が俘囚に対してとった待遇について勅はこれをやめるよう命じている。つまり、清主は「例」の規定を大幅に超えて俘囚を優遇していたのである。また、清主のとった優遇策が「撫慰」と称されているが、これは職員令70大国条で陸奥・出羽・越後国司の特殊な職掌として定められた「饗給（食料や禄物を与えて蝦夷を懐柔する）」と同じ性格のものであることも指摘されている（武廣、一九九八）。

この〔史料3〕と天平十年の「筑後国正税帳」を参考にすると、次のような待遇がとられたと推測される。移配先の国に俘囚が到着すると、数ヶ月間は国府の近くに集住させ、国司が彼らに新たな地で生活するための教育をした。衣服や食料を支給し、俘囚の生活基盤となる住居や口分田などを準備した。そして、教育や準備が終わった後、国内の定住地へ移送したのだろう。

『倭名類聚抄』によると、上野国碓井郡・多胡郡・緑野郡と周防国吉敷郡に俘囚郷が、播磨国賀古郡・賀茂郡・美囊郡に夷俘郷があったことが知られる。また、蝦夷は陸奥・出羽に居住していた時は族長に統率され村を形成していたが、移配の際、その村における蝦夷集団本来のまとまりを破壊し、移配先において複数の蝦夷集団出身者からなる新しい集団が編成されたことが熊谷公男により指摘されている（熊谷、二〇〇七）。律令国家は、俘囚・〝夷〟の従来の集団を一度解体し、移配先で意図的に新たな集団に編成した。そして時には俘囚・〝夷〟のみで郷を形成させ、一般百姓と隔離したのである。

次に俘囚が定住地に着いた後の支配について見ていく。律令国家は、まず延暦年間に試行錯誤を繰り返した。

〔史料4〕『類聚三代格』巻十七・延暦十七年四月十六日太政官符

太政官符

応レ免二俘囚調庸一事

右得二大宰府解一偁、所管諸国解偁、件俘囚等、恒存二旧俗一、未レ改二野心一。狩漁為レ業、不レ知二養蚕一。加以居住不レ定、浮遊如レ雲。至レ徴二調庸一、逃二散山野一。未進之累、職此之由。望請、免レ徴二正身一、至二于蕃息一、始徴二課役一。然則俘囚漸習二花俗一、国司永絶二後煩一者。府加二覆検一、所レ陳有レ理。謹請二　官裁一者。大納言従三位神王宣、奉レ勅、依レ請者。諸国准レ此。

延暦十七年四月十六日

〔史料4〕によると大宰府管内諸国の国司は以前から調庸の徴収を試みていたが上手くいかなかったらしい。延暦十七年の段階で、現在の世代からの徴収を断念し子の世代に移ってから課役の徴収を開始すべきだと大宰府が申請し、政府はこれを認めた。大宰府管内諸国の現状を知った政府は、他の諸国に対しても、大宰府の措置に準じるように命じた。つまり、この時点では移配俘囚からの調庸徴収を断念したのである。

〔史料5〕『類聚国史』巻一九〇・俘囚・延暦十七年六月己亥条

勅㆓相摸・武蔵・常陸・上野・下野・出雲等国㆒、帰降夷俘、徳沢是憑、宜㆘毎加㆓撫恤㆒、令㆖㆑無㆓帰望㆒。時服禄物、毎㆑年給㆑之。其資粮罄絶、事須㆓優恤㆒。及時節饗賜等類、宜㆘命㆓国司㆒且行且申㆖。自余所㆑須先申後行。

〔史料5〕には相模・武蔵・常陸・上野・下野・出雲国に対し「夷俘」に毎年時服や禄物を与え、饗宴を行うように命じたことが見えるが、こうした優遇措置を命じているのは、「帰望をなからしめる」ためであった。移配俘囚・〝夷〟が遠く離れた故郷に戻りたいと思うのは当然のことだが、律令国家側からすれば「帰望」もまた野心と解釈された。移配先の国に俘囚・〝夷〟を定住させるためには、彼らを優遇し「帰望」を失わせることがまず重要だったのである。

〔史料6〕『類聚国史』巻一九〇・俘囚・延暦十九年五月己未条

甲斐国言、夷俘等狼性未㆑改、野心難㆑馴。或凌㆓突百姓㆒、奸㆓略婦女㆒。或掠㆓取牛馬㆒、任㆑意乗用。自㆑非㆓朝憲㆒、不㆑能㆑懲㆑暴。勅、夫招㆓夷狄㆒以入㆓中州㆒、為㆘変㆓野俗㆒以靡㆗風化㆖。豈任㆓彼情㆒、損㆓此良民㆒。宜㆓国司懇々教喩㆒。若猶不㆑改、依㆑法科処。凡厥置㆑夷諸国、亦同准㆑此。

〔史料6〕によると、甲斐国の「夷俘」が婦女を暴行し、牛馬を盗むなどの犯罪を犯したため、甲斐国司に対して「懇々教喩」するとともに、それでも従わなかった場合は「依㆑法科処」すべきことを命じ、移配された「夷」がいる他の国々もこれに準じることを定めたことが知られる。「教喩」は、陸奥・出羽両国の国司が蝦夷を教え諭す際に用いられる言葉で、その際に「饗給」が伴うこともあった。

延暦十七〜十九年には〔史料4・5・6〕に見られるような措置が相次いでとられたが、それは、延暦十三年頃を境に、俘囚に加えて〝夷〟の移配が行われるようになり、移配先も全国に拡大した結果、移配俘囚・〝夷〟支配が全国的な問題となり、対応を迫られたことによる。その結果、移配俘囚・〝夷〟に対して「調庸の免除」「衣服・食料の支給と饗宴」「国司による教喩」という三つの基本的な処遇が定められた。ただし、これは裏を返せば延暦十年代後半になるまで移配俘囚・〝夷〟を特別に優遇することは規定されておらず、税負担においても一般公民と同様に賦課しようとしていたということである（鈴木、二〇〇七）。

弘仁二年に三十八年戦争が終結すると、律令国家は移配俘囚・〝夷〟支配と本格的に向き合うことになり、彼らを支配するためにさまざまな政策を打ち出していった。そうしたなか、弘仁三年に夷俘長を設置し（『日本後紀』弘仁三年六月戊子条）、弘仁四年に夷俘専当国司を設けることを定めた（『類聚国史』巻一九〇・俘囚・弘仁四年十一月庚午条・弘仁四年十一月癸酉条）。これにより、律令国家は〈夷俘専当国司―夷俘長―夷俘〉という支配構造を作り上げた。また、弘仁二年に諸国に「俘囚計帳」を進上させることを定めて全国の俘囚からの調庸徴収を開始し（『日本後紀』弘仁二年三月乙巳条）、弘仁七年には口分田班給後六年以上経った「夷俘」から田租を徴収することを定めた（『類聚国史』巻一九〇・俘囚・弘仁七年十月辛丑条）。さらに、弘仁四年には俘囚を賑給の対象とした（『日本後紀』弘仁四年二月戊申条）。

弘仁年間に入ると調庸や田租の徴収が開始されたが、移配俘囚・〝夷〟の生活が急に良くなった訳ではない。弘仁八年に常陸国の「夷俘」が「貧乏」を理由に田租の徴収を免除されているように（『類聚国史』巻一九〇・俘囚・弘仁八年九月丙申条）、移配俘囚・〝夷〟の多くは慣れない土地での生活に長い間苦労した。

そこで、移配俘囚の生活を支えるため律令国家が設けたのが俘囚料である（『延喜式』主税上5出挙本稲条。〔前掲

表2〕）。俘囚料とは、各国が春に一定量の稲を農民に強制的に貸し付け、秋の収穫時に三割の利息を徴収する公出挙で、その利息の稲を俘囚の食料や禄料に充てるというものである。また、ほかに俘囚田というものもあった（『政事要略』巻五三・交替雑事・雑田・延喜十四年〈九一四〉八月八日太政官符）。俘囚田を農民に貸し、地代として地子稲（収穫の五分の一）を徴収し、俘囚の生活を支える費用としたのである（高橋、一九八六）。俘囚田は上総国・下総国・備後国にしか確認できないため、全国的にどの程度設けられたのかは不明である。しかし、律令国家が移配俘囚・〝夷〟の生活を支えるため、さまざまな制度を整えたことは確かである。

三　移配後の俘囚の動向 ―抵抗と順応―

律令国家は移配俘囚・〝夷〟を安定的に支配することに腐心し、さまざまな政策を打ち出した。その結果、移配先での生活に順応していった者もいたが、一方で律令国家の支配に反発した者もいた。移配後の俘囚の多様な動向について見ていきたい。

弘仁五年（八一四）、出雲国で俘囚の荒橿が反乱を起こした（『類聚国史』巻一九〇・俘囚・弘仁五年二月戊子条・同年二月癸巳条・同年五月甲子条、『日本後紀』同年十一月辛巳条）。被害を受けた意宇・出雲・神門郡に対し正税出挙の未納分を免除するという措置がとられていることから、この反乱は三つの郡に甚大な被害を出した大規模なものだったことが分かる。

この反乱で注目されるのが、同じ俘囚である吉弥侯部高来が妻子を殺害されたこと、夷第一等遠胆沢公母志が制圧に貢献し、外従五位下を授位されていることである。反乱を起こした荒橿に同調した人物もいれば、それと対立した人物もいたのであり、移配俘囚の集団内における対立を読み取ることができる。

また、反乱を鎮圧した遠胆沢公母志が第一等という蝦夷爵の最高位を有していることも重要である。「遠胆沢公」という姓も「地名＋公」姓であり、蝦夷の族長クラスだったことをうかがわせる。こうしたことから、遠胆沢公母志は夷俘長の立場にあった可能性が高く、出雲国の移配俘囚・〝夷〟の統率者として俘囚の反乱に厳しい対応で臨んだことが指摘されている（武廣、一九九八）。しかし、別の側面から見てみると、かつての族長という蝦夷社会における権威を有し、かつ夷俘長という律令国家が認めた地位にあった人物も、一国内の全ての俘囚・〝夷〟を完全には掌握できていなかったということである。

関東地方では俘囚の反乱や略奪が続発した。下野国では貞観十七年（八七五）に俘囚が反乱を起こした（『日本三代実録』貞観十七年六月十九日庚午条・同年七月五日乙酉条）。

上総国では承和十五年（八四八）に俘囚丸子廻毛らが反乱を起こした（『続日本後紀』承和十五年二月庚子条・同年二月壬寅条）。この反乱は短期間で終息したが、政府は相模・上総・下総等の五国に制圧を命じており、必ずしも小規模なものではなかった。また、貞観十二年（八七〇）にも「夷俘」が放火や略奪を行い（『日本三代実録』貞観十二年十二月二日己卯条）、元慶七年（八八三）にも市原郡で俘囚が反乱を起こしている（『日本三代実録』元慶七年二月九日丙午条〔史料7〕・同年二月十八日乙卯条・同年二月二十一日戊午条）。

下総国でも貞観十七年に俘囚の反乱が発生した（『日本三代実録』貞観十七年五月十日辛卯条〔史料8〕）。政府は武蔵・上総・常陸・下野等の国に対し、それぞれ兵三百人を送らせて制圧を助けさせており、こちらも大規模な反乱だったと推測される。

上総国・下総国で続発した俘囚の反乱に関して、注目されるのは次の史料である。

〔史料7〕『日本三代実録』元慶七年二月九日丙午条

上総国介従五位下藤原朝臣正範飛駅奏言、市原郡俘囚卅余人叛乱、盗二取官物一、数殺二略人民一。由レ是、発二諸郡人兵千人一、令二其追討一。而俘囚焼二民廬舎一、逃二入山中一。商量非二数千兵一者、不レ得二征伐一者。勅、如二奏状一、是俘夷群盗懼レ罪逃竄者也。況卅余人偸児、何足三以馳二羽檄一。宜下停レ給二勅契一、直下二官符一、差二発人夫一、早速追捕上。

〔史料8〕『日本三代実録』貞観十七年五月十日辛卯条

従五位下守下総守文室朝臣甘楽麻呂飛駅奏言、俘囚叛乱、故焼二官寺一、殺二略良民一。勅符曰、省二奏状一、知二俘虜怨乱一。須下発二官兵一、以遏中鋒鋭上。又令下武蔵・上総・常陸・下野等国、各発二兵三百人一、以為中援助上。宜下各合レ勢迭相追討、早令中和解莫上レ擾二農民一。

上総国・下総国の俘囚の反乱について検討した武廣亮平は、まず元慶七年に上総国市原郡で反乱が起きていることに注目し（〔史料7〕）、市原郡は国府所在地であることから、俘囚らは国府の直接支配のもとに置かれていたと指摘する。そして、「官物」を略奪したという行為は、国府の正倉などを襲撃したものと解釈できるとする。さらに、貞観十七年の下総国での反乱で俘囚が焼いた「官寺」は国分寺（国分尼寺）であるとし（〔史料8〕）、こうした俘囚の反乱は一見無秩序・偶発的なものに見えるが、国府や国分寺などを襲撃対象としており、反国衙闘争、反国家イデオロギー闘争の性格を帯びたものだったと指摘している（武廣、一九九四）。

この問題と関連してとりあげたいのが次の史料である。

〔史料9〕『日本後紀』弘仁五年（八一四）十二月癸卯朔条

勅、帰降夷俘、前後有レ数。仍量二便宜一安置。官司百姓、不レ称二彼姓名一、而常号二夷俘一。既馴二皇化一、深以為レ恥。宜下早告知莫上レ号二夷俘一。自今以後、随二官位一称レ之。若無二官位一、即称二姓名一。

〔史料9〕からは、「官司百姓」と「夷俘（〝夷〟＋俘囚）」との間に対立感情があったこと、日常において「夷俘」と呼ぶことが身分的な差別を表す決定的な意味を持っていたことなど、在地社会の状況を知ることができる。これに対し、律令国家は「夷俘」が「既馴二皇化一、深以為レ恥」であると把握し、これを積極的に評価して「夷俘」と呼ぶことを停止し、官位姓名で呼ぶことを定めた。

〔史料9〕を見ると、律令国家は「夷俘」が百姓らとともに令制国内に存在する社会状況を前提とし、表面的には「官司百姓」と「夷俘」の融和を目指しているように見える。しかし注意しなければならないのは、「夷俘」と呼ばれることが彼らにとって「深以為レ恥」ことを承知しておきながら、「夷俘」という身分、すなわち俘囚や〝夷〟身分を解消しようとしていないことである。

俘囚・〝夷〟を公民化した事例はいくつか見出せるが、大規模な公民化を行った最後の事例は弘仁三年（八一二）に陸奥国の遠田郡・小田郡の田夷三九六人に賜姓し公民としたものである（『日本後紀』弘仁三年九月戊午条）。俘囚や〝夷〟の公民化の全ての記録が残っている訳ではないだろうが、公民化の事例が弘仁年間以降に全く確認できなくなるのは、律令国家が俘囚や〝夷〟身分を解消し、全面的に公民化することを目指さなかったということだろう。〔史料9〕から読み取るべきは、律令国家は在地社会における百姓と俘囚・〝夷〟との融和をはかり支配を安定させようとはしたが、俘囚・〝夷〟の身分そのものは解消しなかったこと、つまり支配の実態面とイデオロギー面で二面性を維持する方針をとったことである（永田、二〇一四a）。

しかし、律令国家はこうした方針のもとで移配俘囚・〝夷〟の支配を安定化させることはできなかった。いかに百姓と俘囚・〝夷〟の対立を表面的に回避しようとつとめても、イデオロギー上の差別意識が解消されなければ、さまざまな場面で軋轢が生じて当然である。九世紀を通じて移配俘囚・〝夷〟が出雲や関東で反乱を起こした根本的な原因はここにあった。

ただし、移配俘囚・〝夷〟の全てが律令国家に反抗し続けた訳ではない。移配された後、律令国家の支配、現地の社会に順応していった俘囚・〝夷〟もいた。たとえば、天長六年（八二九）六月、尾張国の俘囚吉弥侯部長子は「野心不レ聞、孝行已著」という理由で叙位された（『類聚国史』巻一九〇・俘囚・天長六年六月丙子条）。また、翌月には越中国の俘囚吉弥侯部江岐麻呂が「教二喩等倫一、興二行礼儀一」したという理由で叙位された（『類聚国史』巻一九〇・俘囚・天長六年七月丙申条）。弘仁年間の支配政策の展開を経て、移配俘囚・〝夷〟のなかに儒教的な道徳観にかなった行いを実践する人々が現れるようになった。律令国家はそうした人々を表彰することで、周囲の移配俘囚・〝夷〟の手本とし、感化させることで支配の安定を狙ったのだろう。

また興味深いのが西海道の移配俘囚・〝夷〟の動向である。九世紀になると富豪に成長した者が現れ、「百姓」に食料や酒を提供したり、「弊民」に稲を援助するといった活動を行っているのである。

〔史料10〕『類聚国史』巻一九〇・俘囚・天長五年（八二八）閏三月乙未条

豊前国俘囚吉弥侯部衣良由、輸二酒食百姓三百六十人一。豊後国俘囚吉弥侯部良佐閇、輸二稲九百六十四束一、資二百姓三百廿七人一。衣良由叙二少初位下一、良佐閇叙二従六位上一。

〔史料11〕『類聚国史』巻一九〇・俘囚・天長十年（八三三）二月丁丑条

筑後国夷第五等都和利別公阿比登叙二従八位上一。輸二私稲一資二弊民一也。

〔史料12〕『類聚国史』巻一九〇・俘囚・天長五年七月丙申条

肥前国人白丁吉弥侯部奥家叙二少初位上一。奥家既染二皇風一、能順二教令一。志同二平民一、動赴二公役一。修二造官舎及池溝道橋等一、未レ有二懈倦一。加以国司入部之日、送迎有レ礼、進退無レ過。野心既忘、善行可レ嘉。

注目すべきは豊前国の俘囚吉弥侯部衣良由が大量の酒を所持していたことである。「魚酒」は富豪が大規模な農業経営に必要な労働力を集める際に利用された。吉弥侯部衣良由が所持していた酒も、本来はそうした労働力確保に用いるものだったのだろう。〔史料10・11〕に見える俘囚・〝夷〟の所有する大量の稲なども、農業経営を拡大して蓄えたものだろう。

また、〔史料12〕によると吉弥侯部奥家は「官舎及池溝道橋等」を修造したとあり、彼はそれだけの土木工事を行う労働力を編成することが可能な富を有していた。池溝・道橋・官舎の修理はいずれも国司が管轄する責任を負っており、奥家はそれに積極的に関わることで国司に取り入っていったのである。農業経営で富を蓄積しながら国司に接近していった俘囚の富豪は、やがて海上交易に進出した可能性もある。八世紀に西海道諸国に移配された俘囚の中には海上・河川交通に関わった「海道蝦夷」が多数含まれていたと考えられ、そうした人々が後に海上交易に携わった可能性はあり得るだろう（永田、二〇一四b）。

近江国の俘囚は節会に参加するという特別な役割を担った。大同元年（八〇六）に六四〇人の「夷俘」が近江国から大宰府に送られて防人に充てられており（『類聚国史』巻一九〇・俘囚・大同元年十月壬戌条）、当時すでにそれを大きく上回る人数の移配俘囚・〝夷〟が居住していたようである。

〔史料13〕『日本文徳天皇実録』天安二年（八五八）五月己卯条

近江国夷外従八位下爾散南公沢成為二夷長一、令二把笏一。先レ是、国上請、俘夷之徒、老少無レ別、放縦為レ事。暴乱任レ意。不レ加二教喩一、無二人統摂一。往年国司等択二勇健者一、私置二其長一。而夷等不レ服、猶行二狼戻一。望請、置二件夷長一、以二沢成一任レ之、即預二把笏一。仍許レ之。

〔史料13〕によると、近江国では国司の判断によって勇健者を選び「夷長」に任じていたが、それは政府の許可を得た公的な任命ではなかったらしい。そこで、天安二年に公的に爾散南公沢成を「夷長」に任じ、「把笏」させたのである。九世紀半ば頃の近江国では、移配俘囚・〝夷〟の支配が動揺しており、律令国家は〈夷俘専当国司―夷俘長―夷俘〉という支配構造を維持することに腐心していた。

ところで、弘仁二年に三十八年戦争が終結すると、翌年律令国家は〝夷〟を節会に参加させ、弘仁六年には摂津・美濃・丹波・播磨等の国の「夷俘」を節会に参加させた（『日本後紀』弘仁三年正月乙酉条・弘仁六年正月丁亥条）。また、『延喜式』には白馬・豊明節会に出席した俘囚の名簿である俘囚交名（俘囚見参）を提出することが定められており（『延喜式』太政官108俘囚交名条）、『西宮記』『北山抄』『江家次第』のような儀式書や古記録から、白馬・豊明節会を中心にいくつかの節会に俘囚が参加していたことが確認できる（永田、二〇一六）。また『小右記』には十一世紀前半に近江国の俘囚が節会に参加したことが見える（弓野、一九八一）。

近江国の俘囚が節会に参加したことを明確に記した最も古い史料は『政事要略』巻二七・年中行事・十一月三・辰日節会事に引かれる『清涼記』中辰日節会事の「少時大臣進二宣命文及禄法并見参大夫等数近江国俘囚等交名一」という記述である。『清涼記』の成立は十世紀中頃とされているので、それ以前に節会に参加する俘囚が近江国の居住者に固定されていたことが分かる。

では、近江国の俘囚が節会に参加するようになったのはいつか。熊谷公男によると、九世紀前半における近江国の俘囚支配は不安定な状態が続き、承和年間に爾散南・宇漢米両氏を陸奥国から近江国へ移配し、天安二年に爾散南公沢成を夷長に任じて把笏させるなどしてようやく安定した。こうしたことから、近江国の俘囚の節会参加は承和～天安年間（八三四～八五九）以降ではないかとしている。なお、弘仁六年に節会参加が許可された摂津・美濃・丹波・播磨等の国の俘囚については、懐柔の必要性が薄れ、節会に参加しなくなっていったとしている（熊谷、二〇一三)。他の国々の俘囚は節会参加が停止される中、支配の安定化が遅れた近江国の俘囚は節会に参加し続け、結果として十世紀中頃までに近江国の俘囚が節会に参加するよう固定されたということだろう。

むすびにかえて　―中世に生きた移配俘囚―

最後に中世の史料に見える移配俘囚の子孫の姿を紹介し、若干の展望を述べて結びとしたい。近江国の俘囚は、いつまで節会に参加し続けたのか。『台記』久安二年(一一四六)十一月十四日条によると、近江国の俘囚が訴訟を起こしたものの受理されず、それどころか検非違使庁に拘禁されたことを不服として豊明節会への不参加を訴え、俘囚見参が提出できなくなってしまうという紛争が生じたことが知られる。この一件で近江国の俘囚は何度も不当な扱いを受けており、彼らに対する貴族の根深い差別意識を読み取ることができる。ただ、俘囚側も対抗して節会をボイコットする動きを見せており、自分たちが不参加となることで節会に問題が生じることを熟知していたようである。また『宮槐記』建保元年(一二一三)正月十六日条(『大日本史料』第四編之十二)には踏歌節会で俘囚見参が提出されたことが見える。近江国の俘囚は十三世紀になってもなお節会に参加していた。

滋賀県玉桂寺阿弥陀如来立像胎内文書には「をみのさたつね等交名帳」と題されるものがあり、第一九丁右(裏表紙裏)末尾の「エソ　三百七十人」という記述について、「エソ」は蝦夷のことと考えられている。また、「をみのさたつね等交名帳」には「きみこの某」と記すものがあるが、これは「吉弥侯某」のことで、吉弥侯は蝦夷系の人名であることから「エソ　三百七十人」に含まれるとされる。また「某いぬ」という人名も見え、それらはコシャマインなどのアイヌの人名と同系統のものの可能性があるという。そして「エソ　三百七十人」は北陸ないし近江に移配された俘囚の後裔に関わる可能性が指摘されている(工藤、一九九八)。僧源智が先師法然の恩徳に報いるためこの尊像を造立したのは建暦二年（一二一二）のことである。仮に、この「エソ　三百七十人」が北陸や近江国に移配された俘囚の後裔を指しているのならば、十三世紀に畿内周辺の在地社会で俘囚という身分が一般の百姓と明確に区別されていたことを示す貴重な史料ということになる。

また、永仁四年（一二九六）一二月日の「筑後玉垂宮大善寺神事注文」（筑後隈家文書、『鎌倉遺文』古文書編第二五巻一九二三八号）には、大善寺・玉垂宮の祭礼とその課役を負担する三潴庄内の村々の名前が書き上げられている。そして五月会で流鏑馬を奉納した村名・名《みょう》の名などを記した部分に「御舘　下司　酒見　蒲池　永久　武藤　稲吉　永松　恒里　俘囚九月會無之、　色聲神主等役也鷹狩犬飼、種々風流在之、」とある。重要なのは「酒見…恒里」と村や名の名が書かれた後に「俘囚」が並んで記されていることで、俘囚はこれらの村や名と別に奉納を行った、つまり一般的な村や名に属さず、独自の集団を維持し集住していた可能性がある。十三世紀末になっても、在地社会の中で異質な人々として区別され続けていた俘囚の姿を垣間見ることができる。

貴族社会、また在地社会において俘囚を異質な人々として見る意識が十三世紀まで残り続けたのはなぜか。それには、十一世紀に現れる「エゾ」認識が関係するのではないかと思われる。応徳三年（一〇八六）の「前陸奥守源頼俊款状案」（御堂摂政別記裏文書）に「衣曾別嶋」とあり、これが「エゾ」の初見とされているが（熊田、一九八六）、十一世紀末以降日本国の人々は北方世界のまつろわぬ人々を「エゾ」と認識するようになり、やがてアイヌ文化が成立すると、アイヌ民族の人々を「蝦夷（エゾ）」と呼ぶようになる。これが、はるか昔の「蝦夷（エミシ）」の後裔である移配俘囚に対する認識にも何らかの影響を与えたのではないだろうか。この問題については今後の課題としたい。

本稿では俘囚移配をテーマとし、その傾向と目的、移送中の様子や支配の実態、移配後の俘囚の動向などについて検討してきた。今回は触れることができなかったが、近年は考古学研究の立場から、移配俘囚の実態を解明しようとする考察が相次いで発表されている（松村、二〇一三。平野、二〇一五・二〇一七など）。今後はこうした研究からも学びながら、俘囚支配について考察を深めていきたい。

参考文献

石母田正、一九六三「古代の身分秩序」（『石母田正著作集』四、岩波書店、一九八九年に所収）
板橋　源、一九五六「古代蝦夷内国移配考」（『岩手史学研究』二二）
伊藤　循、一九八六「律令制と蝦夷支配」（田名網宏編『古代国家の支配と構造』東京堂出版）
井上満郎、一九七〇「俘囚の兵士」（『平安時代軍事制度の研究』吉川弘文館、一九八〇年に所収）
今泉隆雄、一九九二「律令国家とエミシ」（『古代国家の東北辺境支配』吉川弘文館、二〇一五年に所収）
工藤雅樹、一九七〇「多賀城の起源とその性格」（『古代の日本』八、東北、角川書店）
　一九九八「坂上田村麻呂の登場と胆沢鎮守府」（『蝦夷と東北古代史』吉川弘文館）
熊谷公男、二〇〇七「蝦夷移配策の変質とその意義」（熊田亮介・八木光則編『九世紀の蝦夷社会』高志書院）
　二〇一三「節会に参加する蝦夷」（熊谷公男・柳原敏昭編『講座東北の歴史三　境界と自他の認識』清文堂）
熊田亮介、一九八六「蝦夷と蝦狄」（『古代国家と東北』吉川弘文館、二〇〇三年に所収）
鈴木拓也、二〇〇七「蝦夷の入京越訴―移配蝦夷と陸奥蝦夷にみる闘争の一形態―」（熊田亮介・八木光則編『九世紀の蝦夷社会』高志書院）
高橋　崇、一九八六「俘囚・夷俘の行方」（『蝦夷』中公新書）
武廣亮平、一九九四「エミシの移配と律令国家」（千葉歴史学会編『古代国家と東国社会』高科書店）
　一九九八「出雲国の移配エミシとその反乱」（『出雲古代史研究』七・八合併号）
永田　一、二〇〇七「夷俘と俘囚」（榎森進・小口雅史・澤登寛聡編『エミシ・エゾ・アイヌ　アイヌ文化の成立と変

容―交易と交流を中心として【上】』岩田書院、二〇〇八年に所収）
二〇一四ａ「弘仁期における俘囚・〝夷俘〟観念の変化について」（『法政大学大学院紀要』七二）
二〇一四ｂ「西海道俘囚の再検討」（『弘前大学國史研究』一三六）
二〇一六「俘囚の節会参加と近衛府」（『ヒストリア』二五五）
平川　南、一九八七「俘囚と夷俘」（青木和夫先生還暦記念会編『日本古代の政治と文化』吉川弘文館）
平野　修、二〇一五「日本古代俘囚の移配に関する考古学的検討―九世紀における甲斐国の事例―」（『山梨県考古学協会誌』二三）
二〇一七「平安時代黒色土器の出現契機とその系譜（予察）―甲斐・信濃両国の事例から―」（『信濃』六九―三）
松村一良、二〇一三「西海道の集落遺跡における移配俘囚の足跡について―豊前・筑前・筑後・肥前四国の事例を中心にして―」（『内海文化研究紀要』四一）
弓野正武、一九八一「『俘囚見参』考」（『古代文化』三三―五）

4　部領使
—移動を管理した役人—

武廣亮平

はじめに

本稿がとりあげるのは「部領使」と呼ばれる使者である。部領使は「兵士・役夫などの集団や物資の輸送にあたり、それを統率する者」（『国史大辞典』）と説明され、奈良時代では正倉院文書の一部である天平年間の「駿河国正税帳」「周防国正税帳」や「出雲国計会帳」などに見られる。また『万葉集』巻十四の防人歌にも、東国の防人を摂津国の難波まで移送した部領使の存在が知られる。

「部領」の初見は『日本書紀』推古十九年（六一一）五月五日条である。

薬二猟於菟田野一。取二鶏鳴時一、集二于藤原池上一。以二会明一乃往之。粟田細目臣為二前部領一。額田部比羅夫連為二後部領一。

ここには「前部領」と「後部領」として薬猟の隊列を統率しており、平安後期の写本である岩崎本では「部領」

に「コトリ」の古訓がある。時代は下るが『江家次第』に、

> 二・三月比、大将以下於二陣座一定二相撲使事一。関白・大将随身・陣官賭弓矢数者為レ使、遣二諸国七道一、召二相撲人一也。万葉コトリツカイト云也。

とみられ、部領使は「コトリツカイ」と呼ばれていたことがわかる。コトリは「事執り」の意であるとされるが、名前の由来については不明な点も多く、今後さらに検討する必要があろう。ここでは諸国正税帳に残る部領使の記事などを中心に、八世紀の史料にみえる部領使について考察する。

一　律令条文の「部領」とその実例

部領使は律令などの法令にはどのように規定されているだろうか。関連条文とともにその具体例をあげながら、役割と特徴を確認しておきたい。

〔史料1〕『令義解』軍防令20衛士向京条

> 凡衛士向レ京。防人至レ津之間。皆令二国司親自部領一。衛士至レ京之日。兵部先検二閲戎具一。分二配三府一。若有二闕少一者。随レ事推罪。自レ津発日。専使部領。付二大宰府一。（後略）

衛士と防人の移送に関する規定である。実は令文には「部領使」という具体的な使者名は見られず、「部領」という行為として記される。この条文では防人は「津」（摂津の難波）までは差発国の国司が自ら部領し、難波からは専使が大宰府まで送るという形であったが、『続日本紀』和銅六年十月戊午条には、

> 詔、防人赴レ戍時差二専使一。由レ是、駅使繁多、人馬並疲。宜二逓送発一焉。

とみえ、路次国の逓送に変更された。文中に「駅使繁多」とあることから、当初は部領する国司の移動に駅馬の使

用が認められていたということになる。

『万葉集』巻二十の防人歌にも東国防人の部領使が見られることは周知の通りであり、そこでは相模・駿河国は「守」、武蔵国は「掾」、常陸国は「大目」、上総・下総国は「少目」など、いずれも軍防令の規定通り国司が直接部領していることが確認される。唯一下野国の部領使である田口朝臣大戸の職名が明らかでないが、「正六位上」という官位からして国司の一員であると考えてよかろう。防人の部領使については天平年間の諸国正税帳に具体的な記述があり、次節で取り上げてみたい。

〔史料2〕『令義解』獄令13流移人条

凡流移人。太政官量配。符至季別一遣。若符在二季末一至者。聴下与二後季人一同遣上。具録二応レ随家口。及発遣日月一。便下二配処一。逓差二防援一。専使部領。送二達配所一。付領訖。速報二元送処一。并申二太政官一知。（後略）

〔史料3〕『令義解』獄令14逓送条

凡逓二送死囚一者。皆令二道次軍団大毅。親自部領一。及余逓二送囚徒一。応二禁固一者。皆少毅部領。并差二防援一。明相付領。

防人・衛士の部領とともに、獄令の罪人移送に関する規定も見られる。〔史料2〕は「流移人（流罪者、移配者）」を「専使」が、〔史料3〕は死罪を含む囚人を「軍団大毅」が部領するという規定である。

流移人条にもとづく流人移配の実例として次のようなものがある。

〔史料4〕「天平十年周防国正税帳」[1]

五月四日下流人周防国佐波郡人牟々礼君大町三日食稲六把塩六夕 部領伝使刑部少解部従六位下苅間連養徳将従二人合三人往来六日食稲六束酒六升塩三合六夕。

天平十年（七三八）に配流された流人の部領に関する記録である。少解部は治部省の被官としても見られるが、

「部領伝使」となった刑部省の少解部の構成員は三〇名と多く（『令義解』職員令30刑部省条）、おそらくこの史料のように罪人等の配流先までの部領も担当していたことから、まとまった員数が必要とされたのだろう。ところでこの史料では、獄令15在路条の規定により、流人の牟々礼君大町に対し周防国内を移動するのに必要な食料（稲・塩）が三日分、平城京との間を往復する部領伝使（少解部）は六日分が支給されているが、周防国を通過する場合は四日分（往復で八日分）の支給であることから、周防国までの部領であることがわかる。〔史料2〕の獄令13流移人条によれば、専使による部領は「配所」までとあるが、牟々礼君大町は国府所在郡でもある周防国佐波郡の人という点も含めて考えれば、実質的には本貫地への送還措置がとられたと解釈すべきであろうか。なお「牟々礼君大町」は、天平十二年（七四〇）六月十五日の大赦（『続日本紀』）で「不在赦限」とされた流人の一人である「牟々礼君大野」と同一人物である可能性が指摘されている。

　このような流人の部領に関連するものとして、「伊勢国計会帳」に遠江国浮浪人の逓送に軍団が関与しており、これについては獄令逓送条〔史料3〕の準用であるとする見解がある（瀧川、一九六三。市、二〇〇〇）。だとすれば浮浪人の移送にも部領使がたてられた可能性があるが、残念ながら史料上には確認することはできない。ただし『続日本紀』宝亀十一年（七八〇）十月丙辰条には、

　又勅。天下百姓、規二避課役一、流二離他郷一。雖レ有二懐土之心一、遂懼レ法而忘レ返。（中略）宜下依二養老三年格式一、能加二捉搦一、委問二帰不一、願レ留之輩、編二附当処一、願レ還之侶、差レ綱逓送上。（後略）

とみられ、「願レ還之侶」（本貫地への帰還を願う者）に対し「綱」を差発して逓送することが決められている。これまでの事例と比べても「部領」と称すべきものであるようにも思われるが、それが「綱」とされているのは興味深い。

さらに来朝した蕃客の移動について『延喜式』には次のような規定がある。

〔史料5〕『延喜式』玄蕃92諸蕃使人条

凡諸蕃使人、将㆓国信物㆒応㆑入㆑京者、待㆓領客使到㆒。其所㆑須駄夫者、領客使委㆓路次国郡㆒、量㆓献物多少及客随身衣物㆒、准給逓送。仍令㆘国別国司一人、部㆓領人夫㆒、防㆗援過㆖㆑境。其在㆑路不㆑得㆓与客交雑㆒、亦不㆑得㆑令㆓客㆑与人言語㆒。

右の史料によれば、蕃客が信物などを携えて入京する際には、その移動に必要な駄夫（駄馬と人夫）は路次の国郡より調達し、また国別に国司一人が人夫を部領して国境の通過まで「防援」した。加えて蕃客は道中での一般人との接触（交雑）や言葉を交わすことが禁止されており、厳重に管理された中での移送が行われていたことがわかる。これと関連するものであろうか、国司が部領するのは蕃客の移送に関わる「人夫」であるという点は留意したい。来着した使節を京まで送ることを任務としていたのは領客使であり（浜田、二〇一一）、国司が部領するのは「防援過境」のために徴発された人夫ということになる。

これに対して「天平十年周防国正税帳」には、「耽羅嶋人」（済州島からの渡来者）を、その来航地と思われる国の郡司が「部領」している事例が見られる。

〔史料6〕

廿一日向京耽羅嶋人廿一人四日食稲卅三束六把酒六斗七升二合塩一升六合八夕部領使長門国豊浦郡擬大領正八位下額田部直広麻呂将従一人合二人往来八日食稲五束六把酒八升塩三合二夕。

玄蕃式の規定との違いは「耽羅嶋人」の扱いによるものと思われる。特に玄蕃式は事実上渤海使を対象にしたものであり、耽羅嶋人がそれと同等の立場を認められていたとは考えにくい。彼らは長門国への漂着民であり、国府所在郡である豊浦郡の郡司により京に送られたとする理解（森公章、一九九八）に従うべきだろう。

また部領と関わる用語として獄令16至配所条に「領送」がある。〔史料2〕の義解にも「太政官差二専使一領送也」と記述があり、基本的に両者は同義であると考えてよい。弓野正武は、律令制下で人員・物資を移動させる行為は「部領」「領送」の語で示され、その行為主体者が「部領使」、「領送使」であるとした。その上で「部領」は部の管掌者であるという理解のもとに、歴史的には部の管掌者（コトリ）に「部領」の字を宛て、人物だけではなく貢上物輸送の責任も兼ねるものとして使われたのに対し、「領送」は単に物資や人物を領し送るという意味の語として使い分けられたとしている（弓野、一九八〇）。賦役令3調庸物条にも「其運脚均出二庸調之家一。皆国司領送」とあるように、国司が運脚（貢調脚夫）を「領送」する規定がある。関連する事例として調庸を貢納する貢調脚夫を統括する郡司は「綱領郡司」と呼ばれており、この「綱領」も実質的には部領に近い意味の用語として理解されていたと考えられる。加えて『続日本紀』宝亀三年（七七二）十二月己未条には次のような記事が見られる。

大宰府言。壱伎島掾従六位上上村主墨縄等、送二年粮於対馬島一、急遭二逆風一、船破人没、所載之穀、随レ浪漂失。謹検二天平宝字四年格一、漂失之物、以二部領使公廨一塡備。（後略）

これは対馬への年粮移送に際しての損失補償規定である。関連史料として『続日本紀』天平勝宝八歳（七五六）十月丁亥条では、海路で送られる山陽・南海道諸国の舂米の「漂損」は「綱」と「運夫」に徴すというものがあるが、右の宝亀三年十二月条は「天平宝字四年格」を根拠に「部領使」にもその責任を負わせるという内容となっている。「公廨」をもって補塡させるとあることから、ここでの「部領使」が国司などの官人を指していることは明らかであり、このような年粮移送の統括者も「部領使」と呼ばれていたことも確認される。

なおこれまでみてきたように、部領使には目的地まで特定の使者（専使）が移送する場合と、国ごとに使者の引き継ぎが行われる場合がある。本稿では便宜的に前者を「専使直送型」、後者を「諸国逓送型」と称しておきたい。

二　天平十年正税帳の防人・俘囚部領使

（1）防人の部領使について

正倉院文書のうち天平十年の「駿河国正税帳」「周防国正税帳」などには、それぞれの国内を移動する使者・移送者に対する食糧支給の詳細な記録があり、その中に部領使に関する記述も散見する。中でも防人と俘囚の移送に関する部領使の記事は、当該期における日本の東西を移動する人間集団の具体的な動きを知ることができる貴重なものであろう。防人と俘囚の移動（移配）の実態については本書所収の小野一之、永田一の論考に譲り、ここでは両者の部領に携わった者に焦点を当ててみたい。

天平年間の正税帳に防人の移送が記録された経緯を簡単にまとめてみる。『続日本紀』天平九年（七三七）九月癸巳条の「是日。停二筑紫防人一。帰二于本郷一。差二筑紫人一令レ戍二壱伎対馬一」という制度の変更をうけ、西海道諸国に配置されていた防人の帰還が行われる。「周防国正税帳」では一八七七人の防人が国内を通過したことが記録されており、「駿河国正税帳」にも同国を通過した計七国の「旧防人」が一〇二八人であると記されている。まず「駿河国正税帳」から関連記事を紹介したい。なお（オ）～（ク）は俘囚部領に関する記事であるが、便宜上あわせてここに掲げる。

〔史料7〕「天平十年駿河国正税帳」

（ア）旧防人部領使遠江国少掾正六位下高橋朝臣国足上一口 従二口 三郡別一日食為単玖日上三口 従六口

（イ）防人部領使史生従八位上日置造石足上一口従一口三郡別一日食為単陸日上三口従三口
（ウ）当国防人部領使史生従八位上岸田朝臣継手上一口従一口三郡別一日食為単陸日上三口従三口
（エ）防人部領安倍団少毅従八位上有度部黒背上一口従一口三郡別一日食為単陸日上三口従三口
（オ）従陸奥国送摂津職俘囚部領使相模国餘綾団大毅大初位下丈部小山上一口従一口三郡別一日食為単陸日上三口従三口
（カ）俘囚部領大住団少毅大初位下当麻部国勝上一口従一口三郡別一日食為単陸日上三口従三口
（キ）当国俘囚部領使史生従八位上岸田朝臣継手上一口従一口三郡別一日食為単陸日上三口従三口
（ク）俘囚部領安倍団少毅従八位上有度部黒背上一口従一口三郡別一日食為単陸日上三口従三口

前節で『周防国正税帳』の食料支給記事について述べたが、「駿河国正税帳」の場合は「三郡別」と「六郡別」という二つのパターンがあり、一人分の「一日食」も三日分、六日分となっている。すでに論じられているように「三郡別」とは駿河国の東西に位置する相模国と遠江国の国界から安倍郡（駿河国府）までの日数であり、「六日別」は駿河国を東西に通過する場合の日数であるが、「三郡別」の使者は実際には駿河国と相模・遠江国を往復することから、「一日食」とは往復分の食料であると考えられる（榎、一九八〇）。〔史料7〕のうち（ア）は遠江から駿河までの防人部領使である。（イ）の日置造石足の任国は記されないが、「遠江国少掾」に続いて記されていることから遠江国と考えられ、これは〔史料1〕軍防令衛士向京条の規定とも合致する。次の（ウ）（エ）は駿河から相模まで逓送する部領使であるが、このうち（エ）の有度部黒背が軍団の少毅である点は注目される。また「部領使」と「部領」という表記の書き分けも確認できる。前者はその多くが国司であることから主導的な存在であり、対して後者はその補佐的なものであると理解しておきたい。

先にも触れたが、この時駿河国を通過した「旧防人」として同正税帳は次のように記す。

〔史料8〕「天平十年駿河国正税帳」

旧防人伊豆国弐十弐人　甲斐国参拾玖人　相模国弐伯参拾人　安房国参拾参人　上総国弐伯弐拾参人　下総国弐伯柒拾人　常陸国弐伯陸拾伍人　合壱阡捌拾弐人

このうち伊豆国と甲斐国は駿河郡で東海道から分かれる支路によって結ばれている。〔史料7〕（ウ）の岸田朝臣継手ら駿河国の部領使が、相模国以東の帰還防人も引き連れて甲斐・伊豆国も経由したとは考えられないことから、たとえば甲斐国の場合、東海道本道から分岐する駿河郡の横走駅で甲斐国の防人部領使に引き渡しがなされたと思われる。ただこのような複数の目的地がある集団の部領といったケースについては、史料がなく不明な点が多い。

なお先に触れた『万葉集』巻二十の天平勝宝七歳（七五五）二月の防人歌で、各国の部領使が防人の詠んだ歌の進上者でもある点は興味深い。

二月七日、駿河国防人部領使守従五位下布勢朝臣人主、実進九日。歌数廿首。但拙劣歌者、不㆓取載㆒之。

右は駿河国の進上記事であり、同国の部領使が直接難波まで部領していることがわかる。しかし前述のように和銅六年には防人は専使部領から逓送による移送に変更されており、「駿河国正税帳」も国単位での部領となっていることから、これは特殊な事例ということになろう。おそらく『万葉集』の編者として有力視されている大伴家持が、兵部少輔という立場で難波に集結した東国防人を検校する任務を負っていたことが関係するのであろう。各国の国司が難波まで部領しているのは、その道中で引率する防人に歌を作らせることも任務としていたからではないだろうか。

続いて「周防国正税帳」における防人の部領使に関する記事を取り上げる。

〔史料9〕「天平十年周防国正税帳」

（ケ）（六月）十五日下船伝防人部領使大宰史生従八位上中臣東連益人将従一人合二人四日食稲二束八把酒三升二合塩一号六夕

（中略）

（コ）（六月十七日）同日下船伝防人部領使大宰少判事従七位下錦部連定麻呂将従二人合三人四日食稲四束酒四升塩二合四夕

（中略）

（サ）（十二月）廿日向京従大宰府捉進上旧防人二人四日食稲一束六把塩一合六夕　部領使長門国豊浦団五十長凡海部我妹往来八日食稲三束二把酒六升四合塩一合六夕

（中略）

（シ）向京防人参般供給頴稲壱仟捌伯陸拾柒束陸把

（中略）

（ス）前般防人捌伯人（中略）

右依部領使大宰府少判事従七位下錦部連定麻呂去天平十年四月十九日牒供給如件。

（セ）中般防人玖伯伍拾参人（中略）

右依部領使正六位下上道臣千代去天平十年五月八日牒供給如件。

（ソ）後般防人壱伯弐拾肆人（中略）

右依部領使大宰史生従八位下小長谷連常人去天平十年六月十二日牒供給如件。

最初に後半部の（シ）～（ソ）であるが、この部分には部領使に率いられた「前般」（八〇〇人）、「中般」（九五三人）、「後般」（一二四人）の「参般」の防人のグループが周防国を通過していたことを記している。「般」は船のことであるとされており、防人は難波津から西海道までの移送は船であること（史料1）から、天平九年九月の「停筑紫防人。帰于本郷」という政策転換をうけ、帰還するために難波に船で移送された防人であるのは明らかであろう。船で移送された防人に対する食料支給の記録が「周防国正税帳」に残るのは、国府の船所である佐婆津で支給が行われたことによる（松原、二〇〇二）。

部領使のうち（ス）「前般」と（ソ）「後般」は大宰府官人であり、防人の帰還に関しても大宰府が部領を主導する立場にあったことがわかる。その中にあって「上道臣」が（セ）の「中般防人」の部領使に任じられていることにも留意したい。上道臣は備前国上道郡を本貫とする氏族であり、これに関連して『天平十年筑後国正税帳』にも

依　勅還郷防人起筑紫大津迄備前児嶋十箇日粮春稲壱仟伍伯肆拾捌束

とある点は注目される。この記事は上記の周防・駿河国の正税帳と連動するものであり、「備前児島」が寄港地であるのか目的地であるのかという議論はあるものの（米田、一九六七）、当該地域が難波と筑紫を結ぶ瀬戸内海航路の中間地域であることが、部領使に選ばれた背景にあることは認めてよいだろう。

また（コ）の錦部連定麻呂は（ス）にもその名がみえる。月日の前後関係からして（コ）が大宰府への帰還に関する記録であることは明白であり、したがって「下船伝防人部領使」とは西海道より難波まで防人を部領するという任務を終え、大宰府に帰還する途中に周防国（佐波津）に寄港した使者と理解できる（松原、二〇〇二）。（ケ）～（シ）はいずれも周防国を通過する場合の「四日分」の食料支給を受けている。

一連の防人帰還記事の中にあって、（サ）はやや特殊な事例のようである。部領使を務めているのは長門国豊浦軍団の人物であることから、「旧防人二人」の配属地は長門国内とも解釈できるが、「駿河国正税帳」のような諸国逓送型の可能性も考えられる。いずれにしても、筑紫から帰還した防人より半年も遅れて十二月の下旬に周防国を通過していることから、何らかの事情があったことを窺わせる。

（2）俘囚の部領使について

前掲の〔史料7〕「天平十年駿河国正税帳」のうち（オ）～（ク）は「従陸奥国送摂津職俘囚壱伯拾伍人」（同正税帳）を逓送した部領使であり、その前年に行われた大野東人による多賀城と出羽柵（秋田城）を結ぶ出羽路開削事業との関係が指摘されている。この事業自体は中止されたが、その過程で「帰服狄府俘二百卌九二人」（『続日本紀』天平九年四月戊午条）など多くのエミシが帰降しており、それ以前に俘囚となったエミシ集団とともに西海道への「移配」が行われたと考えられる。またこの時の俘囚の移配は東国防人の帰還と入れ替わるような形で行われている点も示唆的である。やや時代は下るが『類聚国史』巻百九十・風俗部の大同元年十月三日条には、

勅。夷俘之徒、慕レ化内属。居二要害地一、足レ備二不虞一。宜下在二近江国一夷俘六百卌人、遷二大宰府一、置為中防人上。

とあり、防人の代替兵力として近江国の俘囚を送る措置がとられていた。八世紀から九世紀にかけて全国に移配された俘囚は、移配先での行動が問題視される一方で、「特張二意気一、一以当レ千」（『日本三代実録』貞観十一年〈八六九〉十二月戊子条）というように、その戦闘能力は高く評価されていた。俘囚として移配されたエミシは防人も含めて国家の軍事的要請に応える存在として扱われたのである（武廣、一九九四）。

俘囚の部領形態にも防人との類似点が見出せる。（E）の「従陸奥国送摂津職俘囚部領使」はその名称からは目的地までの専使部領のようにみえるが、実際には相模国餘綾軍団の大毅が部領していることから、国ごとに部領使が交替する諸国逓送型であろう。また摂津職までの部領というのも防人と同じであり、そこから船で西海道に送られたと思われる。さらに（ウ）「当国防人部領使」の岸田朝臣継手と（エ）「防人部領」有度部黒背は、それぞれ（キ）「当国俘囚部領使」、（ク）「俘囚部領」として見え、防人の部領と俘囚の移配が対応的な関係にあるのも象徴

的である。ただ相模国における部領は軍団の関係者のみで行われ、国司の関与が窺えないのは、『令義解』獄令14逓送条〔史料3〕の規定である「凡逓二送死囚一者。皆令二道次軍団大毅。親自部領一」との関連性を想起させる。これは俘囚が「征夷」などによるエミシの投降者により構成された人間集団であるという認識が前提になっているからであろう。

それとともに「駿河国正税帳」における俘囚の移配記事で問題となるのは、東山道所管の陸奥国から送られてきた俘囚が駿河国を経由して西海道に向かっている事実である。同正税帳に記されている「旧防人」の帰還先に武蔵国が含まれないのは、当時武蔵国が東山道に所属していたからであり、少なくとも防人に関しては東海道、東山道という単位での移送形態がとられていたことになる。俘囚の移配経路は駅路を使用したと考えると、陸奥国から下野国足利駅まで東山道を通り、下野国足利駅から武蔵路を南下して武蔵国府の西辺を通過し、相模国夷参駅を経由して大住国府で東海道に入るというルートが想定される。移配される俘囚がこのような経路を辿るのは、武蔵国が「雖レ属二山道一、兼承二海道一」（『続日本紀』宝亀二年〈七七一〉十月己卯条）とあるように、東海道とも繋がる地域と認識されていたことに加え、八世紀前半から坂東八国が柵戸の移住や軍事物資の供給など、陸奥・出羽国に対する軍事的基盤としての性格を強めるといった点も関係するのであろう。

ところで防人や俘囚のような集団に対する部領はどのようにして行われたのだろうか。〔史料7〕における部領使の組み合わせをみると、遠江国からの防人部領使である（ア）（イ）をはじめ、すべて二人のセットであり、これは冒頭に紹介した『日本書紀』推古十九年五月五日条の薬猟での「前部領」「後部領」との関連性を想起させる。天平十年に一一五人の俘囚を駿河国から遠江国まで部領した「岸田朝臣継手」と「有度部黒背」は、その先頭と最後尾に位置して隊列を維持していたのではなかろうか。

三　貢進物に関する部領使

これまでみてきた部領使の事例は、特定の人や集団の移動に対するものであるが、諸国正税帳には貢進される物品を部領する使者も確認され、これも部領使の性格を考える上では検討すべき素材といえるだろう。ここでは貢進物の京上に対する部領使の史料を紹介しながら、いくつかの論点を抽出してみたい。

〔史料10〕「天平十年駿河国正税帳」

相模国進上橘子　御贄部領使餘綾郡散事丸子部大国上三郡別一日食為単参日上

〔史料11〕同

従陸奥国進上　御馬部領使国画工大初位下奈気私造石嶋上一口従二口六郡別一日食為単壱拾弐日上六口従十二口

〔史料12〕同

従甲斐国進上　御馬部領使山梨郡散事小長谷部麻佐上一口従一口六郡別一日食為単壱拾貳日上六口従六口

〔史料13〕「天平十年周防国正税帳」

閏七月五日向京従大宰府進上銅竈部領使筑前国掾従六位上建部君豊足将従三人合四人往来八日食稲十束四把酒八升塩六合四夕

〔史料14〕同

（閏七月）十六日向京従大宰府進上法華経部領使大典従六位上楢原造東人將従三人合四人四日食稲五束二把酒四升塩三合二夕

〔史料15〕同

（十月）四日向京従大宰進上御鷹部領使筑後国介従六位上日下部宿祢古麻呂将従三人持鷹廿人合廿四人往来八日（後略）

〔史料15〕の丸子部大国は、従者を伴わない単身の部領使として「御贄」を貢進している。『延喜式』宮内45諸国例貢御贄条には相模国からの貢進物として「橘子」が見られる。また丸子部大国の食料は「三郡別」の支給となっていることから、貢進地の人間が直接運京するのではなく諸国逓送型であることも確認できる。京上者が部領使とされたのは、移送するのが御贄という特殊な物品であるからと推測されるが、「天平十年淡路国正税帳」には「若椒御贄壱荷檐夫壱人」「正月二節御贄壱拾伍荷檐夫壱拾伍人」とみられるように、貢上者が「檐夫」と表記されているケースも存在する。

次の〔史料11・12〕の御馬部領使は、ともに「六日別」と記されることから、駿河国を東西に通過する専使直送型である。『延喜式』左右馬寮には、貢上される「御馬」として御牧の馬（1御牧馬条）と諸国繋飼馬（4繋飼馬条）があるが、「駿河国正税帳」にみえる「御馬」は御牧馬にあたる可能性があることが論じられている（井上、一九六七）。同じ性格のものとしては〔史料15〕の御鷹部領使をあげることができるだろう。なお〔史料11〕の陸奥国からの御馬貢上も東山道ではなく東海道を経由している。

「周防国正税帳」には大宰府からの貢上品の部領使も二例見られる。このうち〔史料13〕は大宰府の工房で製作された銅竈の部領使であり、同年の「筑後国正税帳」に「為貢上造銅竈工功備給稲参拾玖束弍把」とあるのがこれに対応すると考えられる。銅竈の実体についてはよくわからないが、『延喜式』斎宮37野宮年料供物に「銅旅竈一具」とあるのが関連記事と思われる。宮廷の重要な儀式に用いられるものであったため、部領使が貢上したのであろうか。

なお〔史料10〕の部領使は相模国餘綾郡、〔史料13〕は甲斐国山梨郡の「郡散事」である。郡散事はその郡出身の雑用従事者であり、官人としての身分は持たないことから、防人や俘囚の部領使が国司や軍毅であるのとは大きな違いがある。このような地位の者が部領使を務めることについては、天平年間はまだ国府の形成期であり、国書生のような下級官人の人材が十分に集まっていなかったとする見解がある（中村順昭、二〇一四）。

四　「部領使」の性格について

近年日本古代の交通制度や地域間交通に関する研究が多く見られ、そこでは部領使も含めたさまざまな往来者の性格についての言及もなされている。研究動向としては特に伝使の特質を中心とした議論が盛んであり、古代の駅伝馬制の再検討を通して郡のもつ逓送・供給機能の重要性を指摘した大日方克己の問題提起（大日方、一九八五）を嚆矢として、伝馬の利用許可証である伝符は大宰府などを除き原則的に中央に置かれたとする理解を前提に、伝馬利用者は基本的に中央からの派遣使に限られるとした永田英明の研究（永田、二〇〇四a）が出されたことで、伝馬制とともに古代の地域間交通のあり方をめぐる議論が展開されるようになった。永田説に対しては、伝符を伴わない伝馬利用の事例をあげながらその再検討を試みた研究（森哲也、一九九四。市、二〇〇一。門井、二〇〇二）があり、大日方が論じた郡の逓送・供給機能を「伝」制と定義し、伝馬制はその構成要素の一部であるとした馬場基の新たな見解（馬場、一九九六）も示されている。またこの問題は、古代の駅路など交通路の復元を目的とした研究とも深く関わるものである。『出雲国風土記』の道路関係記事の考察を通した交通制度との関係も論じられている（中村太一、二〇〇〇）。

論点となるのが「伝使」の解釈である。『延喜式』主税下1正税帳条には「伝使」として①「新任国司」、②「新任講師」、③「貢上御贄使」、④「貢上御馬使」が列記され、このうち①には「賷若干剋伝符若干枚」と伝符についての記事があるが、②〜④には見られないことから、永田は②〜④は伝馬利用者とは見做されず、「伝使」は伝馬利用者に限定されない概念であるとした（永田、二〇〇四a）。一方①〜④はすべて「伝使」として捉えられている点を重視し、「伝使」を伝馬利用者とする解釈もあり（市、二〇一七。門井、二〇〇二）、これに従えば③、④と同じ性格と思われる「御贄部領使」（史料10）、「御馬部領使」（史料11・12）は、「伝使」ということになる。

「伝使」と「部領使」の関係をめぐる議論にも少し立ち入ってみたい。市は「伝使」とは伝馬利用者をさす用語であるという立場から『周防国正税帳』における使者の表記方法を（a）伝使、（b）船伝使、（c）部領伝使、（d）船部領伝使、（e）部領使に分類し、このうち（e）は「向京〇〇部領使」といずれも向京使となっており、さらに向京伝使としての部領伝使（c）は存在しないことから、表記に「伝使」を伴わない（e）部領使は「伝使」ではないとした（市、二〇〇一）。つまり「伝使」と明記されない部領使は伝馬利用の資格をもたないということになるが、これに対して永田は、正税帳の諸使供給記事にみえる往来人一般を指す概念を「伝使」とするという理解から、罪人・防人や重要な物品の部領という職務にあたる使者を特に「部領使」と称したのであり、「重要な任務を持つ「部領使」のみが伝馬を利用しないという事態は、むしろやや考えがたい」と論じた（永田、二〇〇四b）。永田の説をうけて市は（e）部領使に対する解釈を見直したが（市、二〇一七）、市・永田のこの議論は部領使の性格を考える上でも興味深い。

部領使が伝馬の利用者であるのかという点であるが、結論から言えば利用できる立場にあったと思われる。「御贄」や「御馬」「御鷹」など特殊な品目を貢進しており、また流人や漂着民など確実な移送が求められる任務に携わっているなど、部領使の果たす使者としての役割が重要であることは明らかであろう。

では防人や俘囚など多くの人間を集団で移動させる場合は伝馬を利用したのであろうか。防人や俘囚は徒歩での移動であることは間違いないが、それは隊列を組むなどして行われたと考えられるので、隊列の前後を部領使が乗馬して移送するという形態はあり得ないことではない。もちろん伝馬は特定の使者の移動手段として利用が認められているのであり、移送する集団の統率などを目的とするものではないが、防人や俘囚の移送（移配）に関しては、制度的には部領使の移動手段として、実質的には移送集団を統率するという役割も付加されて利用されていたのではないだろうか。

次に部領使となる人物の地域社会における地位・身分について考えてみたい。

〔史料16〕「天平六年出雲国計会帳」解部

三月

一六日進上仕丁廝火頭匠丁雇民等弐拾陸人逃亡事
　右差秋鹿郡人日下部味麻充部領進上。
一廿六日進上雇民若倭部都々美等肆人逃亡替事
　右差大原郡人日置首剣充部領進上。

（中略）

五月

一十五日進上仕丁火頭財部木足等柒人逃亡替事
　右附大原郡人日置首剣進上。

「出雲国計会帳」は出雲国が発給、授受、中継した公文書に関する記録であり、そのうち中央に送られた「解」の部には、逃亡や死亡などの理由による衛士や仕丁などの代替者を「部領」する記事が九例確認される。ここに掲げたのは「秋鹿郡人日下部味麻」「大原郡人日置首剣」であるが、いずれも「郡人」と表記されており、官職を持たない白丁身分である点が注目される。ただ日下部味麻は二十六人もの仕丁らを統率していることから、部領という任務を遂行できるような権限を付与されていた、もしくは日下部味麻自身が秋鹿郡で一定の権力を持つ人物であったと推測される。『出雲国風土記』には秋鹿郡の主帳として「日下部臣」がみられることから、郡司の譜代一族などの地位にある可能性が指摘されており（中村順昭、二〇一四）、妥当な理解と思われる。大原郡人の日置首釼についても、大原郡主政に「日置臣」（『出雲国風土記』）がおり、このほかにも「出雲国計会帳」には、「楯縫郡人物部山」、「神門郡人神門臣波理」など、いずれも郡司大領氏族と同姓の人物が部領の任にあたっていることが確認される。

〔史料16〕で興味深いのは大原郡人の日置首釼である。この人物は天平六年（七三四）三月に逃亡した若倭部都々美ら四人を都（平城京）まで部領し、同年五月にも逃亡した財部木足ら七人の代替者を進上しているが、「部領」の文字が前者にのみ認められるのは、日置首釼が逃亡者の代替者を移送（部領）する使者であるのか、代替者の一員であるかの差によるものだろう。後者は日置首釼自身が仕丁として京上していると解釈できるが、実質的にはここでも彼が「部領」の役割を果たしていたことは想像に難くない。「差〇〇充部領進上」と「附〇〇進上」という表記の違いは、出雲国司解を京に運んだ人物とその立場を意識した「出雲国計会帳」独自のものであるが、ここから「部領（使）」が人や物品の移送（移配・配流）という任務に特化した使者であることを改めて確認することができるのではないだろうか。

おわりに

本稿では八世紀における「部領（使）」の事例をもとに、その性格などを関連研究に導かれながら論じた。部領使は目的地まで特定の担当者がその任にあたる専使直送型と、経由国間を逓送して目的地に至る諸国逓送型があり、部領する対象により使い分けられていた。また関連史料の多い防人と俘囚の部領使については、移送形態の共通性とともにその経路の特徴などについても検討した。このほかにも伝馬の利用資格の有無や、部領使に任じられた人物の地域社会における地位などにも触れたが、たとえば「領送」「綱（領）」といった表記が類似するものとの異同など、使者としての独自性を明確に示すところまで議論を深められなかった。さらに相撲部領使など平安期の部領使についても紙幅の都合から割愛せざるを得なかった。いずれも今後の課題としたい。

註

（1）天平年間の諸国諸税帳は、林・鈴木編、一九八五に依った。

参考文献

市　大樹、二〇〇〇「伊勢国計会帳の作成年代と浮浪人の逓送」（『日本古代都鄙間交通の研究』塙書房、二〇一七年に所収）

二〇〇一「伊勢国計会帳からみた律令国家の交通体系」（『三重県史研究』一六）

二〇一七「伝制の運用実態」（市前掲書）

井上辰雄、一九六七『正税帳の研究―律令時代の地方政治』（塙書房）

榎　英一、一九八〇「正税帳伝使給粮記事をめぐって」（『日本史論叢』八）

大日方克己、一九八五「律令国家の交通制度の構造―逓送・供給をめぐって」（『日本史研究』二六九）

門井直哉、二〇〇二「律令期の伝馬制と交通路体系について―「伝路」概念の再検討を通じて―」（『史林』八五―六）

瀧川政次郎、一九六三「伊勢国計会帳と大神宮」（『神道史研究』一一―四・五）

武廣亮平、一九九四「エミシの移配と律令国家」（千葉歴史学会編『古代国家と東国社会』高科書店）

永田英明、二〇〇四ａ「伝馬制の機能とその成立」『古代駅伝馬制度の研究』（吉川弘文館）

二〇〇四b「天平期正税帳にみえる「駅使」と「伝使」―但馬国正税帳を中心に」（永田前掲書）
中村太一、二〇〇〇『日本の古代道路を探す―律令国家のアウトバーン』（平凡社新書）
中村順昭、二〇一四『地方官人たちの古代史―律令国家を支えた人びと』（吉川弘文館）
馬場　基、一九九六「駅と伝と伝馬の構造」（『史学雑誌』一〇五―三）
浜田久美子、二〇一一『日本古代の外交儀礼と渤海』（同成社）
林陸朗・鈴木靖民編、一九八五『復元　天平諸国正税帳』（現代思想社）
松原弘宣、二〇〇二「地方官の交通と伝馬制」（『日本古代の交通と情報伝達』汲古書院、二〇〇九年に所収）
森　公章、一九九八「耽羅方脯考―八世紀、日本と耽羅の「通交」」（『古代日本の対外認識と通交』吉川弘文館）
森　哲也、一九九四「律令国家と海上交通」（『九州史学』一一〇）
弓野正武、一九八〇「律令制下の『部領』と『押領』」（竹内理三編『古代天皇制と社会構造』校倉書房）
米田雄介、一九六七「東国防人とその成立」（志田諄一編『古代の地方史』五　坂東編、朝倉書店）

5　遣唐使 ―その船員―

河内春人

はじめに

本稿に与えられた課題は「船を動かした裏方」という観点から遣唐使を分析することである。本稿ではそれを改変して副題を「船員」とするが、その点についてまず説明したい。

「船を動かした裏方」というフレーズは船舶の運航に直接的に従事する人員というイメージを惹起させる。しかし、船の運用に当たって活動する人員は、それを動かす役割だけではなく船舶内の秩序維持など多岐にわたる。さらには運航以外にも造船や修繕もこの論点に関わってくる。本稿では、こうした船舶の運用に第一義的に関わる人員を総合する概念として「船員」と定義することにする。

ところで、交通という観点から遣唐使を捉えた研究は多くあるが、その内容は航路について扱ったものが圧倒的に多い。これは遣唐使研究が海事史として出発したことによる（遣唐使研究の概略については、河内、二〇一七）。その後、海事史視点の研究は船の構造にも広がりを見せている（東野、二〇一五）。これは航路のテーマと連動するものであり、かつ遣唐使船そのものではないにせよ、沈船の発見などによる知見の深まりを反映したものである。

こうした海事史的見地に基づく遣唐使研究においてその進展が難しいのが、船を動かす人員としての船員というテーマである。航路研究は海流や季節風の自然条件をデータ化して活用し、あるいは出立地や到着地などの記録に依拠できる。むろん、そのデータの扱いには条件が付されることになるが、それでも資料は皆無ではない。船舶研究も沈船のような考古学的資料、さらには絵画資料など研究に活用できる資料がそれなりにある。これに対して船員の研究について取り組もうとする時、決定的な困難に直面することになり、それが研究の深化を阻んでいる。その困難とは二つの理由に基づくものである。

第一に、その史料が乏しいことである。その活動内容は自然条件や考古資料のようなかたちでは残りにくい。第二に、わずかながら残された文献史料においても、政治的地位の高い大使ら首脳部の動向を中心に記録されるのであり、船乗りについてそれ自体を対象とした記録というものは期待しにくいことである。後代には書記文化が民衆に広がることによってその活動は彼ら自身の手で幅広い記録が残されるが、遣唐使の時代は書記は貴族や知識人が担うものであり、民衆の活動は彼らの視線に入りにくい。それゆえ、船員に関する記録は古代史料では後の時代に比べて残存しにくいという制約がある。

とはいえ、これまでの遣唐使研究においても出来得る限りの言及は試みられてきている。本稿では文献史料とこれまでの研究について再整理することでその責めを塞ぎたい。

一　乗員と船員

『延喜式』には遣唐使について、大使以下様々な職務を列挙する規定があることは周知の通りである。船員についても遣唐使の組織としての全体像をふまえなければ、その適切な理解にはたどりつかないだろう。そこでまず本史料を分析するところから始めることにする（本条の成立については、東野、一九九一）。

〔史料1〕『延喜式』大蔵74入唐大使条

入諸蕃使

入唐大使。絁六十疋、綿一百五十屯、布一百五十端。副使。絁卌疋、綿一百屯、布一百端。判官。各絁十疋、綿六十屯、布卌端。録事。各絁六疋、綿卌屯、布廿端。知乗船事、訳語、請益生、主神、医師、陰陽師、画師。各絁五疋、綿卌屯、布十六端。史生、射手、船師、音声長、新羅・奄美等訳語、卜部、留学生・学問僧傔従。各絁四疋、綿廿屯、布十三端。雑使、音声生、玉生、鍛生、鋳生、細工生、船匠、柂師。各絁三疋、綿十五屯、布八端。傔人、挟杪。各絁二疋、綿十二屯、布四端。留学生、学問僧。各絁卌疋、綿一百屯、布八十端。還学僧。絁廿疋、綿六十屯、布卌端。已上布各三分之一給上総布。水手長。絁一疋、綿四屯、布二端。水手。各綿四屯、布二端。柂師、挟杪、水手長及水手。各給幞頭巾、巾子、腰帯、貲布黄衫、著綿帛襖子、袴及汗衫、褌、貲布半臂。其渤海・新羅水手等、時当二熱序一者、停二綿襖子・袴一、宜レ給二細布袴一。並使収掌、臨二入京一給。其別賜。大使。彩帛一百十七疋、貲布廿端。副使。彩帛七十八疋、貲布十端。判官。各彩帛十五疋、貲布六端。録事。各彩帛十疋、貲布四端。知乗船事、訳語。各彩帛五疋、貲布二端。学問僧、還学僧。各彩帛十疋。

本条には遣唐使における職務が列挙されている。そして、これまでの研究において、それぞれがどのような役割であったのか言及されている。それを整理したのが表1である（青木、一九六五。東野、一九九九・二〇〇七。森、二〇一〇）。

なお、表1では青木・東野・森が遣唐使の職務のなかで船員と位置づけたものについて網掛けを施した。これを

表１　遣唐使乗員の職務

延喜式	青木和夫	東野治之[1]	森公章
入唐大使	長　官	四等官	長　官
副　使	次　官		次　官
判　官	判　官		判　官
録　事	主　典		主　典
知乗船事	船　長	船　長	船　長
訳　語	唐語通訳	通　訳	中国語通訳
請益生	短期留学	短期留学生	短期留学
主　神	神　主	神　主	神　主
医　師	医　者		医療担当
陰陽師	易・天文学	まじない、易占、 天文観測担当	天文観察
画　師	画　家	記録役	絵画記録係
史　生	書　記	書記官	書記官
射　手	射　手	襲撃の備え	戦　士
船　師	航海長？	機関長	機関長
音声長	？	威儀、拍子取り	威儀・音頭取り
新羅・奄美等訳語		通　訳	新羅・奄美語通訳
卜　部	主神配下	占い担当	亀　卜
留学生傔従	従　者		従　者
学問僧傔従	従　者		従　者
雑　使	庶　務		庶務係
音声生	？	音声長配下	威儀・音頭取り
玉　生	ガラス・釉	ガラス・釉薬	ガラス・釉
鍛　生	鍛　金	鍛　金	鍛　金
鋳　生	鋳　金	鋳　金	鋳　金
細工生	竹木工	木工工人	竹木工
船　匠	大　工	船大工	船の修理
柂　師	操舵手	操舵手指揮官	操舵手長
傔　人	従　者	使節の従者	官人の従者
挾　杪	操舵手配下	舵取り・操舵手	操舵手長
留学生		長期留学生	長期留学
学問僧		長期留学僧	長期留学
還学僧	短期留学	短期留学僧	短期留学
水手長	水夫長		水夫長
水　手	水　夫		水　夫

見ると、先行研究において船員がどの範囲までを含むかという点について、決して見解が統一されているわけではないことが見て取れる。

まず三者において共通する船員として、知乗船事、船師、梅師、挾杪、水手長、水手がある。これについては本稿でも継承する。

一方、見解の異なるところを取り上げると、例えば青木は、主神・医師・陰陽師・画師・射手・音声長・卜部・音声生なども船員として扱っている。これに対して、東野や森はそれらを随員として区別している。また、森は船匠を「随員（技手）」として分類するが、青木・東野は船員に含めている。このように遣唐使職務のカテゴリーとして船員を設けることは共通するものの、そこにどの役職を充てるかという詳細においてはズレが生じているのである。以下、所見を述べる。

青木が主神以下を船員に当てたのは、主神は航海の安全を祈るという役割から、医師は移動中の治療、陰陽師は交通における占い、射手は移動中の自衛という移動に関わる役割を負っていると見なしたからであろう。音声長・音声生については「?」としており、その役割について判断しかねたようである。しかし、これらの職務を船の運用に従事することを主たる任務としたものとしてよいかというと、問題が残る。たとえば画師について東野・森においては記録係として理解されている。そうであるとすれば、その主たる役割は在唐中にその様子を図として書き留めることである。これを船の移動に関する人員として説明するのは困難である。ほかにも主神は航海上の安全だけではなく、日本から唐へという境界を越える際の祭祀に関わる可能性も想定できる（河内、二〇一二）。医師の活動も航海中に限られるものではない。『入唐求法巡礼行記』を読むと、渡海の行程よりも滞在中に病気の記録が多く、医師の役割はむしろ到着後であったといえる。このように見ると、青木の分類は広く設定しすぎていると思われる。

一方森は、船匠の位置付けについて船員の対象から外している。船の操作ではなく修繕という点からすれば、確かに技手・技官という理解も可能である。ただし、船匠の活動は船舶に特化したものであることから、ここでは船員の一種と見なしておく。

これに対して、音声長・音声生についてはその具体的活動に対する理解をめぐって振り幅が大きい。不明として解釈を保留した青木は措くとしても、東野・森は威儀・音頭取りと説明を付す。威儀だとすれば楽団を引き連れたということになる。これに対して音頭取りとすれば、船舶の操作、たとえば櫓を漕ぐときに取る音頭のことを想定していることになる。

そこで「音声」について見ておくと、六国史の用例では雅楽寮の演奏を指す(2)。また、中国では楽人として太常音声人が定められており、これも楽と関連する。何より、音声長の実例として承和の遣唐使に河内国人外従五位下良枝宿禰清上の名が見えるが(3)、清上は雅楽権少属であった。船舶の操作に従事する立場であったとは考えがたい。これらをふまえると、音声長・生は楽に関わると見なすほうが理解しやすい。ゆえに本稿では船員ではなく技官と見なしておく。ただし、楽に関する技官だとしても拍子取りのような作業に便宜的に従事するということは十分に考えられ、その役割を否定するものではない。

ただし、そのように考えると在唐中における音声長・音声生の活動について一考を要する。楽の修得に派遣されたと捉えるのが一般的な考え方であろうが、その場合音声長と音声生の双方が派遣されていることが問題となる。玉生や鍛生等は長が存在せず生だけであるが、音声のみ長も派遣されている。むしろ組織としての集団が派遣されているように見受けられる。とはいえ、在唐中に楽団が活動する機会は考え難い。

なお、遣唐使ではないが興味深い例として宝亀十年（七七九）に来日した唐使のケースがある。

〔史料2〕『続日本紀』宝亀十年四月辛卯条

領唐客使等奏言。唐使之行、左右建レ旗、亦有帯仗。行官立二旗前後一。臣等稽二之古例一、未レ見二斯儀一。禁不之旨、伏請二処分一者。唯聴レ帯レ仗、勿レ令レ建レ旗。又奏曰。往時、遣唐使粟田朝臣真人等発レ従二楚州一、到二長楽駅一、五品舎人宣レ勅労問。此時、未レ見二拝謝之礼一。又新羅朝貢使王子泰廉入京之日、官使宣命、賜以二迎馬一、客徒斂レ轡、馬上答謝。但渤海国使、皆悉下馬、再拝儛踏。今領二唐客一、准二拠何例一者。進退之礼、行列之次、具載二別式一。令レ下二使所一、宜下拠二此式一勿中以違失上。

宝亀十年に唐使が到来した際に使者の行列が旗を立てたことや、迎接における下馬の有無が問題となっている。ここでは楽については取り上げられていないが、行列の行次に楽を奏でるということはあり得ることである。ただ、遣唐使が唐でそれを行なった場合、唐側に制止されるということも考えられる。この点については後考を期したい[4]。

以上の考察から本稿では、知乗船事・船師・船匠・柂師・挾杪・水手長、水手を船員として位置づける。次に、遣唐使の構成における船員の位置付けについて考えてみる。これも〔史料1〕が手がかりとなる。そもそも〔史料1〕は遣唐使に支給される禄法である。遣唐使として派遣される役職が列挙され、それに対する禄の分量が示される。ここから遣唐使内での職務ごとの格付けを見て取ることができる。

遣唐使内における目的に応じた職務区分として、首脳部（外交担当及びその事務的補佐）・船員・技官（随員）・留学者に分類して、禄の格付けに基づいてそれを序列化したのが表2である。なお、首脳部・船員・技官・留学者の分類はあくまで考察上の便宜的なものであり、遣唐使自身が自覚していたものではない。ただ、こうした序列から律令国家が遣唐使をどのように見ていたのか、明らかとなる。

表2　遣唐使の職務と禄

首脳部	船　員	技　官	留学者	絁	綿	布
入唐大使				60	150	150
副　使				40	100	100
			留学生 学問僧	40	100	80
			還学僧	20	60	40
判　官				10	60	40
録　事				6	40	20
訳　語	知乗船事	主　神 医　師 陰陽師 画　師	請益生	5	40	16
史　生 新羅訳語 奄美訳語	船　師	射　手 音声長 卜　部	留学生傔従 学問僧傔従	4	20	13
雑　使	船　匠 柂　師	音声生 玉　生 鍛　生 鋳　生 細工生		3	15	8
傔　人	挟　杪			2	12	4
	水手長			1	4	2
	水　手				4	2

まず首脳部の禄が高いのは当然のこととして、留学者が高い禄を授けられている。留学生・学問僧・還学僧の禄は分量だけで見れば副使と判官の間に位置するのであり、四等官に匹敵する。しかし、留学者に関する規定は〔史料1〕においては末尾に置かれており、禄の分量に見合わない書き方となっている。これは、遣唐使を率いる立場の録事以上よりも上位に記すことはできないために、変則的な書き方になったものと考えておく。

留学者の位置付けの高さを物語るもう一つのポイントが傔従への禄である。留学者のみならず、その傔従も首脳部の傔人よりも高くなっている。これは留学者傔従が十数年の長期にわたって唐に滞在することへの配慮である。

また、首脳部や留学者に対して、船員・技官の禄は低く設定されている。これは首脳部や留学者が外交交渉や知識の獲得という遣唐使の目的に対する職務であるのに対して、技官は遣唐使の派遣に付随する人員、船員は移動に関わる職務であり、目的を遂行するために設定された手段としての職務であったからに他ならない。そのなかでも水手長・水手はもっとも低いところに位置している。特に水手の禄には絁が含まれておらず、待遇が格段に低いことが見て取れる。

特に先述のように、留学者の禄法は変則的に末尾に記されたが、それでも水手長・水手よりは先に記されている。翻って、遣唐使内における水手長・水手の地位の低さを見て取ることができるのである。

二　船員の実像

本節では、船員として位置づけた知乗船事・船師・船匠・柂師・挟杪・水手長・水手について分析する。

(1)　知乗船事

まず知乗船事であるが、遣唐使の船団全体を統括する職務(東野、一九九九。虎尾、二〇一七)[5]という解釈と船長という理解(青木、一九六五。東野、二〇〇七。森、二〇一〇)に分かれている。承和の遣唐使を見てみると、槻本連良棟・深根文主・春道永蔵・菅原梶成の名が見え、小野篁とともに乗船拒否した伴宿禰有仁も同職であった。すなわち、知乗船事は複数名いたことは確実であり、各船に一人ずつ乗り込んでいたと見なさなければならない。船団統括という理解には修正が必要である。

なお、槻本良棟は右京人であることが知られ、伴有仁は従七位上、菅原梶成は正六位上の官位を有していた。彼らは本貫や帯する官位からして日常的に船舶の運航に従事する身分であったとは見なしがたい。船内における全体的な監督のために中下級官人が任命されたと捉えるべきである。また、承和の遣唐使で知乗船事は、唐に赴かなかった伴有仁を除いても四名以上いたが、これに対して往路は三船である。知乗船事が多すぎるということになるが、復路は新羅船を雇って八船で帰国している。すなわち、帰国時にはその船数に合わせて知乗船事を追加任命したことになり、大使の藤原常嗣がそれを行なったと考えられる。それは節刀に基づいて官職任命権を行使したということである。大使への節刀授与宣命には刑罰権の付与しか宣られていないが、節刀の象徴する権力は広範囲であったことが分かる。

（2）船　師

知乗船事の理解と連動して船師の解釈も変わる。知乗船事を船団管理とする理解では船師は船長ということになるが、知乗船事を船長とすれば船師は違う職務ということになるからである。現代的な船員とのすり合わせとして、青木は航海長と推定し、東野や森は機関長とする。航海長の場合は船の運航の責任者、機関長の場合は船舶における動力部分の整備や補給を担当する部門の責任者ということになる。船師という名称は船そのものを管轄する職務を想起させ、それゆえに現在の機関長に該当するという理解は穏当である。

ただし、船師の実態はそれだけでは足りないようにも思わせる例がある。船師の実例は遣唐使には見えないが、遣渤海使に板振鎌束の名が見える。

〔史料3〕『続日本紀』天平宝字七年（七六三）冬十月癸酉乙亥条

左兵衛正七位下板振鎌束至レ自二渤海一。以レ擲二人於海一、勘当下レ獄。八年之乱、獄囚充満。因其居住移二於近江一。初王新福之帰二本蕃一也、駕船爛脆。送使判官平群虫麻呂等慮二其不一レ完、申レ官求レ留。於レ是、史生已上皆停二其行一、以修二理船一。使下鎌束便為二船師一、送二新福等一発遣上。事畢帰日、我学生高内弓・其妻高氏及男広成・緑児一人・乳母一人幷入唐学問僧戒融・優婆塞一人、転レ自二渤海一相随帰朝。海中遭レ風、所レ向迷レ方。梅師・水手為レ波所レ没。于レ時鎌束議曰、異方婦女今在二船上一。又此優婆塞異二於衆人一。一食数粒、経レ日不レ飢。風漂之災、未二必不一レ由レ此也。乃使下水手撮二内弓妻幷緑児・乳母・優婆塞四人一、挙而擲上レ海。風勢猶猛、漂流十余日、着二隠岐国一。

ここでは船師の板振鎌束が水手に船内の女性・子供を海に突き落とさせたことが記されている。それは「議曰」とあることから鎌束の個人的な判断ではなく、周囲と諮ったうえで下した結論である。そのことを敷衍すると、鎌束には発議と決定を執行する権限があったということになる。すなわち、航海中の船の内外における安全の確保のための判断をも担っており、機関長という職務を超えた責任を負っていたと見なすことができる。

また、この場合、鎌束の地位も問題となる。鎌束は左兵衛であり正七位下の官位を保有している。つまり左兵衛が送渤海使として派遣されるにあたって船師に任命されたのであり、もともと船のことに通じていたとは考えにくい。この問題については、遣渤海使の使節構成を考える必要がある。『延喜式』大蔵省には〔史料1〕の遣唐使に続いて遣渤海使の禄法規定があるが、それによれば使節は、入渤海使（大使）、判官、録事、訳語、主神、医師、陰陽師、史生、船師、射手、卜部、雑使、船工、柁師、傔人、挾杪、水手で構成されている。船員関係を遣唐使と比較すると、知乗船事と水手長が存在しない。このうち水手長は水手とほぼ同じ役割として理解することができるが、知乗船事と対応する職務が見当たらない。しかし、船内全体の監督を司る同職がないというのは不自然である。

表3　遣渤海使の職務と禄

首脳部	技　官	船　員	絁	綿	布
入渤海使			20	60	40
判　官			10	50	30
録　事			6	40	20
訳　語	主　神 医　師 陰陽師		5	30	16
史　生	射　手 卜　部	船　師	4	20	13
雑　使		船　工 柂　師	3	20	10
傔　人		挾　杪	2	10	6
		水　手	1	4	2

表4　遣新羅使の職務と禄

首脳部	技　官	船　員	絁	綿	布
入新羅使			6	18	18
判　官			4	8	8
録　事 大通事			3	6	6
史　生 少通事 雑　使	医　師	知乗船事 船師	2	4	4
傔　人	鍛　工 卜　部	柂　師 水手長 狭　杪	1	2	2
		水　手		2	2

そこで考えられるのが、遣唐使より規模が小さい遣渤海使においては、知乗船事の職務を船師に統合したのではないかということである。そのように捉えると、先述の航海中の安全の判断という活動も、船師というよりは知乗船事としての役割と見なすことも可能であろう。遣渤海使では知乗船事と船師を兼ねる存在として下級官人を船師として船内の監督に当たらせたとも考えられる。

翻って遣唐使における船師も、船舶担当としては知乗船事に次ぐ格付けであることをふまえると、下級官人が任命されたものと見なしたい。知乗船事は船内の秩序を担当し、船師は船そのものを監督するという役割に分化していたのであろう。また、『入唐求法巡礼行記』には、船師として佐伯金成、准船師として矢侯（楊隻）糸丸の名が見える。(6) 糸丸は「検校舶之使」とも記されており船舶の管理を担当していたようにも見える。ただし、これは唐に到着後に上陸した者と船舶に残った者に分かれた時に船舶側の責任者として与えられた任務であり、船師としての職務とは別に考えるべきであろう。

ところで、遣新羅使では知乗船事と船師が存在する。新羅と渤海は日本から蕃国と位置付けられており、外交上の扱いはおおむね同等である。それにも拘らず使節内の人員の構成が異なっている。それを比較したのが表3と表4である。人員の職種のみならずその序列も大きく違っている。その理由を船員レベルで考えると、二つの可能性を想定できる。一つは交通ルートに由来すると見なすものである。博多湾から対馬を通って半島に渡る新羅との交通路と日本海を横断する渤海との交通路では交通の難易度が異なり、それゆえ交通に要する職務も違いを見せるようになる。もう一つは国家的関係の歴史に由来するという理解である。新羅との関係が律令制以前のあり方に強く影響を受けるのに対して、渤海との関係は律令制的な秩序に規定される面が大きい（平野、一九九四）。使節の構成の違いはそうした歴史的経緯に基づくところは確かにある。いずれかというのではなく、双方が絡み合って使節が構成されていると見なすべきであろう。

（3）船　匠

船匠は船大工という理解で異論はない。航海における船舶の破損を修繕するのがその役割であるとすれば、造船そのものに携わった人々が船匠となるのがもっとも順当な配置といえる。遣唐使船の造船といえば、安芸・周防を筆頭に、駿河・近江・丹波・播磨・備中・筑前・筑後・肥前・豊後など西日本を中心に確認できる。(7) 必ずしも造船場所と船匠の出身地が一致しなければならないというものではないが、一つの手がかりとはなろう。なお、伝承では伊豆や遠江のように東日本でも造船記事が『日本書紀』に見える。[8]

ところで、造船という点でいえば、実際の造船を指揮した造舶使についても目を配る必要がある。造舶使の具体例としては、承和の遣唐使の時に長官・丹墀貞成（後に伴氏上に交代）や次官・朝原島主（後に三島島継）の名が確認できる。正五位下の位階を有する丹墀貞成や伴氏上、主税助を帯官する朝原島主は中央官人であり、作業を担当する立場ではない。ただし、三島島継は大工であったことが記されている。[9] 大工とは大宰府の官僚であり、職員令には定員は一人、城隍・舟楫・戎器・諸営作を掌ると定められている。このうち舟楫の職掌に基づいて造舶使に任命されたと見なし得るだろう。そもそも百数十名が乗船する大型船舶の造営技術が各地に継承されていたとは考え難い。歴史的には大型船舶の造船に関する知識・技術は百済からもたらされたと考えられる。[10] 七世紀には中央で管理されていた可能性はあるが、八世紀になると外洋交通の窓口である大宰府にその知識・技術が移管され、大工の職務が成立したのではないだろうか。そのように考えると承和の例に限らず、造舶使はトップこそ中央の貴族が任じられるが、実務担当として大宰府の大工等が選任された可能性も見て取れよう。さらにいうなれば、造船にあたって殊更に使を派遣するというかたちをとるのも設計図の管理や技術指導を含めて特定の官司にそうした知識が集約されていたためとも憶測できる。

なお、島継はその後、造舶都匠に任じられており、その名称から匠を統括する地位であると考えられる。船匠と名称が類似しており、造船に従事した人と船匠が重なるか、あるいは近しいことを窺わせる。

造船関連でもう一つふれておく。遣唐使の船舶には船名が付けられていた。「太平浪」など航海の安全を祈って名付けられたものもあるが、それとともに「佐伯」という船名が確認できる。氏族名が付された船の名について、同氏が造船に関与した可能性は容易に想像されるところである。そこで注目されるのが次の記事である。

〔史料4〕『続日本紀』天応元年（七八一）正月庚辰条

授㆓播磨国人大初位下佐伯直諸成外従五位下㆒。以㆑進㆓稲於造船瀬所㆒也。

これによれば佐伯直諸成が造船瀬所への献物叙位を行なったことが確認できる。播磨は先述のように遣唐使船の造船が確認できる国であり、播磨の造船は佐伯直が担っていたものと推定したい。また、『入唐求法巡礼行記』には船師として佐伯金成、水手長の佐伯全継の名が見える。断定はできないが、関連性は容易に想像できる。付言すると、天平勝宝の遣唐使の一船は「播磨」という船名であり、遣唐使船のような巨大船舶を造船するところが一国に複数あるとも考え難く、おそらく播磨国内の同所で造られたと想定しておく。

船匠についてここまで述べてきたことを敷衍すると、造舶使は官人が任命されて造船を監督した。実際の造船は現地の豪族がこれを担当した。船匠が実際の修繕を行なうものであったとすれば、後者の立場の人物が任命されたということになろう。

（4）柂師・挾杪

船匠と同格に位置付けられているもう一つの職務が柂師である。柂師は先行研究ではいずれも操舵手の長という理解であり従うべきである。そして、その下に挾杪がいた。柂師のよく知られた事例としては、川部酒麻呂がいる。

〔史料5〕『続日本紀』宝亀六年（七七五）四月壬申条

授㆓川部酒麻呂外従五位下㆒。酒麻呂肥前国松浦郡人也。勝宝四年、為㆓入唐使第四船柂師㆒。帰日、海中順風盛扇、忽於㆓船尾㆒失火。其炎覆㆑艫而飛、人皆惶遽不㆑知㆑為㆑計。時酒麻呂廻㆑柂、火乃傍出、手雖㆓焼爛㆒、把㆑柂不㆑動、因遂撲滅。以存㆓人物㆒、以㆑功授㆓十階㆒、補㆓当郡員外主帳㆒。至㆑是授㆓五位㆒。

鑑真の来日を実現させたことで知られる勝宝遣唐使であるが、帰国航行時に大使藤原清河らの乗った第一船は安南に漂着、第二・三船は揃って屋久島に到着、やや遅れて第四船も薩摩に帰着した。酒麻呂はその第四船の梅師であったが、〔史料5〕よりいくつかのことがわかる。第一に酒麻呂が肥前国松浦郡を本貫としていたことである。第二に酒麻呂が舵を扱っていた時に出火したという記述から、梅師が自ら舵を取っていたことが窺えることである。第三に船舶火災でも舵を放さず最悪の事態を防いだということで十階の加階がなされたということである。

第一の点から船の航行に関する実際の作業を担当する船員は地方の人間であったことがわかる。すなわち、梅師は在地において実際の船舶運航に携わる人々から採用されたということである。そして、第二に梅師は挾杪の取りまとめだけでなく、自身が舵の操作に直接従事していた。そうであるとすれば、梅師と挾杪はもともと区別されるべきものではなく、挾杪のなかで年齢や経験的に上で他の挾杪を集団的にまとめることができたり、技術的に秀でていた者が選ばれたという推測も可能であろう。第三に帰国時に十階を授かったとある。白丁から授けられたとすれば従七位上（外位か）になったことになる。『延喜式』式部上233遣唐使条に「凡遣唐使下無位者、叙一階」とあることからすれば、その褒賞としての叙位がいかに破格であったかが窺われる。そして、酒麻呂はこの時に外従五位下を追授されたということになるが、勝宝次に多大な功績が認められたとしても、なぜ宝亀になってから五位までさらなる昇叙があったのか。そこでこの時期の状況について見渡してみると、二か月後の六月に遣唐使が任命されており、勝宝次の行動を評価されて再度梅師として任命されたのではないか。それにしても五位への授位は特例といわざるを得ないが、前回と同様の忠節を期待し、さらにそれを周囲にアピールすることで遣唐使の派遣成功をねらったのであろうか。ともあれ、酒麻呂が宝亀次にも梅師となったのであれば、一つの推定が可能となる。宝亀次の船は安芸で造営されている。梅師や挾杪は造船と同じ地域の人々が任用されるとは限らず、別の地域から採用されることもあったということになる。

なお、川部については近年興味深い発見が報告されている（酒井、二〇一八）[11]。福岡県行橋市延永ヤヨミ園遺跡において川部に関する木簡が紹介された。

〔史料6〕延永ヤヨミ園遺跡ⅣC区出土木簡

□戸川マ嶋山　九斗　天平六年十月十八日　(221)・(19)・7　6081

酒井の報告によれば、西海道において前掲の〔史料5〕以外で川部が確認されたのは初めてという。同遺跡の立地は周防灘に面しており、福原長者原官衙遺跡の近辺に所在している。同遺跡は詳細は不明ながら一般の国府よりも大きな規模を有する西海道支配の拠点の一翼を担っており、瀬戸内から北九州にかけての交通の要衝に位置している。

これらの条件を勘案すると、律令制以前より水上交通のポイントとなる各地に川部が置かれ、外交などの交通においてもこれらの人々が徴発され、それは律令制以後においても継続していたという状況を一つの可能性として想定できる。

（5）水手長・水手

船員のなかでももっとも立場が低いのが、水手長と水手である。水手は遣唐使として派遣される立場のなかでは唯一絁が給付されない。ただし、水手が遣唐使の一員として他の立場と区別されていたかというとそのようにもいえない。遣唐使が帰国した際の褒賞の授与は「水手已上」が対象となるのが通例であり[12]、水手だけが殊更に区別されていると見なすことはできない。

水手長と水手の関係についてみると、水手長は水手に対して突出した待遇を受けているとはいいがたい。また、先掲の表3の遣渤海使の船員には水手長が定められていない。すなわち、水手長は存在せずとも船の運航は可能であったということである。水手長は水手の人数が多い時にその取りまとめ役として水手のなかから採用されたのであろう。

なお、遣渤海使に水手の取りまとめ役としての水手長を設置する必要性を認めなかった理由について、比較的少人数の使節であったためとするのがシンプルな考え方であろう。ただしこの説明では、外洋交通においてもっとも航海が容易であり遣渤海使以上に水手長を置く蓋然性が認められないはずの遣新羅使に水手長と水手が置かれているということが説明できなくなる。それゆえ、水手長の設置は人数的な問題以外に起因するものとして捉えなければならない。これも先述のように律令制以前の旧制の使節構成から慣例的に設けられていたと見なしておく。

さて、水手にまつわる問題として論点を二つ挙げておく。一つは水手の出身地である。これは前掲〔史料5〕において川部酒麻呂が肥前国松浦郡の出身であることなどからその近辺が紹介されることが多い。ただし、船匠の項で見たように、播磨などの出身地も想定できる。瀬戸内から北九州にかけて広範囲にわたっていたことが推定される。なお、次の規定も注目される。

〔史料7〕『延喜式』式部上234遣唐使条

凡遣㆓唐及渤海等㆒使帰朝之日、特被㆓叙位㆒、頓除㆓前労㆒。其水手応㆓叙位㆒者、京畿之人皆叙㆓内位㆒。

後半部が水手への叙位についてであるが、「京畿」の人の場合について定められている。すなわち、遣唐使の水手として京・畿内の人物がいたということになる。

もう一つは、水手の員数の問題である。遣唐使船一隻にはおおよそ一二〇～一五〇程度の人員が乗り込んだと考えられるが[13]、これまでの研究でもどの程度水手が占めていたのかという点が注目されている。先行研究における概算の析出の試みを二つ紹介したい。東野治之は『唐大和上東征伝』における天平二十年（七四八）の鑑真が来日を試みた時の人数との対比を行なった。『東征伝』では、鑑真の第四次渡航において三五人が乗り込み、うち一八人が水手であったと記していることから遣唐使船の水手は乗員の半数という見解を出されている（東野、二〇〇七）。また、森は、「新羅征討」計画における軍船の数値から算出している（森、二〇一〇）。船三九四隻に対して兵士四〇九〇二人、水手一七三六〇人が予定され、一隻当たり兵士一〇三人、水手四四人程度になる。これは概ね兵士：水手＝二・三：一という比率になる。森は軍船であるため兵員の割合が高くなるとして、遣唐使の場合は水手の割合が増えるとする。

遣唐使の人員に対する明確な史料がないため、船舶の人員に関する他の事例から類推するというアプローチは妥当な方法である。ただ、鑑真の調達した船は四〇人程度が乗り込む中型船舶であり、遣唐使船のような大型船舶ではない。乗船人数に対して船舶運航に従事する必要人員が同じ比率になるとは限らない。一方、「新羅征討」計画の軍船は一船で一五〇人程度である。乗員規模は遣唐使船と同程度ということになるが、軍船は武器その他の積み込みなど兵員以外の要素を考えなければならない。そのため遣唐使船の乗船人数についての考察の手がかりになるが、それを結論に直結させることについては慎重を期さなければならない面もある。

そこで、異なる視角から水手の人数について検証してみたい。承和の遣唐使は渡唐までに紆余曲折を経たことで知られるが、結局唐にたどり着いたのは第一・二・四船の三船であった。各船は到着地が異なったが、第一船と四船は揚州で合流している。その後、大使藤原常嗣等が長安に入京して皇帝文宗に謁見する。この時、上京した人員を円仁は記録している。

〔史料8〕『入唐求法巡礼行記』承和五年（八三八）十月四日条

四日。斎後、両僧各別レ紙造二情願状一、贈二判官所一。其状如レ別。入京官人、大使一人、長岑判官、菅原判官、高岳録事、大神録事、大宅通事、別請益生伴須賀雄、真言請益円行等、并雑職已下卅五人。官船五艘。（中略）三論留学常暁猶住二広陵館一、不レ得二入京一。

これによれば、個別に挙げられているのが大使（常嗣）ら八人、一括されているのが雑職以下の三五人となる。つまり、四三人が上京した計算になる。なお、第二船の藤原豊並も道中に死去したが、〔史料8〕に名前が挙げられていないところを見ると、途中で合流したか、あるいは別に上京しようとしたのであろう。

これに対して、上京が許されず揚州に留まった人々の記録も確認できる。

〔史料9〕『入唐求法巡礼行記』開成四年（八三九）二月六日条

六日。州官准レ勅給レ禄。案二観察使帖一偁、准二閏正月二日勅一、給二使下不レ赴二上都一弐百柒拾絹一、毎レ人五疋、計壱千三百伍拾疋。准二貞元廿一年二月六日勅一、毎レ人各給二絹五疋一者。旧例無レ有二禄給レ僧之例一、今度禄時与二僧等一。但不二入京一留置、一判官已下水手已上、毎レ人各賜二五疋一、更無二多少一。

これによれば、判官から水手まで二七〇人が上京せずに留まった。これが概算でないことは支給される絹の数量（一人当たり五疋×二七〇人＝一三五〇疋）から明らかである。

すなわち、上京四三人＋在留二七〇人＝三一三人が遣唐使第一・四船の合計人数ということになる。ただし、死去した者もいるので出発時はもう少し多かっただろう。これを一船当たりにすると一六〇人弱という数値になり、遣唐使の通例の一船当たりの人数とほぼ一致する。つまり承和の遣唐使の一船当たりの乗船人数は一六〇人程度ということになる。

ところで、『入唐求法巡礼行記』開成四年閏正月五日条には、「本国朝貢第一船使下水手・射手六十餘人、皆並臥㆑病辛苦」と記している。この一文が第一船の水手・射手全員を指すのか、病人に罹患した者を指すのか、という点で解釈が分かれるが、「皆」という字に注目すると前者の解釈の方が整合的である。それゆえ、ここでは〝第一船の水手・射手六〇人は「全て」病気で苦しんでいる〟と理解しておく。もとより全員が本当に病に臥せっていたのかというとそのようなことはないだろうが、それぞれ何らか体調を崩していたというくらいのことは考えられよう。そうすると第一船について、乗員一六〇人に対して水手・射手六〇人ということになる。

なお、この算出では水手と射手を一括することになるが、それは円仁の視点に基づく。射手は護衛としての役割は当然あるが、そのような事態は恒常的に生じるものではなく、日常的には水手と同じように遣唐使の雑務をこなしていたと考えるのはそれほど無理な想像でもなかろう。例えば、『行記』には射手と水手が一緒に行動している記事が散見する。明確な根拠にもとづくものではないが、射手一人と水手二人で行動していることがままあり、これを一：二という人数比として採るならば、一船に射手二〇人・水手四〇人という数字を算出できる。実際に緊急事態に陥った際に射手の数が少なすぎるとその役割を果たせないと考えれば、二〇人という数字はそれなりに無理な数字とはいえないだろう。

逆に水手だけで考えると、一六〇人中四〇人ということになる。これは森が算出した数字に近くなる。森は兵士を多く乗せるために水手の割合は抑えられていると述べたが、遣唐使にしてもなるべく船員を抑えて首脳部や留学者の数を増やしたいところであろうから、軍船ではないから水手の割合が増えるかというと必ずしもそのように考えなくてもよいのではないだろうか。加えて、通常時においては射手を水手の補佐的な役割に充てることができるとすれば、員数的な不足はかなりの程度解消されると考えられる。

これまでの遣唐使の半数程度を水手とする理解とは異なるが、船の運航にあたって必要とされる最低人数は中型船と大型船で比例的に増加するというよりは、一定数を確保すれば必要に応じて増やしていくため、中型船で半数程度必要だったとしても大型船においても同様となるとは限らない。確かに船員数が多い方が運航の安全性は高まるであろう。しかし、そもそも遣唐使は航路にしても安全性よりもイデオロギー的な面を重視する傾向が強く、安全第一で派遣されているわけではない。そう考えると、船舶規模から「新羅征討」計画の軍船の割合とそれほど変わらないという想像もあながちあり得ないこととはいえないだろう。ただし、この数字はいくつかの仮定の上に算出したものであり、断案となし得るものではないという限界があることは申し添えておく。

小　結

船員について個別にみてきたが、〔史料1〕の条文にはもう一つ関連する規定がある。柂師・挟杪・水手長・水手が衣服支給の対象となっている。いずれも船の乗組員として操船作業の現場を担当する人々であり、律令国家は船員への衣服支給が必要であると考えていたことが窺える。その理由については二通りの解釈ができる。

第一に、船員は作業上の衣服の消耗が激しく、また身分的に着替えを準備することが難しいため国家が支給したとするものである。衣服を支給される人々は禄法のなかでも最下層に該当する。ただし、柂師と挟杪の間に傔人が位置しており、単に使節内の格の問題であれば彼らにも支給されたはずである。ところが支給の対象外となっていることは、傔人にはその必要がないと判断されていたことになる(14)。

第二に、遣外使節の一員として唐において必要最低限の服装を着ることが求められたとも考えられる。支給される衣服は汗衫のような夏服と想定されるものと、綿を著けた帛の襖子のように明らかに冬服であるものが混在している。遣唐使の派遣はおおむね四月〜五月にかけてであり、乗船時の衣服として冬服を想定することはできない。遣唐使は大使らが元会の儀礼に参加することからすれば、都まで赴かない水手らも冬場に唐に滞在することになる。冬服は在唐時に着用するものであるといえる。

このように二つの可能性を挙げたが、いずれかのみというのではなく、複合的な要因のなかで支給されたと見ればよいだろう。

おわりに

本稿では遣唐使の船員について確認した。船員は中下級官人が任命される知乗船事・船師・船匠と日常から船に携わっている梅師・挾杪・水手長・水手などに分けることができる。前者が船舶の管理を担当するのに対して、後者は現場作業を担当したということになる。

ただし、彼ら以外にも船舶内の作業について射手などが関与した可能性も考えられる。遣唐使船内という空間では職務を超えた協調関係が重視されると思われるが、それを史料から読み取るのは難しい。日常的な雑務の多くは水手が従事したであろうが、必ずしも水手、さらには船員に限るべきではなかろう。

本稿では、遣唐使の海事的な課題である船員について考察を加えた。海事的な研究はその経験が重みをもつのであり、歴史学以外の観点からのアプローチの必要性を痛感する。そのための越境的な協同研究が要請されているのである。

註

（1）なお、東野の見解は東野（一九九九）と東野（二〇〇七）で異なるところがあるが、その際は後者の見解を採っている。

（2）たとえば『日本紀略』天長四年（八二七）二月己未条に「皇帝御二紫宸殿一、賜二侍従已上飲一。謝座謝酒如レ儀。六衛府献二御贄一。酒酣奏二和琴一、次雅楽寮奏二音声一」とある。

（3）『続日本後紀』承和三年（八三六）閏五月丙子条、および『三代実録』貞観七年（八六五）十月二十六日甲戌条。なお、清上はもと大戸首であり、承和元年（八三四）に賜姓されている（『続日本後紀』承和元年十二月乙未条）。この時に同族に雅楽笙師がおり、大戸（良枝）氏は雅楽を生業としていたことが窺える。

（4）雅楽の東アジアにおける展開については、渡辺（二〇一三）参照。

（5）ただし、東野は後に東野（二〇〇七）では船長とする理解に転じている。

（6）『入唐求法巡礼行記』承和五年七月十九日、八月二十一日条。

（7）『新日本古典文学大系　続日本紀　二』（岩波書店、一九九〇）では、近江は造船ではなく用材の伐採とし、東野（二〇〇七）では丹波も近江同様に木材の提供と見なしている。

（8）『日本書紀』応神五年十月条及び仁徳六十二年五月条。

（9）『続日本後紀』承和元年五月癸亥条。

（10）この点については別稿を準備している（河内、二〇一九）。

（11）なお、酒井・松川（二〇一〇）も参照。

（12）『続日本紀』養老元年十一月甲辰条、天平十一年十二月己卯条、『日本紀略』延暦二十二年二月乙丑条など。

（13）この点について、最初の遣唐使は不明であるが、孝徳朝では一二〇人程度（『日本書紀』白雉四年〈六五三〉五月壬戌条）、七一六年に任命された霊亀次には四船五五七人（『扶桑略記』）で一船当たり一四〇人前後、七三二年任命の天平次は五九〇人（『冊府元亀』巻九七一・外臣部朝貢）で一船当たり一五〇人弱となる。このことから遣唐使は一般に政治的目的が強いとする七世紀と、文物獲得を目的とする八世紀以降に区分されるが、特殊な目的の派遣でなければ一船当たりの乗船人数はそれほど変わらないといえる。

（14）　傔人としては、天平宝字三年（七五九）の迎入唐大使使に傔人として従七位下建雄貞・従八位下紀朝臣貞□の名が見える。傔人は禄の支給こそ少ないが、大使以下の付き人としての活動という性質から、下級官人として一定の地位にあるものが選ばれたものであろう。

参考文献

青木和夫、一九六五『日本の歴史3　奈良の都』（中央公論社）

河内春人、二〇一一「古代国際交通における送使」（『古代東アジアの道路と交通』勉誠出版）

二〇一七「遣唐使研究のなかの石井正敏」（荒野泰典・川越泰博・鈴木靖民・村井章介編『前近代の日本と東アジア　石井正敏の歴史学　アジア遊学214』勉誠出版）

二〇一九「遣唐使の交通―その往路」（未発表）

酒井芳司、二〇一八「九州出土墨書土器の最近の状況について」（科学研究費「日本墨書土器データベースの全国的達成」研究報告会、明治大学）

酒井芳司・松川博一、二〇一〇「福岡・延永ヤヨミ遺跡」（『木簡研究』三二）

東野治之、一九九一「『延喜式』にみえる遣外使節の構成」（『遣唐使と正倉院』岩波書店）

一九九九『遣唐使船』（朝日選書）

二〇〇七『遣唐使』（岩波新書）

二〇一五「遣唐使船の構造と航海術」（『史料学探訪』岩波書店）

虎尾俊哉編、二〇一七　訳注日本史料『延喜式』下（集英社）

平野卓治、一九九四「日本古代国家の成立・展開と対外「交通」」（『歴史学研究』六六四）

森　公章、二〇一〇『遣唐使の光芒』（角川選書）

渡辺信一郎、二〇一三『中国古代の楽制と国家―日本雅楽の源流―』（文理閣）

6　須恵器と「居宅交易」
―武蔵国を例として―

渡辺　一

はじめに

本稿は、須恵器生産の主体者（「生産主体者」）の居住する集落（「居宅集落」）に言及した旧稿（渡辺一、二〇〇六a～c）を前提にして、表題をより深く論じるために「居宅」の「内側」への沈潜を企図したものである。対象となるのは、豪族居宅集落と想定する、埼玉県若葉台《わかばだい》遺跡とその周辺である。ただし、断っておけば表題中の「居宅交易」は、近年の考古学上の大きなテーマと化している「豪族居宅」（奈文研、二〇〇七）を十分踏まえた用語とは言えない。念頭に置くのは、「地方の政治的・経済的有力者である豪族の居住施設であり、また農業等の経営拠点でもあった施設」（山中・石毛、二〇〇四）とされる「地方豪族居宅」であったとしても、ここでは「居宅」と「交易」を単に組み合わせただけの一般名詞的な用語の域を出ない。また鍵括弧「居宅」には建物の性格が特定しきれない意味合いもある。ただし「荘厳」に供された場合（宗教施設を含む）でも「居宅集落」自体は瓦解しない。むしろ

「内側」の充実に読み替え可能である。その意味でも遺跡の外観的な問題から自由になれないのが今回の「事例」である。具体的には諸例と比較して「経営拠点でもあった施設」とするには、「居宅」を含め、時間軸や量感（倉庫等の付帯施設）の上に問題点がある。しかし、その一方で史料が教える畜財状態は、諸例に遜色ない。あるいは超える。この二律背反的な性格を帯びる点も「居宅」と鍵括弧したより内因的な理由である。そして、かかる二面性を帯びた「居宅」との成語である「居宅交易」の「交易」（荒井、二〇〇六）は、字義上は須恵器という個別物品の交易に限定的であるが、「居宅経営」の一環を意識した象徴的名辞である。なお、本稿は大会報告とほぼ同内容ながら、紙数の関係で本文と図の一部及び表を省略している。詳しくは同大会報告に拠られたい。

一　事例の舞台と分析素材

立場としては考古学からの行論であるが、今回、分析の中心に据えるのは、西大寺への多量の献物で文献上にその名が知られる、武蔵国入間郡の人大伴部直赤男に関する次の献物叙位史料である。

　武蔵国入間郡人大伴部直赤男。以㆓神護景雲三年㆒、献㆓西大寺商布一千五百段、稲七万四千束、墾田冊町、林六十町㆒。至㆑是其身已亡、追贈㆓外従五位下㆒。

（『続日本紀』宝亀八年〈七七七〉六月乙酉条）

記事中、直接使うのは、以下の施入物及び施入地である。①商布一千五百段、②稲七万四千束、③墾田四十町、④林六十町。同史料に拠るのは、その「数量」を考古資料に転化することによって、「居宅」の「内側」への視座を獲得するためである。次はその論点である。a施入量から見た収納施設の問題（①・②）、b施入量から見た蓄財の問題（①・②）、c施入地1（墾田）から見た営田にかかる労働力の問題（③）、d施入地2（林）から見た景観の問題（④）。須恵器は、直接的にはbに関わる問題である。交通史に直接関わるのも、bに派生する交易関係の場や施設であるが、施設に関する限り、集落遺跡は、性格上、交通史上の「施設」の範疇を逸脱している。「点」ではなく「全体」としなければならないからである。したがってa～dは、「全体」に向けた論点となり、「居宅交易」に象徴される「居宅経営」の視点に立てばその各論となる。ただしdは準備不足で除外とする。なお以下では演算を多用する。掲示する数値自体は、解答を得るためというよりは、着眼点の析出に供するためのものである。

二　献物叙位の外形

（1）墾田の労働力と集落人口

施入地である墾田四〇町にかかる労働力とはどの程度の規模であったのか。営田のための投下労働力を推し量る史料に福島県いわき市の荒田目条里《あったためじょうり》遺跡の郡符木簡がある。大領から里刀自に宛てた職田の田植のための召喚状である。里刀自を筆頭に計三六名の名前が書き上げられている（平川、一九九六）。実労者は、「不参」二名を除いた里刀自を含む三四名である。実労者三四名を基準値とする。墾田四〇町分の労働力を、この職田（職分田）六町（大領）分の上記木簡から機械的に算出すれば、約二二七人分となるが、作付け率一〇〇％は考え難く、耕作比率平均八二％（高島、二〇一二）を援用すれば約一八六人分となる。同値から集落人口を復元するには、非徴発者数を加算しなければならない。設定年齢により変動幅が拡大するが、同徴発を力役に準えて雑徭年齢から一六歳以下とし、さらに六六歳以上を加えて、これを「下総国大嶋郷戸籍」の年齢別人口の集計（澤田、一九九三）に求めると、非徴発人数の占める割合は全体の約三八％となる。すなわち一八六人は、集落の合計者数の六二％となるから、全体では三〇〇人となる。当該期（八世紀第三四半期）の若葉台遺跡の竪穴建物の検出数は五二軒である。中心となる床面積は二〇㎡大である（全体の三〜四割）。個人充て必要面積三㎡（石野、一九七五）では、六・六人／軒となるので、必要軒数は約四五軒と見込まれる。数字上だけで言えば若葉台遺跡内で墾田労働力は確保される。

（2）墾田地と班田地

墾田四〇町の遺称地「粟生田《あおた》」（図1）は、郡界を流れる越辺《おっぺ》川の支流高麗川の流域沿いである。未開地として取り残されていた墾田開発に相応しい流路沿いの地であるが、旧流路を含め開発地の古環境は、現在の水文環境とは違っていた模様である（大図、一九七九）。それかあらぬか遺称地は現高麗川の両岸に跨っている。もとは一続きであったと思われる。近年、隣接地の下田《しもだ》遺跡（山本、二〇一三）から九世紀に遡る水田址が検出されているが、旧流路の復元次第では墾田内の可能性が高い（おそらく墾田地内）。須恵器の搬出経路と墾田地との前後関係を含め、入西《にっさい》遺跡群に向かって張り出す形の墾田地の交通路的機能も注目される。

以上の墾田地に対して若葉台遺跡の前身地とも目される、勝呂《すぐろ》廃寺を載せる台地北辺に目を転ずると、その先に広がる広大な沖積地が目を引く。班田地に相応しい伝統的な耕地である。集落全体（a）と特定の大型竪穴建物群（b）とに分けて（図2）、両者から見た水田景観（若葉台Ⅲ期）を復元してみたい。上掲値三〇〇人に対する班田の総数（a）は、大嶋郷戸籍を基に以下のように求められる。非班田者（六歳未満）の比率約一一%をもとにすれば約二六七人となる。次は男女比であるが、末尾集計部から知られる男女比一三一・八%を、共同体関係の近しさから本試算に援用すると、男一一六人・女一五一人が得られる。よって班田数は、男二三二段、女約二〇一段となるので総計は四三三段（四三・三町）となる。なお、大嶋郷における奴婢は、良民に対して〇・〇〇八%に過ぎないとされるので数字上には反映していない（鎌田、一九八四）。（b）に見られる竪穴建物三軒は、集落内で排他的な

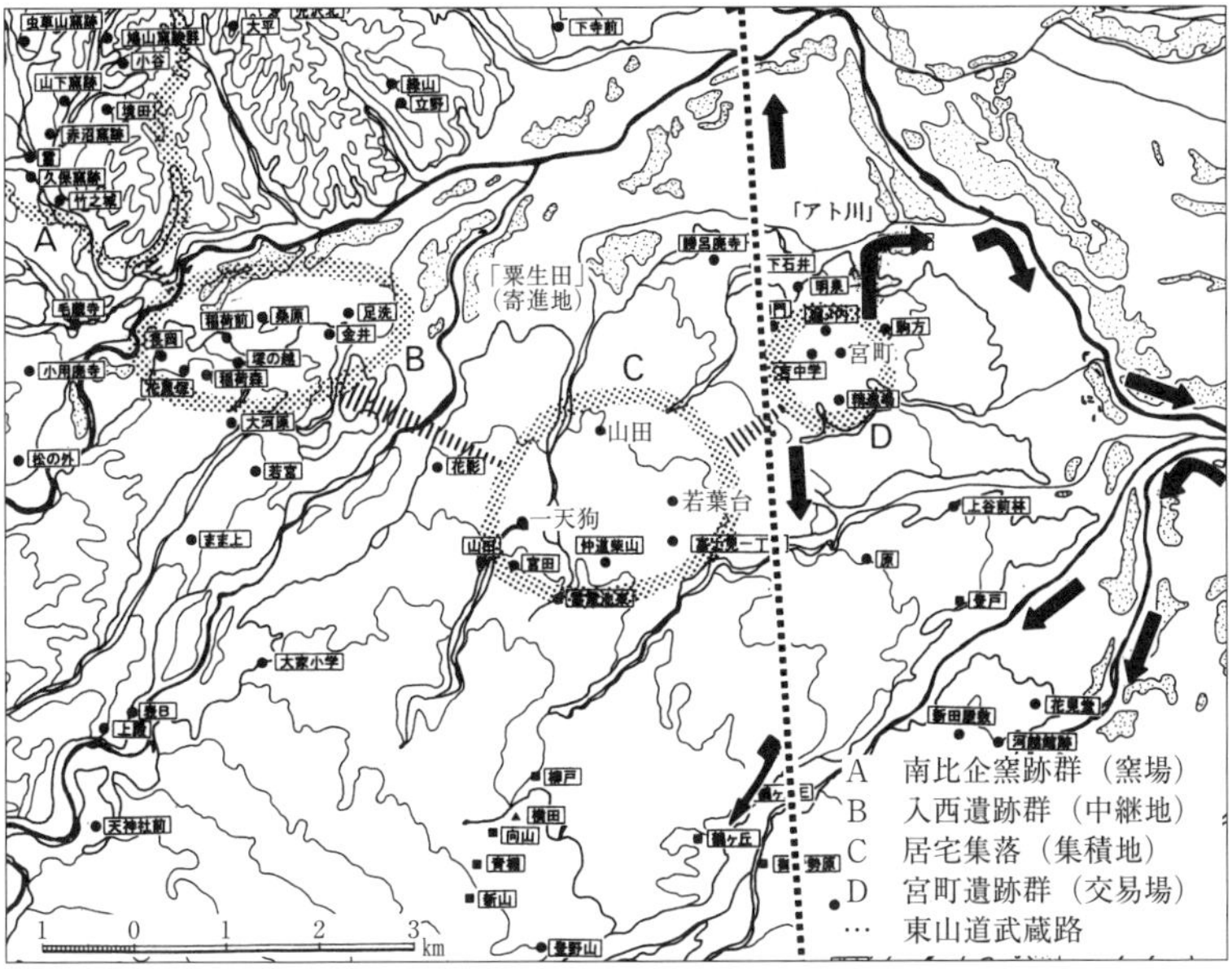

図１　「居宅交易」関係図（黒坂、1998 原図に加筆）

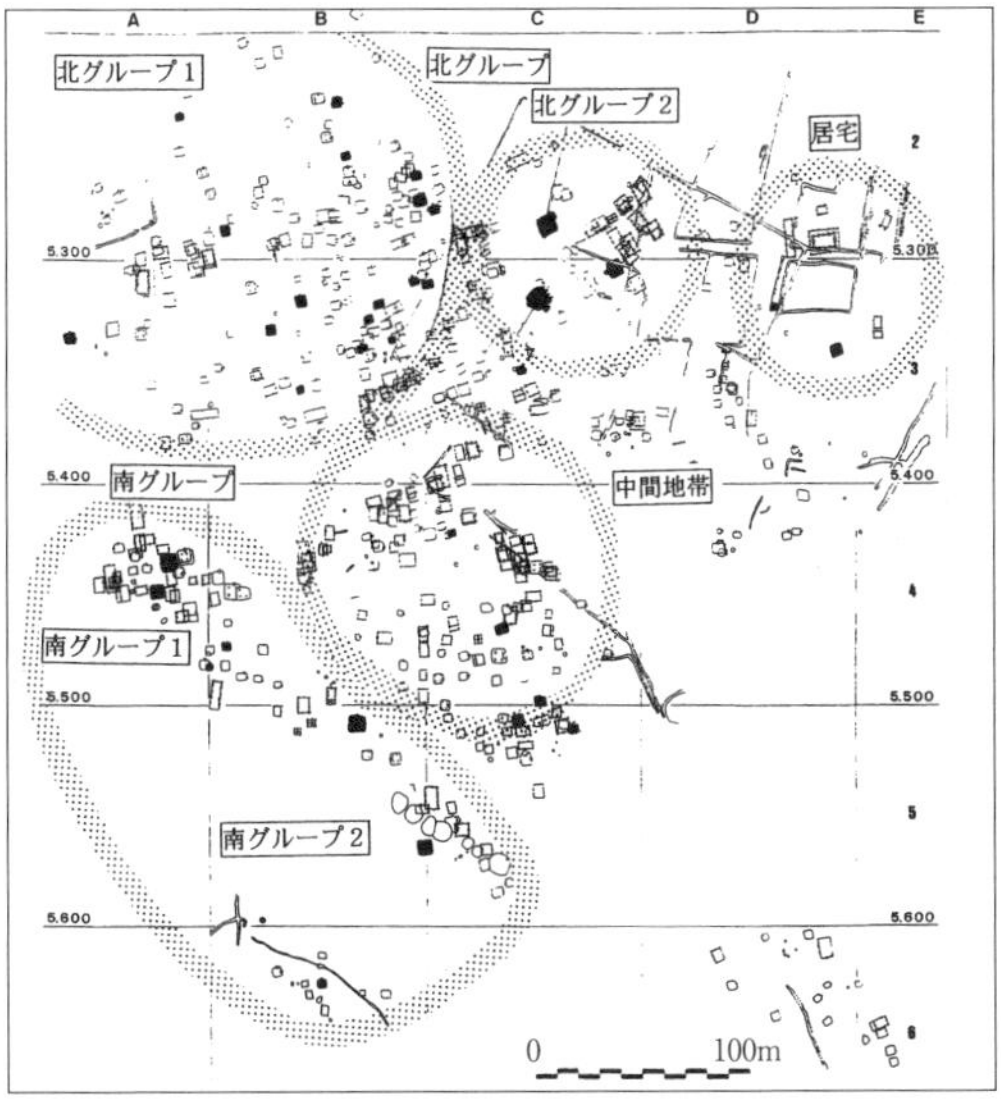

図２　若葉台遺跡の集落区分図（加藤・坂野、2005 原図に加筆）

大きさである（北グループ2）。三軒の床面積の総計は、約一九〇㎡である。三㎡／人で計算すると、居住者数約六三人から班田者数は約五六人となり、同様の計算を施すと、総班田積は約九一段（九・一町）となる。収穫量は、中田四〇〇束／町で計算すると、a＝一七、三二〇束、b＝三、六四〇束である。試みに施入稲と比較すれば、施入稲七万四千束とは、aの約四・三年分、bの約二〇・三年分に相当する。なお推定班田地の大字名中に「赤尾」がある（他は吉田、片柳、島田）。同大字名は鎌倉時代前半まで遡れることから（大図、一九七九）、条里復元の試み（藤野、二〇一一）に加え条里関連の遺称地かの検討も望まれる。

（3）施入物の収納1（「稲」）

次は収納である。まず稲（穎稲）の収納と集落の実際を探る。献物叙位例の試算分析（山中・石毛、二〇〇四）によれば、大伴部直赤男では「三七倉」とはじき出されている。同分析が依拠するのは、二〇〇〇束／倉を基準収納量とする平面積約二〇㎡の豪族居宅に付随する倉である。しかし、豪族居宅で一〇棟以上の倉を伴う事例は見当たらないとされることから、結果として「屋にも穎稲が納められていたことを示唆するとともに、豪族の所有する穎稲倉庫の全てが居宅に集中して建てられていたわけではないことを示している」との結論が導き出されるに至る。

上記「三七倉」は、大伴部直赤男の「居宅」の規模を知る上で意味のある数値である。若葉台遺跡に援用してみたい。想定される倉・屋の主な対象となる二×二間と三×二間の掘立柱建物は、両者で全体の七六・二％（三二・六％＋四三・六％）を占める。棟数では七六棟＋一〇二棟の計一七八棟となる。Ⅲ期にかかる掘立柱建物は五八棟である。大半を各種収納施設が占めるとすれば（筆者の見解）、注目されるのは分布状態である。Ⅲ期を竪穴建物の分布から示せば、集落は中間地帯を挟む形で大きく南北に分かれる。南北はさらに細分され（グループ1・2）、掘立柱建物の分布もグループごとに異なるが、いずれも竪穴建物から自由な分布ではない。そのなかで中間地帯だけが掘立柱建物中心である。同地帯がつくる相対的独立は、若葉台遺跡における掘立柱建物の画期であるⅡ期（八世紀前半代後半）から集落変質期のⅤ期（八世紀末〜九世紀初）まで終始一貫している。同地帯内に居宅建物が伴えば豪族居宅付属の倉・屋となる。しかし、若葉台遺跡における居宅構造の掘立柱建物は、集落の外縁にあって孤立的である。主体となる四面廂に付随する掘立柱建物も六×二間のみと限定的である。中間地帯に成立した収納空間の帰属関係が再度問われる。かりに共同体内施設であったとしても、当該地域に若葉台遺跡を除いて「三七倉」を内部化できる遺跡はない。地域の中核遺跡であるとの認識は、調査関係者に一致した見解である。早くに同遺跡のシンポジウム（鶴ヶ島町教委ほか、一九八三）が行われた所以でもある。

その上で周辺集落を概観してみよう（図1）。若葉台遺跡の周辺には成立時期や閑地進出を共有する遺跡が概ね二km範囲に複数が広がっている。張出し付き大型竪穴建物や定量の掘立柱建物を保有する遺跡（一天狗《いちてんぐ》遺跡ほか）も確認されている。寺院からの出土例が多い奈良三彩も若葉台遺跡の三点（小壺）以外にも山田《やまだ》遺跡から火舎一点、羽折《はねおり》遺跡から托一点が出土している（斎藤・早川、二〇〇一）。埼玉県内としても希少性の高い奈良三彩が狭い範囲内に集中する特異な地域である。以上の周辺遺跡との関連性の強さから見ても、「豪族の所有する頴稲倉庫の全てが居宅に集中して建てられていたわけではない」ことを勘案しなければならないが、ここでは総数五八棟が内に抱える収納機能の観点から単独でも施入稲の収納が可能な点に注目しておきたい。その点からも「倉」「屋」ほか、個別的な内部単位の在り方が特徴的な「若葉台型」（田中広明、二〇〇三）に改めて注目しなければならない。

（4）施入物の収納2（「布」）

次は布（商布）である。「布一千五百段」に必要な収納容積を求めるに当たっては、簡便を期して巻かない伸展状態で計算する。収納先は一先ず三×二間の掘立柱建物（「屋」）とする。床面積は大半が二五〜三五㎡とされるので三〇㎡を採用する。求める商布の規格は、長さ二丈六尺（七・六七m）で幅二尺（〇・五九m）であるので（栄原、一九七三）、一段の面積四・五二五三四㎡から機械的に割り出せば、約六・六段分が得られる。

問題は積高であるが、正税帳や諸国田券等に記される「高」「積高」は「倉」のみであり、必要となる「屋」に関しては、「板屋」「草屋」共に「長」「廣」のみで、構造に関する記載（東屋、真屋、板壁、板敷など）は認められても「高」は欠く。しかし以下のように概数のままでも問題ない。仮に積高一・八mとし、隙間分を見込んで〇・〇一m／段として算出すれば、六・六×一八〇＝一一八八段／棟となる。一五〇〇段は二棟で済む。倍を必要としても四棟である。稲の場合と違い、施入者の身近に直接的に収納可能な数値であることは注目されよう。

（5）稲と蓄財

次に墾田のみを対象として蓄財の問題を取り上げる。四〇町を所有墾田地の最大値と見立てた場合の試算である。水文環境を勘案して下田の三〇〇束／町を使えば、七四、〇〇〇束は約二四七町分となる（因みに四〇〇束では一八五町分）。墾田四〇町（三二・八町）の六・二年分（七・五年分）である。しかし、荒田の広がり次第では畜稲期間はさらに長期化が見込まれる。それに「粟生田」の名称からは、武蔵国大里郡条里の「粟生里」「粟籠里」の里名等から見ても、定量的な雑穀栽培が予想される。穫稲問題には営田に伴う各種労働対価の問題がある。参考までに束大寺領の開田関係の「開田十町□□〔功〕稲一千東町別一百束」（「越前国田使解」『大日本古文書』〈以下、『大日古』〉第四巻二一九～二二二頁）、「治開田四町九段　充功稲四百九十束段別充十束」（「越前国使等解」『大日古』第四巻二四六～二五〇頁）に知る町別一〇〇束（段別一〇束）を当てれば、墾田四〇町（三二・八町）では四〇〇〇束（三二八〇束）となる。下田の約一三町分（一〇・九町分）である。輸租田でもあるから最終的には最低でも一〇年分を要する。試算は、集落内労働力（在地労働力）の徴発にかかる史的位置づけ（吉村、一九七四）を不問に付した備忘録の域を出ないもので、これ以上の試算には意味はないが、分析視角として見れば、集落内労働力は、若葉台遺跡の場合、集落構造ほか掘立柱建物の分布問題を考える上に複眼的考察を課すであろう。以上は、畜財を内側に求めた場合であるが、次の須恵器は、それを外側に求めた場合である。

三　蓄財過程と須恵器

（1）「一窯の値」

ここでは若葉台遺跡の畜財と須恵器の関係を見るための前提として「一窯の値」（「坏」平均一・三文（無台坏）、「陶坏（合）」一二・四文（高台付坏）、「埦」（「合」）平均四・四文（埦）、「水瓶」平均一四・七文（長頸瓶）。以上は関根、一九六九を基にしたもの）の算出を試みる。対象となるのは、窯詰め状態で検出された当該窯場の一例（広町《ひろまち》B四号窯）である。算出のための基準値は、「越前国使等解」（『大日古』第四巻五二一～五八頁）に見る「瓱四口二口各受三石二口各受二石五斗直一百冊束二口各冊束二口各卅束／缶廿口　直冊束口別二束／田坏二百口　直十束東別廿口」を銭貨換算（一〇束＝一段〈「伊豆国正税帳」竹内理三編『寧楽遺文』上巻二三六頁〉→商布一段＝一二五文（栄原、一九七三）としたものと、その他正倉院文書関係（関根、一九六九）を組み合わせたものである。この計算値（省略）から得られる「一窯の値」（約三〇〇〇文＝二四〇束）から余剰が生じるか否かを検討する。着眼点がいくつかある。まずは大甕である。ここでは地方官衙に備設される大甕が特筆される。その数量については、諸国正税帳から概数を求めることができる。武蔵国の一国総計では約九〇口となる。この総数を焼成するために必要な窯数を算出して得られた生産量は、一五口／年である。広町B四号窯に見立てると、一五口は三基分であるので、三〇〇〇文×三基＝九〇〇〇文÷一二五文／段＝七二段×一〇束／段＝七二〇束となる。田品に換算すれば、中田の一・八町分、下田の二・四町分である。当該期（八世紀前半）の工人集落は一六軒規模である。遺物年代から大きく前後に二分される。さらに竪穴建物の性格（工房兼住居）から見て、一軒当たり成員数は一般集落を下回る。成案は得難いが、同時存在は、一般集落に換算すると概ね竪穴建物四〜五軒分程度と推定される。仮に四・五軒とすれば六・六人／軒により約三〇人となることから、班田数は、三〇人×〇・八九＝二六・七人→二七人×平均一段二四〇歩＝四五段（四・五町）となる。換算値からは余剰を生むどころか再生産分としても不足を来たす。

（2）一窯の中身

しかし、一窯の値はこれで終わらない。諸国正税帳からその一端が窺えるように郡家で必要とする甕壺類は、酒甕以外に各種に及ぶ。例えば「醤」「未醤」用の甕類はほぼ常備品であるし、「造蘇」用とされるような壺類も散見される。注意を要するのが運搬（「運擔」）である。「造難波宮司雇民食鮨伍斛、運擔夫弐拾捌人　盛缶壱拾肆口一十三口別、納三斗六升、一口、納三斗二升、缶別充擔夫二人」（「但馬国正税帳」『大日古』第二巻五五〜六六頁）。こうした「缶」の使われ方からは、貢納用の容器に使われたであろう各種須恵器が浮かび上がることになる。実際、小形の甕や壺は灰原から見ても定量焼成品である。『延喜式』主計上1畿内調条には須恵器の貯蔵具だけでも大小ほか形状の違いなどによる区分で約三〇近い呼称が付されている（荒井、二〇〇四・二〇〇五）。その内容は、八世紀後半段階を反映したものと解されているが、八世紀前半を知るにも参考になる。正税帳には見えない多くの甕や壺が備えられていたにちがいない。加えて饗応もある。正税帳に縷々書き上げられている給食関係からは相当数に及ぶ供膳具の備蓄が見込める（「駿河国正税帳」）。国司の部内巡行時は特に規模が大きい。一例を示せば、「監巡行部内単参伯参拾陸人官人一百十二人従二百廿四人」（「和泉監正税帳」『大日古』第二巻七五～九七頁）、「巡行部内国司漆拾人守二口、掾九口、目六口、史生十口、従卌三口」（「駿河国正税帳」『大日古』第二巻一〇六～一三〇頁）、「国司巡行所部壱拾壱度、官人参拾捌人、将従伍拾玖人、合玖拾漆人」（「但馬国正税帳」）、「国司巡行壱拾参度守四度、掾九度、目十度、史生十二度、将従陸拾弐人、合玖拾漆人」（「周防国正税帳」『大日古』第二巻一三〇～一四六頁）などである。以上のように地方官衙と須恵器の常備は、器種の多様性を含めて操業の推進力を生んでいた状況が読み取れる。ただしその場合でも直ちに余剰分に繋がるかは疑問で、『延喜式』主計上2諸国調条の丁当て割合から推定される値は、大甕（畿外一丁一／三口→国使解値換算では約二二束／丁相当〈「受五石」〉）を除けば、それ以下の相対的低さから見ても余剰分に対して消極的である。「一窯の値」の再考が必要である。この点を異なる試算から再検証してみたい。

（3）蓄財換算から見た「一窯の値」

まずは既算出値による蓄財換算を行い、改めて「一窯の値」の妥当性を問い直す。商布（「布一千五百段」）では、①一五〇〇段×一二五文÷三〇〇〇文／窯＝六二・五窯（六三窯）となる。頴稲（「稲七万五千束」）では、②七万五〇〇〇束÷一〇束／段＝七五〇〇段×一二五文÷三〇〇〇文／窯＝三一二・五窯（三一三窯）となる。「凡倉貯積者、稲穀粟支二九年一」（倉庫令（7）倉貯積条）から満年の九年を基にして一年当たりの窯数を算出すれば、①では六三窯÷九年＝七窯／年（a）、②では三一三窯÷九年＝三四・八窯／年（b）が得られることになる。以上は余剰分をそのまま蓄財に特化した窯数である。別に窯場の再生産のための窯数が必要となる。再生産分を小谷《こやつ》A遺跡に求めれば、当該期（鳩山Ⅲ期）の工人集落の軒数は一八軒で付随する窯場（小谷B窯跡）の窯数は四基である。上記と同じ演算法を用いれば、六軒×六・六人＝三九・六人×〇・八九＝三五・二人→三五人×一段二四〇歩≒五八段（約五・八町）となる。既算出値二四〇束／窯を基にすると、中田換算で二三二〇束÷二四〇束＝九・六六窯（一〇基）、下田換算で一七四〇束÷二四〇束＝七・二五窯（七基）となる。検出基数四基は、同時存在に置き換えると二基である。中田で年五回、下田で年三・五回の焼成が必要となる。再生産も疑問視される数値である。再考が必要である。

（4）「一窯の値」の再考

再考に当たって新たな基準となるのは焼成量（坏）である。具体的には前出広町B四号窯の計一〇四点である。実は当該窯を含めて、一回当たりの坏の焼成量が推定できる窯資料（四例）のほとんどがこの数値（一〇〇点）に近いのである。四例の年代は、八世紀第二四半期から第四四半期の間にある。この一窯当たり約一〇〇点（仮に「一窯一〇〇点」）という数量は、なにを物語っているのか。窯詰め資料の好例として知られている調査例に岐阜県天狗谷《てんぐたに》窯跡第七号窯（渡辺博人、一九九八）がある。ここからは天井崩落部から一〇セットで柱状に積み重ねられた五一本計五五六個体の有蓋の有台坏が出土している。未崩落部で取り出しがなされている。床面が許容する坏類の窯詰めには、さらに二倍程度が見込まれる。推定復元個体数の総数は一一〇〇点前後となる。この差が物語るものはなにか。既算出値の根拠とした都城や越前の内、都城の場合は大阪府陶邑《すえむら》窯ほか大和諸窯から膨大な須恵器が供給される。越前も須恵器卓越地域である。両者の値（価格）が近いのは供給量を反映したものと言える。美濃国が武蔵国に対してつくる「一一倍値」が、人口比（美濃一四万三九〇〇人対武蔵一三万七〇〇人）（鬼頭、一九九六）に拠るものでない限り、その格差は需要度の違いとなる。言うまでもなく美濃は須恵器卓越地である。

一方、八世紀の武蔵国は、窯場周辺を除けば土師器卓越地域である。この場合問題になるのは、窯構造に大差がない限り（両窯はほぼ同規模の地下式構造）、焼成には同コストを要することである。したがって「一一倍差」は、焼成効率だけで言えばそのまま価格差に直結する。実際は「須恵器観」（渡辺一、二〇〇六d）の東西差もあり価格論は単純でないが、ひとまず仮定値として「一窯の値」の再計算をしてみよう。需要度から見て大きな地域差を生まないはずの大甕をそのまま据え置いた場合、再計値は四九九二＋二五〇〇＝七四九二文となる。八世紀前半では、七四九二文×三基＝二万二四七六文÷一二五文／段＝一七九・八段×一〇束／段＝一七九八束となり、中田で約四・五町、下田で約六町となる。班田数の約四・五町に対して一～一・三倍となる。わずかながらも余剰を生む操業水準となる。この数値（二・五倍値（＝七四九二文÷三〇〇〇文））をもとに再計算した施入物蓄積に必要な年当たり窯数（八世紀後半）も、a（布）で七窯から二・八窯に、b（稲）で三四・八窯から一三・九窯に下方修正される。再生産分（Ⅲ期）も二・八～四窯に縮小することから、条件（支群数ほか）次第では、現実味のある余剰生産を描くことができる。ただし「布」に限られる。依然「稲」との間には大きな開きがあることから、自然増を超えた外因が必要である。

この時想起されるのは、武蔵国分寺瓦の生産である。窯場の景観を変えるほどの外的インパクトである。ただし同瓦生産をいかに蓄財に読み替えられるかが問題であるし、若葉台Ⅲ期が集落の最大規模を迎えるとはいえ、掘立柱建物の増加率に関する限り、Ⅰ期とⅡ期の間の七倍近い増加（六棟から四〇棟）から見ると、一・五倍規模（四〇棟から五八棟）にとどまる。それでも余剰の直接的な外因と想定され、それが窯場に限らず「居宅集落」の画期となっていたと考えらえるのは、Ⅲ期に至って外形的にもまさに「居宅交易」の体を成す居宅構造の建物（象徴的建物）が成立するからである。以下では須恵器と蓄財の問題を踏まえて、「居宅交易」の観点から「居宅」と須恵器との関係及び「居宅」と「市」との関係についていくつかの資料から論じてみたい。

四　須恵器と交易

（1）交易と備蓄

須恵器から蓄財を読み取るには如何なる流通過程（「交易」）を想定すべきか。とくに問題なのが、地方官衙のときとは異なる、相手が見えない集落との場合である。いまだ詳述できる段階には至ってないが、現状で言えるのは、直接の窓口は窯場ではなく、「居宅集落」の内側にあったことである。旧稿と一部重なるが、新たな知見（②）を加えて要点を掲げれば次のとおりである。①ヘラ記号がほぼ出揃っているため→生産関係の二次的再現（ヘラ記号次第では一次的再現）。②未使用円面硯の複数出土が物語る関係性の強さ（坂野、二〇一〇）→交易品の残存。

この内②は、硯面研磨が生産現場とは別の場所（管理遺跡）で行われていることに基づく、若葉台遺跡の管理者としての姿を補強する示唆的な物証であるが、話は陶硯のなかで完結するものである。たとえば研磨の延長に「居宅集落」内での精選場面を想起できるわけではない。選別はほぼ三次にわたって窯場内で行われている（旧稿）。まさに厳選の域であるが、それが証拠に経由地と想定した入西遺跡群を含め若葉台遺跡からの不良品の顕在化は認められない。逆にそれが交易の実相を隠す事態を生んでいる。須恵器のストックの有無も不明である。集落の中核を思わせる複合住居（B地点複合住居）の多量の須恵器出土（約四〇〇点）も、なかに多数の墨書土器や奈良三彩、青銅製品を含む祭祀的な印象をとどめるものであり、交易上に生じた破損品の投棄の痕跡とは様相を大分異にしている。それでも「四〇〇点」を特定保有と捉え直せば、保有の在り方は「備蓄」にほかならない。この備蓄は、あらためて窯場を管掌する生産主体者像に生起する内部備蓄であったことを想起させるとともに、交易用の備蓄と背中合わせにあるものであったこと、いつでも入れ替えが利くものであったことを物語っている。それでもそれ以上に備蓄が顕在化していない点は、「市」（地方市）と目されている周辺集落（宮町《みやまち》遺跡群）と同様に、現状では備蓄の如何からは、具体的な交易の場を含めて、「居宅交易」の内部には入っていけないことを物語っている。

（2）交易と価格

そうしたなかにあって注目できるのは、窯場の一竪穴建物（広町A一号竪穴建物＝工房兼住居）から出土した一個の壺の胴部肩にヘラ書き（焼成前）された一銘文である。年代は八世紀後半で、大伴部直赤男の献物年代（神護景雲三年〈七六九〉）に近いか重なる。

大瓱布直六十段

そのまま解ればまさに須恵器の「値」である。しかし「大甕は布にして直が六十段」は、上記「受三石」の大甕の稲四十束（布四段）の実に一五倍の値である。実値とすると再計値をも大幅に上回り（一窯四三、四二九文＝八・七〜一一・六町分）、蓄財問題は新たな局面を迎えることになるが、以下から見て現実的には期待値以上のものではない。「一窯の値」の基準としなかったところである。①刻書対象の壺は、「瓱」に比べ容量が一〇分の一程度のはるかに小さい「缶」であったこと。②意図的に胴下半を輪状に打ち欠いた特異な形状であること。即ち仮器化が想定されること。③須恵器坏二点を伴う形での粘土上面からの出土は、祈願的な設置であったのを想起させること。

すでに「かなり大げさな値段のつけかたであり、そのまま信用することはできない」（三上、一九九七）と捉えられているように、物品価と見る限り法外な「祈願値」の域に発想されたものとの解釈が至当である。したがって「願文」と考えてよいものである。しかしその場合でも「一五倍値」は、現実をあまりにも大きく逸脱している。それだけに上記「一窯一〇〇点」の画一性と考え合せたとき、「願文」がその裏で語るのは、窯場と管掌者に関する二面的性格である。一面は雇傭的であること。一面では相対的に自立していること。前者は「一窯一〇〇点」を供給調整値と捉えた理解からくるものである。同じ八世紀でも前半と後半では需要量は倍増している。その上での画一性は、工人に向けた対価支払い上の必要からとも、あるいは交易上の物品価格の調整からの必要ともとれる。いずれであっても「一窯一〇〇点」を設定したのは窯場ではなく、管理者（「生産主体者」）の側であったと考えられるのは、そのまま「居宅交易」の内側に繋がっていく場面である。後者は別の銘文資料―「四百内」（八世紀第四四半期）、「二佰」「千二佰」（共に九世紀第二四半期）に基づくもので、この数量記銘が、自立度の相対的向上を前提にした、内発的な数量表記（実値表記）と捉えられるからである（渡辺一、二〇〇六ｃ）。「一五倍値」は、その直前に書かれたものである。単なるオプティミスティックな「願文」ではなかったかもしれない。

なお、この問題に関連して付言しておけば、須恵器の交易にかかわる物品貨幣が「布」か「稲」であるかを考えるとき、銘文は「布」ながら実用性からみる限り稲の方が運用性に富んでいる。とりわけ坏一口のような安価な「直」を考えるとき、「越前国使等解」（『大日古』第四巻五二～五八頁）に見る「田坏二百口　直十束束別廿口」のような「把」に容易に置き換え可能な、稲に備わる等価性の方が交易上有益である。その上で「布」で記された理由は、須恵器交易の実際に如何に関わるかを含め、再考されなければならないだろう。

五　地方市と「居宅交易」

平城京や平安京の東西市は利用者の来鄽（平安京の市には東市に「木器鄽」、西市に「土器鄽」がある）を前提としているが、地方市の場合は、「来鄽」一つをとっても同列に論じられない。以下に宮町遺跡群を取り上げるのは、資料の許す範囲で「市」としての実態を問うにしても、むしろ重点は、「居宅交易」への組み込みがいかに図れるかにある。断っておきたい。

（1）関係遺物と遺構

宮町遺跡群からは各種交通関係を含む交易関係の資料が出土している（大谷、一九九一。藤野、二〇一一）。大きな時間的推移で捉えると、度量衡は計量具（コップ形）が古く、棹秤（留金具、錘）が新しい。前者は八世紀前半に出現し貯蔵具（短頸壺）を伴う。後者は九世紀代に繋がっていく。交通関係の遺物も八世紀前半から認められ（他地域産須恵器蓋）、八世紀後半の「路家」墨書土器の前史をなす。調査面積から遺跡群の全体像は見通せないが、遺構は竪穴建物と掘立柱建物の主軸の揃い具合からみて、「路家」段階の八世紀後半代に両者が一体をなす整然とした建物配置が予想される。「路家」の竪穴建物は、検出中最大の大型建物（約六m×六m）である。棹秤出土の竪穴建物も同一主軸で両者は南北に並んでいる。

（2）「市」の内側

以上をもとに宮町遺跡群にいかなる「市」的な風景が復元可能か検討してみたい。差し当って注目できるのはコップ形である。同製品が枡と想定されているのは、平城京跡出土のコップ形の底裏に「三合一夕」の墨書銘が認められるためである。今量で二二七cc、実際量で二二〇ccとされている（奈文研、一九八九）。大きさは、口径八・八×器高八・二cmである。窯場の状況から見て大概大・中・小の三種類の法量に分かれるが、七・八×八・二cm、八・二×九・〇cmの宮町遺跡出土コップ形は、平城京例によれば、「三合一夕」大の中形品に分類される。

問題は使われ方である。再び正税帳を繙く。注目したいのは「給酒」である。次の史料は「三合一夕」に近い容量のもの（①・②）とその他の「給酒」関係（③〜⑥）の件り（一部）である。

①合酒糟捌斗漆升伍合、修理池人夫弐伯玖拾弐人 々別三合 （「和泉監正税帳」）

②合酒糟*漆斗弐合　修理池人夫単弐伯参拾肆人 人別三合 （「和泉監正税帳」）＊糟「加末多知」（「但馬国正税帳」）

③巡行部内国司漆拾人（中略）上別日稲四把、塩二夕、酒一升、史生別日稲四把、塩二夕、酒八合、従別日稲三把、塩一夕五撮 （「駿河国正税帳」『大日古』第二巻一〇六〜一三〇頁）

④部領使（中略）将従一人合二人、往来八日、食稲五束六把、酒六升四合、塩三合二夕 （「周防国正税帳」）

⑤糟捌斛 賑給疾病者一千六百人、々別五合 （「但馬国正税帳」）

⑥疾病人壱伯肆拾捌人給薬酒漆斗参升弐合卌人 々別六合、八十人々別五合、卅八人々別四合 （「薩摩国正税帳」『大日古』第二巻一一〜一二頁）

ほぼ同容量の①・②の池修理の人夫に見る「人別三合」に給されたのは、下級酒である「酒糟」である。「糟」は「但馬国正税帳」では「加末多知」の傍訓がある（『倭名類聚抄』では「加須」）。⑥は疾病者に関する「薬酒」の賑給関係で、「四合」〜「六合」と幅があるが、⑤の「五合」例は「糟」である。正税帳に頻出するのは③・④の官人関係であるが、階層差によって給酒量は、大別「一升」（上）と「八合」（史生、将）に分かれる。酒を含む三品（稲、酒、鹽）は、従者では酒が欠け稲と鹽の二品になる。駅家で饗応に伴う酒の醸造が行われていたことが出土木簡（「稲七十□□（瓶カ）」「十束一瓶」）によって明らかにされているが（平川、二〇〇二）、当該木簡が出土したのは、宮町遺跡群から南に約六㎞の東山道武蔵路の駅家に比定されている、「駅長」銘墨書土器が出土した八幡前《はちまんまえ》・若宮《わかみや》遺跡（川越市）である。同遺跡の饗応に伴う給酒は、言うまでもなく③・④に連なる公的なものである。さらに饗応（給酒）との関係で注目したいのは、駅家の「宿泊機能」（平川、二〇〇二）である。

宮町遺跡群に想定される給酒場面とはいかなるものか。武蔵路の路線沿いであることを考えれば、同様の「宿泊」に伴う給酒（売酒）が想起されるにしても、公的外のそれを想定しなければならない限り、許容される想定内に浮かぶのは「交易交通」であり、それに伴う「宿泊（交易宿泊）」である。興味深い事例に宮町遺跡の南約二㎞に位置する「伝路関連遺跡」とされる古海道東《ふるかいどうひがし》遺跡（田中信、二〇一五）がある。竪穴建物の北西隅に据えつけられた中形甕（高六三㎝）の内面下部には「漆状の付着物」が広がっている。付着物の正体が注目される。

いずれにせよ「給酒」は、「市」の機能内にその性格を見出せるものであるが、造酒まで遡ると、遺跡の検出例を彷彿させる「酒家甕」（『日本後紀』大同元年九月壬子条）に浮かぶ富豪の流通活動（櫛木、一九八一）など、交易関係の視野は、より拡大することになる。「居宅集落」の「内側」にも目が向けられる。

（3）「居宅交易」と「交易交通」

他国間交通の内、常陸産の須恵器蓋（霊亀二年の高麗郡建郡準関連遺物か）以外では、若葉台遺跡から遠国交通を思わせる土師器甕が出土している。八世紀前半の美濃地方に散見される土師器甕（「粗ハケ調整の伊勢型甕」）である。窯場からも同国の土師器甕（「濃尾型甕」）が出土している。窯場のそれは、須恵器の技術交流に伴うものであるが、出土の契機が工人招聘に基づくものであることを考えれば、交易品（須恵器）の拡充を図った、管理者に一次的に帰属する「交易交通」の範疇である。須恵器交易の実態は不明であるが、交易宿泊を促すようなものであったか否かは、水陸に亘る運送の担い手に直結する問題である。南関東に広がる須恵器の流通範囲が、如何なる人的距離に読み替えられるかを含め、成案は容易には得難いが、着眼点の獲得を含め個別的な検討によるしかない。

いずれにしても「宿泊」を「市」の活動の内側に捉えるとき、前提となるのが「交易」である限り、拡大解釈が許されるなら、当該「市」は「居宅交易」と一体的にあったもの、あるいは「居宅交易」を一部とする「居宅経営」のなかに生み出されたものと捉えられるが、古代交通史に鑑みれば、「交易交通」が核となって生み出したものと総括される。ここではそれを「居宅交易」に特化したことになる。ただし八世紀後半を境に「交易」の様相が変わる。棹秤の導入である。それに合わせるかのように若葉台遺跡に大きな転機が訪れる。「居宅集落」から一般集落への変質、さらには縮小である。「交易交通」上の変質とも捉えられるが、これも逆に見れば、八世紀後半迄の両者の一体性の強さを物語っている。「居宅集落」以後の「交易交通」を見通すためにも、あらためて内陸部集落を成立時点に遡って検討する必要があるが、すでに本論の範囲を超えている。

参考文献

荒井秀規、二〇〇四・二〇〇五「延喜主計式の土器について」（上）・（下）（『延喜式研究』二〇・二一）

二〇〇六「文献から見た土器の流通―商品としての須恵器―」（『埼玉考古学会五〇周年記念シンポジウム古代武蔵国の須恵器流通と地域社会』埼玉考古学会）

石野博信、一九七五「日本古代の住居」（『日本原始・古代住居の研究』吉川弘文館、一九九〇年に所収）

大図口承、一九七九「古代安刀郷に関する一考察」（『坂戸風土記』坂戸市史調査資料第四号、坂戸市教育委員会）

大谷　徹、一九九一「第九号住居跡出土の石製錘と鉄製留金具について―古代の「棹秤」の復元―」「古代のおもり集成」（『宮町遺跡Ⅰ』埼玉県埋蔵文化財調査事業団報告書第九六集）

加藤恭朗・坂野千登勢、二〇〇五『若葉台遺跡―若葉台遺跡発掘調査報告書Ⅵ』（坂戸市教育委員会）
鎌田元一、一九八四「日本古代の人口」（『律令公民制の研究』塙書房、二〇〇一年に所収）
鬼頭　宏、一九九六「明治以前日本の地域人口」（『上智経済論集』四一―一・二）
櫛木謙周、一九八一「経費としての食料に関する一考察」（『日本古代労働力編成の研究』塙書房、一九九六年に所収）
黒坂禎二、一九九八『富士見町一丁目遺跡』（埼玉県埋蔵文化財調査事業団報告書第一八九集）
斎藤稔・早川由利子、二〇〇一「まとめ」（『羽折遺跡一次調査発掘調査報告書』鶴ヶ島市教育委員会）
栄原永遠男、一九七三「律令制的収取と流通経済」（『奈良時代流通経済史の研究』塙書房、一九九一年に所収）
澤田吾一、一九九三『復刻奈良朝時代民政経済の数的研究』（柏書房、初版は一九二七年）
関根真隆、一九六九「附表　食料・食用具価格表」（『奈良朝食生活の研究』吉川弘文館）
高島正憲、二〇一二「日本古代における農業生産と経済成長―耕地面積、土地生産性、農業生産量の数量的分析」（一橋大学機関リポジトリHERMES-IR）
田中　信、二〇一五「古海道東遺跡」（川越市立博物館編『川越市立博物館第四一回企画展　古代入間郡の役所と道』）
田中広明、二〇〇三「豪族の家を形作るものⅠ―垣―」（『地方の豪族と古代の官人』柏書房）
鶴ヶ島町教育委員会ほか、一九八三『若葉台遺跡シンポジウム』（同教育委員会・若葉台遺跡発掘調査団）
奈良文化財研究所、一九八九『平城宮展図録』（朝日新聞大阪本社企画部）
　　二〇〇七『古代豪族居宅の構造と機能』
坂野千登勢、二〇一〇「博士学位論文　資源の再利用と古代社会―土器再利用の基礎研究―」（埼玉大学機関リポジトリ：学術情報発信システムSUCRA）
平川　南、一九九六「里刀自論―福島県いわき市荒田目条里遺跡」（『古代地方木簡の研究』吉川弘文館、二〇〇三年に所収）
　　二〇〇二「出土文字資料からみた地方の交通」（『古代交通研究』一一）
藤野一之、二〇一一「埼玉県内の古代道路―坂戸市町東遺跡の調査を中心に―」（『古代交通研究会第一六回大会資料

集』古代交通研究会）
三上喜孝、一九九七「庸制の特質を通じてみた古代現物貨幣論―古代流通経済における東と西―」（『史学雑誌』一〇六―一二）
山中敏史・石毛彩子、二〇〇四「地方豪族居宅」（『古代の官衙遺跡Ⅱ　遺物・遺構編』奈良文化財研究所）
山本　禎、二〇一三「条里遺構について」（『下田遺跡』埼玉県埋蔵文化財調査事業団報告書第四〇一集）
吉村武彦、一九七四「初期庄園の耕営と労働力編成―東大寺領越中・越前庄園から―」（『日本古代の社会と国家』岩波書店、一九九六年に所収）
渡辺　一、二〇〇六a「須恵器の流通をめぐる諸問題―生産地の立場から―」（『埼玉考古学会五〇周年記念シンポジウム　古代武蔵国の須恵器流通と地域社会』埼玉考古学会）
二〇〇六b「地域の古代豪族層」（『鳩山の歴史　上』鳩山町）
二〇〇六c「生産地から見た須恵器流通の諸問題」（埼玉考古学会編『埼玉考古学会五〇周年記念論文集　埼玉の考古学Ⅱ』六一書房）
二〇〇六d「須恵器の諸段階」（吉岡康暢先生古稀記念論集刊行会編『陶磁器の社会史』桂書房）
渡辺博人、一九九八「天狗谷窯址群のまとめ」（『須衛天狗谷古墳群・天狗谷窯址群発掘調査報告書』各務原市埋蔵文化財調査センター）

〔コラム〕鹿島使・香取使

鹿島・香取使の派遣

鹿島・香取使とは、八世紀後半以降の氏族祭祀の公祭化により、鹿島・香取神に幣帛《へいはく》を奉納するために中央から派遣された使者であり、「鹿島・香取奉幣使」「鹿島使《づかい》」ともよばれている。

勅使の派遣は、伊勢神宮や近畿地方の神社にはしばしば行われているが、地方の神社へ、しかも毎年の派遣はきわめて特異である。

鹿島・香取神宮は、律令国家による蝦夷政策と密接な関わりを有し、その性格や役割から神郡が置かれるなど両者は常にセットで扱われており（吉井、一九九四）、いずれの奉幣使も両神宮に派遣されたと考えられる。

『延喜式』内蔵寮には諸祭の幣帛に関する規定があり、4鹿島・香取祭条には、奉幣使と従者に藤原氏六位以下の者一人、内蔵寮の史生一人、幣帛を担ぐ人夫二人が充てられ、その名簿は、二月の春日祭の二十日前に太政官から内蔵寮に下させる。これを受けて内蔵寮は、史生を遣わし、あらかじめ幣物を準備させ、使者一行は当日幣物を担いで内蔵寮から常陸・下総両国に向かうことが記されている。

鹿島・香取使派遣の開始時期は不明だが、史料上の初見としては、『続日本後紀』承和十二年（八四五）七月丁卯（二十二日）条に、「朝廷から派遣された奉幣使が鹿島神宮の権宮司の当色《とうじき》を支給しなかった。これに対して常陸国司は、権宮司も実務は宮司と変わらないのに、祭祀の場で当色を着用できないのは不都合だと主張し、官位に相当した色彩・材質・文様の衣服（当色）の支給を実現させた」との記述がみられる。

ここから、「神社の神職に対する把笏《はしゃく》や当色支給が開始された弘仁年間（八一〇～二四）は、藤原冬嗣が藤原氏の結集を進めた時期でもあり、奉幣制度の成立とも重なり、鹿島・香取祭が国家の関与する公的な祭祀になった画期」とされ、奉幣使の派遣が春日祭の当日に行われていることは、鹿島・香取祭が春日祭に付随するものと位置づけられていたといえる（黒須、一九九九）。

鹿島・香取神と藤原氏

鹿島・香取神の性格に関して、『類聚三代格』巻一・貞観八年（八六六）正月二十日官符に、以下のような記述がみられる。

（前略）陸奥国には鹿島社の末社が点在していたが、古老が言うには、延暦年間（七八二〜八〇六）以前は鹿島社の神封をもって末社への幣帛を行っていたのに、弘仁年間以降は幣を奉ることを止めてしまったため、神が祟りを起こしている。従って嘉祥元年（八四八）に祢宜の中臣部道継は、幣帛と常陸国からの移を携えて陸奥国へと向かったが、旧例が無いとして関を通過することができず、幣帛を川に捨てて空しく帰ってくることとなった。これによって、鹿島神宮司は鹿島社の神封物をもって奉幣を行うことを申請し、太政官の裁可によって認められることとなった。

この史料から、鹿島・香取祭公祭化の画期を弘仁年間とすると鹿島社の祭神の性格の変化がみられる。すなわち延暦年間以前には、鹿島神の藤原氏の守護神としての性格に加えて蝦夷征討のための武神としての性格が強調されていた。弘仁年間になると律令国家の対蝦夷政策の転換にともない、陸奥国末社への奉幣が停止され、弘仁二年（八一一）を最後に大規模な蝦夷征討は行われなくなった。ここに鹿島神の蝦夷征討のための武神としての性格が薄れ、これに深く関わっていた鹿島・香取郡の神郡としての役割を終えたとみられる（有富、二〇一二）。

以後は藤原氏の氏神という性格が一層強化された。その背景には、弘仁十年（八一九）の大納言への藤原冬嗣の昇進に伴う氏族の結集や承和年間（八三四〜八四八）における鹿島・香取神への神階上昇の過程がうかがえる。

鹿島・香取使の性格

鹿島・香取使の派遣については、承和十二年（八四五）七月の初見記事に続き、『小右記』寛仁元年（一〇一七）年十月十三日条には、仁和三年（八八七）の祈年《きねん》祭の日に際して、常陸の幣帛使が出発したことがみえる。その後も『小右記』をはじめ『左経記』『中右記』『台記』など貴族の日記などに記されており、治承三年（一一七九）までに五〇余例が確認できる（吉井、二〇〇一）（表）。

派遣理由については、春日祭が行われる二月の最初の申の日に合わせた恒例のものと、藤原氏の大臣就任や娘の立后などが理由の臨時のものとに分けられる（宮井、一九七八）。

このうち毎年二月の上申日の春日祭に合わせて派遣される恒例のものは、国家による公的な祭祀に基づくもので、史料上で四十例ほどが確認できる。

先に示した延喜式の規定をうけて、『北山抄』の年中要抄には「二月の上申日の鹿嶋立事」として、藤原氏の氏長者が勧学院（藤原氏の大学別曹）の学生を奉幣使として選定し、宣旨が下され、「天皇御璽」の内印が捺された官符を賜わること記されており、使者が公的な性格であることを示している。

さらに『類聚符宣抄』第一・鹿嶋使・天暦五年（九五一）正月二十二日太政官符によれば、太政官が下総・常陸両国司に、藤原氏と内蔵寮の史生の使人の姓名を伝えれている。これらの手続きは春日祭が行われる二月初めの申の日を過ぎて、二月中旬から四月下旬にかけて行われる例が半数に及んでおり、しばしば派遣が遅れている。

ところで、鹿島・香取使の派遣に内蔵寮が関わっているのはなぜだろうか。延喜式に規定された内蔵寮の職掌は、高級品から日常品まで、天皇に献上する物品を調達・保管することである。内蔵寮からの支出は、大蔵省とは異なり、太政官を経由せずに寮に伝えられた。平安初期になると、内蔵寮からの支出は増加するが、その一つが諸社への幣帛料であった。これについて、「九世紀に国家による祭祀統制の強化にともなう公的祭祀化された祭祀に対するも

表　鹿島使・香取使派遣に関する記事

No	年　代	派遣理由		備　考	出　典
1	承和 12 年（845）7 月	○		常陸への奉幣朝使（2 月 27 日官符）	続日本後紀
2	仁和 3 年（887）2 月	○		常陸への幣帛使	小右記
3	延喜 13 年（913）2 月	○			西宮記・勘例
4	延長 6 年（928）2 月	○			勘例
5	天慶元年（938）2 月	○		忠平大臣就任時の封戸寄進（『九暦』）	北山抄
6	天暦 2 年（948）2 月	○			日本紀略
7	天暦 5 年（951）正月	◎		幣帛使	類聚符宣抄
8	天徳 4 年（960）11 月	◎		2 月の上申日に鹿島使を立てる	北山抄
9	天禄 3 年（972）2 月	○			清原重憲記
10	天元 3 年（980）2 月	○			小記目録
11	長保 3 年（1001）2 月	◎			権記
12	寛弘 4 年（1007）2 月	○			御堂関白記
13	寛仁元年（1017）10 月	△	一代一度	奉幣使	左経記
14	寛仁 4 年（1020）8 月	△	頼通、関白就任	封戸寄進	小右記
15	治安 3 年（1023）4 月	△	実資、大臣就任	封戸寄進	〃
16	長元 4 年（1031）2 月	○			左経記
17	長元 7 年（1034）8 月	△	皇子誕生祈願	中宮威子	〃
18	長暦元年（1037）8 月	△	立后・立太子	嫄子・親仁親王　封戸寄進	行親記
19	康平 3 年（1060）正月	○			康平記
20	治暦 2 年（1066）2 月	○			水左記
21	応徳 2 年（1085）2 月	○			後二条師通記
22	応徳 3 年（1086）正月	○			〃
23	寛治 2 年（1088）2 月	○			〃
24	寛治 3 年（1089）2 月	○			〃
25	寛治 5 年（1091）2 月	○			〃
26	寛治 7 年（1093）2 月	○			〃
27	永長元年（1096）2 月	○			中右記
28	承徳 2 年（1098）2 月	○			〃
29	康和元年（1099）4 月	◎			後二条師通記
30	康和 5 年（1103）4 月	○			本朝世紀
31	長治元年（1104）4 月	○			中右記
32	長治 2 年（1105）2 月	○			〃
33	嘉承元年（1106）3 月	○			勘例
34	嘉承 2 年（1107）2 月	○			中右記
35	天仁元年（1108）2 月	○			〃
36	永久 2 年（1114）4 月	○			〃
37	元永元年（1118）10 月	△	中宮璋子立后		〃
38	保安元年（1120）6 月	○？			〃
39	保安 3 年（1122）12 月	△	（中宮立后の例）	彰子・威子・賢子に派遣の前例	本朝続文粋
40	大治 5 年（1130）8 月	△	聖子中宮		中右記
41	長承元年（1132）4 月	○			〃
42	長承 3 年（1134）8 月	△	泰子立后		〃
43	康治元年（1142）8 月	△	得子立后		台記
44	天養元年（1144）2 月	○			本朝世紀
45	久安 2 年（1146）4 月	○			〃
46	久安 5 年（1149）4 月	○			〃
47	久安 6 年（1150）7 月	△	多子立后		台記・本朝世紀
48	仁平元年（1151）10 月	○			本朝世紀・重憲記
49	仁平 2 年（1152）2 月	○			〃
50	久寿元年（1154）10 月	○			台記
51	治承 3 年（1179）3 月	○			山槐記

（『千葉県の歴史』通史編古代 2 第 7 章所収一部改変）

注）○は恒例の春日祭における派遣（「官符に請印」等）が確認できる記事
　　◎は○以外の派遣に関する記事　△は臨時の派遣記事

ので、神祇祭祀の運営が神祇官から内蔵寮に移った」との見解が出されている（岡田、一九八六）。つまり平安時代の宮廷社会において、内蔵寮が重要な経済的機能を担っていたといえよう。

これに対し、中央政界の有力貴族となった藤原氏による私的な派遣例も見られる。藤原氏の大臣就任・娘の立后・皇子誕生祈願などの理由で臨時に行われたもので、派遣の主体は藤原氏であり、使者は勅使ではない。

具体的には、『九暦』承平八年（九三八）二月七日条に、藤原忠平は延喜十四年（九一四）に右大臣に任命されたとき、前例に則って鹿島・香取神宮に封戸を施入したことがみえる。「前例」とあることから、忠平の兄の時平や父の基経の頃から始まったのではないかと思われる。

次に、藤原氏の娘が皇后や中宮になった時の派遣例として、『行親記《ゆきちか》』長暦元年（一〇三七）八月二日条には、藤原頼通の娘の嫄子《げん》が後朱雀天皇の中宮になった事による派遣記事がみられる。ここに上東門《じょうとうもん》院《いん》（藤原道長の娘の彰子、一条天皇の中宮）が先例として引かれている。また、『中右記』大治五年（一一三〇）八月五日条には、藤原忠通の娘の聖子が崇徳天皇の中宮になったことによる派遣記事がみえる。ここでも彰子・威子（道長の娘、後一条天皇中宮）・賢子（師実《もろざね》の娘、白河天皇の中宮）による派遣が前例としてあげられている。

さらに、『左経記』長元七年（一〇三四）八月二十五日条には、中宮威子による皇子誕生を祈願しての派遣記事がみえるが、ここでも、藤原安子（藤原師輔の娘、村上天皇中宮）による皇子誕生祈願の派遣の前例があげられている。

鹿島・香取使の動向

『小右記』治安三年（一〇二三）六月一・二日条には、藤原実資が鹿島・香取社に封戸を施入するために使者を派遣した記事がある。実資は治安元年に右大臣に就任しているのでその報賽であろう。ここから鹿島・香取使の具体的な動向をたどることができる。

　このときの使者は藤原経孝《つねたか》であり、祭文（神に告げる祝詞）の執筆は藤原資業《すけなり》があたった。藤原実資は、使者の経孝と鹿島宮司には蘇芳《すおう》（赤紫）色の下《した》襲《がさね》を、香取宮司には綾の下襲と表袴《うえのはかま》を与えた。また鹿島・香取それぞれの唐櫃《からびつ》が準備され、そのなかに幣帛と祭文が納められた。幣帛（御幣）は、木や竹の串に金紙・銀紙や絹・白妙布《しろたえふ》などを挟んだもので、鹿島には金御幣・銀御幣・白妙御幣が二揃いづつ、香取には同じ物が一揃であった。使者の経孝が鹿島・香取に向かって出発するにあたり、唐櫃が賀茂川の河原の幕を張った仮屋に運ばれ、実資の子の資平や資高らの立会いのもとで神祇官による祓いが行われた。

　九月六日には藤原経孝が帰京して、実資にその様子を報告している。それによると、七月十七日に鹿島神宮に到着し、幣帛を奉納し、翌日には舟で「香取の海」を渡り、香取神宮に参詣したという。さらに、十七日に使者が鹿島に到ることは事前に予定されていたようで、藤原実資はその日に都の自邸で衣冠《いかん》を整えて鹿島神宮の方角に向かって拝礼している。

（吉井　哲）

参考文献

有富由紀子、二〇一二「下総香取神郡の諸相」（『千葉史学』六〇号）
岡田莊司、一九八六「平安前期神社祭祀の公祭化」（『平安時代の国家と祭祀』続群書類従刊行会、一九九四年に所収）
黒須利夫、一九九九「『延喜式』における鹿島・香取祭」（井上辰雄編『古代東国と常陸国風土記』雄山閣出版）
宮井義雄、一九七八『律令貴族　藤原氏の氏神・氏寺信仰と祖廟祭祀』（成甲書房）
吉井　哲、一九九四「神郡と征夷―鹿島・香取郡の性格」（『千葉県の歴史』四六号）
同、二〇〇一「古代房総の神社」（『千葉県の歴史』通史編古代二第七章）

〔コラム〕国造制と馬

馬利用の広がり

これまで国造制の研究は、国家形成史への視座、あるいは地域社会論・地域史への視座から議論されてきた。そして古代交通の研究もまた、国造制の研究と同様の視座から議論されてきた。これらは同様の視座を持ちながらも、分析対象とする事柄や時期の差異により、互いの研究が交わることは意外と多くない。しかしそれぞれの研究を交えることは今後の研究の発展においても重要なことであることは言を俟たないだろう。そこでここではこれらの研究を交える基礎作業として、当時の主要な移動手段である馬が国造制に対してどのように作用していたのか、という点を考えてみたい。

国造が移動手段として馬を用いていたことは史料から確認できる。『日本書紀』（以下『書紀』と略す）允恭二年二月己酉条には次のような説話が伝えられている。忍坂大中姫が家の苑で遊んでいる際に、馬に乗った闘鶏《つげ》国造がやって来て忍坂大中姫に対して、山の草木をなぎ払うための蘭《あららぎ》を求めるという無礼をはたらいた。後に忍坂大中姫が皇后になった際に、以前馬に乗って蘭を求めたものを探し、かつての無礼な行いを断罪し、殺そうとしたという内容である。この説話のなかで、皇后が「馬に乗って蘭を求めたもの」という条件を付けて闘鶏国造を探し出していることから、馬を移動手段としうる人物はそう多くないことが想定できる。この説話のほか、『書紀』欽明二十三年七月是月条の倭国造手彦が朝鮮半島での軍事行動の際に馬に乗る記載や、筑紫君磐井の墓とされる岩戸山古墳から石馬が出土していることなどもふまえれば、馬を利用できる数少ない立場の一つに国造および国造クラスの地域首長層が含まれていることが想定できる。

全国的に馬の利用が広まった背景の一つには部民制が成立したことが考えられる。『書紀』には馬の飼育を担当する「馬飼首」を複数人見ることができ、『書紀』朱鳥元年（六八六）九月丙寅条には河内馬飼部造も見ることができる。このことは、部民制の前段階である人制段階では馬の飼育に関する「某人」は確認できないことからも、六世紀前半の部民制の成立に伴って、王権主導で、河内などにおいて馬の生産・飼育が集団によって恒常的に行われるようになったとも考えられる。これは六世紀になって、王権にとって馬が重要な位置を占めるようになったともいえよう。

支配構造を支えた馬

なぜ六世紀に馬が重要視されたのか、それは国造制が成立したことが要因の一つとして考えられる。国造の特徴として、その任用は大王と地方豪族が直接に確認する必要があり、地方豪族および大王の代替わりごとに関係の確認を行う必要があったとされる（森、一九九七）。地域社会側からみれば、国造制の成立によって、貢納物の献上をはじめ、国造の代替わりに伴う国造の新任、大王の代替わりに伴う現任国造の地位確認などのため、国造や国造への任用を希望する首長層が大王のもとに訪れる必要がうまれる。この必要性も相まって馬の利用が広まったと考えられる。すなわち、地域社会において地域首長層が国造として自らの権力を担保するためには、一つには大王との直接の確認が必要であり、それを可能にするためにも馬は必要な移動手段であったと考えられる。

大王側からみても、国造との関係において馬は重要であったとみられる。『書紀』大化元年（六四五）八月には東国国司詔が出され、各地に国司が派遣される。そして翌年三月に彼らが帰還した際に、派遣された国司のなかで、詔の内容を実行するうえでルールを犯した者に対する処罰が行われている。そこには朴井連らが国造の馬を奪ったこと、膳部臣百依が国造の馬を他の馬と換えてしまったことなどが対象となっている。大王の許可なく国造の馬が奪われることは、貢納物の献上のほか、大王と国造の対面の機会を失うことにもつながりかねない。対面の機会が失われることは、先に述べた国造の新任、あるいは現任国造の地位確認の機会、言い換えれば大王・国造間の仕奉関係を失うこととも いえよう。それはすなわち当時の支配構造の破綻ともいえ、大王権力を担保するものの一つが失われてしまうと考えられる。大王権力を担保するためにも国造と大王の対面は必要条件であり、それを可能にするためにも国造の馬が重要視されていたとみられる。国造のもとに馬の利用が広まっていく、あるいは広めていくことは大王と国造双方にとって重要で、馬は六世紀から七世紀半ばにかけての支配構造を担保するものの一つであったと考えられる。

ただし国造に焦点をあてた場合、必ずしも大王との関係性にのみ馬の利用の意義を見出すものではない。地域社会における国造権力の担保については様々な視点から捉える必要があるが、そのうちの一つとして国造相互の関係性にも目配りする必要がある。「国造本紀」などに国造同士の同祖系譜がみられるように、国造は他地域の国造とのつながりも有し、それによって国造権力が担保される側面も有していたと考えられる。国造制成立以前の地域首長層間の関係ではあるが、武蔵国造の乱における小杵と上毛野君小熊の関係性はその一例であろう。

先にあげた東国国司詔において、朴井連らが処罰されているのは、部内を巡行する際に大王の許可なく国造の馬を利用したことによる。おそらくはそれ以前には大王の許可のもと、国造制などを通じた逓送・供給の実態があり、その慣習に従ったことによるものであろう（市、一九九六）。すなわち国造相互の関係性においても馬が恒常的に利用され、国造権力を担保するものとして作用していたといえる。

神事と馬

天武朝になると、国造と馬の関係性はそれまでとは異なる意義を持つことになる。『書紀』天武五年（六七六）に出された詔には、大解除を行う際に国造が出す供物の一つとして馬が記載されている。これは馬が神事において重要な機能をもつことを示すと考えられる。また、この詔では、慣習的な祭祀が王権によって統一・整備されたと考えられ、それに伴い国造は地域首長（旧国造）から神祇祭祀を担う、いわゆる新国造へと変化したとみられる（堀川、二〇一八）。すなわち国造の性質の変化に伴って、馬との関係性も変化していくことになる。国造の位置づけが変化したことでその権力の質も変化し、天皇（大王）・国造にとっての馬の在り方も、その権力を担保するものから神事に利用するものへと変化したと考えられる。そしてそれまで国造の馬が担っていた機能は、駅伝制に移っていくことになるとみられる。

ここまで国造権力の在り方に焦点をあてながら、馬が国造制にどのように作用したかを考えてきたが、次のようにまとめることができる。六世紀、国造制（・部民制）を通じて列島内に広まった、あるいは広められた馬は、大王・国造間、あるいは国造間においてそれらの権力や支配構造を担保するものとして作用した。そして国造の変質に伴って、馬はその役割を神事に関わるものへと変化させていくことになる。このように国造制と馬の関係は移動手段にとどまらない、当時の権力構造や支配構造を規定する一つの要素であったといえる。

（堀川　徹）

参考文献

市　大樹、一九九六「国司制の成立と伝馬制」（「国司制の成立と伝制」に改題・補訂して『日本古代都鄙間交通の研究』塙書房、二〇一七年に所収）

堀川　徹、二〇一八「評制の展開と国司・国造（『ヒストリア』二六六）

森　公章、一九九七「評司の任用方法について」（『古代郡司制度の研究』吉川弘文館、二〇〇〇年に所収）

Ⅲ部　移動を支える施設

1　古代の交通を支えた仏教施設と福田思想
―八世紀後半～九世紀前半の貢調運脚夫の交通と救済をめぐって―

藤本　誠

はじめに

古代の人々の交通を支える仏教施設については、僧侶の都鄙間交通の拠点としての機能について多くの研究が蓄積されてきた（薗田、一九五七。鈴木、一九九四。川尻、二〇〇五。三舟、二〇一六）。そのような中、貢調運脚夫の交通との関係については、早くに行基建立の布施屋が貢調運脚夫の困難軽減の機能を果たしていたことが指摘されていたが（井上、一九五五）、近年では布施屋のみならず在地社会の「寺」や「堂」が注目され、古代の運脚夫の宿泊施設として機能したことが推測されている（松原、二〇〇四。市、二〇一一）。また運脚夫の地方での交通を支えた施設として、八世紀半ばの行基の布施屋が畿内限定であったのに対し、九世紀になると行基の系譜をひいた宗教的機能を有する地方救療施設が良吏によって設置されたとの指摘がある（追塩、一九八七）。このような仏教的な救療施設を支えた仏教思想については、福田思想の存在が指摘されている（吉田、一九八七。追塩、一九八七）。さらに在地社会の仏教施設での仏教儀礼と運脚夫の交通との関係については、在地の布施屋や船瀬などの交通施設の修築に関わった官大寺僧が、その場で貢調運脚夫の亡霊供養の法会を行っていたとの重要な指摘もなされている（鈴木、一九九四）。

本稿では、以上のような研究史を踏まえた上で、八世紀後半から九世紀前半の仏教施設が貢調運脚夫などの人々の都鄙間交通を支えるために果たした機能について、①官大寺僧による仏教思想の社会的実践、②在地の仏教施設の景観、③在地で行われた法会という三つの観点から考察することを目的とする。

一　八世紀後半の貢調運脚夫の交通と仏教施設

（1）平城京官大寺と貢調運脚夫

八世紀後半の貢調運脚夫の状況については、天平宝字年間に「諸国の庸調脚夫、事畢りて郷に帰るとき、路遠くして粮絶ゆ。また行旅の病人を親しく恤み養ふこと無く、飢死を免れむと欲て、口を餬ひて生を仮る。並に途中に辛苦し、遂に横斃を致す」（『続日本紀』天平宝字元年〈七五七〉十月庚戌条）と、脚夫が帰郷に伴い病気や飢えに辛苦し行き倒れている状況が知られ、また「頃聞かく、「三冬の間に至りて、市辺に餓うる人多し」ときく。其の由を尋ね問へば、皆云はく、諸国調脚、郷に還ること得ず。或は病に因りて憂へ苦び、或は粮無くして飢ゑ寒ゆ」（同天平宝字三年〈七五九〉五月甲戌条）ともみえ、冬の三か月間、平城京の市辺に運脚夫の「餓人」が多数存在し病と飢寒に苦しんでいたため、市で乞食せざるを得ない状況であった（今津、二〇一六）。そのような状況の中で注目されるのが、この時期に官大寺周辺でみられる福田思想に基づく救療活動である。

福田思想とは、仏教における布施行を支える理論であるが、上からの救済である慈善とは異なり、供養することによって将来の福を生ずることに例えた比喩である。中国仏教では功徳田（敬田）・報恩田（恩田）・貧窮田（悲田）とされ、それらをとりまとめて二福田・三福田と称されたが、さらにその後、貧窮田の中に病苦・旅苦が加わり、これに対する具体的な社会事業についても福田として加えられ、七福田・八福田などと称されるようになったことが指摘されている（常盤、一九四二）。福田思想を記す経典は、代表的な『諸徳福田経』のほか、少なくとも鑑真以降は古代日本の戒律の中心となっていた『四分律』や、天平期以降に王権で重視された『華厳経』にも記されており、八世紀後半には王権周辺や官大寺に浸透していた思想であったと考えられる。

さて、このような福田思想の官大寺への影響とその社会的実践については、『続日本紀』天平宝字元年十二月辛亥条にみえる山階寺（興福寺）施薬院の記事が注目される。

〔史料1〕天平宝字元年十二月辛亥条

勅、普為レ救二養疾病及貧乏之徒一、以二越前国墾田一百町一永施二山階寺施薬院一。伏願、因二此善業一、朕与二衆生一、三檀福田窮二於来際一、十身薬樹蔭二於塵区一、永滅二病苦之憂一、共保二延寿之楽一、遂契二真妙之深理一、自証二円満之妙身一。

この〔史料1〕は、勅によって普く「疾病及び貧乏の徒」を救い養うために、山階寺施薬院に墾田が施入されたという内容である。この勅の文言・内容に華厳思想と福田思想の影響があることについては既に岩本健寿によって詳細に考察されている（岩本、二〇一三）。〔史料1〕は興福寺の事例であるが、勝浦令子は、光明皇后の薨伝に「悲田・施薬両院を設けて、天下飢病の徒を療し養ふ」（『続日本紀』天平宝字四年〈七六〇〉六月乙丑条）とあることから、皇后宮職の施薬院が救済活動を行う諸寺に薬の配分や財源の援助など、広範な活動をしていたことを推測する（勝浦、二〇〇一）。つまり八世紀後半には、平城京官大寺全般において福田思想に基づく広範な救療活動が行われていた可能性が推測されるのである。

『興福寺流記』山階流記は、このような福田思想の影響が具体的に見られる事例として注目に値する。そこには西に「敬田門」と称される門があり、その注として「前四町、衆僧に供ふるが為に、四季の菜を殖う」、さらに「宝字記」に「西菓薗二坊。三条六坊に在り。園地二坊在り。宝字元年十月六日。勅に依りて施し納むるなり」とある。ここから勝浦は、興福寺では天平宝字元年に大規模な勅施入による悲田・敬田関係施設の整備があったと指摘する（勝浦、二〇〇一）。おそらくこの時期までに「敬田門」という名称ができ、衆僧に菜を供養するための「園地」という福田思想に基づく意味づけがなされたのであろう。つづいて北の「悲田門」の注をみると、天平宝字年間には「治者院」が置かれ、前四町が「病苦孤独の住む所、彼らを労り養ふ為なり」との説明があり、貧窮者救済がなされていたことが推測される。

最後に南の「長者門」の注には「前四町、四季の花を殖う。仏に供ふるが為なり。」とあり、宝字記にも「南花園四坊」とある。この記述は、平城京東三坊大路東側溝ＳＤ六五〇より出土の木簡に「山階寺南花薗」と記すものがあることから、その実在が裏付けられる（奈文研、一九七〇・一九七五）。以上からすれば『興福寺流記』全体の成立は十二世紀であったとしても、寺院地の福田思想による意味づけや貧窮者救済は八世紀後半の天平宝字年間まで遡るものと考えられよう。

天平宝字年間の興福寺と施薬院の整備については、福田思想と関わる法蔵の『華厳経探玄記』『梵網経菩薩戒本疏』の理論的影響や『諸徳福田経』の影響が指摘されており、少なくとも興福寺は王権により福田思想（二種〈悲田・敬田〉福田）の実践の場として位置づけられていた（岩本、二〇一三）。他の官大寺も東大寺には「悲田一宇」、大安寺には「悲田分銭」があり、薬師寺・大安寺に「花苑院」があることからも、八世紀後半以降、他の官大寺も福田思想に基づく伽藍の意味づけや救療活動が行われていた可能性が高い。そこで八世紀後半から九世紀前半の官大寺等で行われていた貧窮者・病者の救療活動の実態を史料から確認しておきたい。

まず薬師寺の事例として『日本霊異記』下巻十二縁（以下、下十二。他も同じ）をみると、薬師寺では東の里に居住する盲目の人が、昼間から東門に座って布巾を敷き、千手観音の第八手である日摩尼手の名を称礼して乞食を行い、往来の人が憐れんで銭・米・穀物を布施する状況が日常的にあったことが窺える。注目されるのは、「日中の時に、鐘を打つ音を聞きて、其の寺に参ゐ入りて、衆僧に就きて飯を乞ひ、命活きて数の年経たり」との記述である。佐藤信によれば、薬師寺の東門前は、平城京右京の幹線道路である西の堀河（現秋篠川）が条坊道路とともに南北に走っていることから、西市とも遠くない往来頻繁な位置であった（佐藤、一九九八）。この指摘を踏まえれば、薬師寺食堂の周辺に集まる社会的弱者の中には、前述の貢調運脚夫の「市辺」の「餓人」が含まれていた可能性が高いといえよう。

つぎに大安寺の事例として、『日本霊異記』中二十八をみると、聖武天皇の時代に大安寺の西の里に居住していた極めて貧しく飢えていた一人の女人が、「大安寺の丈六の仏は、衆生の願ふ所、急に能く施し賜ふ」と伝え聞き、「花香油を買ひて、以て丈六仏の前に参ゐ往き」、このようなことを「日を累ね月を経」て続けたとある。このような説話の成立には大安寺僧が丈六仏の霊験を喧伝していたことに加え、大安寺の周辺で実際に行われていた貧窮者救済が背景にあったためと考えられる。また『三宝絵詞』中十八では、大安寺僧の栄好が毎朝寺から配られる飯を四等分して、そのうちの一つを「乞者」に与えていたとある。つまり両話からすれば大安寺は貧窮者が集まる場となっていたのであり、その背景として寺の僧侶たちによる日常的な貧窮者扶養が推定されるのである。

最後に元興寺の事例としては、『日本感霊録』十二がある。そこでは永人という貧窮者が承和六年（八三九）に元興寺の四王の所に参詣し、庭を掃き堂舎の土壇を浄めていたため、衆の僧が鉢飯の余りを施してその命を救っていたというものである。また史料には元興寺に貧窮者の止宿する「亭舎」がみえるため、元興寺もまた寺に来る貧窮者を受け入れ日常的に施物・扶養する場となっていたことがわかる（鳥津、二〇〇〇）。

以上から八世紀後半から九世紀前半にかけての平城京官大寺は、福田思想を背景として、京内の貢調運脚夫を含む貧窮者・病者の救済の場となり、福田思想に基づく社会的実践の場となっていたことが推測されよう。

（2）在地社会の貢調運脚夫の交通と仏教施設　―果樹を中心として―

それでは平城京官大寺で実践されていた福田思想に基づく貧窮者救済は、どのようにして在地社会には齎され、実践されていたのであろうか。官大寺僧による福田思想の受容と在地での実践事例として注目されるのは、つぎの史料である。

〔史料2〕『類聚三代格』巻七・天平宝字三年（七五九）六月二十二日乾政官符

乾政官符

応㆔畿内七道諸国駅路両辺遍種㆓菓樹㆒事

右東大寺普照法師奏状偁、道路百姓来去不㆑絶、樹在㆓其傍㆒、足㆑息㆓疲乏㆒、夏則就㆑蔭避㆑熱、飢則摘㆑子噉㆑之、伏願、城外道路両辺栽㆓種菓子樹木㆒者、奉　㆑勅、依㆑奏、

天平宝字三年六月廿二日

この〔史料2〕は東大寺僧の普照によって、京外の道路は百姓の交通が頻繁にあるため道の両側に「菓子樹木」を植えて、木陰での休息や果実を食料とすることについて奏上されたものであり、〔史料2〕にみえる「百姓」とは貢調運脚夫も含むものと考えられる。中村太一はこの奏上について、街路樹の植栽という発想や計画は既に七世紀段階からみられることから、唐の開元二八年（七四〇）の命令によって実施された唐の街路樹を実見した普照が果樹の植栽を提案した部分に目新しさがあると指摘する（中村、二〇一七）。またこの史料では「菓子樹木」（菓樹）に避暑と食糧としての明確な意味づけがなされているが、これは諸経典により福田の内容として説かれているものであり（井上、一九五五）、東大寺僧普照は福田思想の実践による運脚夫の救済を目的として奏上したものと考えられる。つまり、八世紀後半以降、官大寺僧は平城京のみならず在地社会においても福田思想に基づく運脚夫の救済に関与しようとしていたことが推測されるのである。

なお〔史料2〕は『続日本紀』の同日条に掲載されていないため、同日条にみえる「漢風」により行われなかった法令とする見解があるが、少なくとも本官符は『類聚三代格』に収録されていることからその後も有効法であった。また『類聚三代格』巻十九・弘仁十二年（八二一）四月二十一日太政官符「応に路辺の樹木を斫り損ずるを禁制すべき事」で、「道辺の木、夏は蔭を垂れて休息の処となり、秋は実を結びて民は食を得る」と、果樹を念頭に置いた京外道路における街路樹植栽の施策が継続していること、そして最終的には一連の法令が『延喜式』雑式30駅路植菓樹条に、「凡そ諸国駅路辺に菓樹を植え、往還人をして休息を得しめよ」と法制化されたことが指摘されていることからも（中村、二〇一七）、〔史料2〕が起点になり、この政策は少なくとも十世紀段階まで継続していたと考えられよう。

ところで上記とほぼ同時代の九世紀前半成立の『東大寺諷誦文稿』（以下、『諷誦文稿』。行数・史料引用は築島、二〇〇一）をみると、在地社会の運脚夫などの交通を支えた仏教施設に官大寺僧が直接的に関与していた形跡が確認される。この史料は平城京の官大寺僧が、在地社会の村落レベルの仏教施設である「堂」の法会で導師をするときに用いた、説法の手控えの雛型としての性格をもつものであり、当時の社会的実態を反映していた可能性が高いものである。

まず『諷誦文稿』の二七九～二八〇行をみると、古代村落の「堂」の立地場所を讃えるために、順番に「駅路大道辺」「山」「林」「河」「城」の辺があげられている。これは近年の考古学の古代寺院の「選地」研究において明らかとなった寺院の多様な立地（梶原、二〇一〇a・b・二〇一一）と同傾向にあったことを示しているが、その一方で『諷誦文稿』を執筆した官大寺僧が「駅路大道辺」を最も代表的な立地としてあげていることは、官大寺僧たちが仏教施設の特徴として道沿いの立地を重視していたことを示すものである（鈴木、一九九四）。

さらに注目されるのは、仏教施設の様々な特徴を讃える文例の中で「〈夏の〉樹影」を「怜怜」と讃えていることである。『諷誦文稿』が様々な法会で語られる典型的な内容であるとすれば、「堂」には一般的に仏教施設の象徴として「樹」が植えられていたこと、その樹木は夏の暑さを避けるためのものであると明確に意味づけられていたことがわかる（藤本、二〇一六）。このような樹木の位置づけは前述の普照の奏上にあるように福田思想に基づくものであるが、それは九世紀前半に薬師寺僧景戒が編纂した仏教説話集である『日本霊異記』中三に、「木を殖ゑむ志は、彼の菓を得、並ら其の影に隠れむが為なり。」という『涅槃経』に基づく文言が引用されていることからも、官大寺僧一般の認識であったと考えられる。『日本霊異記』のような説話が在地社会の法会の場で語られていたとすれば、仏教施設周辺の樹木に対する福田思想的意味づけが、法会を介して在地社会に浸透する契機となった可能性が推測されよう。

つぎに『諷誦文稿』三三九行〜三四五行をみると、交通を支える諸施設と福田思想についての直接的な記述がある。全体的な内容は、法会の施主である在地有力者層に対して、いかにして人・天人・仏に転生することができるかを問いかけるものであるが、そこでは「道、椅を造り、路の側に井を造り、菓の樹等を植ヱむ」と福田の社会的な実践を引き合いに出しながら、世間の功徳として三業（身・口・意）の善を説くものとなっている（市、二〇一二）。ここで重要なのは、経典の福田には七福田・八福田など数多くあるが、法会では四つの福田のみが選択されていることである（七福田の種類は、『摩訶僧祇律』『四分律』『雑阿含経』『増一阿含経』『菩薩行五十縁身経』『六十華厳経』『諸徳福田経』などから、①井戸②園果③樹蔭④橋梁⑤渡船⑥浴池（室）⑦僧房仏閣⑧旅客舎⑨道路⑩飲食⑪医薬⑫圊厠の最大十二種類があげられる（吉田、一九八七）。梵天への転生を唯一説く経典であり、天平八年（七三六）には伝来している『諸徳福田経』からの影響も考慮されるが、いずれにしても法会で語られる内容は彼らが受け入れられる内容でなければ意味を持たない。とすれば、四種の福田は在地社会の仏教施設周辺において実際に行われていたものと考えるべきである。この中に「菓の樹等」を植えることが含まれていることは、実際に道沿いに立地していた仏教施設周辺の果樹が運脚夫の食料供給や避暑の場となり、彼らの交通を支えていたと考えられるのではなかろうか。

なお、このような在地社会における福田思想による社会的実践は、最澄が天台宗僧養成のために著した規則である『山家学生式』の六条式にもみられる。そこには、天台の学生で諸国の講師になった者は、「まさに国裏の池を修し溝を修し、荒れたるを耕し崩れたるを埋め、橋を造り船を造り、樹を殖ゑ苧を殖ゑ、麻を蒔き草を蒔き、井を穿ち水を引きて、国を利し人を利するに用ひんとす」とあり、灌漑・蒔植などの農業関係の土木事業とともに、造橋・造船や殖樹など交通関係の整備に努めることが定められており、南都の官大寺僧のみならず最澄や弟子の天台僧たちも、今述べてきたような在地における福田思想（七福田）の社会的実践を明確に意識していたといえよう。

以上、主に『諷誦文稿』にみえる法会で語られた内容から、官大寺僧は福田思想を在地社会に齎し、その実践を勧めていたこと、また仏教施設周辺には樹木や果樹が存在し、それらが運脚夫等の交通を支えていたことが推測されるのである。

つづいて仏教施設やその周辺に植樹されていた具体的な果樹の種類や役割に注目したい。

〔史料3〕十市布施屋守曽禰刀良解（『大日本古文書』第六巻一二〇・一二一頁）※□囲いは筆者。

謹解　申十市布施屋□在□等事

合地七段二百二十五□国券□通

在物草葺板□宇□葺屋二宇（各五間在戸二具／一字敷板）

板屋一宇（十五間在庇十五間）

馬胸衝三枝　折薦畳二枚　薦二枚

鎖一具（付倉）　鎰一勾（付屋）

雑生木合八十三根

菓十七根　［楊十九根］　梨四根　槐二根

槝莎四根　［栗五根］　［橡一根］　加治木廿五根

枇一根　桃九根　梅一根　柿一根　標柱一根

並知布施屋守曽禰刀良

右件見物、顕注如前、今具事状、以解

宝亀二年二月廿三日

（別筆）「別当大法師　法正」

〔史料3〕は十市布施屋の守・曽禰刀良の解にみえる東大寺の布施屋で、官大寺によって建立された布施屋の具体相がわかる史料である。ここには十五間という大きな板葺きの屋があり、おそらく運脚夫が休息するための建物であったのであろう。注目されるのは八十三本もの果樹が植樹されていたことである。これらはいずれも運脚夫の食料になっていたと考えられる。これまで述べてきたように、果樹の植樹が福田思想に基づくものであることや、布施屋の「布施」という表現自体が福田思想と関わる布施行を意味するものであることからも、設置には東大寺僧の直接的な関与が想定される。このような官大寺僧の関与は、『類聚三代格』承和二年（八三五）六月二十九日太政官符をみると、「美濃尾張両国の堺墨俣河左右の辺」に「貢調担夫等」のための「布施屋二処」が立てられており、そこでは「預の大安寺僧伝燈住位僧忠一」が修造を行っている。官大寺僧が布施屋の管理に積極的に関与していたことが推測できよう。

つぎに在地寺院周辺の果樹の植樹についてみていきたい。『額田寺伽藍并条里図』は、天平勝宝八歳（七五六）六月～天平宝字年間頃に成立したものされており（山口、一九九六）、八世紀後半の在地寺院の景観を示すものとして注目される。先行研究において額田寺の周辺に描かれている寺の林は、ヤケとしての「寺」に付属する「百姓宅辺」の「林」に比定され、寺領の境界を区画する役割があったとされることから、寺領確保の側面が指摘されている（北村、二〇一五）。「寺」の建立目的の一つが、寺領確保（間壁、一九七〇）や実質的な氏族の「家産」管理の側面もあったとの指摘（田中、一九九九）からも認められる見解であるが、その一方で条里図では額田寺の「栗林」「椽林」「楊原」と具体的な樹木の品種記載があるものと単に「寺林」と表記されるものがあることから、品種ごとの用途が意識されていたことも看過できない。また「栗林」「椽林」「楊原」はいずれも主要河川や道沿いにあり、いずれも史料三にある品種であることから、これらは寺前の道を通行する人々の避暑のための樹木となり、特に「栗林」「橡林」は食糧としての用途も考えられる（木村、一九八六）。そのように考えられるとすれば、寺の林は寺領確保としての側面に加えて、八世紀後半には福田思想の意味づけを与えられていた可能性が高い。なお寺領確保が八・九世紀の在地有力者層の「寺」の建立目的の一つであったとすれば、額田寺のような寺院周辺景観は当時の一般的な存在形態として理解できるのではなかろうか。

さらに延暦九年（七九〇）成立の『浄水寺南大門碑』をみると、寺領について記した部分に、「益城と宇土の郡の間の四宮河の椅料」として「栗林七ヵ所」とあり、寺院周辺を流れる浜野川か小熊野川の椅の維持管理をしていたとみられる。おそらく栗林は寺領域確保としての意味をもっていたと推測されるが、碑文では栗林を「椅料」に指定していることが注目に値する。周知のように橋を架けることは、日本古代で最も盛んに行われた福田思想に基づく土木事業の一つであり、この記述は栗林に福田思想による仏教的意味づけが与えられていたものと理解すべきである。さらに額田寺と同様に果樹としての利用も想定される。以上からすれば、八世紀後半以降の在地寺院もまた村落の「堂」や布施屋と同様に福田思想の意味づけがなされ、その社会的実践の場として位置づけられていたと考えられよう。

二　古代日本の在地社会の法会と貢調運脚夫

(1)　在地社会の法会の参集者と誓願

ここでは『諷誦文稿』の内容から、運脚夫の交通を支えた在地の仏教施設の法会の性格・内容について具体的に考えていきたい。まず一〇八～一一二行には父母の追善供養の法会において、父母の往生を願うとともに「自らも亦、自利利他の善事の於に悉く災難を除き」と、法会が自利行であると同時に利他行であることが述べられ、最後に「村里道俗も同じく護念せられて、福寿を増長せむ。広くは、生々の四恩、五趣の四生、普く此の願に資けられて、苦を離れ楽を得しめむ」と、法会の施主の願いが記されている。この内容は、法会の功徳は施主と父母のみならず、「村里道俗」から「生々の四恩、五趣の四生」にまで及ぶものであることを示しており、法会の性格がすべての存在を受け入れる開放的なものであったことが窺える。さらに法会の施主を讃える次第である「慰誘言」をみると、「時に随ひ貴賤道俗男女に随ひて辞を用ゐるべし」とあり、法会に集まる人々によって言葉を変えるべきことが注意されていることからも、実際に多様な人々が法会に参集していたのである。注目されるのは、「須達の門には孤独のひと多く集まり、耆波の家には攣躄多く来る。大旦主の所〈殿〉には徳を仰ぎ、仁に帰る徒多く依り怙る」との記述である。これは仏典にみえる須達長者（スダッタ長者）や同じく仏典にみえる名医耆波に擬えて、法会の施主である「大旦主」のもとに在地の孤独者・貧窮者・障碍者が集まっていたことを讃える文例とみられる（藤本、二〇一六）。このような語りは、施主である在地の有力者を、慈悲深く、仁徳が備わった存在として法会の場で讃えあげるための文言であるが、このような語りが成立するためには、在地の有力者が実際に孤独者・貧窮者・障害者を扶養していた事実が存在するとともに、法会の場に彼らが参集する状況があって初めて説得力をもつ内容と想定される。そのように考えられるとすれば、在地の法会の場とは、施主によって日常的に扶養されている在地の貧窮者を積極的に受け入れる場であったことが想定されよう。

以上の想定を裏付ける上で重要な意味をもつものが、「誓詞通用」（二一一行～二四五行）の内容である。この部分は、末尾に天台大師智顗によって作られた、いわゆる四弘誓願（すべての仏・菩薩が起こす四つの誓願）の典型的な文言が記されていることから、法会で仏菩薩に誓願する際に用いられた文例であったことがわかる。誓願内容は法会の性格を直接的に示すものであり、在地の法会で誓願された具体相が明らかとなるものと考えられる。それでは、その内容とはいかなるものであろうか。

内容は空白を挟み大きく二つにわかれている。第一の部分（二一一行～二一八行）は最初に施主の父母について、わが子に対する愛情について切々と述べられ、最後に愛してくれた父母の恩に生前には報いることができなかったことが述べられており、父母追善の際に用いられた誓願内容であると推定される。つづく第二の部分（二三二行～二四一行）では、六波羅蜜の実践により悪道に堕ちないことの功徳を説き、世の中において親族がなく病気になった者や妻子と死に別れて一人身になった者が、道路で亡くなっているという惨状を述べている。注目されるのは、最後に「是の如く依无く怙无き徒は多く道路の中に亡せたり。東の国の人は、道の邊に骸をは曝し、西の□〔国〕の人は水の中に魂を没めたり。今日、一渧の功徳〈を以て〉、是の如き浮游する霊等を救済し、速に十八泥梨より解脱し、人天の勝利を招かしめむ」と記されていることである。すなわちこの文章からは、東西の国々からやってきた貢調運脚夫が道の途中で没したために、浮遊している彼らの霊魂を法会の功徳によって救済して地獄から脱出させ、人界・天界へ転生するための功徳とすることが法会において誓願されていたことがわかるのである。

「誓詞通用」は、法会の目的を示す誓いの言葉（「誓詞」）である誓願の内容を記した次第であり、「通用」とあることからすれば、その内容が当時において一般的で汎用性のあるものであったことを物語っている。ただし注意しなければならないのは、第二の部分は最終的に全文が擦り消されていることである。解釈としては、二つの内容が同時に語られたパターンと、第一の内容のみを語るパターンがあった可能性が考えられる。ただしいずれにしても、第一の父母の追善供養の法会の内容と、第二の貢調運脚夫の霊魂を救済する法会の内容は、九世紀前半の在地社会の法会で一般的に行われる二種類の内容であったのであり、在地の仏教施設とそこでの法会が貢調運脚夫の交通と密接に関わって行われていたことが指摘できるのである。

（2）貢調運脚夫と平等の諷誦

それでは、運脚夫と関わる在地の法会は実際にどのような内容であったのだろうか。『諷誦文稿』三二五行〜三三一行は運脚夫の霊魂の救済と関わる著名な部分で、「乞ひ誓まく東西の国の亡霊等」から始まり運脚夫の霊魂救済についての誓願が述べられている（鈴木、一九九四）。概要を述べると、官や朝廷の命令によって、故郷の妻子や眷属のもとを離れて、旅路に苦しみ、福がない人は途中で病気になって没してしまい、国で待つ親族は亡くなった日も知らず、妻子は葬られた墓も知らない。このような者は、国や家に甚だ多いのだと記されている。そして彼等が赴いた場所とされる「三途」、すなわち地獄・餓鬼・畜生道に堕ちた人々を誰が救うことができるだろうかと問いかけた上で、最後の文章がある。そこでは「故に平等の諷誦を垂れむ。一切諷誦云。法華名云。心経云。阿弥云。地蔵云。」と記されており、ここから亡くなった運脚夫の亡霊が堕ちてしまった三途から救済するために、様々な経典に基づく「平等の諷誦」がなされていた事実が判明する。なお『諷誦文稿』にみえる「平等」の文言は他に五ヵ所あり、確実な典拠としては『法華経』の薬草喩品があげられるが、その思想的内容は概ね大乗経典に共通する、あらゆる人々に対する仏の教えの平等性に特徴がある（藤本、二〇一五）。以上、在地の法会の内容は、大乗仏教の理念にもとづき現世のみならず三悪道に堕ちた運脚夫の救済をも含む性格をもち、彼らのために平等の諷誦が行われていたのである。

つづいて、「誓通用」と見出しのある部分（三〇四行〜三二一行）から法会の性質を考えていきたい。この部分は運脚夫に対する平等の諷誦をした三二五行の直前の内容である。まず煩悩にまみれてこの世で生きることの苦しみが説かれ、貴賤を問わず邪見で愚かな考えに惑わされて地獄に堕ちるとどうなるかという地獄の恐怖が具体的に記されている。地獄ではどのような親族・知人であっても救済できず、現世における蓄えは三途では役に立たないと語られた後、それゆえに経典の名を唱える必要があるのだと説かれ、最後に「南无平等大会云」とある。「誓通用」では運脚夫について直接的に記されていないが、平等の諷誦が記された直前の文例であり、彼らが趣くとされる地獄に堕ちた人々に対する内容であることから、直前の文例とともに亡くなった運脚夫の供養にも関わる部分と考えられる。そのように考えられるとすれば、運脚夫の供養の法会は「平等大会」という名称で行われた可能性が推定されよう。平等大会が「一切衆生を等しく洩れなく救う法会」のことであるとすれば、亡くなった運脚夫の亡霊供養の法会の特質を示す名称としてふさわしいものといえよう。

平等大会または平等大斎・無遮大会という名称の法会は、既に同時代とそれ以前から中国で行われていた法会であり（道端、一九七〇）、『入唐求法巡礼行記』開成五年（八四〇）七月二日条の内容がその具体相の一端を示すものと考えられる。ここには、「この山（五台山―筆者注）に入るものは、自然に平等の心を起し得。山中の設斎は、僧俗・男女・大小を論ぜず、平等の供養なり。その尊卑大小をばみず。かしこにおいては、皆、文殊の想を生ず」とあり、さらに後文に、「僧俗、男女、大小、尊卑、貧富を論ぜず、みな平等に供養せんと」とある。つまり、唐代の平等大会は、あらゆる人々に対して平等に食事（供養）が出される法会であり、さらに文殊信仰と関わっていたことが窺える。このような唐代の平等大会の特徴から想起されるのは古代日本の文殊会である。『類聚三代格』巻二・天長五年（八二八）二月二五日太政官符では、贈僧正伝燈大法師位勤操と元興寺伝燈大法師位泰善等が、文殊般涅槃経に基づき独自に畿内郡邑に広く文殊会を設け、「飯食等」を用意して貧窮者を救済するための布施をしていた。ここから古代日本の文殊会の目的が貧窮者救済であったことがわかるが、これまで見てきたように、『諷誦文稿』からは文殊会とほぼ同時期の九世紀前半に、官大寺僧を導師とする在地の法会において亡くなった運脚夫や貧窮者の霊魂を救済するための平等の諷誦を行う法会が催されていた。その目的の共通性からすれば文殊会も運脚夫救済の機能を担っていた可能性があろう。このような事実からすれば、運脚夫をも含む貧窮者の救済は、八世紀後半から九世紀前半の官大寺僧によって社会的問題と認識され、それゆえに在地社会の仏教施設を拠点として、福田思想をも含む大乗仏教に基づく社会的活動が官大寺僧によって主体的に実践されていたのである。八世紀後半から九世紀前半の様々な仏教施設が、運脚夫の交通を支えた史的背景として、官大寺僧の宗教的実践活動の側面は極めて重要であったといえよう。

おわりに

八世紀後半から九世紀前半に存在した様々な仏教施設が、天平宝字年間以降、平城京では王権によって、在地では官大寺僧や在地有力者層によって福田思想の実践の場と位置づけられ、仏教施設周辺の象徴として存在した樹木や植樹された果樹・林には福田思想としての意味付けがなされ、貢調運脚夫の交通を救療的側面から支える機能を有していたことを指摘した。また在地の仏教施設の法会では、道中で亡くなった運脚夫の霊魂を救済・鎮魂する平等の諷誦を行う法会がなされており、彼らの交通を精神的側面から支える機能をも有していた。そこでは文殊会同様に貧窮者への供養が行われた可能性も高く、総じて古代日本の仏教施設は貢調運脚夫などの人々の交通を物質・精神の両側面から支える機能を有していたといえよう。

参考文献

市　大樹、二〇一一　『すべての道は平城京へ　古代国家の〈支配の道〉』（吉川弘文館）
井上　薫、一九五五　「行基の布施屋と貢調運脚夫」（『日本歴史』八二）
今津勝紀、二〇一六　「税の貢進―貢調脚夫の往還と古代社会―」（舘野和己・出田和久編『日本古代の交通・交流・情報1　制度と実態』吉川弘文館）
岩本健寿、二〇一三　「日本古代の興福寺施薬院と福田思想」（『ヒストリア』二三七）
追塩千尋、一九八七　「平安初期の地方救療施設について」（『国分寺の中世的展開』吉川弘文館、一九九六年に所収）
梶原義実、二〇一〇a　「選地からみた古代寺院の造営事情」（『遠古登攀』刊行会編『遠古登攀―遠山昭登君追悼考古学論集』）
二〇一〇b　「古代寺院と行基集団―和泉地域における奈良時代寺院の動向と「行基四十九院」」（『名古屋大学文学部研究論集　史学』五六）
二〇一一　「古代寺院の選地に関する考察―近江地域を題材として―」（『古代地方寺院の造営と景観』吉川弘文館、二〇一七年に所収）
勝浦令子、二〇〇一　「七・八世紀の仏教社会救済活動―悲田・施薬活動を中心に―」（『史論』五四）
川尻秋生、二〇〇五　「日本古代における在地仏教の特質」（大金宣亮氏追悼論文集刊行会編『古代東国の考古学　大金宣亮氏追悼論文集』慶友社）
北村安裕、二〇一五　「大土地経営を支える論理―「林」の機能―」（『日本古代の大土地経営と社会』同成社）
木村茂光、一九八六　「日本古代の「林」について」（『日本古代・中世畠作史の研究』校倉書房、一九九二年に所収）
金田章裕、一九九八　「古代荘園図の景観表現」（『古代荘園図と景観』東京大学出版会）
黒田日出男、二〇〇一　「古代荘園絵図読解の試み「額田寺伽藍並条理図」」（『国立歴史民俗博物館研究報告』八八）
佐藤　信、一九九八　「古代宮都と寺院」（『出土史料の古代史』東京大学出版会、二〇〇二年に所収）
鈴木景二、一九九四　「都鄙間交通と在地秩序―奈良・平安初期の仏教を素材として―」（『日本史研究』三七九）

薗田香融、一九五七「古代仏教における山林修行とその意義—特に自然智宗をめぐって—」（『平安仏教の研究』法蔵館、一九八一年に所収）
田中史生、一九九九「七世紀の寺と「家」—「家産」管理の側面からの考察—」（『国史学』一六九）
築島　裕、二〇〇一『東大寺諷誦文稿總索引』（汲古書院）
常盤大定、一九四一「仏教の福田思想」（『続支那仏教の研究』春秋社松柏館）
鳥津亮二、二〇〇〇「『日本感霊録』の再検討—古代寺院と霊験—」（『続日本紀研究』三二九）
中村太一、二〇一七「古代の道路と景観」（鈴木靖民・荒木敏夫・川尻秋生編『日本古代の道路と景観—駅家・官衙・寺—』八木書店）
奈良国立文化財研究所、一九七〇『平城宮発掘調査出土木簡概報（七）』
一九七五『平城宮発掘調査報告Ⅵ』
藤本　誠、二〇一五「日本古代の在地社会の法会—『東大寺諷誦文稿』「卑下言」を中心として—」（『仏教史学研究』五八—一）
二〇一六『古代国家仏教と在地社会—日本霊異記と東大寺諷誦文稿の研究—』（吉川弘文館）
間壁葭子、一九七〇「官寺と私寺」（近藤義郎・上田正昭編『古代の日本四　中国・四国』（角川書店）
松原弘宣、二〇〇四「古代の宿泊施設について」（『愛媛大学法文学部論集　人文学科編』一七）
道端良秀、一九七〇「人間平等の実践倫理」（『中国仏教史の研究—仏教と社会倫理—』法蔵館）
三舟隆之、二〇一六「古代の僧侶の交通—『日本霊異記』を中心として—」（加藤謙吉・佐藤信・倉本一宏編『日本古代の地域と交流』臨川書店）
山口英男、一九九六「額田寺伽藍並条里図」（『日本古代の地域社会と行政機構』吉川弘文館、二〇一九年に所収）
吉田靖雄、一九八七「行基の思想」（『行基と律令国家』吉川弘文館）

2　唐代の交通を支えた仏教施設と福田思想

河野保博

はじめに

唐代の交通（ここでは宿泊をともなう人々の移動）を支えた仏教施設とその背景を考えることが本稿の課題である。唐代の交通といえば「駅伝制」がよく取り上げられるが、それは国家支配のための制度であり、王京と地方末端を結び、皇帝の命令をあまねく伝え、各地の情勢を中央に集めるものである。中央からの使者、地方からの報告、そして軍事的な移動が主として想定されており、そのために専用の施設や種々の供給が用意されていた。しかし、これは官人による公用の移動を前提としており、それ以外の公用ではない人々は利用させない建前であった。

唐代は公用の官人以外にも多くの人々が宿泊をともなう移動をしていた。商人はいうに及ばず、僧侶のような宗教者や俗人の巡礼者、または官人になるための試験を受ける者や文人墨客など多種多彩である。彼らは基本的には移動手段や食料、休憩するための場所は自身で用意する必要があった。旅をする上で食事をし、休憩や睡眠を取る施設は極めて重要である。官人であれば身分に応じて、駅館のような施設を利用することができたが、商人や僧侶らは利用することができなかった。そのため、商人などは主要道路沿いの集落に設置された「店」と呼ばれる宿泊施設を利用し、駅驢などの移動手段を得て、移動していた。

しかし、これらは支払を必要とし、また主要な街道沿いにしか設置されず、たとえば、山深い集落へ行商に赴く商人や人家の少ない道を歩く宗教者には「店」だけでは移動に十分ではなかった。そのような彼らを支えた施設が宗教施設である。寺院や道観といった宗教施設が僧侶や巡礼者、さらには商人らにとっても重要な宿泊施設として、交通の拠点として利用された。本稿では、唐代の移動する人々を支えた宗教的な施設について仏教を中心に検討し、その背景についても考察したい。なお、多種多彩な移動する人々のうち、ここでは自由意思で移動する人々を対象とし、税や負担を貢納する人や移送される人、逃亡・流民などは取り扱わなかった。

一　円仁の求法巡礼の旅と唐代の宿泊施設

唐領内における移動は公用・私用を問わず国家の許可が必要であり、「過所」その他の許可証の取得が義務づけられていた（荒川、二〇〇〇）。公用で移動する場合は地位や任務に応じて馬などの移動手段が支給され、駅館などの公的な供給施設を利用して、食事や宿泊することができた。しかし、公用ではない移動では原則として駅馬や駅館など公的な移動手段や供給施設を利用することはできなかった。天聖雑令復原唐46条に次のようにある。

諸そ私行人、職事五品以上・散官二品以上・爵国公以上、駅に投じて止宿せんと欲せば、これを聴せ。若し辺縁および村店の処無くんば、九品以上・勲官五品以上および爵、偶たま駅に屯して止宿すること、亦た聴せ。並びに輒く供給を受くるを得ざれ。

官人の場合は公用でない場合でも、地位に応じて駅館などを利用することができたが、その場合でも移動手段や食糧の供給などは一律には受けられなかった。そして、官人以外にはこのような特権はなく、基本的には自身で用意しなければならなかった。

そのため、わたくしに移動する人々は民間の宿泊施設である「店」（宿屋）や寺院・道観といった宗教施設を休憩・宿泊施設として利用し、その移動を可能にしていた（道端、一九三八。那波、一九五〇。相田、二〇〇一。河野、二〇一〇）。その具体的な様相を唐代の旅の様子を細かく記した平安時代の入唐僧円仁（七九四～八六四）の『入唐求法巡礼行記』（以下、『巡礼行記』と略記）からみてみたい。『巡礼行記』は円仁が入唐した承和五年（八三八）から承和十四年（八四七）にかけての求法・巡礼生活を記録したものであり、さまざまな宿泊施設が登場している。円仁は当初、遣唐使の一員であり官客として取り扱われていたが、遣唐使と別れて独自の求法・巡礼の旅に出ると私人の旅行者となった。遣唐使と別れて滞在した山東半島東端の赤山法華院から五臺山を経て、長安に至るまでの行程をみてみると、その八六日間に泊まった宿泊地は大きく分けると次の四つに分類できる。

①知人宅や州県の役人宅
②集落の民家
③店
④寺院・村堂・普通院

まず、①の知人宅や役人宅における宿泊について触れたい。円仁は道中に知りあった人物の紹介を得て、知人宅や役人宅に宿泊している。『巡礼行記』開成五年（八四〇）二月十九日条には、

十九日。斎の後、赤山新羅院を出でて県に入る。院主の僧法清相送りて勾当新羅使の張押衙の宅に到る。（中

略）夜に入りて、押衙の宅に宿す。

とあり、赤山法華院を出発した円仁は院主の法清に送られて勾当新羅使の押衙宅に赴き、押衙の張詠を紹介され、その晩は彼の宅に宿泊している。知人宅、または知人の紹介による宿泊というものは双方にとって安心できる方式であっただろう。また、円仁は各地の官人に喜捨を受け、宿泊を提供されている。これは円仁が日本からの高僧であること、また士大夫層の仏教に対する関心、信仰によるものであろう。後年、帰国することになった円仁が、その帰路に各地で手厚い供給を受けて移動することができたのは、仏教に帰依する人々のサポートのおかげであり、また円仁と交友のあった官人の人格的な関係によるものであった（葛、二〇一八）。

つぎに②の集落における宿泊についてみてみよう。円仁は路次の集落において休憩や宿泊を乞い、食事の提供を願っている。円仁一行の食事は基本的に持参した食糧を調理してもらうものであり、時には副菜や調味料などを恵んでもらうこともあった。『巡礼行記』開成五年四月二十二日条に次のようにある。

廿二日（中略）南楼に到りて劉家に断中す。主人従来より発心し、長く斎飯を設け、師僧を供養すること、多少を限らず。

集落によっては道心篤い人がおり、食事の提供などもなされた。これらは旅の僧侶に対する喜捨であり、仏教に帰依した村人による供養と考えられる。また、仏教を信仰していなくても、集落において来訪者を迎え入れることは古くからなされており、これは外部から訪れる客人を歓待することで富や情報を得るという、共同体が持つ異人歓待の系譜を引く慣行といえるだろう。もちろん厚意であるので、時には断られることもあり、泊まるだけで食事の提供がされないこともあった。

③の店とは宿泊業兼飲食業兼倉庫業およびその店舗のことを指し、また、そのような施設が置かれた交通量の多

い地域に形成された集落のことである（日野、一九六八a）。宋代の説話集『太平広記』巻二八六には唐代の宿屋の具体的な姿を示す以下のような説話を収録している。

唐の汴州の西に板橋店あり。店娃の三娘子なる者は、何処より来れるかを知らず。寡居し、年三十余、男女無く、亦た親属無し。舎の数間なるありて、鬻餐を以て業となす。然れども家は甚だ富貴にして、多く驢畜あり。往来の公私の車乗に、逮ばざる者あらば、輒ち其の估を賤くして以て之を済す。人は皆なこれを有道と謂ひ、故に遠近の行旅は多くこれに帰す。

唐代、汴州（開封）の西に板橋店という飲食を提供する宿屋があり、そこでは驢馬が多く飼われており、往来する公私の乗り物に不具合があれば安価で用立ててくれるので、とても繁盛していたとある。この説話にみられるように交通量の多い地域では「店」と呼ばれる宿屋が営業しており、飲食が提供され、さらに移動手段として驢馬が用意されることもあった。このような店は主要な道路沿いにあったとみられ、『通典』巻七には、

東は宋・汴に至り、西は岐州に至るまで、夾路に店肆を列らね、客を待つに酒饌豊溢なり。店ごとに皆な驢賃あり、客の乗ること忽ち数十里、これを駅驢と謂ふ。南は荊・襄に詣で、北は太原・范陽に至り、西は蜀川・涼府に至るまで、皆な店肆あり、以て商旅に供す。

とあり、都長安の四方に伸びる主要な街道沿いに設置されていたことが知られる。なかには「駅驢」と呼ばれる賃貸しの驢馬も置かれていた。このような対価を得て営業する飲食店や宿屋は唐代以前から存在していたが、爆発的に増加したのは唐代からであり、商業の盛況とともに増えていった（相田、二〇〇二）。その様相は『新唐書』巻五一にも、「道路に肆つらなり酒食を具え、以て行人を待つ。店に駅驢あり、行くこと千里にして尺兵を持たず」と記されている。

最後に④の寺院・村堂・普通院について述べたい。まず、寺院であるが『巡礼行記』開成五年三月二十一日条には「青州府龍興寺に到りて宿す」とあり、『巡礼行記』開成五年八月十一日条には「宝鼎県管内秦村に到り、村院に入りて宿す」とあるように、各地の寺院や村院、村堂に投宿している。これは円仁が旅の僧侶であるから寺院に泊まることは当然のことのように思われる。『巡礼行記』開成四年（八三九）九月十二日条には、赤山法華院の院主である新羅僧法清が、かつて各所を巡礼した際に祠部に提出した公験の請求の写しが載せられている。

祠部牒す

上都章敬寺の新羅僧の法清のこと

右、格に准じて在する所の縁によりて頭陀せんことを請ふ。

牒すらく、前件の僧の状を得て称するに、本心から入道し、頭陀を志し楽う。ただこれ名山を帰心礼謁し、林下に径行し、所在に師を尋ね、迦葉の行門を学び、仏理を進修す。（中略）今、諸山に往き、巡礼し、および医を尋ね疾を療せんとを欲す。所在の関・戍、城門・街鋪、村坊の仏堂、山林の蘭若、州県の寺舎など行由を練せざると恐る。公験を給するを請ふ。付庫して検し、報を得たるに勅内と名同じき者ありと。謹んで格を検ずるに僧尼の能く頭陀を行ずるもの、州県の寺舎に到らば、安置するに任す。将理するに所由を得ざれば恐らくは動ずるあらん。僧法清の頭陀を請ふ、同者を検勘し、状に准じ牒す。故に牒す。

元和二年二月　日

円仁は法清に旅の指南を受けたと思われ、道中の宿泊についても教示されたのであろう。公験には立ち寄り先が列記されているが、そのなかには「関・戍」や「城門・街鋪」といった経由する交通検察以外に、「村坊の仏堂、山林の蘭若、州県の寺舎」というものが列挙されている。法清もこのようなところに宿泊していたことが窺われ、円仁に限らず僧侶は村落の仏堂、山林の蘭若、州県の寺院を拠点に移動していたと考えられる。これらについては後述するが、その前に普通院について触れておきたい。

普通院は五臺山巡礼のための宿泊および休憩施設であり、その巡礼路に沿って約二〇里から三〇里程度の間隔（約一〇〜一五km）、つまり半日行程ごとに設置されて、休息や宿泊に便宜をはかった施設である。『巡礼行記』開成五年四月二十三日条に、

廿三日。早朝、粥を喫う。西北に向かひ行くこと廿五里、黄山八会寺に到り断中し、黍飯を喫う。時の人これを称して上房普通院となす。長く飯粥あり、僧俗を論せず、来り集ひすなわち宿す。飯あらば即ち与へ、飯なければ与へず。僧俗の赴きて宿することを妨げず。故に普通院と曰ふ。

とあるように、普通院では僧俗を問わず食事が提供され、宿泊することが可能であったことから、普通院は五臺山巡礼者のために設置された簡易宿泊所とされている（道端、一九三八。那波、一九五〇）。また、髙瀬奈津子によれば中唐期から「会昌の廃仏」までの五臺山信仰を支える重要な施設であり、「朝廷と仏教教団による護国仏教を利用した国家支配という、中唐期の仏教政策を維持する機能」を支える「縁の下の力持ち」的存在であった（髙瀬、二〇一三）。『巡礼行記』開成五年四月二十五日条には、

廿五日（中略）解脱普通院に到る。五臺山を巡礼する送供人・僧尼・女人ら共に一百余人、同じく院にありて宿す。

とあり、普通院には僧尼だけでなく、巡礼する女性や信者からの供養物を運ぶ送供人も宿泊していることが記されている。このように五臺山に赴く僧侶や巡礼者だけでなく、信者からの布施を届ける供養主が頻繁に五臺山に赴くことを可能にしたことも、五臺山信仰の隆盛を支えた理由の一つといえるだろう。

二　仏教施設と交通

(1)　蘭　若

前節に掲げた法清の公験に「村坊の仏堂、山林の蘭若、州県の寺舎」とあるように仏教施設には規模や規格によっていくつか類型があった。藤本誠の整理によれば、唐代の仏教施設は国家の把握によると「寺」と「蘭若」の二類型に分かれ、このうち蘭若は集落内の小規模な仏堂や額を下賜されない（国家的に認定されていない）仏教施設などを広く指しており、「社」と呼ばれる血縁的・地縁的・職能的に結び付いた人々の集団と深く関わり、また特定の家や個人の名を冠することが多いものであった（藤本、二〇一三）。

この蘭若は集落内だけでなく、「山林の蘭若」というように人里離れたところにも置かれ、僧侶だけでなく一般の交通者の移動をも支えた。『巡礼行記』会昌四年（八四四）七月十五日条には、

また勅を下して、天下の山房・蘭若・普通・仏堂・義井・村邑の斉堂など、二百間に満たず、寺額に入らざるものを毀拆せしむ。其れ僧尼らは尽く勒して還俗せしめ、色役に充て入れ、具さに分析して聞奏せしむ。

とあり、皇帝の命令で国中の寺額のない仏教施設が破却され、僧尼が還俗させられたことを記している。『巡礼行記』が記すように会昌年間、武宗による外来宗教弾圧政策が実施され、仏教だけでなくネストリウス派キリスト教やゾロアスター教なども弾圧され、多くの僧が還俗させられた（石見、二〇〇九）。この「会昌の廃仏」により、多くの寺院が破却されたが、前掲した『巡礼行記』の記述によると寺額のない「山房」や「普通（院）」などととも

に「蘭若」も破却の対象となっている。このことは『唐会要』巻四七にも記されており、

会昌五年八月制すらく（中略）其れ天下の拆する所の寺四千六百余所。還俗の僧尼二十六万余人、両税戸に収め充てる。拆する招提蘭若四万余所。腴上の田、数千万頃を収め膏す。奴婢を収して両税戸となすもの十五万人。

と、「会昌の廃仏」で毀折された寺院・蘭若、還俗させた僧侶、解放した奴婢の総数を記しており、会昌五年（八四五）段階で寺院四千六百余に対して、蘭若四万以上を数えている。

武宗が没すると「会昌の廃仏」は終結し、次代の宣帝は仏教の復興を命じ、多くの寺院が再建された。『唐会要』巻四八には大中六年（八五二）に出された勅が記されている。

大中六年十二月。祠部奏すらく（中略）自後、諸州の元勅に准じて寺を置くべきのほか、勝地名山、霊蹤古跡ある如く、実に情を留めるべき。衆の知る所のなすべきは、即ち量事に任せて修建すべし。却って旧名に仍れ。其れ諸県の戸口繁盛にして、商旅輻輳し、願ひて香火に依りて、津梁を済するも以て、亦た量事に任せよ。各おの院一所を置き、州下において、三五人の住持を抽せ。其れ山谷険難にして、道途に危苦あり、羸車の重負することあらば、須らく暫し留めて憩へ。亦た因に任せて旧基に依りて、却って蘭若を置け。並びに須らく是れ力人の自ら発心することありて営造すべし。姦党せしむることを得ざれ。

この勅では各地の名勝・古跡に立てられていた寺を修復せよとある。また、交通の要衝に寺院を置いて商旅の便宜を図るべきことを述べ、さらに傍線部では山谷険難にして道中困難な所には、旅客が休息を取ることができるように、これまで置かれていた蘭若を再建すべきことが述べられている。この勅からは国家側からも蘭若が移動する人々の休息施設として認識されていたことが窺い知られるのである。

また、『唐会要』巻四九には、

（開元）十九年六月二十八日勅すらく（中略）惟ふに彼の釈道、同じく凝寂に帰す。各おの寺観あり。みずから住持すべし。聞ならく遠く山林に就きて、別に蘭若をなす。兼ねて亦た衆を聚め、公然と往来す。或ひは妄りに生縁を説き、輙く俗家に在りて居止す。即ち一切禁断すべし。

とあり、開元十九年（七三一）に出された勅には、山林に置かれた蘭若に「衆を聚め、公然と往来」するとあり、人々が自由に寄り集まることができる場所であると記されている。そのため、前掲の大中六年の勅には「姦党せしむることを得ざれ」とあり、開元十九年の勅には「妄りに生縁を説く」とあるように人々が悪巧みをする場所とも国家側に認識されていた（藤本、二〇一三）。

その一方で、移動する人々の休憩・宿泊の場としても利用されており、国家としてもその必要性は認めていた。宋代の説話集『茅亭客話』巻八には「虎化為僧」と題して北宋開宝年間の説話を載せており、

武都の人、姓は徐、其の名は失す。商賈を以て業となす。開宝の初、巴に往きて興販に逢ふ。其の路危狭にして、猿径鳥道のごとし。人煙杜絶し、猛獣群行す。村氓皆な細路の中に檻穽を設け、以てこれを捕ふること、常となす。

と、獣道を通り人気のない道を進んで行商の旅に出る商人の姿を記述している。これは北宋時代の話であるが、唐代であっても都城や集落の外は安全ではなく、野宿は野生動物に身をさらし、夜盗などに襲われる危険に満ちた行為であった。であるからこそ、人里離れた場所であっても持参した食糧を調理し、安全に夢寐の床に就くことができる場所、すなわち蘭若のような施設が国家からの交通供給を受けない人々の移動の拠点となったのである。

蘭若がそうであるように寺院も僧侶以外の人々の交通の拠点となった。寺院は本来的に開放されるべきものであり、僧侶だけでなく在家の人々にも共有されるべきものであった。そして、それは仏教信者以外にも向けられていた（道端、一九三八。河野、二〇一〇）。『巡礼行記』開成五年三月二日条には、

開元寺。僧房やや多く、尽く官客を安置し、閑房なし。僧人の来るありても安置するところなし。

とあり、登州蓬莱県の開元寺に至った円仁一行は僧房が官客でいっぱいであり、僧侶の休むべき空間がないと記している。これは開元寺という国家的な寺院のことではあるが、官人なども寺院を宿泊施設として利用している。そのほかにも、文人墨客の宿泊の例として、白居易は「山寺に遊ぶごとに多く寄宿し、都城を暫らく出でて即ち旬を経る」（『白香山集』巻五九）と述べている。また、科挙の試験者の宿泊については『唐会要』巻七六に記述があり、

元和三年三月勅制。挙人の試訖りて、納策するに逼夜し、計りて帰らざる者は、並びに光宅寺下において止宿せよ。巡検勾当の官吏、并びに随従人ら、挙人の納策畢るを待つべくは、並びに保寿寺に赴き止宿すべし。仍りて各おの金吾衛に仰せ、使し人を差して監引せしめ、宿所に送り至らしめよ。

元和三年（八〇八）の勅には、科挙の後、帰宅できない者は光宅寺に、随身などは保寿寺に泊めることが記されている。このように寺院では一夜の宿泊だけではなく、ある程度の長期滞在もおこなわれていた。

これらの事例は特別なことではなく、『全唐文』巻四六には、

公私の寺観を借りて居止するを禁断する詔

聞くならく、州県の公私、多く寺観を借りて居止す。茲によりて褻黷せり、切に禁断すべし。

とあり、代宗の宝応元年（七六二）の詔が載せられ、公私の人々が州県の寺院・道観を借りて居止しており、それを禁断するとしている。また、『全唐文』巻五二には、

寺観を修葺すべき詔

釈道二教、群生を福利し、館宇の経行すること、必ず厳潔に資すべし。今より州府の寺観、宿客の居住を得ざれ。屋宇の破壊あるは、各おの事に随い修葺すべし。

として、徳宗の貞元五年（七八九）の詔を載せており、州府の寺院・道観での宿泊を禁止し、屋宇の修繕を命じている。これらの史料から窺われるように寺院や道観は一般の人々も宿泊可能な施設として認識されていた。『仏祖統紀』巻四二には、

宣州刺史裴休言すに、天下の寺観、多く官僚の寄客を争い、蹂践されんと。今後居止あるを得ざれ。違ふは重く罰す。制すべき。

という宣宗の大中三年（八四九）の記事を載せており、唐代を通じて問題となっていた。特に『唐大詔令集』巻一一三に収載されるように、

天下の寺観の客を停するを禁ずる制

聞くならく、天下の寺観、多く軍士および官吏諸客の居止を被り、押してこれを黷す。（後略）

寺院や道観に居止する者には軍士や官吏が多いことが問題となっている。このような軍士や官吏といった権力者と仏教教団との経済的接近は、教団の勢力拡張を目的としており、また権力者側は私寺を建立して家産を施行し、経済的負担を免れることを目的としていたとされる（三島、一九三二）。

筆者は別稿にて仏教施設の宿泊機能について論じたが、円仁が寺院などの仏教施設に投宿する際、宿泊料を支

払っていた記述はみられない（河野、二〇一〇）。これは僧侶や巡礼者の宿泊は寺院として当然の機能であるからである。しかし、前掲の詔勅で問題となっている人々は半ば定住する俗人であり、彼らから寺院は賃料のようなものを得ていたと想定できる。寺院が宿泊を含む交通の拠点として一般の移動する人々にも開かれていたのは「群生を福利」するためであり、つまり仏教の社会事業・慈善事業であった。しかし、それを越えた経済活動として宿泊・居室の提供がおこなわれ、ついには禁断されるまでに至った。この時期の寺院の経済活動としては「碾磑」の経営や「無尽蔵」などの金融事業がおこなわれており（那波、一九四一・四二）。道端、一九八三）、これらと同様に宿泊・貸室を営利事業としておこなっていたことが想定できる。ただし、この禁断も三島が指摘するような軍士や官吏の接近を防ぎ、過度な経済活動を抑えるものであり、交通の拠点としての機能は変わらなかったと考えられる。

三　仏教の福田思想と交通

寺院の交通の拠点としての機能、または経済活動について、その背景となるべき福田思想について考えていきたい。この「福田」とは幸福の田地の意であり、田地に種子を蒔けば、秋には大きな収穫をもたらすように、仏を供養すれば、その功徳によって悟りを得て成仏することができるとする思想である。当初は聖賢に対する供養を指していたが、次第に拡大していき、仏法僧だけでなく、父母師長や貧窮者、畜生までが対象となり、功徳田（敬田）・報恩田（報田）・貧窮田（悲田）と分類され、二福田、三福田と呼ばれるようになった。さらに貧窮のなかに病苦や旅苦も加わり、それを改善する設備自体も福田とされるようになり、七福田、八福田と呼ばれた（常盤、一九四一）。その設備としては、例えば『仏説諸徳福田経』（『大正新修大蔵経』巻一六・経集部三）には以下のようにある。

仏の天帝に告げるに、復た七法あり。広く施すことを名づけて福田と曰ふ。行ふ者は福を得て即ち梵天に生まる。何をか七となす。一には仏図・僧房・堂閣を興立し、二には園果・浴池・樹木にて清涼ならしむ、三には常に医薬を施し衆病を療救し、四には牢堅なる船を作して人民を済度し、五には橋梁を安設して羸弱のものを過度し、六には道に近つきて井を作り渇乏のものをして飲むことを得さしめ、七には圊厠を造作し便利の処を施す。この七事をなすに梵天の福を得るものとすと。

ここで挙げられる福田は七つで、七福田とも呼ばれた。内訳は、①仏塔・僧房・堂閣を建立する。②園果・浴池をつくり、樹木を植えて清涼にする。③医薬を施して療病につとめる。④丈夫な船を造り、人々を渡す。⑤橋を架ける。⑥道の側に井戸を掘る。⑦路傍に公衆便所をつくる。となっている。②の福田は具体的には、果樹園を作り、道行く人々の渇きを癒やす、または木陰を作るために樹木を植えるというもので、④や⑤と同様に交通を支える布施行であった。貧窮の中に旅苦が加えられるように、国家の供給を受けられない移動は辛いものであった。しかし、それでも移動しなければならない人々のために、このような供養が考え出されたのだろう。

以上のような福田思想に基づいて植樹や造橋事業など交通に関わる土木工事が盛んにおこなわれた。具体例として、「大唐泗洲開元臨壇律徳徐泗濠三州僧正明遠大師塔碑銘并序」（『全唐文』巻六八七）には、

開元寺の北地二百歩に、講堂七間・僧院六所を作す。また淮と泗と間の地卑く雨多くして潦となり、歳に水害となる。師、郡守蘇遇らと謀りて沙湖の西の隙地において水を避けて僧坊を創り、門廊・庁堂・廚厩二百間を建つ。松・杉・楠・樫・檜一万本を植え、これにより僧と民、墊溺の患ひなし。

と記されており、元和二年（八〇七）、泗州開元寺の北に講堂などを造る際、明遠法師は郡守と協力して、水害の多い土地を避けて僧坊などを建立し、さらにさまざまな樹木を一万本植えて水害を防いだとある。また、『洛陽伽藍記』巻一には、

景楽寺（中略）北は義井里に連なる。義井里の北門の外に桑樹数株あり、枝条繁茂す。下に甘井一所、石槽・鉄罐あり。行人に飲水・庇蔭を供給す。多くの憩ふ者あり。

とあり、洛陽の景楽寺の北側には井戸と木陰が作られ、行路人の休憩場所となっていたとある。この「義井」の「義」とは「人々と協同してことをおこなう」の意であり（常盤、一九四一）、民間の有志により掘られた井戸であった。これも『福田経』に挙げる②や⑥にあたり、交通を支える福田思想の実践といえるだろう。

植林や井戸と並んで盛んにおこなわれた福田思想に基づく土木事業が架橋であり、仏教徒は熱心に橋を架けた。例えば、東魏の武定七年（五四九）の「武徳于府君等義橋石像之碑」（『金石萃編』巻三二）には、

大魏の武定七季、歳次己巳四月丙戌朔八日癸巳に建つ。楊膺寺・金城寺・雍城寺・恒安寺・荀塚寺・朱営寺・管令寺の諸師ら（中略）住還の巨難を嗟き、揭厲の多辛を愍れみ、咸く材木を施し、橋梁を構造す。楊膺寺を発善の源とするのを以て橋主となす。

と、武徳郡（現在の河南省）に架けられた橋の由来を記している。それによると楊膺寺など七寺の諸師が往還の困難さを嘆き、険しい行程の困苦を哀れみ、材木を喜捨して橋を造立し、楊膺寺が発善の源であるので橋主としたとある。また、隋開皇十一年（五九一）の「洛州南和県澧水石橋碑」（『金石萃編』巻四〇）のなかには、

十善を薫脩し、一乗を廻向し、各おの資産を竭して、兼ねて相ひ勧化し、敬みて石橋を造り、以て行者を済す。

と記されており、石橋を造ることが一乗の化他行とされていた（川勝、一九八九）。

このような架橋事業は仏教徒だけでなく、道教でも盛んにおこなわれた。相田洋によれば、道教では神々が喜ぶおこない（陰徳）を積むことで、不老長寿の道を進むことができると信じられており、神々が喜ぶ徳行が公共事業や慈善事業などにも拡大され、このような陰徳思想に基づいて架橋や道路の修繕などに積極的に取り組んでいた。

また、道教では行為の善悪が点数化され、功過格という基準が形成されていった（相田、二〇〇五）。そのなかの一つ『太微仙君功過格』（『正統道蔵』洞真部戒律類）には、

道途の嶮阻および泥水にて陥没する所を平らかに理めるは、一日一人の功を十功となす。若し船・橋・済・渡を造り、賄賂を求めざらしめるは、費やすところ百銭にして一功となし、一日一人の功を十功となす。

と、行路の険しいところや水没した箇所を修繕した場合、または船や橋などを作り、賄賂を要求しなかった場合はその費用や労働力に準じて、徳行を計数するとある。仏教の福田思想と同様に道教でも陰徳思想に基づく交通関連の整備事業がおこなわれていた。

また、仏教施設の寺院や蘭若が移動する人々の拠点となったように、道教の施設でも移動する人々を支えることがおこなわれた。例えば、『三国志』魏書・巻八の張魯伝には道教教団の一つである五斗米道のこととして、左記のような記述がある。

諸そ祭酒、皆な義舎を作すこと、今の亭伝のごとし。また義米肉を置き、義舎に懸けしめ、行路の者は腹を量り足を取る。若し多くを過ぐるは、鬼道輒ちこれを病む。

五斗米道の祭酒（信者のとりまとめ役）は義舎と呼ばれる駅館のような施設を建て、そこに義肉米と呼ばれる自由に食べられる食料を用意し、移動する人々にふるまった。もしこの食料を余分に取ると道教の神によって病気にさせられると記されている。また、張魯伝に引く『典略』には小過あれば「治道百歩」（一〇〇歩の道路補修）をすることで罪が除かれると記している（一歩は約一・四m）。このように道教でも移動を支えたり、交通基盤を整えたりと公共事業に熱心であった。

このような交通を支える慈善事業は仏教や道教だけでなく、キリスト教でもおこなわれていた。中世ヨーロッパ

では貴族や商人、手工業者は有料の宿屋や教会・修道院に宿泊したが、貧者や巡礼者は教会や修道院が運営する施療院において、無料の宿泊・食事サービスと暖房の提供を受けることができた（関、二〇〇九）。このように洋の東西を問わず、宗教の慈善事業として、宗教者だけでなく巡礼者や貧者の移動を支えることがおこなわれていた。

福田思想にせよ陰徳思想にせよ、移動する人々に食事や宿泊場所を提供するという慈善事業や植樹、架橋などの造成・土木事業をおこなうには財源が必要である。そのため、教団は勢力拡張をはかり、世間に喜捨を求めた。仏教教団では積極的に福田思想を広めて、供養のための布施を求め、それを貧者や病弱者の救済、公衆衛生や交通基盤の整備に充てた。そして、布施を求めるだけでなく教団自らも財源獲得のために碾磑や金融事業といった営利事業を展開していった。そのなかには前述した宿泊・貸室事業も含まれており、積極的に展開するなかで国家の規制を受けることもあった。

仏教教団による交通拠点の整備は宋代以降も続けられていた。宋代に入ると寺院と宿泊所を兼ねた接待・施水庵という施設が登場する。そこでは僧俗を問わず飲料水や宿泊が提供され、場合によっては医療や路銀も提供された。あわせて橋梁の管理や道路の補修なども担っており、福田思想を実践する施設であった。これらは富豪の家からの施入になどにより運営され、特に江南地域という経済発展の地域に集中しており、巡礼・遊行の僧俗だけでなく一般商旅の人々への供給も担っていたとされる（石川、一九九三ａ）。寺院の統制が厳しい宋代に多数の接待・施水庵が存在していたことについて、石川重雄は接待・施水庵といった施設が社会事業を履行し、国家と社会の手の届かぬ部分を柔軟に補完するクッションの役割を果たしたことで、国家と社会に認知されるようになったと述べている（石川、一九九三ｂ）。

唐代の仏教教団も国家のおこない得ない社会事業の遂行を通じて仏教思想を広め、同時に国家側も交通という社会的インフラの整備に仏教教団が参与することを容認した。それは会昌の廃仏以後、時を置かずして寺院・蘭若の再建が命じられていることからもいえるように、商人を筆頭とする私的な交通の供給施設として不可欠であったからである。仏教教団の遂行する社会事業はしばしば禁制の対象となったが、それでも唐朝は私的な交通の円滑な往来を望んでいた。唐代の店について論じた日野開三郎によれば、商人、特に村々をまわり生活必需品を売り歩く行商を支えたのは店とよばれる供給施設であったが、交通量の少ない山谷や僻村では蘭若が供給施設として店に代わる機能を果たしており、村々に商品を運ぶ負販人が経済活動を活発化させ貨幣経済をもたらした。そして、それが更なる商旅の客を呼び、交通量が増大することにより、各地に店が形成されていった（日野、一九六八b）。

日野が述べるように店、もしくは蘭若が唐代の物流を支える施設となっており、それらが機能しなければ私的な交通とはいえ、物流は滞り、社会不安が引き起こされる可能性があった。そのため、唐王朝も国家と世俗社会の手が届かぬ、しかし必要とされる部分を仏教教団（や道教教団）に補完させ、教団側も福田思想の実践を通じて自己の勢力拡大、そして教団の目指すべき社会の救済に向けて積極的に交通基盤の整備や交通拠点の形成に参与していたと考えられる。

おわりに

以上、本稿では僧侶や巡礼者、商人といった国家的な供給を受けない人々の移動についてみてきた。彼らの移動を支えたのは主に店と呼ばれる宿泊施設や寺院や蘭若などの仏教施設であった。宗教者や巡礼者は自身の所属する宗教の施設を頼りに各地をめぐり、求法や布教、巡礼活動を展開した。入唐僧円仁も各地の寺院や蘭若といった仏教施設を中心に各地をめぐり歩いた。このような仏教施設は俗人にも開放され、特に行商を生業とする商人の休憩や宿泊を担った。

唐代、交通量の多い地域では店のような宿屋が増大し、唐代の交通、物流を支える施設となった。しかし、山谷や僻地に至るまで広範に分布し、零細な商人や巡礼者などの移動を支えたのは蘭若のような仏教施設であった。そして、移動する人々を支える施設の維持・運営のため、教団は福田思想を喧伝して喜捨を募り、さらには教団自ら営利事業を展開し、その財源を確保しようとした。仏教教団は福田思想の実践として交通機能に積極的に参与し、国家も交通インフラの整備や私的交通者の保護の観点から、これらを容認し円滑な移動と物流をうながしたといえよう。

本稿では唐代の仏教施設と交通の一側面について福田思想を中心に述べるに留まったが、小文が日本古代の交通、特に人の移動を考える一助となれば幸いである。

参考文献

相田　洋、二〇〇一　「境界としての宿屋―逆旅の怪―」（『橋と異人―境界の中国中世史―』研文出版、二〇〇九年に所収）
二〇〇五　「橋と境界」（『橋と異人―境界の中国中世史―』研文出版、二〇〇九年に所収）
荒川正晴、二〇〇〇　「唐朝の交通システム」（『大阪大学大学院文学研究科紀要』四〇）
石川重雄、一九九三a　「宋元時代における接待・施水庵の展開―僧侶の遊行と民衆教化活動―」（宋代史研究会編『宋代の知識人―思想・制度・地域社会―』汲古書院）
一九九三b　「巡礼者の道と宿―伝統中国の巡礼―」（『しにか』四―九）
石見清裕、二〇〇九　「円仁と会昌の廃仏」（鈴木靖民編『円仁とその時代』高志書院）
葛　継勇、二〇一八　「入唐僧円仁と唐人楊敬之―円仁の求法巡礼を支えた唐人の交流ネットワーク」（新川登亀男編

『日本古代史の方法と意義』勉誠出版）
川勝　守、一九八九「中国の橋の史料―金石文と地方志―」（『横山浩一先生退官記念論文集Ⅰ生産と流通の考古学』横山浩一先生退官記念事業会）
河野保博、二〇一〇「唐代交通の宿泊施設―宗教施設の供給機能を中心として―」（『國學院大學大学院紀要―文学研究科―』四二）
関　哲行、二〇〇九『ヨーロッパの中世 4 旅する人びと』（岩波書店）
髙瀬奈津子、二〇一三「中唐期における五台山普通院の研究―その成立と仏教教団との関係―」（『札幌大学総合論叢』三六）
常盤大定、一九四一「仏教の福田思想」（『続支那仏教の研究』春秋社松柏館）
那波利貞、一九四一・一九四二「中晩唐時代に於ける燉煌地方仏教寺院の碾磑経営に就きて（上）（中）（下）」（『東亜経済論叢』一―三・四、二―一二）
一九五〇「簡易宿泊処としての唐代寺院の対俗開放」（『龍谷史談』三三）
日野開三郎、一九六八ａ「肆舗と邸店」（『日野開三郎東洋史学論集』一七、三一書房、一九九二年に所収）
一九六八ｂ「商品・貨幣経済の僻村浸潤と孤店・寒店・草店」（『日野開三郎東洋史学論集』一八、三一書房、一九九二年に所収）
藤本　誠、二〇一三「唐代の仏教施設名称について―八・九世紀を中心として―」（『水門―言葉と歴史―』二五）
三島　一、一九三三「唐宋時代に於ける貴族対寺院の経済的交渉に関する一考察」（市村博士古稀記念東洋史論叢刊行会編『東洋史論叢』冨山房）
道端良秀、一九三八「宿房としての唐代寺院」（『中国仏教全集』一一、書苑、一九八五年に所収）
一九八三『中国仏教社会経済史の研究』（『中国仏教史全集』四、書苑、一九八五年に所収）

3　国司巡行を支えた施設

森田　喜久男

はじめに

小稿に与えられた課題は、国司の部内巡行という任地における国内の移動に際して、その移動を支援した施設について考察を加えることである。

養老戸令33国守巡行条には、国守が毎年一回、部内を巡行して礼の秩序を百姓に教導し、郡司の政治の実態を検察しなければならないという旨の規定がある。

国府の官人は一年のうち少なくとも半分以上は従者を率いて国内を巡行したという指摘がある（平川、一九九四）。たとえば、天平十年度の周防国正税帳によれば、一年間で一三回もの部内巡行が守と掾によって行われている（鈴木、二〇一六）。

多様な業務を支援していく際には、巡行を行う国司に食料や宿を提供する施設の存在が不可欠となるはずである。

それを支えた施設の解明は、地方支配の実態を考える上でも重要な意味を持つ。

一　国司の部内巡行と郡院

国司が部内を巡行する際には、どのような施設が関わったのか。この点について、吉田晶は、「上野国交替実録帳」の分析により、郡司の館の中にある「宿屋」を想定した（吉田、一九七三）。

山中敏史もこの吉田の見解を基本的に踏襲し、郡衙における館が宿泊施設としての機能を果たし、郡衙の厨家で食膳が用意され、郡庁や館での饗宴などに郡司や郡雑任、駅家らが参列していたことを指摘している（山中、一九九四）。

この点について、改めて文献史料を確認するところから始めたい。

まず、養老戸令34国郡司条には次のようにある。

凡国郡司。須下向二所部一検校上者。不レ得下受二百姓迎送一。妨二廃産業一。及二受供給一。致上レ令二煩擾一。

ここでは、国司や郡司が部内に入って検校する際に、百姓の迎送によって産業を妨廃すること、供給を受けることによって煩擾することがないようにと規定されている。

さて、この条文をめぐって『令集解』に採録されている明法家の議論を整理してみると興味深い事実に気がつく。それは、迎送の場所をめぐる明法家の議論である。以下、整理してみる。

まず、義解の場合は、

国司向二所部一有レ所二検校一、郡司・里長及百姓等、不レ得三輙奔趣迎送。至二於境上一。皆於二当所一祇承而過之。即郡司入部、里長百姓、亦依二此例一也。

とある。次に令釈では、

不レ得レ受二百姓迎送一、謂国司巡二所部一者、郡司候二当郡院一、郡司巡二部内一者、里長候二当里一、不レ得レ向レ境也。

とある。穴記では、

穴太云、文称二百姓一、然則郡司里長向レ境者、不レ在二禁限一。師不レ依二此説一耳。

とある。古記の場合は、

不レ得レ受二百姓迎送一、謂国司巡二部内一、郡司待二当郡院一、郡司巡二部内一、里長待二当里内一、不レ得下率二百姓一向レ境待及送上レ過レ界。但従レ境始須二検校一者、随レ便迎送耳。公使亦同也。

とある。ここで論点となっているのは、国司による部内巡行の際に郡司が祇候すべき場所である。これについて、集解の諸説は、郡司以下は郡境で「迎送」すべきではなく、「郡院」で祇候すべきであるとする。続く酒食の「供給」の場所についての言及はないが、郡司以下が「郡院」において祇候することが求められているのであれば、「供給」の場所として、当然「郡院」が想定できる。

ちなみに、越中守であった大伴家持の場合は、『万葉集』巻一八—四一三八番に添えられた題詞に「縁下検二察墾田地一事上、宿二砺波郡主帳多治比部北里之家一」とあり、墾田地の検察を目的とした巡行において、砺波郡の主帳多治比部北里の居宅に宿泊している。ただし、これについては「于レ時、忽起二風雨一、不レ得二辞去一」という事情があった。

さらに注意すべき点がある。それは、戸令34条の古記が、「但従レ境始須二検校一者、随レ便迎送耳」と指摘したように「境より始めて検校」する場合もあったと述べていることである。

そもそも明法家がこのような議論を展開する前提として、郡境における迎送が実際に行われていた事実を否定することはできないであろう。「迎送」に続く「供給」についても、「郡院」だけではなく郡境で行われていた可能性を否定できない。

　このように考えていけば、国司の部内巡行を支えるために、郡院以外に郡境に何らかの施設を想定する必要が出てくるのである。ここで改めて国司の部内巡行の内容について振り返って見よう。

　天平十年度「周防国正税帳」の場合は、次のとおりである。

①検催産業（二十日間）
②依恩勅賑給穀（十七日間）
③従造神宮駅使（二十五日間）
④春夏二時借貸并出挙雑官稲（四十二日間）
⑤責手実（二十日間）
⑥賑給義倉（六日間）
⑦検田得不（二十七日間）
⑧検牧馬牛（十二日間）
⑨検駅伝馬等（七日間）
⑩斂調庸（十八日間）
⑪推問消息（十五日間）
⑫従巡察駅使（十六日間）
⑬収納官稲（三十二日間）

この十三の項目のうち、国守が担当するのは⑩〜⑬であり、①〜⑨までは掾が担当する。鈴木景二は、⑪の推門消息は戸令国守巡行条に規定する年に一度の「管下巡覧」に該当することを指摘した。鈴木によれば、国司の部内巡行には国守による「視察巡覧」と国司分担による実務検校の二種の業務が含まれているとする（鈴木、二〇一六）。

この鈴木の指摘を踏まえるならば、国司の部内巡行の場において、国守が宿泊滞在した施設がすべて、郡院あるいは郡司の館であったのかどうか、この点について再考の余地がある。

二　国郡の境界領域の施設

では、国守による「視察巡覧」に関わる施設は何か。この点について考えた時に、注目すべきは、石川県河北郡津幡町の加茂遺跡である。(1)

加茂遺跡の所在地は、石川県の旧河北潟の東縁、津幡町加茂・舟橋内である。そこは、律令制下で言えば、越前国加賀郡（弘仁十四年以降は加賀国に所属）深見村に属する。この深見村については、『万葉集』巻一八―四一三二〜四一三三番において、越前掾大伴池主が越中守大伴家持への想いを詠じた和歌の題詞に添えられた文章の中に、

依㆘迎㆓駅使㆒事㆖、今月十五日、到㆓来部下加賀郡境㆒。面蔭見㆓射水之郷㆒、恋緒結㆓深海之村㆒。


とあるように「深海村」とも表記され、越前国加賀郡と越中国との境に位置しており、深見駅も存在した。つまり、加茂遺跡は加賀郡と越中国との境付近に位置しているのである。

また、加茂遺跡出土の六号木簡には

・往還人□丸羽咋郷長官
　路□□不可召遂

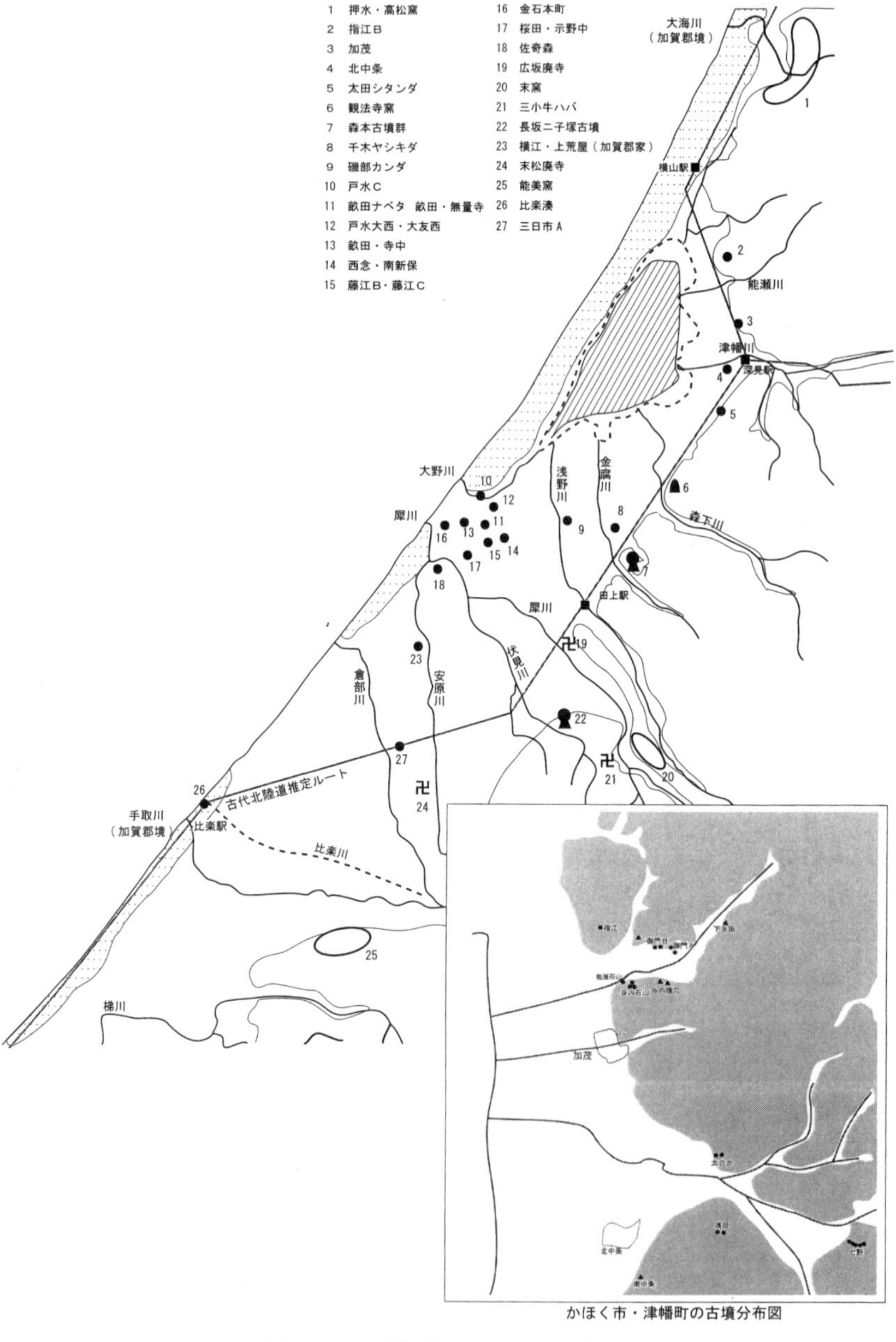

図１　北陸道と加茂遺跡（津幡町教委編、2012）

・道公□□乙兄羽咋□丸　「保長羽咋男□丸」
「二月廿四日」

とある。この木簡の表面には「往還人である羽咋郷長が某丸に率いられ、官路を作る人夫として通行するので拘束しないで欲しい」という旨の内容が記され、裏面には往還人として「道公」や「羽咋□丸」、保長「羽咋男□丸」の名が記されている。

この事実は、加茂遺跡が能登国の国境付近に位置しているため、能登国との往来が活発に行われていたことを意味する。この木簡の出土により、加茂遺跡付近に関が置かれた可能性も指摘されている（平川、二〇〇一）。

以上の点を踏まえると、加茂遺跡は越前国もしくは加賀国の加賀郡に属してはいるものの能登国や越中国との国境付近にあったという事実を確認できる。

北陸道は、遺跡のほぼ中央部を南南東から北北西に向かって走っている。道路の両側には東西二本の側溝があり、八世紀末から九世紀初頭にかけて道路幅が約九mから約六mに縮小した。路面は粗い砂を突き固めて盛り上げ、砂の厚さは約二〇cmであったという。

加茂遺跡には、南北二つの大溝があり、これを中心として遺構が展開する。以下、略述すると[(2)]、まず、七世紀前半に北大溝の掘削がなされ物資集散や大溝の管理を分掌する場が設営される。

次に八世紀前半の段階において、北陸道が開設されると同時に南大溝の西部に曹司と倉庫が設置される。一方、北大溝の南岸には、大溝を管理する主屋・副屋と倉屋の二・三棟からなる建物ユニットが形成される。遺物としては、南大溝から帯金具や和同開珎の銀銭が出土している。

八世紀後半に入ると、南大溝域で小形倉庫が急増する。一方、北大溝では大溝の出口を占める場所に北大溝域の建物群を統括する施設が置かれ、鍛冶・漆工房が営まれた。この時期の地層のうち、南大溝から「英太」「真継」、北大溝から「千」と書かれた墨書土器が出土している。

八世紀末から九世紀半ばの段階で北陸道の路幅が縮小された頃、南大溝域では、長屋プランの主屋と副屋の周囲に二棟の小形倉庫が配置され、北大溝域では礎石建瓦葺きの仏堂が出現する。仏堂の近くからは、瓦塔・鬼瓦・鴟尾・「鴨寺」と書かれた鉄鉢形土器、油煙が付着した墨書土器、灯明土器なども出土している。

さらにその近くからは鉄滓も検出されており小鍛冶が存在した可能性もある。この時期に南大溝は北陸道の西側溝に接続するという。

九世紀後半から十世紀初頭の段階では、北大溝域に大形廂付建物が建てられるが基本的に八世紀末から九世紀前半の段階と比べて大きな変化はない。この時期、北陸道の渡河地点に杭が立てられる。これについては、「舟橋」である可能性が指摘されている。この時期の遺物としては北陸道と南大溝の交差地点から、古代の「お触れ書き」として注目を集め「加賀郡牓示札」と命名された郡符木簡が出土した。また、過所木簡、百姓の消息を問う文書木簡なども出土している。さらに、南大溝から「正月」「茂」、北大溝から「内」などの墨書土器が発見された。

十世紀半ば以降に北陸道側溝が埋没することに伴い建物群も終焉を迎えていく。以上が、加茂遺跡の概要である。

この加茂遺跡から出土した木簡のうち、先に述べた百姓の消息を問う木簡、すなわち加茂遺跡出土一号木簡の記述に注目したい(3)。

この木簡の「□□消息」とは国司部内巡行項目の「問百姓消息」に関わるものである。これについては、「後日、参向して語ります」とある。では、「百姓消息」を聞く存在は、正税帳の記載などを踏まえるならば、加賀国守と考えるのが妥当であろう。

たとえば、天平九年（七三七）度の「但馬国正税帳」には、

為下観二風俗一並問中伯姓消息上巡行官人単壱伯。

とある。これは部内の百姓の状況を視察することを目的とした国司の巡行に伴う正税の支出に関わる記載である。この点を踏まえると、加賀国守は、戸令33条に規定されているような風俗観察や百姓消息を知るために、加賀国の国境付近にまで足を延ばしている可能性がある。

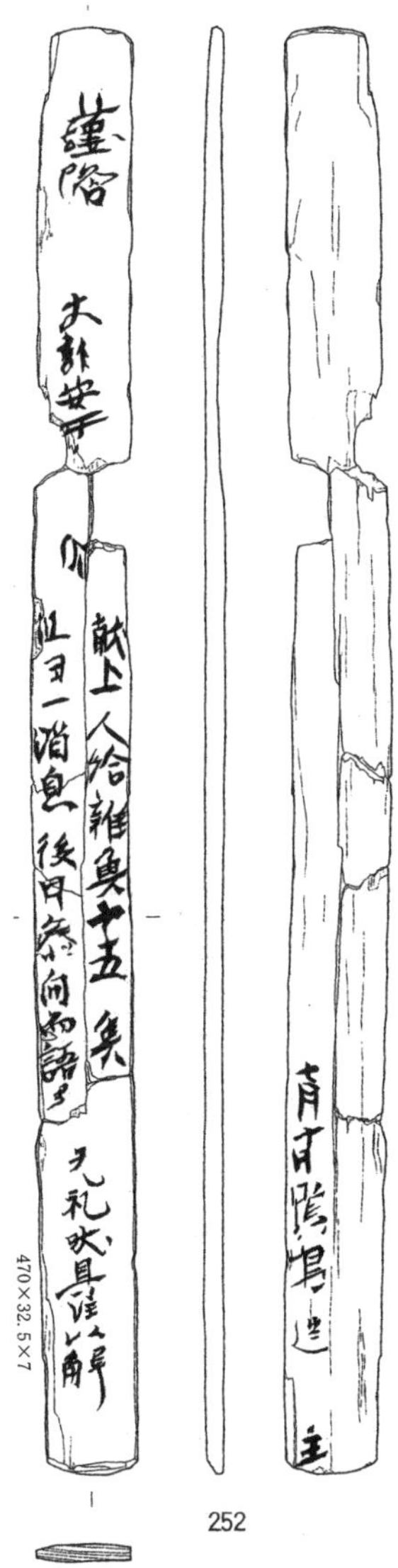

『勘了』

七月十日　潟嶋造□主」

「謹啓　丈部置万呂　□□　献上人給雑魚十五隻

□□《伯姓カ》　消息後日参向而語奉

无礼状具注以解」

図2　加茂遺跡　1号木簡（津幡町教委編、2012）

同様の事例として、筑前国司であった山上憶良も筑前国の国境付近まで巡行している。『万葉集』巻五―八六八～八七〇番の三首の和歌に添えられた山上憶良が吉田宜に贈った啓状によれば、次のとおりである。

憶良、誠惶頓首、謹啓。

憶良聞、方岳諸侯、都督刺史、並依二典法一、巡二行部下一、察二其風俗一。意内多端、口外難レ出。謹以二三首之鄙歌一、写二五蔵之鬱結一。其歌曰、（後略）

ここでは、天平二年（七三〇）の段階で筑前国司である憶良が、部下を巡行し、その風俗を観察している。その際に憶良はまさに任国の筑前国の国境付近にまでおもむき、隣国である肥前国松浦郡に伝わる伝承を聞き、それをもとに和歌を詠んでいるのである。

このような点を踏まえ、次に加茂遺跡出土一号木簡に見える「人給」として献上された「雑魚」について考えてみたい。

まず「人給」については、「供御」の対概念であり、上位者からの給物である事が指摘されている（吉野、二〇〇二）。

たとえば、『延喜式』斎院19禊祭人給料条を参照すると、毎年行われる禊祭や斎王が定められた時に支給されるものとして、「人給料」が規定されている。すなわち、毎年行われる禊祭にあたって、「人給料」として絹、帛、白綾、赤紫絹、緋絹、藍染夾纈絹、白鈔、絲、調綿、細布、紺細布、紺調布、布、庸布、蘇芳、黄蘗、紅花、茜、黄櫨、礬石、麩、小麦、紫草、銭、白米、黒米、油、塩、酢、酒、鰒、堅魚、干鮭、雑魚、海藻、熟食などの品目があげられており、「右所司弁備、祭日供之」とあって、禊祭の当日にこれらの品々が禊祭に関わった者に支給されることになっている。

このように「人給料」は、儀式や祭祀など日常的ではないが、重要な行事が行われる場合、それらに参列した者達に支給されるべきものであった。

加茂遺跡出土木簡に記された「人給雑魚」は、国守巡行の場において人々に支給されるべき「雑魚」だったのであろう。その「雑魚」が「潟島造口主」によって調達され、「丈部置万呂」のもとに送られたのである。

ここで想起すべきは、国司や郡司などの監臨官が部内から強制的に食物を提供させた場合の罰則規定である養老職制律54監臨強取猪鹿条である。

凡監臨之官、強取二猪鹿之類一者、依下強取二監臨財物一法上。（中略）乞取者、坐贓論。（中略）受二供饋一者勿論。

この規定によれば、部内における住民からの自発的な食物提供については、「勿論」。すなわち、罪を問わないことになっている。

この職制律54条は『令集解』戸令34国郡司条にも引用されている。たとえば、義解において、

依レ律、受二供饋一者勿論。今此令、縁レ向二所部一、特立二条禁一。縦不レ至二煩擾一、不レ得三輙受二供給一。

とあり、律の規定では、自発的な食物の提供の罪は問われないが、たとえ煩擾には至らなくても安易に食物の供給を受けてはならないとする。

このような形での職制律54条を引用した明法家の議論は、令釈や跡記、穴記、古記などにも見え、国守の部内巡行における地域社会からの食物の提供が広く一般的に行われていたことが知られる。

その場合、地域社会から提供された食物は、ただ単に巡行している国守のみが食するのではなく、随行している官人や地域社会の人々をも交えた饗宴の場において広く食されたのではないか。巡行した土地の様子を確認し、そ

の土地の食べ物を皆で食す。「人給」として献上された雑魚は、まさにその出来事に関わってくるのではなかろうか。

つまり、加茂遺跡は、加賀国守の部内巡行を支えた施設と言えるのである。(4) 加茂遺跡について、かつて筆者は、

①英太郷の郷家
②加賀郡の郡家の出先機関
③深見駅

の三つの可能性を指摘した（森田、一九九三・一九九七）。一方、松原弘宣や出越茂和は、田領の統治施設であるとする（松原、二〇〇八。出越、二〇一六）。

加茂遺跡については、複合遺跡として理解すべきであろう。北陸道に接し官衙的な性格を持つ反面、その中に「鴨寺」と名付けられた小仏堂があった可能性も指摘されている。

遺跡の性格を一つに限定するべきではなく、国境付近の交通の要衝に位置した点こそが問われなければならない。そのような場所が、風俗観察や百姓消息を問う場所として機能したのである。

次に、加茂遺跡において国守の部内巡行を支えた人物はどのような存在であったのか、この点について考えてみたい。改めて加茂遺跡出土一号木簡の発信者と受信者について確認しておくと、加茂遺跡以外の某地点にいた「潟島造□主」から、加茂遺跡にいた丈部置万呂に向けてこの木簡は送られ、加茂遺跡で廃棄されている。

この二名の人物が国守の部内巡行に関わっている。では、この二名は加賀国守に随行してきた人物か、それとも加茂遺跡及びその付近に在住していた人物か、といった点が問題となる。

ここで想起すべきは、加茂遺跡出土五号木簡、嘉祥二年二月十二日に加賀郡司から深見村の郷長・駅長・諸刀祢

に対して発信された郡符木簡、いわゆる「牓示札」である。この木簡の受信者は、田領である丈部浪麿であった。この点を踏まえるならば、加茂遺跡出土一号木簡に見える丈部置万呂も田領である丈部氏の一族である可能性が高くなる。

つまり、「潟島造□主」と丈部置万呂は、加賀国守の部内巡行に備えて百姓消息を調査し、部内巡行の際の饗宴の場において献上するための「雑魚」を調達していたのである(5)。

ここで改めて、地域社会において田領が果たした役割を再認識する必要がある。加茂遺跡出土五号木簡を見る限り、田領は郡司と郷長や駅長とを結ぶ存在である。

この五号木簡については、短冊形式ではなく縦二三・三cm、横六一・三cm、厚さ一・七cmの頂戴な大きさであるが故に、「牓示札」と称されている。しかし、あくまでもこの木簡は、加賀郡司が百姓ではなく、郷長や駅長に対して発した命令であるという事実が直視されなければならない。

そこには、加賀国司が加賀郡司に対して発した勧農に関わる一〇箇条の禁令である。それを加賀郡司が田領に伝えている。この命令は、戸令33条や正税帳に記された国司の「問百姓消息」を前提としている。

ここで想起すべきは、弘仁十四年（八二三）の加賀立国に際して、越前守紀末成は加賀郡が越前国府から遠く、部内巡行が困難であることを指摘していることである。すなわち、『類聚三代格』巻五・弘仁十四年二月三日太政官奏に引用された紀末成解によれば、

太政官謹奏

割㆓越前国江沼加賀二郡㆒為㆓加賀国㆒事 准㆓中国㆒

（中略）

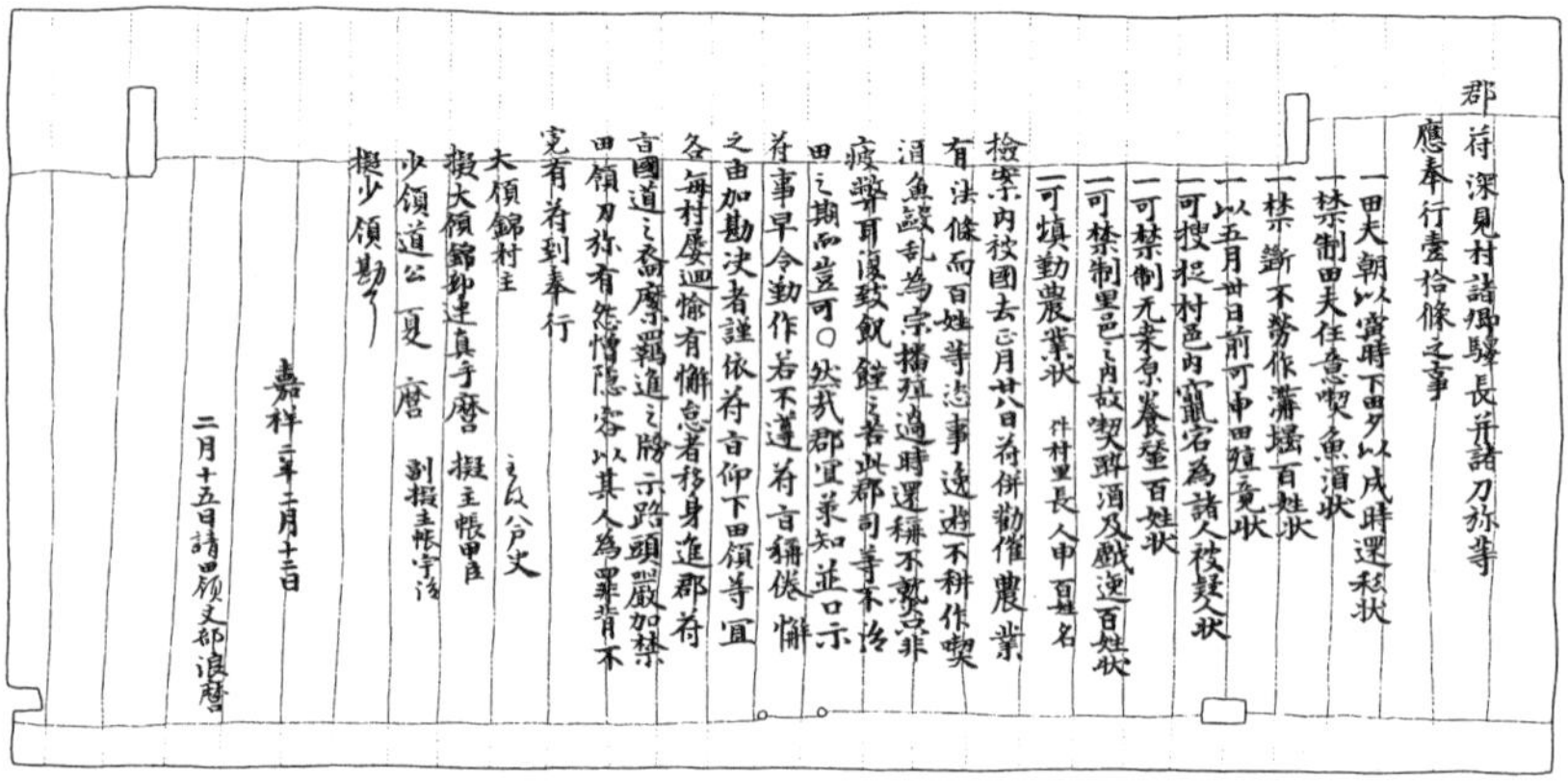

郡符深見村諸郷驛長并諸刀彌等
應奉行壹拾條之事
一田夫朝以寅時下田夕以戌時還私状
一禁制田夫任意喫魚酒状
一禁斷不勞作溝堰百姓状
一以五月卅日前可申田殖竟状
一可搜捉村邑内竄宕爲諸人被疑人状
一可禁制无桑原養蠶百姓状
一可禁制里邑之内故喫醉酒及戯逸百姓状
一可填勤農業状　件村里長人申百姓名
檢案内被國去正月廿八日符併勸催農業
有法條而百姓等恣事逸遊不耕作喫
酒魚毆亂爲宗播殖過時還稱不熟只非
疲弊耳復致飢饉之苦此郡司等不治
田之期而豈可○然哉郡宜承知並口示
符事早令勤作若不遵符旨稱倦懈
之由加勘決者謹依符旨仰下田領等宜
各毎村屡廻愉有懈怠者移身進郡符
旨國道之裔糜羈進之牓示路頭嚴加禁
田領刀彌有怨憎隱容以其人爲罪背不
寛有符到奉行
大領錦村主　　主政八戸史
擬大領錦部連眞手麿　擬主帳甲臣
少領道公　夏　麿　副擬主帳宇治
擬少領勘了
嘉祥二年二月十二日
二月十五日請田領丈部浪麿

図3 「加賀郡牓示札」復元案とその釈文（石川県埋文編、2009）

右得㆓彼国守従四位下紀朝臣末成等解㆒偁、加賀郡遠去㆓国府㆒往還不㆑便。雪零風起難苦殊甚。加以途路之中有㆓四大川㆒。毎㆑遇㆓洪水㆒経㆑日難㆑渉、人馬阻絶動致㆓擁滞㆒。又郡司郷長任㆑意侵漁。民懐㆓冤屈㆒路遠無㆑訴、不㆑堪㆓深酷㆒逃散者衆。又部内闊遠多㆑煩㆓巡検㆒。官舎之損農桑之怠莫㆑不㆑由㆑此。

（中略）

弘仁十四年二月三日

とあり、部内が闊遠であるため、巡検に煩わされるという点が問題にされている。加茂遺跡出土木簡は、これが解消されたことを端的に示す出土文字資料として理解すべきものと言えよう。

以上の検討から、国司の部内巡行を支えた施設は郡院だけではないという事実が明らかとなった。部内巡行のうち、国守が行わなくてはならない風俗観察や百姓の消息を問うことは、むしろそれ以外の場所で行われていたのである。

それを前提として、儒教的理念にもとづく民衆の教化が行われた。その場所は郡院ではなく、国境や郡境などの境界領域であり、田領はそこで重要な役割を果たしていたことがわかる。

しかし、ここで一つの大きな疑問が生ずる。それは加茂遺跡が、すでに加賀国だけではなく、能登国や越中国との国境付近に位置しているということである。果たして、そのような場所における風俗観察や百姓消息を問うことを目的とした国守の部内巡行は、田領のみによって対応できたのであろうか。

三　境界領域における風俗歌舞奏上の主体者

ここで改めて想起すべき点がある。それは、律令制下の国司、とりわけ国守が地域社会においてはクニノミコトモチ、天皇の代理人であったという事実である。この点を踏まえて、以下の『続日本紀』養老元年（七一七）九月戊申条に注目したい。

行至二近江国一、観二望淡海一。山陰道伯耆以来、山陽道備後以来、南海道讃岐已来、諸国司等詣二行在所一、奏二土風歌儛一。

元正天皇が近江国に行幸した折に「淡海」（琵琶湖）を観望してから行在所に至り、その地に諸国から国司が参集して「土風歌舞」を奏上している。この行幸における元正天皇による「淡海」の観望とは国見であり、「土風歌舞」の奏上とは風俗歌舞の奏上である。

一方、『続日本紀』養老元年九月甲寅条によると、この後、元正は美濃国へも行幸しているが、ここでは東海道・東山道・北陸道の国司が行在所に参向して、それぞれの国の「風俗之雑伎」を奏している。

このように近江国や美濃国といった東海道・東山道・北陸道の結節点となり得る場所に天皇が行幸し、そこでそれらの道に通ずる諸国の国司が参集して風俗歌舞の奏上がなされていることに注目したい。

では、クニノミコトモチである国守の場合は、誰から風俗歌舞の奏上を受けるのであろうか。この点については、かつて越中守大伴家持の能登巡行の考察を行った際に、『万葉集』巻一六に採録されている「能登国歌三首」の分析から、風俗歌舞の奏上を行った存在として国造の存在を想定したことがある（森田、一九九六・二〇〇二）。

国造が風俗歌舞の奏上を行なっていたことを直接示す史料は存在しないが、『常陸国風土記』新治郡条には、「風俗諺、云二白遠新治之国一」と記され、新治国造のクニの風俗が問題とされている。

また、『播磨国風土記』賀毛郡伎須美野条に、

伎須美野、右号二伎須美野一者、品太天皇之世大伴連等請二此処一之時、喚二国造黒田別一、而問二地状一。爾時、対曰、

縫衣如レ蔵二櫃底一。故曰二伎須美野一。

とあるように、国造を召して、「地状」についてたずねている事例がある。この「地状」とは国造の支配するクニの国形と考えてよい。

　このように、国造が自ら支配領域の国形を奏上しているという点を踏まえると、土地の形状と地域社会の習俗とは次元を異にするとは言え、風俗歌舞の奏上についても国造によってなされた可能性を否定できないと思われる。国司巡行において、国守は風俗と百姓消息の観察を行い、その土地の古来のありかたを知った。その際に国造が重要な役割を果たした可能性がある。それを前提として、律令国家の公民としての規範を示し、百姓の教化を行った。国境や郡境の施設は、そのために用いられたのである。

　以上の考察を踏まえ、再度、加茂遺跡における国守の部内巡行について検討しよう。これまでの考察を踏まえるならば、田領の背後に国造的存在を想定せざるを得ない。

　その国造的存在については、加茂遺跡が律令制下の加賀・能登・越中の三ヵ国に近い場所に位置することを踏まえるならば、「国造本紀」に記されている「加我国造」や「加宜国造」のような狭い範囲の国造では完結し得ないことを指摘できる。

　とすれば、『日本書紀』孝元七年二月丁卯条に記され、六世紀後半にコシが一つの国としてまとめられた時に存在していた可能性のある「越国造」の系譜を引く道君の存在を想定せざるを得ない（森田、二〇一七a）。

おわりに

　小稿では、国司による巡行のうちで、国守が担当する風俗観察や百姓の消息を問うといった業務を行う際に、部内においてどのような施設が利用されるのか、このような観点から検討を加えてきた。

その結果、明法家が議論の対象として取り上げているような郡院や郡司の館だけではなく、国や郡の境界付近に位置する複合的施設が国守による巡行においては重要な役割を果たしていたことが明らかとなった。

風俗観察や百姓の消息を問うという業務は、地域社会の住民に対する教化につながるが、教化の前提として、律令制施行以前から地域社会に根づいているさまざまな風俗を把握することが必要とされる。そこには律令制だけでは貫徹し得ない世界が広がっている。

国境や郡境に位置する施設は、律令制以前の風俗を維持しつつも律令制を浸透させる場所として重要な役割を果たしたのである。

註

(1) 加茂遺跡の事実関係については、石川県埋蔵文化財保存協会編（一九九三）、石川県埋蔵文化財センター編（二〇〇九）、津幡町教育委員会編（二〇〇七・二〇〇九・二〇一二）。

(2) 以上の加茂遺跡の概要については、森田（二〇一七b）による。

(3) この一号木簡については、かつて筆者も釈読を試みたが（森田、一九九七）、ここでは平川南監修・石川県埋蔵文化財センター編（二〇〇一）に従っておく。

(4) 筆者は、森田（一九九七）において、この加茂遺跡出土一号木簡の分析から、加茂遺跡の周辺で国司の部内巡行に関わる行事が行われていた可能性及び加賀国に隣接する任国に国司が赴任する際に国境で行われた饗宴・風俗観察などの一連の行事の中で用いられた可能性を指摘した。その後、平川（二〇〇六）においても、この木簡の分析を通して、加茂遺跡が「国司に『佰姓消息』を報告する施設」であったことを指摘している。

(5) 拙稿、森田（一九九七）においては、木簡に見える二名の人物について「加茂遺跡周辺を移動した国司に随行する下級官人」としたが、「加賀郡牓示札」の出土により、私見を小稿のように訂正する。

参考文献

石川県埋蔵文化財センター編、二〇〇九『一般国道8号改築（津幡北バイパス）に係る埋蔵文化財発掘調査報告書　津幡町　加茂遺跡Ⅰ』（石川県教育委員会）
石川県埋蔵文化財保存協会編、一九九三『加茂遺跡―第一次・第二次調査の概要―』
鈴木景二、二〇一六「国府・郡家をめぐる交通」（舘野和己・出田和久編『日本古代の交通・交流・情報1　制度と実態』吉川弘文館）
津幡町教育委員会編、二〇〇七『加茂・加茂廃寺遺跡―第一～一二調査区の詳細分布調査概要』
二〇〇九『加茂・加茂廃寺遺跡―詳細分布調査（第一～一四調査区）発掘調査報告書』
二〇一二『加茂遺跡―詳細分布調査（第一～一二調査区）発掘調査報告書』
出越茂和、二〇一六「北陸道―加茂遺跡―」（舘野和己・出田和久編『日本古代の交通・交流・情報3　遺跡と技術』吉川弘文館）
平川　南、一九九四「村の暮らし」（『体系日本史叢書15　生活史Ⅰ』山川出版社）
二〇〇一「加茂遺跡六号木簡」（『古代地方木簡の研究』吉川弘文館、二〇〇三年に所収）
二〇〇六「古代港湾都市論―犀川河口と河北潟岸遺跡群出土文字資料から―」（『律令国郡里制の実像』下、吉川弘文館、二〇一四年に所収）
平川南監修・石川県埋蔵文化財センター編、二〇〇一『発見！古代のお触れ書き―石川県加茂遺跡出土加賀郡牓示札―』（大修館書店）
松原弘宣、二〇〇八「関の情報管理機能と過所」（『日本古代の交通と情報伝達』汲古書院、二〇〇九年に所収）
森田喜久男、一九九三「北加賀の古代と加茂遺跡」（石川県埋蔵文化財保存協会編『加茂遺跡―第一次・第二次調査の概要―』）

一九九六「律令制下の国司巡行と風俗―越中守大伴家持と能登熊来―」（林陸朗・鈴木靖民編『日本古代の国家と祭儀』雄山閣出版）
一九九七「出土文字資料から見た北加賀の古代―加茂遺跡出土の木簡を中心として―」（『市史かなざわ』三）
二〇〇二「『万葉集』から見た国司巡行の実態―越中守大伴家持の作品を素材として―」（『古代交通研究』一一）
二〇一七a「ヤマト王権とコシ」（東四柳史明編『地域社会の文化と史料』同成社）
二〇一七b「石川県加茂遺跡と北陸道」（鈴木靖民・荒木敏夫・川尻秋生編『日本古代の道路と景観―駅家・官衙・寺―』八木書店）
山中敏史、一九九四「館・厨家の構造と機能」（『古代地方官衙遺跡の研究』塙書房）
吉田　晶、一九七三「評制の成立過程」（『日本古代国家成立史論―国造制を中心として―』東京大学出版会）
吉野秋二、二〇〇二「「人給所」木簡・墨書土器考―律令制下の食料支給システム―」（『日本古代社会編成の研究』塙書房、二〇一〇年に所収）

4　渤海日本道と加賀・能登

小嶋芳孝

はじめに

日本海に約一〇〇㎞突き出している能登半島は、古代から海との関わりが深い世界だった。『続日本紀』などの史書は、能登半島の付け根にある加賀を大陸の渤海から渡来した使節が滞在し、また、能登を風待ちをして帰国するための土地として記している。渤海では、王都と日本を結ぶ交通路を「日本道」と名づけていた。日本では、外国名を付した道路は記録されていないが、渤海人が多く渡来した加賀と都を結ぶ北陸道は「渤海道」でもあった。本稿では、渤海と日本を結ぶ交通路を考える上で重要な位置を占める加賀と能登について、文献史料と考古学調査の成果を交えて検討したい。

一　渤海の日本道

（1）渤海建国と日本道

渤海は、中国大陸北部に割拠した靺鞨人と六六八年に滅亡した高句麗の遺民により六九八年に樹立され、その領域は現在の中国吉林省南部と黒竜江省南東部、ロシア沿海地方南部、北朝鮮の東北部にまたがり、唐から「海東の盛国」と呼ばれている。『新唐書』などの史料によると、渤海の初代王・大祚栄と第二代王・大武芸の頃までの拠点を「旧国」と呼んでいる。大武芸は七三七年に没し、大欽茂が三代渤海王に即位している。『新唐書』巻四十三下・地理志七は、天宝年間（七四二〜五六）に顕州（吉林省和竜市周辺と推定）へ王が都を置いたと記しており、七四〇年代に大欽茂が王都を旧国から顕州に遷していたことがわかる。天宝の末（七五五年頃）に、大欽茂は王都を顕州から上京（黒龍江省牡丹江市の東京城に比定）へ遷し、貞元年間（七八五〜八〇五）年に上京から東京（吉林省琿春市の八連城に比定）へ再度遷都し、貞元九年（七九三）に没している。王位を継承した第四代王の大元義は「猜虐」なため即位後間もなく殺され、第五代王に即位した大華璵が七九四年に王都を東京から上京へ再び遷している。その後、九二六年に契丹の攻撃を受けて渤海が二二九年の歴史を閉じるまで、上京は渤海の王都となっていた。

『新唐書』巻四十三下・地理志七には、賈耽（七三〇〜八〇五）の『道里記』を引用して八世紀末に「渤海王城」へ至る経路が二つあったことが記されている。一つは「安東道」で、営州から安東都護府を経て渤海の長嶺府に入り「渤海王城」に至る経路である。もう一つは「高麗渤海道」で、山東半島にある登州から遼東半島に渡り鴨緑江を経て「渤海王城」に入る経路である。また、『新唐書』巻二百十九・列伝・北狄には、渤海王が古今諸制度を学び渤海を海東盛国と為したこと、境内には五京、十五府、六十二州が整備されたことが記され、続いて五京（上京、中京、東京、南京、西京）の来歴と管轄する府を述べ、各府が交通路と関わっていることを記している。

龍原東南瀕海、日本道也。南海、新羅道也。鴨淥、朝貢道也。長嶺、営州道也。扶余、契丹道也。

日本道は東京管下の竜原府が管轄し、その東南は海に接している。南京管下の南海府は新羅道、西京管下の鴨緑府は朝貢道、長嶺府は営州道、扶余府は契丹道をそれぞれ管轄している。

（2）日本道の考古学的な検討

『新唐書』には九世紀の道路の様相を記しており、その起点は上京である。以下に検討する日本道関係の遺跡も、上京を起点として検討する。

上京からクラスキノ城跡に至る「日本道」は、鏡泊湖を南下して鏡泊鎮から東に折れて五鳳楼を過ぎ、峠を越えて嗄呀川の支流が形成した谷間に下り、川筋に沿って南下して幸福遺跡、新田遺跡を経て北大古城に至り、次いで図們江に沿って下り東京（八連城）を経てクラスキノ城跡に至る経路が想定されている。この経路上には、五鳳楼遺跡、紅雲寺址、駱駝山遺跡、中大川古城、高城古城、石頭河子古城など多数の建築遺構や平地城が造営されている。王俠氏や李強氏が指摘しているように、これらの遺跡が「日本道」の駅館として使われていた可能性を推定できる（王、一九八二。李、一九九四）。また、渤海の領域では約八百ヵ所の遺跡が確認されているが、緑釉瓦や施釉建築装飾が出土したと報告されているのは、上京の他に東京に比定されている八連城（吉林省琿春市）と顕州王都や中京に比定されている西古城（吉林省和竜市）が代表的な遺跡である。この三遺跡は、いずれも王都に関係する遺跡である。これらの遺跡以外で、緑釉瓦や施釉建築装飾を出土した遺跡は、幸福遺跡、新田遺跡、北大古城、東六洞遺跡の四遺跡だけである。この四遺跡が、「日本道」の想定経路に沿って配されていることに注目したい。「日本道」を往来する外国使節のために緑釉瓦を葺いた施設を造営し、使節の宿舎として利用していた可能性がある。

上京から日本海に向かう「日本道」は、王都を出て約二五〇㎞の図們江流域で「天宝年間に王が都した」顕州につながる道路と分岐していたと思われる。ちなみに、延吉市の北大古城はこの分岐点付近に立地しているのではないかと推測している。分岐点から東方向に左折して図們江に沿って下ると、約一〇〇㎞で東京に比定されている八連城がある。八連城から現在は中国とロシアの国境となっている長嶺子丘陵を越えて、東南約五〇㎞でクラスキノ城跡に至る。上京からクラスキノ城跡までの距離は約四〇〇㎞である（小嶋、二〇一一）。

クラスキノ城はロシア連邦沿海地方ハサン区クラスキノ村にあり、現状で海岸から約五〇〇ｍのデルタに立地している。周囲約一三〇〇ｍの石組城壁で囲まれた平地城で、城内北部に九世紀代の仏殿や多数の建物群があり、また城壁に沿って瓦窯や鍛冶炉、井戸などが検出されている（田村、二〇一二）。石組城壁の構築も、九世紀代と推定している。クラスキノ城跡は竜原府管下の塩州城に比定でき、日本道が「海に瀕する」（『新唐書』巻二百十九・列伝・北狄）場所である。クラスキノ城跡に面するポシエト湾から日本道は海路となり、船で日本海を横断して日本の出羽や北陸、山陰に着岸し、北陸道などの陸路を経て平城京・平安京に至る経路をたどっていた。

二　史料に見る渤海使来着地の様相

（1）渤海使船来着地の変遷

最初の渤海使節は神亀四年（七二七）に「蝦夷境」に来着した（『続日本紀』同年十二月丙申〈二十九日〉条）。渤海使節の渡来は九二六年の滅亡まで三十四回を数え、各地域における来着数は東北五回・北陸十二回・山陰十回、対馬一回で、北陸への来着数が最も多い。北陸では、加賀が五回（八世紀の越前国加賀郡に二回、弘仁十四年〈八二三〉の加賀立国以後に三回）と最も多く、能登が三回、越前が二回、若狭が一回となっている。

渤海からの使節は八世紀に十三回来着しており、その中で渤海船が単独で渡来した事例は八回（北海道二回・出羽三回の他に佐渡・能登・越前国加賀郡が各一回）である。他の五回は、日本の遣渤海使が帰国する際に渤海使節が便乗して渡来したケースである。その来着地は、越前国・越前国加賀郡・越前国三国湊・隠岐国智夫郡・対馬で、北日本に来着した渤海船単独航海の事例とは異なっている。八世紀代に見られた渤海使船と遣渤海使船の来着地の相違は、渤海人が自力航海で目指した場所が北海道や出羽など北日本で、日本の遣渤海使船は当初から越前国加賀郡や隠岐などに帰還地を定めていたことを示唆している。八世紀代の渤海使船が北日本に来着した理由として渤海人の航海術が未熟だったと指摘する説もあるが、私は七世紀代に大陸沿海地方から北日本に渡来していた靺鞨人の伝統航法で渤海人が船を操っていたことが背景にあったと推測している。

九世紀に入ると日本の朝廷は遣渤海使の派遣を停止し、日渤間の往来は渤海使船の単独運航になり、来着地が北日本から加賀国や出雲国・隠岐国に変化している。九世紀に入って渤海使船が加賀から出雲にかけて来着すること

が多くなった背景には、この頃から西日本に渡来することが多くなった新羅商人や唐商人のもたらした越州窯青磁

など中国江南の物資の入手が渤海側の目的に加わったことが背景にあったと考えている。

(2) 加賀の様相

渤海使船や遣渤海使船が最も多く着岸したのが、加賀である。以下では、加賀に来着した渤海使節の足取りを文献史料と発掘調査の成果から追ってみたい。

元慶六年（八八二）十一月二十七日に、加賀国から裴頲ら百五人の渤海使節が来着したと朝廷に報告が入った。報告を受けた朝廷は、十一月二十八日に加賀国に対し渤海使節を「便処」に安置すること、私交易を禁ずることなどを命じている。年が明けて元慶七年、正月一日に大蔵善行と高階茂範を存問使に、伊勢興房を通事に任命（以上『日本三代実録』）。正月十一日には、菅原道真を加賀権守に任命している（『公卿補任』）。道真の加賀権守任命は、渤海使来着地の加賀を所管する国司の肩書きで道真が入京した渤海使の応接に関わることを前提とした措置だった。正月二十六日には、山城・近江・越前・加賀の諸国に対し、官舎・道・橋などを修理し、路傍の死骸を埋葬して渤海使の入京に備えるよう命じ、あわせて渤海使の饗応に用いるため越前・越中・能登に対して酒・宍・魚・鳥・蒜などを加賀国に送るよう命じている。渤海使は四月二十八日に平安京の鴻臚館に入り、加賀権守の菅原道真と道真に漢詩を教えた美濃介の島田忠臣が応接の任に当たっている。ちなみに、島田忠臣は道真の父・菅原是善に仕え、漢詩の才能に秀でていた人物である。元慶七年の渤海使・裴頲らの入京に先立って、臨時に玄蕃頭（外国使節の送迎・接待を司る玄蕃寮の長官）に任じられている。その後、五月二日に裴頲が陽成天皇に渤海王大玄錫の国書と進物を呈し、翌三日に天皇が豊楽殿で饗宴を催すなどの儀式が行われ、五月七日には鴻臚館で渤海使と貴族や官人達の

間で交易が行われている。渤海使は五月十二日に帰国のため、平安京を離れている（以上『日本三代実録』）。

渡来した渤海使に対する律令政府の対応は、天長四年（八二七）十二月に但馬へ来着した渤海使に関わる史料によく残されている。渤海使渡来の報告を受けた朝廷は、天長五年正月二日太政官符（『類聚三代格』巻十八）により但馬国司にあてて以下の命令を発している。

・使節を郡家に安置して食料を供給すること
・使節の船を修理すること
・使節と王臣家や国司、百姓の交易を禁ずること（私交易禁止）
・使節が持参した渤海王の国書を国司が書写して進上すること

天長五年に太政官が但馬国司に命じた内容は、元慶六年に加賀に来着した渤海使に対する措置と共通している。但馬では、来着した渤海使を郡家に安置することが命じられ、おそらく、郡家関連施設に安置されたと思われる。加賀に来着した渤海使が安置された「便処」も、但馬と同様に郡家の関連施設だった可能性が高い。また、但馬に安置された渤海使節と王臣家や国司、百姓が交易することを禁じた措置は、加賀に来着した渤海使節との私交易禁止と共通の命令である。渤海使との私交易禁止令を直ちに発した背景として、但馬国に出された太政官符は法で禁止しているにもかかわらず、王臣家や国司・百姓が「必ず遠物を愛し、争ひて以て貿易」をしていることを述べている。渤海船着岸の知らせが入ると都の貴族や国司などの有力者が先を争って渤海使との私交易に走り、そのために平安京の鴻臚館で行われる公式交易に支障が出ることを朝廷が危惧したことによる措置である。

元慶六年に加賀へ来着した渤海使に関わる史料には残されていないが、但馬に出された太政官符には渤海船の修理が来着国の負担で行われたことが記されている。加賀の海岸は遠浅の砂浜で、着岸時に船が座礁して破損していた可能性が高い。帰還する渤海船の修理は入り江がない加賀では不可能で、後に述べる能登の福良津に曳航して本格的な修理を行い、場合によっては新たに造船して使節の帰国に備えたものと思われる。

また、元慶六年の渤海使来着に伴って出された命令には、渤海使の陸路入京に伴い北陸道諸国が道路施設の点検整備を行うことと、加賀の隣国が渤海使に供する食糧の負担をすることが記されている。加賀に着岸した渤海使が海路ではなく陸路の北陸道を辿って入京し、その間の道路整備や食糧供給を周辺国が負担したことをこの史料から知ることが出来る。

渤海使の入京に伴う道路修理に関係すると思われる興味深い木簡が、加茂遺跡（石川県津幡町）から出土している。加茂遺跡では、幅九mの道路遺構と河北潟から延びると思われる大溝が検出されている。この遺跡は、北陸道の本道が能登へ向かう枝道と分岐する交通の要衝を管理する深見駅家に関わる性格を持ち、八世紀から九世紀代の官衙区域と寺院区域で構成されている。加茂遺跡の大溝から、嘉祥二年（八四九）に記された牓示札が出土し、隣接して過所様木簡が出土している。長一八㎝、幅二・九㎝、厚四㎜で表面に「往還人である□　□丸は、羽咋郷長（の命により）官路を作る（人夫として通過するが）召し逐うべからず（＝拘束しないで欲しい）」、裏面に「道公□　□、□　□乙兄、羽咋□丸」の三人の名前と「保長羽咋男□丸」「二月廿四日」などが記されている。平川南の検討によると、この木簡は羽咋郷から官路修理に派遣された人物が携行した通行証で、業務を完了して加賀から加茂遺跡を通過して能登へ帰る際に関司に返却し二月二十四日の日付を追記した後に廃棄されたと推定されている。養老営繕令12津橋道路条によると道路修理は九月半ばから十月の間に行うよう規定されており、二月の工事は異例である。平川は異例の工事の理由として、嘉祥元年十二月に能登へ渡来した渤海使の入京に伴う道路修理の可能性を指摘している。加茂遺跡では渤海製と思われる銅製帯金具が出土しており、渤海使は入京の際だけでなく後述のように能登から帰国する時も加茂遺跡を通過していたものと思われる（石川県埋文編、二〇〇一。平川、二〇〇〇）。

三　考古学調査から見た渤海使来着地・加賀の様相

古代の加賀は、現在の金沢市域がほぼ該当する。金沢市の海岸部では、犀川と大野川の河口付近に八〜九世紀代の港湾関係遺跡があり、渤海使を安置した「便処」に関係した遺跡も含まれていると推定している。

（1）畝田・寺中遺跡

金沢市西部を流れる犀川の河口付近に立地し、犀川支流だったと思われる幅約一〇mの川跡の両岸から七五棟の建物跡が検出され、八世紀代の加賀郡津に関わる遺跡と推定している。

八世紀前半には、調査区南部で川の東西両岸に建物群が造営されている。西岸には二×五間の建物を含む建物群があり、東岸では二間四面の倉三棟が川に沿って並び、その背後に二×四間の建物を含む建物群が造営されていた。西岸建物群に近い川岸では「語」や「語─語」「語成人」「天平二年」「津司」「馬家」などの墨書土器が出土し、東岸建物群の川岸付近から「語」「天平二年」「平」「人」「大」などの墨書土器が出土している。

天平二年（七三〇）は引田虫麻呂を大使とする第一次遣渤海使が帰国した年だが、『続日本紀』は帰着地を伝えていない。しかし、天平二年度の「越前国正税帳」には遣渤海使の加賀郡滞在に係る食糧五〇斛の支出が記されており、引田虫麻呂達が帰着した場所が越前国加賀郡だったことがわかる。「天平二年」の墨書土器は、第一次遣渤海使の無事帰還を神に感謝した儀礼で記されたのではないだろうか。「津司」の用語は、養老四年（七二〇）正月丙子（二十三日）条に渡嶋津軽津司の従七位上諸君鞍男らを靺鞨国の風俗視察に派遣したという『続日本紀』の記事

図１「天平二年」墨書土器
（石川県埋蔵文化財センター保管）

図２「津司」墨書土器
（石川県埋蔵文化財センター保管）

が唯一の史料である。靺鞨国については、六九八年に建国された渤海説と北海道のオホーツク文化に属する集団説に分かれているが、いずれにしても「津司」が外交官的な意味合いを持っていたことを示している。しかも、鞍男の従七位上という位階は正六位上だった出羽国司の下位にあり、渡嶋津軽津司が国司相当に準ずる職位だったことに注目したい。第一次遣渤海使の帰着を契機に、「渡嶋津軽津司」を前例とする「津司」が置かれたのではないだろうか。

また、川跡から郡符木簡や召還木簡を含む六点の木簡と木製祭祀具三点（形代二点、馬形一点）が出土している。郡符木簡には、郡司が大野郷長に誰かの召還を命じた内容が記されていた。ちなみに越前国加賀郡大野郷の範囲は、畝田・寺中遺跡が所在する犀川河口周辺に比定されている。郡符木簡は郡司が発給した命令書で、命令伝達の後に郡家で廃棄されたと考えられており、本遺跡は郡家に関連した性格を持っていた可能性が高い。郡符木簡と「津司」墨書の出土は、畝田・寺中遺跡が加賀郡家の郡津だったことを示唆している。

八世紀後半には、調査区南部の建物群が廃絶し、調査区の北半部で建物群や井戸が検出されている。川跡の西岸にある幅約三ｍ・深さ約八〇㎝の三一号溝から、「津」「宮家」「庄刀女」「男山」などの墨書土器と、天平勝宝四年（七五二）に記された出挙帳簿様木簡が出土している。また、川跡の東岸では数棟の倉群が配置され、その背後に幅約二・四mの道路遺構が南北に設けられている。八世紀末〜九世紀初頭頃には、川跡西岸北部に、柵で南部を区切った三×八間の大型建物が検出され、周囲から「津」「平」「人」「宅」と墨書された土器が出土している。郡津の管理的な機能をもった建物と推定している。

畝田・寺中遺跡は犀川支流を利用した河川港で、海岸付近に来着した外洋船との間を小舟が人や物資の運搬をしていたと思われる。郡符木簡や「津」などの墨書土器から加賀郡の郡津関連の遺跡で、「天平二年」「津司」の墨書土器から渤海使や遣渤海使が滞在した「便処」的な機能も兼ねていたと思われる（石川県埋文編、二〇〇六a）。

九世紀になると、渤海使船の来着は犀川から約四km北にある大野川に移動している。大野川の河口からやや内陸に入ったところには、弘仁十四年（八二三）に越前国から加賀郡と江沼郡を割いて立国された加賀国の国府津と推定している戸水C遺跡があり、その後背地に渤海使が安置された「便処」に比定できる畝田ナベタ遺跡がある（石川県埋文編、二〇〇六b）。

（2）戸水C遺跡

現在の大野川河口から約二km遡った位置にあり、古代には小規模なラグーンに面した自然堤防上に立地していたと思われる。九世紀代には、南北方向に走る溝を挟んで、建物群が大きく東西に二分されている。西側建物群は、二間四面の倉と西側に廂が付く二×五間の建物二棟、二×七間の長大な建物を含んでいる。また内法九〇cmの蒸篭組井戸枠が検出されている。井戸内から斉串十一点と馬の脚骨四本が出土しており、井戸廃棄の時に斉串と犠牲馬による祭祀が行われたようである。東側建物群は長大な建物の主屋と二×三間前後の附属屋で構成され、倉は見られない。

これまでの調査で「津」と墨書された土器が二点、中国製と思われる唐花鏡や越州窯青磁の碗と壺が各一点、多量の京都洛北産・尾張猿投産の緑釉陶器などが出土している。緑釉陶器は碗皿などの食器の他に唾壺や香炉など特殊な器種を含み、周辺にある九世紀代の遺跡とは相当に様相が異なっている。このほか、「流民」と書かれた可能性のある漆紙文書が出土している。漆紙文書に記された「流民」の上にある文字が不明なため、「流民」と記されているのか「漂流民」と記されているのか判断できないが、いずれにしても戸水C遺跡が海岸に漂着した人々と関わりを持っていたことを示唆する重要な史料である。渤海から渡来した使節は来着時に漂着と称することが多く、「流民」が加賀に来着した渤海人を指す可能性が高い（石川県埋文編、二〇〇三）。

（3）畝田ナベタ遺跡

戸水C遺跡から、南西約一七〇〇mに立地している。八世紀末から九世紀代の建物群が検出され、渤海使が安置された加賀郡「便処」に関係する遺跡と推定している。

八世紀末には建物群が散在していたが、九世紀になると五×六間の巨大な床張建物と、その北に二×四間で東に廂が付く建物がある。この建物にも床束と思われる柱穴があり、床張りだった可能性がある。これらの建物に接して、大型の井戸がある。井戸枠の下部を縦板組で構築し、地上から見える上半部は蒸篭組にしている。井戸枠内から人形と陽物、三〇点を超える斎串が出土しており、井戸使用中に祭祀が行われていたことが窺われる。また、井戸の埋土から馬骨と斎串が出土していることから、井戸廃棄の過程でも斎串や馬骨を埋納する儀礼が行われたものと思われる。

建物群の東側に幅六〇cm・深さ二〇cmの溝があり、南北方向に約一七〇m検出されている。この溝に沿って配置された倉庫群から出土した鍍金花文帯金具は、渤海で製作された可能性が高いと考えており、畝田ナベタ遺跡に渤海人が滞在していたことを示す重要な資料である。また、調査区の南東部から出土した「蕃」と読める可能性がある墨書土器も、遺跡の性格を考える上で重要な資料である。『続日本紀』などの史料では、「蕃」は「蕃神」や「蕃客」など外国から渡来した神や人々の呼称に使用される文字で、九世紀代前半の畝田ナベタ遺跡の建物群が外国人と関わっていたことを示唆している。「蕃」墨書と渤海製帯金具の存在は、畝田ナベタ遺跡が渤海使節を安置した「便処」と関わっていた歴史を持つことを強く示唆している（石川県埋文編、二〇〇六b）。

（4）戸水大西遺跡

戸水C遺跡から約一五〇〇m南、畝田ナベタ遺跡の東約四〇〇mにある。八世紀後半は幅一m前後・深さ一〇数cmの溝が東西約七五m・南北約三七mの範囲を方形に区画している。この方形区画の主軸は北からやや西に振っていて、同じ方向の建物は区画内に四棟ある。方形区画から東へ約二〇mに、同じ主軸を持つ建物が建て替えを含め数棟造営されている。この時期の墨書土器に「家人」「大」などがある。

九世紀前半になると、新たに、幅約一〇〇cmの溝が南北七二m×東西五〇数mの範囲を方形に区画している。区画溝の南辺中央は一二mにわたって溝が途切れており、区画の入り口と思われる。方形区画の主軸がほぼ北に向いており、区画内で同じ主軸をもつ建物は改築を含めて約十棟ある。区画内では、南辺の入り口から北に向かう部分に建物は見られず、南北方向の通路が設けられていたものと思われる。建物は通路の西側に整然と配置され、北部には倉庫が置かれている。通路の東側では、身舎が二×三間で南北両側の妻に廂が伴う特殊な構造の建物がある。

この建物を、報告書では周辺から出土した瓦塔を納める仏堂と推定している。方形区画から、「中家」「宿家」などの墨書土器が出土している。方形区画から東へ約七〇m東に、二×五間で東西棟建物を主屋とする建物群がある。東西棟建物の南側に広場があり、その東西に総柱床張りの南北棟建物を置いてコの字形の建物配置を形成している。九世紀後半には、調査区南部に幅四～六m・深さ五〇㎝前後の溝が掘削され、西側調査区の方形区画を突き抜けている。この溝の掘削により方形区画内の建物群は廃絶し、建物群の主体が東側調査区に移動したと思われる。溝から、人形二八点、斎串六四点、馬形二点、舟形三点、刀形一点、鏃形一点など、多量の木製祭祀具が出土している。墨書土器は、「西家」「南」「大市」などが出土している。

この遺跡については、「宿家」や「大市」と記された墨書土器の出土から、宿泊施設や市に関わる性格を持っていたと推定している。加賀国府津に渡来した渤海使節が滞在し、彼らが将来した大陸の物資と交換するための市が開かれていたのではないだろうか。渤海系の遺物は出土していないが、使節を安置する「便処」に使用された可能性を持つ遺跡である（金沢市埋文編、二〇〇〇）。

（5）渤海使が来着した加賀

以上、渤海使が来着した加賀の様相を文献史料と考古学調査の両面から紹介した。加賀には、八世紀・九世紀を通して渤海使が来着していた。八世紀代は犀川支流にある加賀郡津の畝田・寺中遺跡が河川港に渤海使節が上陸して安置されたと推定できる。九世紀代には、弘仁十四年の加賀立国に伴って開港された加賀国国府津に比定される戸水C遺跡が渤海使の上陸港となり、その後背地の畝田ナベタ遺跡や戸水大西遺跡が渤海使を安置した「便処」と推定している。八世紀代には郡津の一角が「便処」に使用されていたが、九世紀には供宴に使用されたと思われる大型の床張り建物を伴う専用施設として畝田ナベタ遺跡が造営された可能性が高い。ちなみに、渤海使の管理や私交易の監視を徹底することも、弘仁十四年に加賀を立国した背景の一因と考えられる（小嶋、二〇〇八）。

四　渤海への渡航地・能登の様相

先に述べたように、加賀に来着した渤海使船は座礁するなどして破損していることが多く、帰国に際して修理もしくは新たに船を建造する必要があった。しかし、海岸砂丘が発達した加賀には船の修理や造船に適した入り江が無く、これらの作業は海岸に入り江がある能登が担ったと思われる。

宝亀三年（七七二）、渤海使を乗せた遣渤海使船が能登沖で遭難し、能登国の福良津に三二五人が安置されて一冬を過ごしている（『続日本紀』同年九月戊戌〈二十日〉条）。また、元慶七年（八八三）には、福良泊で渤海へ還る船を造るため、人々の山木伐採が禁止されている（『日本三代実録』同年十月壬戌〈二十九日〉条）。この二件の史料から、福良には三〇〇人以上の人々を収容する迎賓施設があり、日本海を横断する外洋船が建造されていたと考えられている。また、延暦二十三年（八〇四）には、能登に滞在する渤海人が多いので客院を整備・修築するよう朝廷が能登国に命じており、客院の場所を福良に比定する説が多い。

福良津は、現在の石川県志賀町福浦港に比定され、オオノマとミズノマと呼ばれる二つの入り江を持つ良港である。江戸時代には北前船の寄港地として栄え、近年まで小規模な造船所が操業していた。福浦港は、背後に海岸段丘が迫る険しい地形で、わずかな平地に民家が密集している。このような地形なので、三二五人もの人々が一冬を過ごした施設や客院が置かれていたとすると、いったいどこに造営されたのだろうか。この疑問を解決するため、二〇〇〇年から二〇〇二年の三年間にわたって、富来町教育委員会が福浦港周辺の遺跡分布調査を実施した。筆者も調査に参加し、人家が密集する港町の中で空き地を見つけて試掘調査を繰り返した。その結果、現在の福浦港に面する「浜」は、江戸時代に繰り返し発生した火事の後始末のために客土された山土が厚く堆積しており、人工的に造成された地形であることが判明した。八～九世紀代の福良は、海岸段丘の崖がそのまま海に接していて、海岸にはほとんど平地が無い地形だったと思われる。福浦港背後の段丘は二つの谷で開析されていて、それぞれがオオノマとミズノマの入り江に面している。この狭小な谷間が、福良に存在した僅かな平地である。オオノマの谷口に鎮座する猿田彦神社の境内で試掘した際に、地表から約二m下で奈良時代中期の須恵器坏蓋が出土した。谷間の中程で行った試掘では、九世紀代の須恵器片や製塩土器片が出土しており、オオノマに面する谷間には渤海使が滞在した時期と同時代の遺跡が存在していることが確認できた。また、ミズノマに面して近年まで操業していた造船所跡地で試掘調査を行ったが、古代の遺構や遺物は確認できなかった。これまでの調査の結果、私は古代の造船がオオノマの谷口で行われ、その背後に管理施設や迎賓施設が造営されていたと推定している（富来町教委編、二〇〇三）。

宝亀三年に福良津で一冬を過ごした壱万福を大使とする渤海使は、翌宝亀四年に渤海へ無事帰還している。ところが、その年の六月に帰国が遅れた壱万福の消息を求めて派遣された渤海船が能登に来着している。行き違いになってしまったのだが、この出来事は渤海側が能登を出航地と認識していたことを示唆している。また、天平宝字七年（七六三）に渤海からの帰途、暴風に遭いながら隠岐に無事着岸した遣渤海使船は、「能登」と名づけられていた（『続日本紀』同年八月壬午〈十二日〉条）。これらの史料は、八世紀代に福良が渤海へ渡航する出発港として整備され、造船所も併置されて船の修理や建造が行われていたことを伝えている。

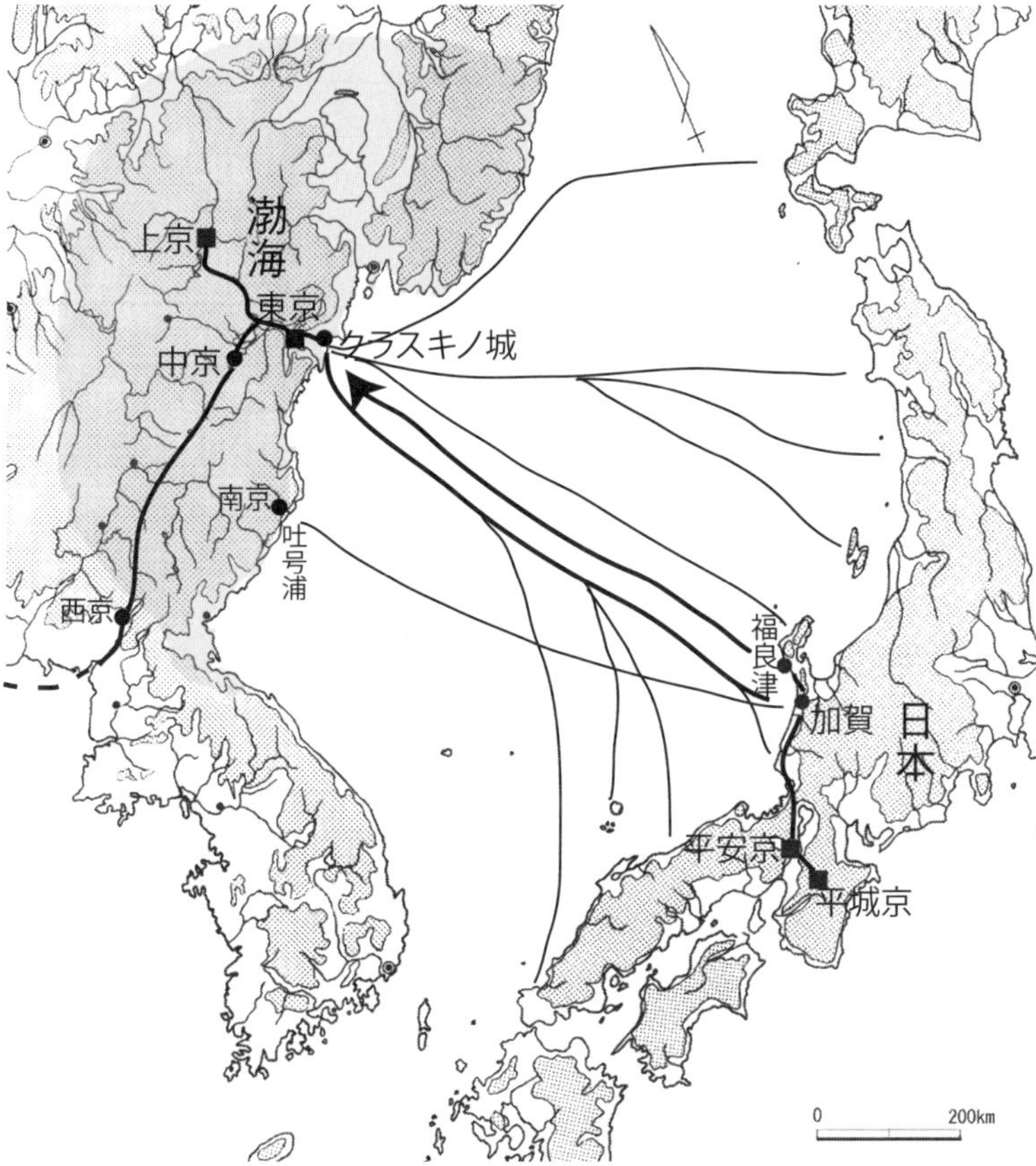

図3　渤海日本道と加賀・能登福良津

図4　ポシエト湾
（渤海側の出港地）

図5　福浦港
（福良津跡・日本側の出港地）

五　渤海日本道と加賀・能登

渤海には王都から周辺国に向かう道路が整備され、日本道はその一つだった。渤海の日本道推定経路に沿って、緑釉の瓦や建築材が出土した遺跡が四ヵ所見つかっている。王都を除いて、緑釉瓦などを出土した遺跡はこの四ヵ所以外では見つかっていない。この事から、渤海王権が、日本道を重視していたことを知ることが出来る。渤海側の出航地はクラスキノ城の前面に広がるポシエト湾、日本側では主要な渤海使船の来航地は加賀で、渤海への出航地は能登だった。天長二年（八二五）に隠岐へ来着した高承祖を大使とする渤海使は、翌天長三年に平安京から加賀にむかって出発している（『類聚国史』巻百九十四・殊俗渤海下）。おそらく、加賀を経て福良泊から帰国したと思われる。渤海使が来着し入京が不許可の場合、着岸国から渤海へ帰国している。入京不許可の場合は、渤海使が着岸国または近隣の国から帰国したことが記録されている事例が多い。しかし、渤海使が入京した場合は、どこから帰国したのか記録はほとんど残っていない。高承祖の事例は、入京を認められた渤海使の帰国経路を記した数少ない史料である。おそらく、加賀を経て能登の福良津（泊）から出航するのが定番のコースだったので敢えて記録を残さなかったものと思われる。

渤海日本道の研究は、中国とロシアの研究が進展したことにより、上京からクラスキノ城までの様相をかなり鮮明に知ることができるようになってきた。日本では、金沢市の海岸部において土地区画整理事業や港湾整備事業により広範囲の発掘調査が一九七〇年代から二〇〇〇年代まで継続したことにより、戸水C遺跡や畝田・寺中遺跡、畝田ナベタ遺跡など、加賀の港湾や渤海使が安置された「便処」に関わる遺跡が発掘されている。また、能登の福浦港では古代の遺跡を探る試掘調査が行われて、奈良時代から平安時代前期の遺跡が確認されている。金沢市の海岸部は、古代港湾関係遺跡の様相が明らかになった全国でも稀な地域である。この地域の調査成果は、他地域で港湾関係遺跡を検討する際の基礎になると確信している。北日本や山陰地方でも、渤海使船の来航と関係する遺跡が見いだされる日が来ることを期待して、本稿を終えたい。

参考文献

石川県埋蔵文化財センター編、二〇〇一『発見！古代のお触れ書き―石川県加茂遺跡出土加賀郡牓示札』（平川南監修、大修館）
二〇〇三『戸水遺跡・戸水C古墳群（第11・12次）』（石川県教育委員会）
二〇〇六a「畝田・寺中遺跡」（『畝田西遺跡群』Ⅴ、石川県教育委員会）
二〇〇六b「畝田ナベタ遺跡」（『金沢市畝田東遺跡群』Ⅳ、石川県教育委員会）
王　俠、一九八二「琿春的渤海遺跡与日本道」（『学習和探索』四、国竜江省社会科学院）
金沢市埋蔵文化財センター編、二〇〇〇『戸水大西遺跡Ⅰ』（金沢市教育委員会）
小嶋芳孝、二〇〇八「加賀（金沢市）における渤海使来着地の考古学的検討」（『石川考古学研究会会誌』五一）
二〇一一「渤海の交通路」（鈴木靖民・荒井秀規編『古代東アジアの道路と交通』勉誠出版）
富来町教育委員会編、二〇〇三『石川県富来町内遺跡詳細分布調査―福良津周辺遺跡詳細分布調査報告書』（富来町教育委員会）
田村晃一、二〇一一『クラスキノ　ロシア・クラスキノ村における一古城跡の発掘調査』（渤海文化研究中心）
平川　南、二〇〇〇『墨書土器の研究』（吉川弘文館）
李　強、一九九四「渤海初期通往日本陸路部分的検討」（『北方文物』四、北方文物雑誌社）

〔コラム〕続命院

六・七世紀における東アジアの激動と、これを誘因とした日本列島における中央集権国家形成のなかで、その歴史的所産として誕生した大宰府は、それ故にさまざまな機能を有していた。激動の主要な舞台である朝鮮半島に近接するがために、防衛をふくめ対外的な威儀を体現する外交的機能、アジア的かつ理念的な華夷秩序創設のために設定された南九州の隼人にかかわる分断支配とその南方諸島への「帝国」拡張（軍事的）機能、そしてこれらを具現する集権的行政機能である。具体的には、西海道諸国で編戸を通して戸籍に編附された公民の調庸物は大宰府に集積され、ここで前二者の機能を遂行するために消費されたのである。ただし、大宰府独自の専決権はなく、「大君の遠の朝廷」として、唯一絶対の王権の意志を具現化させるための分枝にすぎず、その付託による西海道諸国の統括機関であった。

このような多様な機能が、具体的にどのように運用され統合・展開されていたのかは、史料的な制約もあってあまり具体的ではなく、その実像の解明は今後の課題といえよう。しかも、九世紀には、新羅社会の混乱にともなう海上交通の展開と新羅海商の躍動、東シナ海における新たな交易体制の勃興など構造的変質が進展するいっぽう、隼人政策の転換や、富豪・力田の輩の登場による地域社会の変動にともなった各地域の実情を前提にした施策が不可避となり、列島の中央集権的体制も、次第に弛緩せざるをえなくなっていった。本論の対象である続命院の創設や、公営田制など大宰府の諸改革は、こうした時代状況に対応したものといえよう。

続命院や公営田制が立案された弘仁期後半の西海道地域は、未曾有の不作と飢饉・疫病にみまわれていた。すでに弘仁六年（八一五）には不作の故をもって三カ年の田租が免除されていたが、不作はその後、列島各地に波及し、弘仁十一年には五位以上の封禄削減が提案されている。しかも西海道ではその後も不作がつづいて飢饉となり、疫病とあいまって死者も頻発したため、出身・叙位を香餌として富豪らの協力をあおぐ事態となっていた。こうした状況を打開し、「遠の朝廷」再建を託されたのが、嵯峨天皇の近臣の小野岑守である。

当時の大宰帥多治比今麿は遙任であったため、大宰大弐小野岑守が大宰府官長として、積極的に西海道地域社会の復興に尽力した。その施策は、いうまでもなく不作、飢饉、疫病によって荒廃した西海道の農村社会を復興するとともに、西海道諸国とりわけ国司層にたいする大宰府統率力の復権であった。ともすれば、正税（獲稲）による調庸物の買いあげに着目した律令的収取体系の改変や、直営田的耕営の論点から言及されることの多い公営田制も、不作・飢饉さらには疫病によって生じた膨大な死亡人口分田や絶戸田さらには墾田（治田）の耕作放棄地などを、「正長」に組織する富豪・力田の輩等に依存しながら再生させるとともに、調庸物（その主要な生産者は富豪を中心とする階層・集団である）を交易にて確保・運納することによって府財政の再建を期する政策だったのであり、続命院の創設も、耕作放棄された墾田を活用し、物資・人材の大宰府への集中を企図したものであったと考えられる。

続命院は、小野岑守が私的に占有した墾田百十四町を経済的基盤とした檜皮葺屋七宇からなる宿泊施設である。創設の時期は、岑守の在任期（弘仁十三年三月～天長五年〈八二八〉二月）であるが、明確ではない。その目的を岑守は「（大宰府が）管する九国二嶋の民は、或は公、或は私に、往来が相続き、其の求め軽きは暫らく時月をへ、其の事重きは歳を竟えて始めて還る。（その間は）府倉の下に客宿し、閭閻の間に賃寄す。若し疾病を身に纏い、手足の随わざるに至りては、官司の督察も、病を養う処に非ず、主家の争い趍《おもむ》くも、皆、死を忌む人にして、遂に道路に露臥せしめ、風霜に暴死せしむ。縦《たと》え時に痊愈を得ること有るも、また飢寒を以って死する者、十にして七八なり」という状況を救恤し、「以て飢病を救う」（『類聚三代格』巻十二・承和二年〈八三五〉十二月三日官符）としている。

大宰府への公私の往来理由、用務の内容等は具体的ではないが、続命院の創設が、大宰府と諸国郡郷との交通体系を補完するものであったことはまちがいない。このような都鄙間交通の矛盾、とりわけ徭役や調庸物貢納等に動員される公民の移動については、その間の宿泊場所等が再三問題とされているが、続命院の場合は、移動途中ではなく目的地、大宰府での逗留にかかわる問題である。調庸の運脚等については、都城での勘会に際し長期逗留を余儀なくされることもあるので、同様の問題は大宰府でも生じた可能性はあるが、続命院創設の時期は、先述のように農村社会の崩壊をきたしており、また公営田制が実施されていることなどからも、単純に運脚問題への対応とは考えがたいといえよう（この点で拙稿は若干の修正が必要である）。

大宰府での長期逗留に関連して注目されるのは、天長二年八月の「府に直する書生を権に郡司に任ずる」官符（『類聚三代格』巻七）であろう。そこには、従来大宰府では、西海道諸国郡司の選考権（実質的には郡司任命権）に依拠して、郡司層等の有力者を書生などに組織して政務処理をおこなっていたが、弘仁七年、国司による郡司推挙を重視する国定制が全国で実施されたため、大宰府の書生たちも国司の推挙をえるため、本国に帰るという事態が生じ、その結果、大宰府の政務処理が遅滞していることを訴えている。この解状の最終決裁者は岑守であるから、公営田制にともなう、死亡人口分田や耕作放棄された墾田等についての占田・田主権の確定、正長によって確保・運上される調庸物の勘会などの政務処理は、富豪等の有力者にとっても重要な関心事であり、その円滑な処理が公営田制の成否を左右し、ひいては大宰府の統括能力を判断される要因であったともいえよう。その意味で、公営田制─続命院─権郡司制は一連の問題だったのである。

続命院は大宰府「南郭」に所在した（前出『類聚三代格』巻十二所収官符）が、その遺構は未確認であ

図　続命院関連地図

る。上図中の俗明院（福岡県筑紫野市）を比定する説もあるが、「郭」の表記や政庁との隔たり（約四㎞）、地割りの違いなどから考えがたい。北部九州には、ほかに福岡県京都郡みやこ町（旧豊前国）と佐賀県三養基郡みやき町（旧肥前国）にも「続命院」地名があるので、これら三者は、続命院の墾田百十四町にちなむものと考えられよう。ともに、古代においては、条里地割りの縁辺部にあたり、非常時には耕作放棄地となりやすい湿田であったと考えられるが、その一方で、大宰府や肥前・豊前両国府に近在し、三者をむすぶ西海道豊前道や同肥前道から、直線で数㎞しか離れておらず、犀川や筑後川の水運も利用可能な場所である。そのことが、岑守が「公力を藉《か》りず」に占定しえた要因であろう。（西別府元日）

参考文献

倉住靖彦、一九八六「大宰府続命院の建置」（『九州歴史資料館研究論集』一一）
西別府元日、二〇〇〇「続命院の創置とその経済的基盤」（『史学研究』二二七）

〔コラム〕調　邸

文書にみえる相模国調邸

調邸という施設に関して、史料上、実体的に存在が確認できるものとしては、唯一相模国調邸を挙げることができる。そこでこのコラムでは、基本理解を得るために、まず前半で、舘野和己の研究を基づき、相模国調邸に関しての基本的内容を概説していくこととする（舘野、一九八八）。

相模国調邸が記載されている文書は、早稲田大学図書館所蔵の重要文化財東大寺薬師院文書の中の三通で、その後身である東大寺領東市庄の文書一通も関連文書として一巻に貼り継がれている（別の文書一通も含めて五通で一巻）。このコラムでは、字数の関係から本文は掲載せず、それについては舘野の研究を参照していただくこととしたい。

さてこれらの文書によれば、平城京左京八条三坊に所在していた相模国調邸という施設と一町の土地を、造東大寺司が購入して東市庄にしてゆくというのが全体の流れである。左京八条三坊という地には東市が五・六・十一・十二坪に所在しており、相模国調邸はその西辺に所在していると文書に書かれているので、おそらく三坪か四坪に所在していたと推定できる。つまり、東市のすぐ西隣に相模国調邸は所在しており、とても交易上の便が良いところであったことが指摘できる。

この交易の便のためか、造東大寺司が天平二十年（七四八）に相模国司に対して、この地の相博（土地交換）を求めてきた。この件はその後六年ほどはあまり進まなかったようだが、その間に造東大寺司はその地に（土地所有権はないのに）二軒から三軒ほどの倉屋を建て、天平勝宝六年（七五四）正月二十三日に再び相模国に対して、相博か購入を求めた。相模国司はこの要望を受けて、管轄下の全郡の八郡の郡司に意見を聞いたところ、造東大寺司が相博用に示した土地は朝庭（調邸ではない）から遠いので、売却して便地を購入することを希望し、相模国司もその意見により、天平勝宝七歳（七五五）五月七日に調邸の地を売却することを造東大寺司に返答した。

しかし、この時に、造東大寺司が購入した地は、一町全体ではなく、二、三の倉屋周辺のみだったようで、天平勝宝七歳六月十日に造東大寺司は残りの地全体の相博を求めてきた。五月七日の購入から一月余りの六月十日という月日からもわかるように、今回は造東大寺司も対応を急いだようである。相模国司は管轄下の郡司、百姓等に意見を聞いたところ、再び、売却して別の便地を購入することを希望し、相模国司もその意見により、天平勝宝七歳十一月十三日に調邸の地を売却することを造東大寺司に返答した。調邸の地一町の売却価は六十貫文で、天平勝宝八歳二月六日に売買は行われ、売券を後日作成することになった（実際に作成されたかどうかは不明）。

調邸の地一町は、堀川を挟んで東方と西方に分かれていた。堀川は、東市との間の小路から、北面で六丈の地点、南面で七丈の地点、東二坊大路から、北面で三十二丈の地点、南面で三十一丈の地点に、南北に幅二丈をもって流れていた。売却価は、東方が二十貫文、西方が四十貫文であった。東方は東市に面しているためか、西方よりも、単位面積当たりの売却価が高かったことが指摘されている。

以上が概略であり、史料の少ない日本古代にしては、コンパクトに内容がわかる貴重な文書群であり、論点も多岐にわたる。このコラムでは、本書の「輸送と道路」、Ⅲ部の「移動をささえる施設」というテーマと関わらせて、以下、三点について考えてみたい。

調邸の用途

一点目は、調邸とはどのような用途を持った施設なのかという点である。これまでの研究では、次の三つの機能があるという共通認識ができているといわれるが、論者によって微妙に比重が異なっているようにも受け取れる。①国から運ばれてきた調庸物を納入以前に一時収納する施設、②郡司、運脚夫たちの宿泊所、③国から運京されてきた調庸物の代物（軽貨＝布など）を市などで交易し、規定の調庸物を整えるための施設という認識である。相模国調邸が東市の西隣に所在することから、③に比重を置く研究もあるが、実は③のような行為は賦役令3調庸物条で禁止されている。また、『延喜式』弾正台38調宿処条に「諸国調宿処」という記載があり、これが相模国調邸のような施設を差し示す一般的名称なのかどうか確定はできないが、可能性は高いと考える。「調宿処」という名称は①②の機能を示しているように読み取れる。さらに、相模国司が調邸の売却に関して、管轄下の郡司や百姓に意見を聞いていることから、彼らとも関係の深い施設であることが推定できる。そして、彼らが造東大寺司との相博を否定する理由として、相博用の寺地が、東市から遠いことではなく、朝庭を遠く去る地であることを挙げている、つまり調庸物の交易ではなく、納入を基本に考えていることも指摘できる。交易を重視し、調邸購入に積極的な造東大寺司の思惑との違いを、そこに見て取れるのである。以上のことから、相模国調邸は、当初、基本的には①②の用途を持つ施設として設定されたと考える。ただし、東市の西隣という立地から、調邸に出入りする国司や郡司等が交易活動を行っていたことは想定できる。その中で、③のような機能をはたすことも時にはあった可能性を推定しておくこととする。

相模国以外の事例

二点目は、相模国調邸のような施設が、各国ごとに京内に設置されていたのかという点である。近年、平城京左京五条四坊から播磨産の瓦（白瓦）が出土していることから、その地に播磨国調邸が所在していたのではないかという提起がなされている。その可能性はあると考えるし、今後も事例が増えていくかもしれない。調庸物の一時保管所や宿泊所という用途からの必要性、前記の『延喜式』弾正台の「諸国」の「調宿処」という記載から推定すれば、相模国以外の国も同様の施設を設置していたと考えることができそうである。しかし、すべての国が調邸的施設を設置していたかどうかを史料や発掘事例から確認することはできない。それぞれの国と宮都との遠近により、設置・不設置の可能性があり、場所も京内のみではなく、京近郊に設置された可能性もあるかもしれない。それでも、前記の調邸の用途からいって、複数の、おそらく多くの国が何らかの調邸的施設を設置し、自国と京・宮をつなぐ交通路の重要な拠点として機能させていたことを指摘することはできると考える。

利用した人々

三点目は、調邸を利用した人々の問題である。前記のように、相模国調邸を利用した人々は、国司、郡司から、百姓（その多くは運脚などの一般公民であろう）に至るまで、多くの階層にわたる。その中で、このコラムで注目したいのは一般公民である。彼らの多くは通常は在地で農業に携わり、その地域を離れることはほとんどないであろう。しかし、相模国で運脚となった人々は、大変な道のりと労苦をもって、居住地から東海道を通り宮都に向かい、そして短期とはいえ、宮都に滞在し、役所に税を納入している。この経験は彼らのこれまでの生活の中で異質な経験であったのであり、そして、律令国家というものに実際に関わる大きな経験であったと捉えることができる。さらに、彼らは帰国後に、その経験を在地社会の人々に、おそらく語ったことであろう。

このように、道路は、国家が設置する交通施設という側面だけではなく、その道路をさまざまな人々が通ることにより、彼らが国家と関わっていく重要な手段の一つであることも認識しておく必要があると考える。調邸も、その中での重要な拠点なのであり、交通史においても大きな意味を持つ施設であること指摘しておきたい。

（浅野　充）

参考文献

舘野和己、一九八八「相模国調邸と東大寺領東市庄」（『日本古代の交通と社会』塙書房、一九九八年に所収）

Ⅳ部　移動・輸送を支える道路

1　交通路の管理 ―八〜九世紀における道路・橋の修理を中心として―

十川陽一

はじめに

本稿に与えられた課題は、日本古代における道路や橋の管理体制について明らかにすることである。

日本古代における交通路管理についての比較的早い事例として、『日本書紀』白雉四年（六五三）六月条が挙げられる。ここでは、「百済・新羅、遣レ使貢二調献物一。修二治処処大道一」と、百済・新羅の入朝に伴って修理が実施されているが、古代の日本における計画道路形成の一側面として中華を体現する場の形成、という要素の存在が指摘されているように（中村、一九九六）、道路を対外的に見せることが大きな目的の一つであったことが窺える。加えて古代の官道整備には、調庸の運京をスムーズに確保するためという目的が存在したことも指摘されている（舘野、一九八七）。このように古代国家の整備した駅路・伝路などの官道は、極めて政治性の強い交通体系であった。

それゆえ、民衆による継続的利用といった公共性とは乖離しているために、管理や維持の限界があったとみられる。すなわち、伝馬制の廃止や駅路の改変により維持のための措置が取られなくなり、律令制的な税制の弛緩により修復工事が十分に行われなくなると、道路はすぐに荒れてゆくものと理解される（舘野、一九九八）。

そこで、古代における交通施設の管理に関する先行研究に目を向けてみると、駅家や津などに関する研究には分厚い蓄積がある。その一方で、道路・橋といった交通路の管理に関しては、営繕令12津橋道路条や、『延喜式』主税上5出挙本稲条の規定に基づいて、国司が雑徭を徴して修理し、不足時は太政官に申請した上で正税から拠出したこと、国によっては正税出挙の息利を費用としたところもあったこと、などが指摘されている程度に留まる（瀧川、一九三九。山里、一九八八）。このように、交通路の管理体制の具体像について検討する余地は十分に残されている。

また、橋については近年、道路と同様に雑徭や正税で拠出するものであったが、中央政府は具体的に架橋となると国郡司に命令を発するだけで自ら実行することはなく、国境などの大河川に架橋するには財政制度や維持管理のシステムが不完全であったことなどが指摘されている（松村、二〇一六）。重要な指摘である一方、橋に限定的な論でもあり、この指摘も踏まえつつ交通体系の管理全般を改めて理解しなおす必要があろう。

本稿では八～九世紀の道路・橋の修理のあり方について、主に文献史料からの再検討を中心とし、改めて古代日本の交通路をどのように評価できるか、考えることとしたい。

一　律令制における道路の管理

（1）管理主体

ここではまず、律令制における道路管理の主体について整理しておきたい。

道路については、職員令21民部省条に「橋道・津済」とあり、究極的には民部省の所管にかかる。ただし同条義解が「唯拠二地図一、知二其形界一。至二於検勘一、不二更関渉一」とするように、民部省で地図によって把握するのみであり、現地では国郡司によって管轄され、特に営繕においては郡司の役割が大きかったと理解されている（舘野、一九九八）。

そこで、律令における道路修理の規定を確認すると、営繕令12津橋道路条に、

凡津橋道路、毎年起二九月半一、①当界修理。十月使レ訖。其要路陥壊、停レ水、交廃二行旅一者、不レ拘二時月一、量差二人夫一修理。非二②当司能弁一者、申請。

とみえる。『令集解』同条朱説によれば、「当界修理、謂当郡也」「此条、役二雑徭一也」とあることから、傍線部①の「当界」すなわち修理箇所が所在する郡において、雑徭を財源として修理するものと理解されている（瀧川、一九三九。山里、一九八八）。雑徭をめぐる古記の解釈には議論もあるが、少なくとも郡的な規模での道路修理は想定してよい（長山、一九六九。吉田、一九八三）。さらに次節で述べる橋（松村、二〇一六）や、津（松原、一九七九）の管理にも雑徭が充てられたとみられることからすれば、道路管理も雑徭によったとみて、ひとまず問題ないと考える。

ただし注意しておきたいのは、『令集解』において営繕令12の義解・令釈が、傍線②の「当司」を国司と解している点である。このことからすれば津・橋・道路などの修理は、郡レベルで行われたという実質とは別に、制度上は職員令70大国条にみえる「郵駅・伝馬」あるいは「徭役」といった国司の職掌の中で管理されるものであった可能性が高い。

道路修理についての実例を記した史料はほとんどないが、参考に『続日本紀』和銅七年（七一四）閏二月戊午朔条に、

賜二美濃守従四位下笠朝臣麻呂封七十戸・田六町一。少掾正七位下門部連御立、大目従八位上山口忌寸兄人、各進二位階一。匠従六位上伊福部君荒当賜二田二町一。以レ通二吉蘇路一也。

と、修理の事例ではないものの、吉蘇路開削の有功者に国司四等官（守・少掾・大目）がみえている、このことを参考にすれば、実態としても道路が諸国司の所管であったことが窺える。また『続日本紀』天平勝宝元年（七四九）十一月甲寅条に、

遣二参議従四位上石川朝臣年足・侍従従五位下藤原朝臣魚名等一、以為二迎神使一。路次諸国差二発兵士一百人以上一、前後駈除。又所レ歴之国、禁二断殺生一。其従人供給、不レ用二酒宍一。道路清掃、不レ令二汚穢一。

と、八幡神入京にあたって路次諸国の兵士を差発し、諸国の殺生を禁断させるなど、国レベルで道中の清浄の保持が行われていることも、広い意味では管理の範疇に含まれよう。

このような例からすれば、実態として郡司が関わることとは別に、地方における道路管理は国司の職掌の下で行われる制であったとみられる。なお、雑令13要路津済条に、

凡要路津済、不レ堪二渉渡一之処、皆置レ船運渡。依二至レ津先後一為レ次。国郡官司検校。及差二人夫一、充二其度子一。二人以上、十人以下。毎二二人一、船各一艘。

と、道橋と並ぶ交通施設である津済の管理は「国郡官司検校」とあり、国司と郡司がともに管理に当るよう規定されている。ただ本条については、紅葉山文庫本『令義解』裏書に、「古記云。要、謂国郡百姓往来要道。不二必大路一也」や「古記云、国郡官司検校、謂随レ便以レ時検行。常者不レ合也」とあることから、要道の津・済を保全するために、必要に応じて郡司も検校を行う趣旨であったと理解され、国司・郡司がセットで交通施設の管理を行うことは律令制全体の中でも例外的なケースであると考えられる。基本的には国司が主たる管理者であり、実際の修理時

に郡司も関わる、という関係であったとみられよう。

（2）中央との関係

つづいて、諸国の道路修理に対する中央の関与のあり方について考えたい。

「出雲国計会帳」のうち、天平五年（七三三）十月二十一日に進上された、兵部省に送られた兵士・交通・牛馬・器仗・船などに関する公文の一群の中に「道守帳」「津守帳」がみえている（『大日本古文書』第一巻五九八頁）。ただこれらの帳簿は、交通検察に当たった兵士に関わるものかと推測され（舘野、一九八四）、必ずしも道路の維持管理には該当しない。そしてこれ以外に、津橋道路に関する地方から中央への報告などの事例は管見の限り見当たらない。

そこで、前項で挙げた営繕令12の規定に立ち返ると、中央への上申が必要とされるのは当司（国司）が自弁できない場合のみであり、原則として上申の必要がないことが注意される。営繕令12と対応する天聖営繕令（宋19）をみると、

諸津橋道路、毎年起二九月半一、当界修理、十月使訖。若有二阬・渠・井・穴一、並立レ標記。其要路陥壊・停水、交廃二行旅一者、不レ拘二時月一、量差二人夫一修理。非二当司能レ弁者、申請。

と、修理を要する箇所に標を立てる規定が存在する以外は、日本令と同様の規定となっている。ただし別稿で論じたように、唐営繕令には、地方で何らかの造営を行う場合、中央へ上申を行って「聴報」すなわち裁可を待つ原則規定（天聖営繕令宋2・宋3に対応する復原唐令）が存在していた。唐代における道路修理の実例としても、諸州刺史などからの奏上を受けて道路修理を認可した事例（『唐会要』巻八十六道路、貞元七年〈七九一〉八月条、大和二年

〈八二八〉其年条など）が確認できる。一方、日本の営繕令ではこうした手続規定は削除されており、地方での造営について事前に中央へ上申する原則はなく、事後報告のみで実施されていたと考えられる（十川、二〇〇九）。また、中央主導で道や橋の管理を実施する例としては、古代を通じて『日本後紀』弘仁三年（八一二）六月己丑条の「遣レ使造二摂津国長柄橋一」のような、畿内の要衝の橋に関するものや、斎王上道の際に大和・伊賀の橋道を巡検する（『朝野群載』第十一、廷尉、承平二年〈九三二〉四月十八日など）といった事例に留まる。こうした点からも、日本では地方における交通路の修理について、中央の関与が原則的に存在しなかった可能性が高い。

さて、日本の営繕令においても、例外的に早い段階で上申する場合が一つある。それが、営繕令16近大水条に規定された、堤防修理である。この問題を手がかりに、引き続き道路修理について考えてみたい。

> 凡近二大水一、有二堤防一之処、国郡司、以レ時検行。若須二修理一、毎二秋収訖一、量二功多少一、自レ近及レ遠。差二人夫一修理。（中略）応レ役二五百人以上一者、且役且申。（後略）

傍線部のように、五〇〇人以上を動員する場合は修理の実施とともに上申するよう規定されている。こうした大人数を動員する際の上申は、軍事的な危険性を回避するために設けられた規定であると考えるが（十川、二〇〇九）、ここで注意したいのは、堤防修理は五〇〇人規模の人数を動員する場合が想定されているという点である。裏を返せば、こうした規定がみえない道路修理は、より小規模な事業として想定されていた可能性が高い。

正税帳などには道路修理が記載されないため、具体的な事業の規模はみえづらい。ただ、前述の営繕令12のように修理は「当界」という一つの郡内での労働力徴発で済むべきものであったが、新たに道路を作る場合には、賦役令37雑徭条古記に「但臨時将レ有レ事、仮令、作二新池隄及倉庫他界路橋一（後略）」とあるように、「他界」という郡外の造営に参加する場合が想定されている。すなわち新造と修理では想定される動員人数の規模も異なっており、特に修理の場合には、原則として一郡で完結する小規模な事業として想定されていたとみられる。

そこで、再び道路以外の修理事業に目を向けてみると、諸国の溝池堰堤修理を督促した『延暦交替式』延暦十九年（八〇〇）九月十六日官符には、「自今以後、惣二計池堰一、載二朝集帳一毎年申レ官」と、池堰を朝集帳に記載して官に申すよう制されている。『続日本紀』天平宝字六年（七六二）四月丁巳条に、決壊した狭山池修造に単功八万三〇〇〇人を要した例がみえるように、池や堰といった灌漑施設の修理も大規模な人員必要とする事業である。このような大人数の動員が想定される施設の修理については、中央による管理を前提とした手続が存在していたことが確認できる。こうした中、九世紀以降には、官舎溝池の修築懈怠や人功の水増し報告（『類聚三代格』巻十六・弘仁十一年〈八二〇〉七月一日官符。巻七・同十年五月二十一日官符）などが国司の不正と位置づけられてゆくこととなる。修理に大人数を要する施設は、国司があらかじめその存在を中央に報告し、申告した通りに修理を実施する必要があったということである。しかしその一方、本稿の主題である道路については、同じ国司の職掌であるにもかかわらず、同様の問題として現れてくる気配はない。

それでは、同時期の交通関連施設の管理がどのようなものであったか、駅家の例を参照してみたい。堤防や池溝などの管理徹底を制した延暦十九年官符と同年の、『延暦交替式』延暦十九年九月二日官符では「国司存レ心、常加二修理一、勿レ致二損壊一。交替之日、如有二損失一、前人造畢、然後放還。事縁二勅語一、不レ得二闕怠一」と、基本的に国司による修理が勧告されている。しかし、実施の有無は国司の交替時に確認されるのみとされ、中央の管理の強度は堤防や池溝の場合と比して著しく低い。このように、国司による修理が勧告された駅家においてこの程度の措置であった。かたや道路修理についてはこうした官符なども見えず、駅家以上に国家の積極的な関与の意思は薄かったものとみられる。

以上、本節で述べたことを整理しておく。古代日本における道路修理は、国司の職掌として実施されるものの、比較的小規模な事業として想定され、実施にあたっての中央への事前報告の必要や、逆に中央からの直接的な介入・関与もほぼなかったものと考えられる。

二　橋の管理について

（1）修理の財源とその展開

本節では橋の管理について検討を加える。まず橋の修理に関する規定として、前節で扱った営繕令12に加え、営繕令11京内大橋条も挙げておく。

凡京内大橋及宮城門前橋者、並木工寮修営。自余役二京内人夫一。

本条の「役二京内人夫一」について、義解・令釈・古記・跡記はいずれも雑徭と解しており、「京内人夫」を役する場合には雑徭が充てられたとみられる（長山、一九六九）。このように、本来的には京内の橋についても、雑徭を財源として修理する原則であった。

ただ、橋の維持管理財源について、九世紀以降の事例をいくつかみておくと、『日本三代実録』貞観十八年（八七六）二月十日戊午条に、

右京職言、返下上出挙修二理官舎道橋一料貞観銭六十貫文上。職司以二乗物一、買二収米二百斛一、納二其息利一充二彼料一。

太政官処分、依レ請焉。

とある。また『延喜式』左右京職46造橋料銭条には、

凡毎年出㆓挙造㆑橋料銭二百貫㆒、取㆓其息利㆒随㆑事充用。官人遷替依㆑数付領。

とみえる。京外では、『同』主税5出挙本稲条に「勢多橋料一万束」と、勢多橋の修理財源がみえる。このように、京内・京外ともに、大まかに九世紀ごろには出挙を財源とする方向で展開してゆくことが確認できる。

その一方で、『延喜式』雑式51宇治山崎橋条には、

凡山城国宇治橋敷板、近江国十枚、丹波国八枚、長各三丈、広一尺三寸、厚八寸。山崎橋、摂津・伊賀等国各六枚、播磨・安芸・阿波等国各十枚、長各二丈四尺、広厚並同㆑上。並以㆓正税㆒充㆑料、毎年採送㆓山城国㆒。国取㆓返抄㆒備㆓所司勘会㆒。

と、宇治橋・山崎橋の修理資材を、近江・丹波、摂津・伊賀・播磨・安芸・阿波が負担するという国充のような事例を見出すこともできる。また、雑式52泉河仮橋条の、

凡山城国泉河樺井渡瀬者、官長率㆓東大寺工等㆒、毎年九月上旬造㆓仮橋㆒。来年三月下旬壊収。其用度以㆓除帳得度田地子稲一百束㆒充㆑之。

とあるような、公田地子を財源として一時的な架橋を毎年行う事例もある。加えて架橋は作善にもつながることから、天平勝宝七年（七五五）加賀郡司解（『大日本古文書』第四巻八〇頁）に「都合米五千五十一石七十二升之中従坂井郡久米田椅智識料稲五千五百束加」とあるような知識架橋も早くから見出すことができる。

このように、橋については修理の財源が多様化してゆくことが想定される。

（2）橋の管理と諸国

さて、前掲した宇治橋修理に関する『延喜式』雑式51では、資材を各国から山城国に送るよう規定されていたが、修理そのものは山城国の所管であった。また、『日本紀略』延暦二十年（八〇一）五月甲戌条に、

勅、諸国調庸入貢、而或川無レ橋、或津乏レ舟、民憂不レ少。令三路次諸国、貢調之時、津済之処、設二舟楫・浮橋等一、長為二恒例一。

と、橋のない川に、貢調時に限って舟楫・浮橋を設けたことがみえている。律令国家が、調庸の貢進の確保を目的として渡河点交通を橋や船で保証しようとしたことを示す史料であるが（舘野、一九八七）、この中でも「令路次諸国」とみえているように、その設置主体は諸国であったことが確認される。

ところで、こうした一時的な渡河施設の設置については、『類聚三代格』巻十六、船瀬幷浮橋布施屋事、承和二年（八三五）六月二十九日官符がよく知られている。駿河・相模における浮橋、尾張・美濃・参河・遠江・駿河・下総・武蔵における渡船、さらに美濃・尾張国堺の墨俣河への布施屋設置を令したものである。一部を掲げると、

（前略）宜下下二知諸国一、預大安寺僧伝燈住位僧忠一依レ件令二修造一、講読師国司相共検校上。但渡船者以二正税一買二備之一、浮橋幷布施屋料以二救急稲一充レ之。一作之後、講読師国司、以二同色稲一相続修理、不レ得レ令二損失一。（後略）

とあるように、渡船は正税を、浮橋・布施屋は救急稲をそれぞれ財源とし、僧（諸国講読師）・国司による設置と維持管理を行うよう制されたことがみえる。

この官符と関わっては、第一に、布施屋は貢調運脚夫のための施設であるとの指摘があるように（松原、二〇〇四など）、税物の京進ルート確保のための維持が目指されたことが窺える。そしてここで注意したいのは、諸国講読師という、僧の関与が見出される点である。橋のみならず、渡船の設置も作善につながる事業であることは『続日本紀』文武四年（七〇〇）三月己未条の道慈伝に「諸津済処、儲レ船造レ橋」とあることからも明らかであり、僧が関わることも十分ありうる。ただし時代は降るが、「意見封事十二箇条」に「又諸国司等、公務怱忙、事多不レ遑。

故国中法務、皆委二附講読師一。而講読師多非二持律之人一、又或有二贖労之輩一」とあるようなことからすれば、諸国講読師は諸国行政の一部として「法務」を担う存在であったと評価すべきである。このように講読師が行政的側面を担っている点を重視すれば、渡河施設の設置が諸国行政の一貫として実施されたものと考えられる。

以上本節では、当初は雑徭によっていた橋の修理の財源が、正税・知識など多様に展開してゆく様子を確認した。また、税物の京進確保を眼目とする一時的な架橋や渡船の設置などであっても、原則として諸国の管轄内で行われていたことを指摘した。

三　九世紀以降の交通路管理体制

（1）九世紀における国郡と道路

続いて九世紀における交通路管理の展開について検討を加える。まず、『日本三代実録』元慶七年（八八三）正月二十六日癸巳条に、渤海客来朝に際しての道路整備を指示した際、「令下山城・近江・越前・加賀等国、修二理官舎道橋一、埋中瘞路辺死骸上」とあることや、『延喜式』践祚大嘗祭19由加物使条に、「凡紀伊・淡路・阿波三国造由加物使、向レ京之日、路次之国掃二道路一祗承」とあることなどからすれば、九世紀以降も基本的に諸国が管理の主体であったとみられる。

そうした中、九世紀代には、具体的な修理の事例もある程度増加する。たとえば、『続日本後紀』承和七年（八四〇）三月戊子条には、陸奥国磐城郡大領の磐城臣雄公について、「居レ職以来、勤修二大橋廿四処・溝池堰廿六処・官舎正倉一百九十宇一。（中略）仮二外従五位下一」とある。これによれば、郡司の「職」にあって橋などの修理を「勤」

めたとあり、郡司が直接的な管理を行っていたことが確認される。また、石川県河北郡津幡町の加茂《かも》遺跡出土の、嘉祥二年（八四九）の年紀を持つ加賀郡牓示札には「符・国道之裔〔旨カ〕糜羈進之、牓示路頭、厳加禁」と郡符の中で牓示を宣言しており、路頭での牓示という広い意味での道路管理が郡司の権限内にあったことが窺える。

さて九世紀になると、本来は雑徭によっていた財源に変化が見えるようになる。雑徭によって徴発する雑任を列挙した『類聚三代格』巻六、公粮事、弘仁十三年（八二二）閏九月二十日官符を参照すると、交通関係では「駅伝使鋪設丁郡幷駅家別四人　伝馬長郡別一人」「伝使厨人幷駅子及伝馬丁渡子等」などを確認することができるが、この官符には道路修理はみえず、駅伝の運営に重点が置かれている。駅家の運営を支える駅戸が関わるのは、駅馬飼養、駅使逓送、駅田耕作、蓑・笠の製作で（市、二〇一五など）、道橋修理は含まれないとみられる。このことも踏まえれば、当時の雑徭の使途における道路修理の位置づけの低さが窺えよう。また弘仁十三年官符では、雑徭の使途として「修理官舎正倉溝池堰堤等事〔丁カ〕」が含まれているが、この費目は『貞観交替式』天長三年七月十五日官符所引、同二年十二月二十一日官符では財源が正税出挙に変化するなど、制度上の雑徭の使途そのものの縮小も指摘されている（吉野、二〇〇三。官符の校訂については、吉田、一九八三も参照）。

以上からすれば、道橋の管理は諸国の管轄下で郡司によって修理されている点では変わらないものの、本来の財源であった雑徭の規模が縮小してゆくことも相俟って、肝腎の財源は曖昧になってゆくことが指摘できる。

制度上も、諸国の出挙を財源とする事業を示した『延喜式』主税上5出挙本稲において、道橋に関する財源が規定されている国は、①交通の要衝である勢多橋を擁する近江国に「勢多橋料一万束」、②山陽道諸国の中でも四十四万束という群を抜いて大きい公出挙本稲の規模を持つ播磨国に「道橋料一万束」が設定されている以外は、③美作国（「道橋料一千束」）、④阿波国（「道橋料五百束」）にみられるのみである。全国的にみれば、諸国における道橋修理の経常的な財源はほぼ存在しないに等しいと評価できよう。

（2）九世紀以降の道路維持の担い手

さて、前項で挙げた弘仁十三年官符において、駅家などに関わる雑任が郡別に挙げられていた。これらの費目は、国司が国務を遂行するために郡レベルで必要とした労働力を列挙したものとの指摘があるが（新井、二〇〇三）、ここに道路修理が挙がっていないということは、道路修理は当時の国務としては実施されないのであろうか。また、さきに触れた加茂遺跡からは、以下のような木簡も出土している（六号木簡）。

・「往還人□丸羽咋郷長官
路□〔作カ〕□不可召遂〔逐カ〕」

・「道公□乙兄羽咋□丸『保長羽咋男□〔伎カ〕丸』
『二月廿四日』」

ここには、能登国羽咋郡から「官路□〔作カ〕」のために人が往還したことを示す過所様の記載がある。同遺跡は加賀国加賀郡に位置するため、国堺を越えて移動する工人があったらしい。これが八世紀とは異なる現象なのか否か、また新造なのか修理なのか、俄には判断できないが、少なくとも九世紀半ばの加賀国の道路管理において、国という行政区分に縛られない工人の行き来があったことを見て取ることができる。

そこで一度、駅家の管理に目を向けてみると、やや特殊な例ながら、『続日本後紀』承和七年（八四〇）四月戊辰条には、荒廃した大井駅、駅子が逃亡した坂本駅の復興が述べられているが、美濃国からの上申には「管恵奈郡無レ人二任使一、郡司暗拙」すなわち本来は郡司が当たるべきながら、人材が払底して適任者がいない旨が述べられる。

この史料では道路修理のことは述べられないが、道路修理の実質的な担い手となる郡司が減少してゆく場合もあったことが窺える。またこの時は、東濃にあたる坂本駅とは離れた、西濃の席田郡の国造真祖父という個人に依存する形で対応するが、その立場は「宜下史生数猶従二旧例一、真祖父一身特聴中任用上」と、あくまでも一代限りの特例的な措置であった。つまり、国家としては例外的な対応であったといえる。

それでは、国家としてあるべき対応はどのようなものであったかというと、同じ美濃国坂本駅の経営について述べた『類聚三代格』巻七、郡司事、斉衡二年（八五五）正月二十八日官符に、駅子の負担が大きいため「望請、択二諸郡司之中富豪恪勤者一、募以二五位一、期二三年内一令レ治二件郡一。謹請二官裁一者。右大臣宣、奉レ勅依レ請。与奪之事一准二去天長元年八月廿日格一」とみえている。「天長元年（八二四）八月廿日格」とは、郡司に五位を借叙し、治績の如何によって与奪する制を指す。すなわちこの時の坂本駅では、諸郡司の中から富豪恪勤の者に五位を借叙して支配に当たらせる措置が取られたことになる。

このように経常的な財源も、管理の担い手も減少してゆく中、国家から道路修理に大きな役割を果たすことが期待されたのは、国司ではなく富豪恪勤の郡司であった。ただし現実には、以下に挙げるような富裕農民層の存在も重要であったとみられる。

『類聚国史』巻一九〇・俘囚・天長五年（八二八）七月丙申条には、

肥前国人白丁吉弥侯部奥家叙二少初位上一。奥家、既染二皇風一、能順二教令一。志同二平民一、動赴二公役一。修二造官舎及池溝・道橋等一、未レ有二懈倦一。加以国司入部之日、送迎有レ礼、進退無レ過。野心既忘、善行可レ嘉。

とある。肥後国に移配された俘囚に関する記事であるが、「公役」として「懈倦」なく道橋修理を行ったことによって叙位がなされている。また『続日本紀』延暦三年（七八四）十月戊子条には、

> 越後国言、蒲原郡人三宅連笠雄麻呂、蓄二稲十万束一、積而能施。寒者与レ衣、飢者与レ食、兼以修二造道橋一、通二利艱険一。積レ行経レ年。誠令二挙申一、授二従八位上一。

と、富裕農民による道橋修理と、褒賞として叙位が行われたことがみえる。既存の「道橋」の修理は「公役」であり、それに対する精勤や私富の投入は、叙位、すなわち官人身分の授与・上昇という形で褒賞されたことは、富裕層の私富を活用する方式により、間接的に国家的な業務として道路の管理が進められた施策であると評価できよう。

こうした一方で、新道の開削の例も散見するようになる。『類聚国史』巻八十三、正税、天長七年二月庚午条には、

> 越前国正税三百束・鉄一千廷、賜下作二□〔同カ彼カ〕国鹿□〔蒜カ〕保嶮道一百姓上毛野陸奥公□山上。

と、鹿蒜を通る道の新造についての記事がみえる。この道については詳細不明ながら、鹿蒜は敦賀郡鹿蒜郷であり、鹿蒜駅所在郷と目されるため、既存の駅家を含みこんだ形で新しい道の開削が行われたとみられる。また同、天長九年六月己丑条には、

> 越前国正税三百束、給下作二彼国荒道山道一人坂井郡秦乙麻呂上。

と、荒道（愛発）山を通過する、北陸道とは異なる間道の開削が行われた様子も看取することができる。

道の新造については、交易との関係も考えられる。『常陸国風土記』茨城郡高浜条の「商豎農夫、棹二艀艖一而往来」、『出雲国風土記』島根郡朝酌促戸渡条の「市人四集、自然成レ鄽矣」などの記載がみえるように、私的な経済活動が展開される地方市が、交通の要衝に発生した（栄原、一九七二）。このようなことからすれば、各地の交通の要衝へ向かう人々の、実用に即したルートの必要性が生じることも想定される。

地方における日常的な地域間交通の例としては、備後国葦田郡大山里の人・品知牧人が深津郡の深津市へ向かっ

た例（『日本霊異記』下巻二十七縁）、魚の購入のために吉野山から紀伊国の海辺を往復する寺童子の例（同六縁）など、地域の住民がその生活のために必要としていた日常的な地域間交通と交通路の存在も指摘されている（鈴木、一九九八）。こうした需要に基づいて、従来の官道とは異なる新道の開削も活発に展開していったとみられる。ただしそうした道の新造に対しても、前掲の天長七年・九年の事例のように、正税などからの賜物がなされている点は、間接的に諸国行政の中で新道開削が実施されたものと評価する余地もあるように思われる。

以上、九世紀においても、官道を含む既存の道橋の維持管理は国家の業務であり、依然として諸国の管轄下で郡によって実施する原則が継続して存在していた様子を確認した。ただし、経常的な財源としてはほとんど存在しなくなり、郡司が交通管理に力を失ってゆく事例もある中、富裕農民などによる維持管理も行われつつ、従来の官道以外への需要も高まっていった。坂本駅など特殊な事例もあり、時期や地域などで截然と区別することは難しいが、全体的にこういった状況が混在する状況が九世紀であったと理解しておきたい。

おわりに

はなはだ不十分ながら、八〜九世紀の交通路の管理体制について検討を加えてきた。

全体的には、駅・官道は国家の施設として、諸国内で管理される原則であったと評価することができる。ただし道路・橋といった交通路の管理は、基本的に諸国に依存するという制度の中で、究極的には道路の管理に国家は介入しないものであった。つまり交通体系としてみた場合、道路ベースの線的な維持ではないものと理解される。こうした結果、道路そのものはユーザーの需要に即した道へと漸次移行していったとみられよう。ただし、少なくとも本稿で挙げた事例に関して言えば、間接的には諸国の関与は継続しており、その点において国家による管理という建前は残されていたとみることもできる。

ともあれ、以上に述べてきたような傾向からすれば、国家による交通体系管理としては、駅家のような拠点を点的に維持することのほうが重要であり、道路という線の管理には消極的であったと見通すことができるのではないだろうか。駅家管理との関係や、七世紀からの交通体系の展開の中での評価など、本稿で触れ得なかった論点も多いが、ひとまず小稿を閉じたい。

参考文献

新井重行、二〇〇三「郡雑任の再検討―その起源を中心に―」（『史学雑誌』一一二―二）

市　大樹、二〇一五「日本古代駅制の法的特徴―日唐令文の比較を中心に―」（『日本古代都鄙間交通の研究』塙書房、二〇一七年に所収）

栄原永遠男、一九七二「奈良時代の流通経済」（『奈良時代流通経済史の研究』塙書房、一九九二年に所収）

鈴木景二、一九九八「地方交通の諸相」（『古代交通研究』八）

十川陽一、二〇〇九「日唐営繕令の構造と特質」（『日本古代の国家と造営事業』吉川弘文館、二〇一三年に所収）

瀧川政次郎、一九三九「王朝時代の道路制度」（『増補新版　日本社会経済史論考』（名著普及会、一九八三年に所収）

舘野和己、一九八四「関津道路における交通検察」（『日本古代の交通と社会』塙書房、一九九八年に所収）

一九八七「日本古代の都鄙間交通」（舘野氏前掲書）

一九九八「道と川をめぐる国家と社会」（舘野氏前掲書）

中村太一、一九九六「日本古代計画道路の形成要因」（『日本古代国家と計画道路』吉川弘文館）

長山泰孝、一九六九「雑徭制の成立」（『律令負担体系の研究』塙書房、一九七六年に所収）

平川南監修・石川県埋蔵文化財センター編、二〇〇一『発見！古代のお触れ書き　石川県加茂遺跡出土加賀郡牓示札』（大修館書店）

松原弘宣、一九七九「律令制下における津の管理」(『日本古代水上交通史の研究』吉川弘文館、一九八五年に所収)
二〇〇四「古代の宿泊施設」(『日本古代の交通と情報伝達』汲古書院、二〇〇九年に所収)
松村　博、二〇一六「渡河施設」(舘野和己・出田和久編『日本古代の交通・交流・情報3　遺跡と技術』吉川弘文館)
山里純一、一九八八「国衙行政費」(『律令地方財政史の研究』吉川弘文館、一九九一年に所収)
吉田　孝、一九八三「雑徭制の展開過程」(『律令国家と古代の社会』岩波書店)
吉野秋二、二〇〇三「雑徭制の構造と展開」(『日本古代社会編成の研究』塙書房、二〇一〇年に所収)

2　京内の道路・橋・溝〔堀〕

井上正望

はじめに

古代の交通網の整備・維持管理には、律令国家としての威儀を誇示するという目的もあった。鳥取市の青谷横木遺跡で山陰道と考えられる道路沿いから、九・十世紀の柳の街路樹の遺構が発見されたことは記憶に新しい〔本書Ⅳ部〔遺構事例〕3坂本論文参照〕。これは『万葉集』巻十九—四一四二番の越中守大伴家持が天平勝宝二年（七五〇）三月に詠んだ歌、

二日攀㆓柳黛㆒思㆓京師㆒歌一首

春日《はるのひ》尓《に》　張《はれ》流《る》柳《やなぎ》乎《を》　取持《とりもち》而《て》　見《みれ》者《ば》京《みやこ》之《の》　大路《おおちし》所念《おもほゆ》

や、『続日本後紀』承和三年（八三六）七月戊子条の「雷雨殊切。〔中略〕至㆓于夜分㆒、震㆓朱雀柳樹㆒」などのように、京の大路に街路樹として柳を植えていたことを援用したものと考えられ、そしてそれは中国の街路樹を導入したも

のである（東野、一九九二）。従ってこの柳の遺構は交通網の儀容面を重視したものと考えられる。このような交通網の儀容面整備は、「律令国家の国家としての威容を誇示するために造営された政治的都市」（今泉、一九九三）である都城の整備において特に顕著にみられる。例えば『続日本紀』神亀元年（七二四）十一月甲子条をみてみよう。

太政官奏言、「（中略）亦有二京師一、帝王為レ居、万国所レ朝。非二是壮麗一、何以表レ徳。（中略）請仰二有司一、令下五位已上及庶人堪レ営者構二立瓦舎一、塗為中赤白上。」奏可レ之。

これは、京は天皇が住まい外国使節が訪れる場所であるため壮麗でなければならない。そこで住居を瓦葺にし赤白に塗るという中国風の様式導入を企図したというものである。今泉隆雄が指摘するように、これは前年八月の新羅使入京を契機としたものであり、京の景観の維持整備が京に住む人々のみならず外国使節をも意識したものだったことを示す（今泉、一九九三）。

　このように京の整備には国家の威容を示すためという意味もあったが、それは九世紀、特に弘仁年間（八一〇～八二四）以降の平安京において数多くみられる。北村優季はこの動きから、弘仁・天長期を京内への関心が高まった時期と評価し、嵯峨朝の儀容整備と関係するものと位置づけた（北村、一九九四）。九世紀の京内整備については、櫛木謙周がケガレや清浄性、威厳を保つための「公共的整備」といった観点から、生島修平が京住人の京内整備参画という観点から検討している（櫛木、二〇一四。生島、二〇一一・二〇一三・二〇一四）。しかし、京職・弾正台などによってそれ以外の諸司諸家に整備させるという在り方に関する理念と実態については未だ十分ではないように思う。そこで朝廷がなぜ諸司諸家にも整備させたのか、そしてその変化について考える必要がある。そこで本稿では、京内整備の状況が最も詳細な九世紀の平安京を主として扱う。

一　弘仁期の京内整備

前述の通り、弘仁期に京内整備法令が盛んに出されるようになる。その第一弾が、弘仁六年（八一五）二月九日官符である。

〔史料1〕『類聚三代格』（以下、『三代格』）巻二十・貞観十八年（八七六）七月二十三日官符

＊傍線は筆者。引用関係は「『〔（【｛《》｝】）〕』」の順で表した。以下同じ。

太政官符

一、応下停二京職官人贖銅一復レ旧貶中奪考禄上事

右弾正台奏状偁、「検二案内一、太政官去天長四年九月廿日符偁、『台解偁、〔弘仁十年十一月五日格偁、（左右京職解偁、【太政官去弘仁六年二月九日下二両職一符偁、｛㋐右大臣宣、《奉レ勅、如レ聞、頃者京中諸家、或穿レ垣引レ水、或壅レ水浸レ途。宜下仰二所由〔司カ〕一咸俾中修営上。不レ責レ引二流水於家内一、唯禁レ露二汚穢於墻外一》｝者。㋑今案二符旨一、有二壅浸之禁一無二掃清之誡一。因レ之有勢之家都無二掃清一。如レ此之類、①諸家司幷内外主典已上、移二式部兵部一貶レ考奪レ禄】者。大納言正三位（中略）藤原朝臣冬嗣宣、【奉レ勅、依レ請】）者。㋒而起請之後、曽無二遵行一。量二其意況一実是同罪。望請、同亦移レ省、貶レ考奪レ禄〕者。正三位行中納言（中略）良峯朝臣安世宣、〔奉レ勅、依レ請〕』者。彼時職司無レ怠、路橋有レ全。而依二去天長五年十二月十六日格一、停二貶奪科一行二贖銅法一。其後職吏不レ勤、諸人更緩、遂使下京条荒蕪既失二花美一、橋梁破絶屢妨中往還上。是因二軽科疎網一之所レ致也。望請、復レ旧移送、貶二奪考禄一。」

（中略）

以前事条如レ件。右大臣（藤原基経）宣、「奉レ勅、依レ奏。」

貞観十八年七月廿三日

この傍線部ⓐが弘仁六年二月九日官符である。これは「京中諸家」が垣を穿って水を引いたり、溝を詰まらせて道路を水浸しにしたりするので、これを禁じ京中諸家に修営を命じた、いわゆる「壅浸の禁」を定めたものである。またそれを引く弘仁十年官符は、六年官符では壅浸の禁のみ定めて道路清掃については規定がなかったことから、汚損させた主体である諸司諸家＝有勢家に対し「清掃の制」を定めたものだった。なお、この貞観十八年官符所引の弘仁六・十年官符はいずれも原官符に基づくものである。一方で弘仁十年官符とそれに引かれる六年官符は、『三代格』巻十六と『弘仁格抄』下、格巻九に〔京職11〕（以下、『弘仁格』は仁藤・服部ほか編、二〇〇七の番号にて示す）としてみえ、『弘仁格』に採られたことがわかる。また〔京職11〕は『三代格』巻十六・貞観七年十一月四日官符にも引かれている。長文だが、煩を厭わず貞観七年官符を挙げる。

〔史料2〕『三代格』巻十六・貞観七年十一月四日官符

太政官符

応下不レ清二掃道路溝洫一幷壅レ水浸レ途之責両職直移二式兵二省一貶二奪考禄一亦弾正台隔月巡中検京中上事

右得二左京職解一偁、「謹案二弘仁十年十一月五日格一偁、『太政官弘仁六年二月九日下二両職一符偁、〔㋐右大臣宣、〈奉レ勅、如レ聞、頃者京中諸司諸家、或穿レ垣引レ水、或壅レ水浸レ途。宜下仰二所司一咸俾中修営上。不レ責レ引二流水於家内一。唯禁レ露二汚穢於墻外一。仍須二毎レ穴置レ樋通レ水。如有レ符後卅日不レ従二制旨一、㊀諸司諸家幷内外主典已上貶レ考奪レ禄、㊁四位五位事業及雑色番上已下、不レ論二蔭贖一決笞五十〉〕者。㋑今有二壅浸之禁一無二清掃之制一。仍須下自今以後、如レ此之類、❶諸司諸家幷内外主典已上移二式部兵部一一同二前符一貶レ考奪レ禄、四位五位録レ名奏聞、無品親王家及所々院家、以二其別当一准二諸司諸家司一亦移レ省貶奪、❷其雑色番上以下不レ論二蔭贖一決笞一同中前符上。』又云、『職家巡検之日、馬上勘二当六位以下官人一。』又天長九年十一月廿八日格偁、『夫不二掃清一怠、須下責二過状一然後移二両省一令中貶奪上之。如聞、為レ令レ進二過状一職遣レ使喚之。而或罵レ使不レ応、或称レ故不レ参。有勢之家尤是難レ制。（中略）今須下諸司諸家及内外主典已上、弾正巡検之日、有レ不二掃清一台職共録レ之、至二于三度一猶不レ勤、不三煩責二過状一、台直移二両省一令上レ貶二奪之一。』（中略）検二案内一、弘仁之格職移二二省一令二貶奪一之。天長之符停二止職移一台直移レ省。（中略）望請、自今以後、職吏毎レ旬一度巡二検京条一、若三度之内猶不二遵勤一職直移二式兵二省一貶レ考奪レ禄、自余皆依二前格一行之。（中略）須レ令二弾正季別一巡察一。謹請二官裁一」者。右大臣宣、「奉レ勅、職移二二省一貶二奪考禄一并毎旬一度巡検並依レ請。但科二責諸司一准下弾正巡二検京中諸司一之法上。右京職亦准レ此。又弾正者糺弾之官威厳之職。（中略）宜三隔月一度必令二巡督一。」

貞観七年十一月四日

まず〔史料2〕傍線部㋐㋑❶は〔史料1〕の傍線部(あ)(い)①と対応する。この㋐㋑が〔京職11〕の部分だが、この格は鎌田元一が指摘したように、天長七年（八三〇）の『弘仁格』第一次施行までの間に改変を受けたことが知られる（鎌田、一九七六）。一方櫛木は、鎌田が指摘した改変はいずれも形式的なものであるとし、内容については貞観七年官符所引のものを使用するとの立場を採る（櫛木、二〇〇五）。筆者自身も以前貞観七年官符所引のものを使用したが（井上、二〇一四）、厳密な史料検討に基づくものではなかった。しかし鎌田氏が形式的な改変のみを指摘したのは、比較に用いた〔史料1〕所引弘仁十年原官符が簡略で格編纂時の内容改変の有無を判別できなかったためと思われ、内容改変がなかったと言えるものではない。従って本稿では原官符に基づく〔史料1〕所引のものを主として使用する。但し〔史料2〕所引弘仁十年官符㋑に二ヵ所みえる「一同二前符一」に注目したい。これはいずれも弘仁十年官符での罰則を「前符」＝弘仁六年官符と同様にするとの意味である。事実〔史料2〕の二重傍線部㈠㈡と❶❷は同内容である。そのためこれだけみれば弘仁六年官符にも罰則規定があったと思われるが、一方で原官符に基づく〔史料1〕所引のものでは❶に相当する①のみみえる。従って弘仁六年原官符での㈠㈡の有無が問題となるが、もし㈠㈡が『弘仁格』編纂時の改変で新たに加えられたとすると、わざわざ「一同二前符一」として同じ規定を二回ずつ書く必要はない。特に㈠の直前にある「如有レ符後卅日不レ従二制旨一」の「符」は『弘仁格』ではなく弘仁六年原官符自体とみるのが自然だろう。以上から弘仁六年原官符にも①や❷と同様の罰則規定があったと考えられる。弘仁六・十年官符について本稿では〔史料1〕所引のものを主として扱いつつ、弘仁六年原官符段階でも「諸家司幷内外主典已上」に対する贬考奪禄処罰や「雑色番上已下」に対する決笞処罰の規定があったとみる。

たいへん煩雑な検討となったが、以上の結果を踏まえて弘仁期の京内整備について考えてみたい。前述したように弘仁六年官符は京中諸司諸家に道路汚損を禁じ垣の修営を命じたものである。それでは弘仁六・十年官符で対象とされた区域は具体的に平安京のどの部分だろうか。そこでヒントとなるのは「垣」の存在である。「垣」とは具体的に何を指すのだろうか。従来「垣」については築地一般のこととされ、特に問題視されなかった。しかし岸俊男が指摘するように、京の築地には朱雀大路沿いの「坊城」とそれ以外の築地という二種類があった。岸はその理由として「朱雀大路に面する地区だけは、政府の手で特別に坊垣を整備し、景観を保っておく必要があったから」とする（岸、一九七七）。そして坊城は国家が、その他の築地は諸家が築造することとされていた（山本、一九九七）。それでは「垣」の破損に端を発する弘仁六・十年官符が対象とするのは、朱雀大路を含む平安京の全ての道路・溝なのだろうか。これについては次の史料を挙げたい。

〔史料3〕『三代格』巻十六・斉衡二年（八五五）九月十九日官符

太政官符
　応レ令二当処掘作溝渠一事
右被二右大臣宣一偁、「奉レ勅、（中略）頃年水潦頻至、溝流失レ路。縁レ渠之家屢被二浸害一行レ道之人常苦二泥塗一。（中略）宜三鄭重下知早令二修作一。仍須下仰二当司当家一務令中堀作上。其広者依二遵旧制一勿レ為二闊狭一。其深者決二通流水一令レ得二激疾一。其大路堤堀多レ功者職家勠レ力相共補作。当処無レ人者職司専為二修作一勿レ致二物累一。又穿レ垣引レ水壅レ流浸レ途者去弘仁六年二月九日立レ格既畢。而近レ渠之家大穿二水門一好絶二溝流一。（中略）如レ此之類重加二禁止一。但無レ害二公私一者聴二置レ樋引レ水。不レ得下因レ玆流二出汚穢一湿中損道路上。若有二違犯之者一職司一切築塞莫レ令二更通一。即依二弘仁十年十一月五日格一科責。其朱雀辺溝非二当家修作之限一。」
　斉衡二年九月十九日

　これは斉衡二年でも垣の破損に伴う道路汚損が改善しないため、溝の修作を京職と「当司当家」に分担させるというものである。この二つの傍線部に着目したい。いずれも弘仁期の法令が守られていなかったことを示すと共に、特に後者の傍線部では、違反した場合垣の穴を「職司」が「一切築塞莫レ令二更通一」とされている。〔史料1〕所引弘仁六年官符段階では垣修営の主体は諸家だったが、改善がみられないことから京職による強制執行が規定されたわけである。また違反者に対しては弘仁十年官符に則って処罰することが改めて規定されている。一方で朱雀大路に面した溝のみは当家の担当範囲外、つまり京職の担当とすることから、傍線部は朱雀大路以外の街路で弘仁の法令が守られていなかったことを意味する。従って弘仁期の官符にみえる「垣」とは、少なくとも坊城以外の築地を含むことが明らかである。それでは「垣」は坊城を含むのだろうか。併せて次の史料をみたい。

〔史料4〕『三代格』巻十二・斉衡二年九月十九日官符

太政官符

応レ修二理坊城非理之損一事

右得二宮内省解一偁、「木工寮解偁、『検二案内一、太政官去仁寿二年六月七日下二左右京職一符偁、〔木工寮解偁、〈省去三月廿五日符偁、【太政官今月廿日符偁、〔右大臣宣、《奉レ勅、停二修理左右坊城使一隷二木工寮一。（中略）》〕】者。（中略）謹案下太政官去天長四年六月廿三日下二左右京職一符上偁、【㋓中納言（中略）清原真人夏野宣、〔件坊城依二検破損使（中略）伴宿祢嗣枝等勘定一、無レ損之処具付二京職一。修理功畢之処職更検領、付畢之後、理損之物、即勘録移二送使司一。若二非理濫損一令二職修レ之一〕】者。㋔而職不二遵行一濫損者多。望請、重復下知依レ旧令二検領一之。謹請二官裁一〉者。右大臣宣、〔不レ慎二符旨一怠在二職吏一。宜下加二下責一莫上レ令二更然一〕〉者。㋕謹案二此符一、須三理損之色木工修理、非理之損京職修造一。而今不レ論二理非一木工総造。（中略）望請、破損之物先論二理非一、勘定之後依レ格分造。（中略）凡厥坊城上瓦有レ内有レ外。令下非理之損一総委二京職一。恐一司之力難レ堪二修造一。復請外則准二拠先格一令二京職修一、内則施二行新制一令三当家造一、当家之人若不二遵行一、五位已上奪二当年位禄一、主典已上奪二一年季禄一、史生已下雑色之輩、准二其破品一令レ輸二料物一。然則坊城全固永不二破損一、造作憁繁半従二減省一』者。覆審有レ理。謹請二官裁一」者。右大臣宣、「奉レ勅、（中略）宜下当家之人不レ論二貴賤一准二其損品一令上レ輸二料物一。一年之内不レ得二輸究一、五位已上及主典已上同准二損物一折二留位禄并季禄一、史生已下雑色之輩随レ状科処。自外依レ請。」

斉衡二年九月十九日

＊この官符の校訂については、熊谷、一九九三参照。

これは〔史料3〕と同日に出されたものだが、坊城の修理について規定したものである。後述するが、まず天長四年六月二十三日官符㋓に注目しよう。これは理損（経年劣化などによる破損）の修理を「使司」（修理坊城使）が、非理濫損（人為的な破損）の修理を京職が担当すると規定したものである。しかし続く仁寿二年六月七日官符㋔や斉衡二年官符自体㋕では、京職の業務過多のためにその区分が有名無実となっていることから、非理濫損修理の場合の坊城の瓦について、内側の瓦は当家が、外側は京職が担当すると定めている。つまり朱雀大路を通る人々からみえる範囲の瓦は、あくまで京職の担当とされているわけである。以上のように、朱雀大路沿いの坊城では、たとえ非理濫損の場合でも原則として京職が修理担当とされていた。〔史料3〕と併せ、朱雀大路沿いの整備はあくまで京職が行うべきものだったのである。以上を踏まえると、諸司諸家に修営を命じた弘仁六年官符にみえる「垣」とは、坊城以外の築地を指すと考えられる。従ってそれに基づく同十年官符での諸司諸家による道路清掃も、やはり朱雀大路以外の区域の清掃を規定したものと言えよう。実際『延喜式』弾正158巡行京裏条・同左右京13京路掃除条では弘仁十年官符に基づき諸司諸家による道路清掃が規定されているが、一方で左右京14朱雀路溝条では宮城周辺や朱雀大路とその溝の清掃を京職が担当するとされている。このように、弘仁期の京内整備では朱雀大路周辺の道路清掃は京職が、それ以外の区域の道路清掃は諸司諸家が担当するとされていたことになる。

しかしこれを、朱雀大路以外の区域は外交使節などが通らないから、諸司諸家に委ねていたとのみ考えるのは一面的だろう。例えば「はじめに」で挙げた『続日本紀』の平城京整備記事を考えてみたい。これは「京師」を「帝王為ㇾ居、万国所ㇾ朝」として壮麗でなければならず、そのため「有司」に命じて「五位已上及庶人堪ㇾ営者」に中国風建築様式への改築をさせようとしたものである。この整備は外国使節を意識したものだが、中国風建築様式への改築を命じられた「五位已上及庶人堪ㇾ営者」は外国使節に見られるような朱雀大路沿いにのみ集住しているわけではない。当然朱雀大路沿い以外の区域にも住んでいたことが想定され、外国使節に直接見られるような区域に限定した整備ではなく、都城全体の整備を図ったものと言えよう。そして改築は「有司」が強制執行的に行うのではなく、「五位已上及庶人堪レ営者」の主体的整備を前提にしたものだった。「有司」はあくまで彼らに整備を促す存在であり、弘仁期の朱雀大路沿い以外の京内整備における京職なども同じである。以上のように、都城整備は京職など一部の官司だけで達成するものではなかった。また、京は国威を示す政治的都市だが、それと同時に「宅地班給により割り振られた官人の居住区」としての役割があった（仁藤、一九九四）。従って弘仁期の朝廷は、官人個人レベルで自身らも京内整備の主体であるとの意識を喚起しようとしていたのではないか。京内整備とは、天皇が京職など整備させる側の諸司を通し、その他の官人らと一体となって進めるべきものという理念に基づくものだったと考える。そして弘仁期の整備では諸司主典以上官人（六位以下四等官人も含む狭義の官人）の違反の場合、考禄貶奪という処罰が規定された。これは四等官以外の雑色番上已下に対しては決笞処分とされたのとは大きく異なる。特に禄について、それを奪われるということは天皇との関係をある意味で断たれることを意味する。つまり違反するとその官人は一体性という枠組みから遠ざけられることになる。賜禄儀では五位以上・六位以下官人が大蔵省で一堂に会さねばならないとされていたこと（『続日本紀』大宝元年〈七〇一〉八月丁未条、『三代格』巻二十・弘仁二年五月十三日官符、同所引新弾例など）を考えると、禄を奪うという処罰が一体性の枠組みから遠ざけるという意味で効果を期待されただろうことが窺える。また弘仁六年官符は、それ以後の京内整備法令と異なり、京職などからの解を受けたものではなく、勅を受けて出されたことに注意される。つまり弘仁期京内整備法令の第一弾である弘仁六年官符は、現場の要望によって出されたのではなく、嵯峨の積極的意向に基づいて出されたものと言えよう。弘仁期の京内整備は天皇が京住人である官人らと一体となって行うべきものという理念を前面に出して進めようとしたものだったと考える。このように京内整備は、弘仁期段階で天皇と主典已上の官人というある程度限られた範囲での一体性のもと進められるべきものとされたと考える点で、櫛木の述べる「公共性」とは意見を異にする。また櫛木の著書の書評で久米舞子が述べた「多様で異質な都市住民のあいだに『われわれ意識』を維持することは、繰り返しそれを想起し確認させられる契機なしには困難であろう」との疑問（久米、二〇一六）は本稿にも関わるものだが、官人という限られた範囲内での一体性理念に基づく整備と、違反に対する考禄貶奪という処罰がそれに対する筆者なりの考えである。

二　天長期以降の京内整備

京内整備法令は続く天長期以降も多く出されたが、その趣は理念に基づく弘仁期のものに対し、現実を前にして変化していった。〔史料1〕所引天長四年九月二十日官符㋒では、京職の有勢家に対する壅浸の禁・清掃の制の取締りが不十分であるとして、京職に対しても考禄貶奪処罰が課されている。また以前指摘したように、この前年から巡察弾正の部局化が始まることから、その少し前ごろから京内整備を取締る京職を監督すべく、弾正台の京内整備関与が本格化した（井上、二〇一四）。以上のような状態は、弘仁期に目指された、京内整備は天皇が整備させる諸司を通して官人と一体となって行うという理念実現が、早速行き詰まりをみせていたことを示す。併せて『三代格』巻二十・天長五年十二月十六日官符をみてみよう。

太政官符

一、応下停レ貶二奪職吏考禄一依レ法贖銅上事

右得二左京職解一偁、「太政官去天長四年九月廿日符偁、『弾正台解偁、「（中略）望請、同亦移レ省貶二奪職吏考禄一」者。依レ請』者。今検二案内一、京中惣五百八十余町、橋梁三百七十余所。雖レ勤二修造一、道橋多数往還不レ絶。不レ能レ無レ損。年中巡検十有二度、毎度貶奪。（中略）望請、停レ奪二考禄一依レ法贖銅」者。（中略）職司為レ政、

京国相兼。所レ掌多事、周弁難レ堪。（中略）宜二依レ請贖銅一。

（中略）

天長五年十二月十六日

前述のように諸司諸家が穴を開けた朱雀大路沿い以外の垣の修営や道路・溝の清掃は諸家が主体とされていたが、ここから、朱雀大路沿い以外でも道路・橋の修造については京職が担当していたことがわかる。また前掲天長四年官符で京職に対しても考禄貶奪処分が適用されたが、全ての道路・橋の修造を行うのは困難であるうえ毎月のように処罰されることから、贖銅への緩和が求められ裁可されている。これらのことは京職という京内整備を主導すべき官司でも、天皇・官人が一体となって整備を行うという理念実現の困難さが表面化していたことを意味する。〔史料2〕所引天長九年十一月二十八日格では、京職の取締りに効果が期待できないとして、弾正台が諸司諸家の違反を直接取締るようにされたことも同じ意味を持つ。同様のことは〔史料3・4〕からも窺える。〔史料4〕は、前述の通り坊城修理に関する格だが、まず天長四年に修理坊城使と京職との間で坊城修理の分担が定められた。このタイミングについては、前年七月に修理職が木工寮に併合された（狩野本『三代格』巻四・天長三年七月二十五日官符）ことからわかるように、平安宮内の修理がひと段落したことから、今度は坊城修理に本格的に取り掛かったことを示すと考えられる。ところが仁寿二年官符や斉衡二年官符では、両者の分担の実態は有名無実であり、実質的には修理坊城使、その木工寮への併合後は木工寮が坊城修理を全て行う羽目になっていた。〔史料3〕も京内の溝修作を京職と当司当家が分担することを規定したものだが、ここから本来の溝修作は、道路修営と同じく京職が行うこととされていたことが窺える。しかし実態として京職だけでは溝修作が満足に行えず、当司当家との分担とされたのだろう。このように天長期以降、京内整備を主導すべき京職が、業務過多のため十分な整備が行えていなかったことが表面化していたことがわかるだろう。弘仁期に目指された天皇と官人が一体となって京内整備に取り組むという理念は、天長期に早くも行き詰りをみせ、斉衡二年に至っても未だ実現には程遠かったことが窺える。以上のような京内整備政策に大きな転換がみられるのは貞観期である。まず『三代格』巻十六・貞観四年三月十五日官符を挙げる。

太政官符

応レ令下結レ保督二察奸猾一及視中守道橋上事

右得二左京職解一偁、「謹案二戸令一、『凡戸皆五家相保。一人為レ長、以相検察、勿レ造二非違一』者。（中略）望請、親王及公卿職事三位已上、以二家司一為二保長一、無品親王、以二六位別当一為二保長一、散位三位以下五位以上、以二事業一為二保長一。然則皇憲通行、隣伍相保、奸猾永絶、道橋自全。謹請二官裁一」者。右大臣宣、「宜三早仰下申二明旧章一。右京職亦准レ此。」

貞観四年三月十五日

これは「奸猾永絶、道橋自全」のため結保制を強化するというものである。ここでは親王や五位以上官人の家政機関の人々を保長とすることにしているが、これは親王や官人らを、少数の取締る側と大多数の取締られる側とに分断したことになる。以前の官人は六位以下も含め等しく取締られる側だったが、この官符によってその立場は大きく異なることとなったのである。また中村修也が指摘したように、このような法令は「画一的に条坊制の区画で行政の末端機構を設定しても機能せず、平安京が都市としての成長を遂げ、都城のあちこちに地域共同体が成立」していたことを反映したものと考えられる（中村、一九九五）。従来京職には京内取締りの末端として条ごとに坊令が置かれ、画一的な行政が目指されていたが、実際には有勢家の対捍の前にその実行力は弱かった（『三代格』巻二十・天長九年十一月二十九日官符など）。それに対し結保制は条という機械的な区画に囚われず、その地域に成立した共同体を利用しようとしたものであり、地域ごとの違いに対応しようとしたと言えよう。これはそれまでの京内全体に画一的な在り方を強制するというものから、京内の地域差を認め地域ごとに対応するものへと路線変更したものである。このような法令は、弘仁期に目指された枠組みに大きな影響を与えただろう。前述の通り弘仁期の法令に基づく延喜式文があることから、天皇が整備させる官司を通し官人らと一体となって京内整備を行うという理念が放棄されたわけではなかったが、貞観四年段階で、京内道路・橋・溝の維持管理が改善されないという現実的な問題の前に、妥協せざるを得なかったのである。

次に〔史料2〕貞観七年十一月四日官符を考えてみたい。これは天長九年格で弾正台に遷った京内整備取締り権限を京職に戻し、弾正台の京内巡察を減らすというものである。これは京職が弾正台による自身への処罰の軽減を図ったものだが（黒羽、二〇一五）、京職・弾正台間の問題は他にも度々みえる（例えば『続日本後紀』承和七年九月丁丑条・同十年十二月甲戌条での下馬法に関する問題など）。このように、当時は官人レベルでの一体性どころか、整備させる側同士での一体性も覚束なかったのである。

このような状況の中で検非違使の大々的な整備が行われた。周知の通り検非違使は天皇との個人的関係に基づく宣旨職であり、これまで扱ったような除目官とは大きく性質を異にする。京内整備に検非違使の関与がみられるようになる端緒は、『続日本後紀』承和六年六月乙卯条で、独自の武力のない弾正台では犯人追捕ができないことから検非違使にも関与させるとしたものである。そして貞観十六年九月・十二月の二度の検非違使起請（『日本三代実録』）を経て、翌十七年には『左右検非違使式』が撰進（『本朝書籍目録』）されるなど、検非違使の整備が急速に進んだ。これまでみたように限界が露呈していた京職・弾正台による取締りに対し、武力での実力行使が可能な検非違使の積極的な活用が求められたと言えよう。例えば『政事要略』巻八十四・延長七年（九二九）九月十九日官符所引検非違使式逸文には次のようにある。

（前略）検非違使式（中略）又条云、諸司諸衛及諸家官人以下雑色以上等、若有二犯過一者、禁二其身一経二本司一。（後略）

これによると、検非違使は諸司・諸衛・諸家の官人以下雑色以上が犯過を行った場合は、本人を拘禁しその本司に通達するという。これは犯人がたとえ主典已上の官人であっても、本人の身柄を拘束する権限が検非違使にあったことを意味する。主典已上官人の京内整備違反者に対し、式部兵部両省に移して考禄貶奪させるという間接的な処罰権しか持たなかった京職・弾正台に比べると、取締り実行力が飛躍的に向上したと言えよう。

しかし天皇との個人的関係を背景とする検非違使の積極的活用は、天皇と検非違使との関係強化には繋がるかもしれないが、従来目指された天皇が官人と一体となって京内整備を行うという理念に関してはむしろマイナスである。朝廷は理念よりも、京内の道路・橋・溝の維持管理という現実的な課題を優先させたのではなかろうか。従って貞観期前半に妥協を経た後の貞観十六・十七年の検非違使整備は、朝廷が現実的課題への対処を優先するという姿勢を更に進展させたものと考える。前述のように理念が放棄されたわけではなかったが、それに対する朝廷の姿勢からは、もはや以前のような熱心さは失われてしまったのである。その後に出された〔史料1〕は弾正台解に基づき京職への処罰を贖銅から考禄貶奪に戻すという厳罰化を規定したものであり、そこに官司レベルの一体性に関する意識は窺えない。そして寛平八年には弾正台の京内巡察の主要員と考えられる巡察弾正が部局ごと廃止され（狩野本『三代格』）、弾正台の京内整備関与は後退することとなった。

この後も京内整備関連法令は度々出されるが、丹生谷哲一が指摘したように、十世紀末には検非違使が取締りのみならず京内の清掃も行うようになっていた（丹生谷、一九八〇）。また時代は下るが、『三代制符』建久二年（一一九一）三月二十八日宣旨をみよう。

（前略）
一、可レ停下止京中人領二不居在家一好耕二作道路一企中巷所上事
一、可下京中道橋京職加二監臨一諸家当路家主洒掃上事
一、可レ禁三制棄二病者孤子於京中路辺一事
仰、已上弾正加二検察一、使庁糺二非違一。其中京職致二道橋之修補一、諸家勤二当路之洒掃一、加之停二止巷所耕作一、禁三制棄二病者孤子一。三箇条厳制、一依二保元符一。（後略）

これはいわゆる建久新制の一部であり、空き家の不法占有・道路の耕作、病人・孤児を路辺に捨てることを禁じると共に、京職が道橋を監臨し、当路の諸家に清掃を命じたものである（以下公家新制については〈水戸部、一九六一〉参照）。これには「一依二保元符一」とあることから保元新制にも同内容の規定があったことが知られる。ここでも道橋に対する京職の監臨と諸家の清掃が規定されていることから、天皇が整備させる官司を通して他の官人と一体となって京内整備を行うという理念を継承しようという意識が窺える。しかし同時期には病人を自邸の外に捨てるという行為が横行していたことが史料に散見するなど、諸家の側で京内整備を主体的に行おうという意識があったとは考え難い。実際同様の道路整備規程は、保元・建久の新制の後も、建暦二年（一二一二）三月二十二日新制、嘉禄元年（一二二五）十月二十九日新制などと、殆ど新制の度に改めて出されていることから、理念の継承は窺えるものの、それに実行力が伴っていたと想定することはできないだろう。

おわりに

本稿では特に九世紀の京内整備を対象とし、その理念について検討を行った。弘仁期の整備では、朱雀大路沿いの整備は京職が行う一方、それ以外の区域の整備は諸司諸家に整備を行わせていた。それは京内整備は京職など一部の官司だけでなく、他の諸司官人も主体的に行うことで、天皇が整備させる官司を通しそれ以外の官人らと一体となって京内整備を行うという理念に基づくものと考えた。しかし続く天長期には実態の前にその理念実現の困難さが露呈した。そして貞観期には、妥協の末に天皇との個人的関係を背景とし、かつ武力を持つ検非違使の積極的利用が推進されることとなった。その後の『延喜式』や公家新制などから、諸家側をも整備主体として取り込もうとした弘仁期の理念が放棄されなかったことが知られるが、その理念は結局実現・定着することはなかったのである。

参考文献

井上正望、二〇一四「九世紀弾正台の京内巡察体制―検非違使成立後の弾正台の体制強化―」（『日本歴史』七九八）
今泉隆雄、一九九三「平城京の朱雀大路」（『古代宮都の研究』吉川弘文館）
生島修平、二〇一一「平安貴族の法規定遵守意識の諸相―都市維持管理を中心として―」（『国史学』二〇四）
二〇一三「平安時代における京職の特質―「道橋」の維持管理をめぐって―」（『続日本紀研究』四〇六）
二〇一四「平安前期の都市維持管理政策とその歴史的意義」（『都市史研究』一）
鎌田元一、一九七六「弘仁格式の撰進と施行について」（『律令国家史の研究』塙書房、二〇〇八年に所収）
岸　俊男、一九七七「難波宮の系譜」（『日本古代宮都の研究』岩波書店、一九八八年に所収）
北村優季、一九九四「平安初期の都市政策」（『平安京―その歴史と構造―』吉川弘文館、一九九五年に所収）

櫛木謙周、二〇〇五「古代国家の都市政策―清掃の制を中心に―」（『日本古代の首都と公共性―賑給、清掃と除災の祭祀・習俗』塙書房、二〇一四年に所収）
熊谷公男、一九九三「解題」（神道大系編纂会編、神道大系古典編一〇『類聚三代格』）
久米舞子、二〇一六「櫛木謙周著『日本古代の首都と公共性』」（『史学』八六―一・二）
黒羽亮太、二〇一五「櫛木謙周著『日本古代の首都と公共性―賑給、清掃と除災の祭祀・習俗―』」（『洛北史学』一七）
東野治之、一九九二「二条大路木簡の槐花―街路樹との関連から―」（『長屋王家木簡の研究』塙書房、一九九六年に所収）
中村修也、一九九五「京職論―平安京行政機構研究の試み―」（『延喜式研究』一〇）
丹生谷哲一、一九八〇「検非違使とキヨメ」（『検非違使―中世のケガレと権力』平凡社、一九八六年に所収）
仁藤敦史、一九九四「初期平安京の史的意義」（『古代王権と都城』吉川弘文館、一九九八年に所収）
仁藤敦史・服部一隆ほか編、二〇〇七「復原弘仁格資料集」（『国立歴史民俗博物館研究報告』一三五）
水戸部正男、一九六一『公家新制の研究』（創文社）
山本雅和、一九九七「平安京の路について」（『立命館大学考古学論集』一）

〔遺構事例〕

1　宮城県団子山西遺跡
―新田柵へ向かう道路―

鈴木啓司

1　遺跡の概要

①時代・種別　縄文時代、古墳時代、奈良時代、平安時代、中世の複合遺跡であるが、主たる時代は奈良・平安時代であり、後述する新田柵跡に関連する集落跡と考えられる。

②所在地　宮城県大崎市田尻に所在する。遺跡は、江合川と鳴瀬川によって形成された大崎平野の北部に位置し、江合川の支流である田尻川の両岸と奥羽山脈から派生した陸前丘陵の一部である築館丘陵南面に広がる沖積地に立地する。

③周辺の遺跡・神社・古墳　本遺跡の周辺には縄文時代から江戸時代にかけての遺跡が多く分布している。ここでは、主に古墳時代から奈良・平安時代について述べる。

古墳・横穴墓・集落　古墳は、前期に新田柵跡外郭で円墳（径二〇m）が一基確認されている。終末期から奈良時代にかけては、六月坂遺跡、日向前横穴墓群、小野横穴墓群など横穴墓が多く営まれ、集落跡は通木田中前遺跡、天狗堂遺跡、長根遺跡などが分布している。この時期は、畿内の中央政権により関東などから移民による建郡がなされ、横穴墓や竪穴建物跡の形状、関東系土師器などにその関連が現れている。

城柵官衙遺跡　養老四年（七二〇）に起きた蝦夷の反乱を契機に、陸奥国府・多賀城と大崎平野北辺を中心に城柵の造営が進められた（熊谷、二〇〇〇）。新田郡に造営された「新田柵」は、『続日本紀』天平九年（七三七）四月十四日条にその名がみられ、本遺跡に隣接する新田柵跡と推定されている。調査により、東西一・五km以上、南北一・七kmに及ぶ築地塀跡・材木塀跡などの区画施設と西門跡、大型の掘立柱建物跡や竪穴建物跡などが確認された（田尻町教委、一九九八・

図1　宮城県団子山西遺跡の位置（村田、2017を一部改変）

二〇〇〇～二〇〇四・二〇〇六。大崎市教委、二〇〇八～二〇一二）。田尻川の上流には、同じく城柵官衙遺跡である権現山遺跡、三輪田遺跡、国史跡宮沢遺跡が所在する。

生産遺跡　新田柵跡の東に多賀城政庁第Ⅰ期の瓦を生産した木戸瓦窯跡が所在する。郷里制の施行を示す「□□郡仲村郷他辺里長二百長丈部呰人」とヘラ書のある平瓦が採集されており、操業時期は八世紀前半と考えられる（宮多研、二〇〇五～二〇〇七）。

神社　新田柵跡の南西側丘陵頂部に大崎八幡神社が鎮座し、室町時代には奥州探題大崎氏の庇護を受けた。

④主要な遺構・遺物　主だった遺構は、道路跡三条、掘立柱建物跡五八棟、竪穴建物跡二九棟、柱列跡七条、材木塀跡一条、井戸跡九基である（図2）。遺物は、土師器、須恵器を中心とした土器類、瓦、土製品、石製品、金属製品などが出土している。城柵に関連する遺物では、墨書土器（「軍」・「厨　田人」など）、石帯（丸鞆）などが出土した。

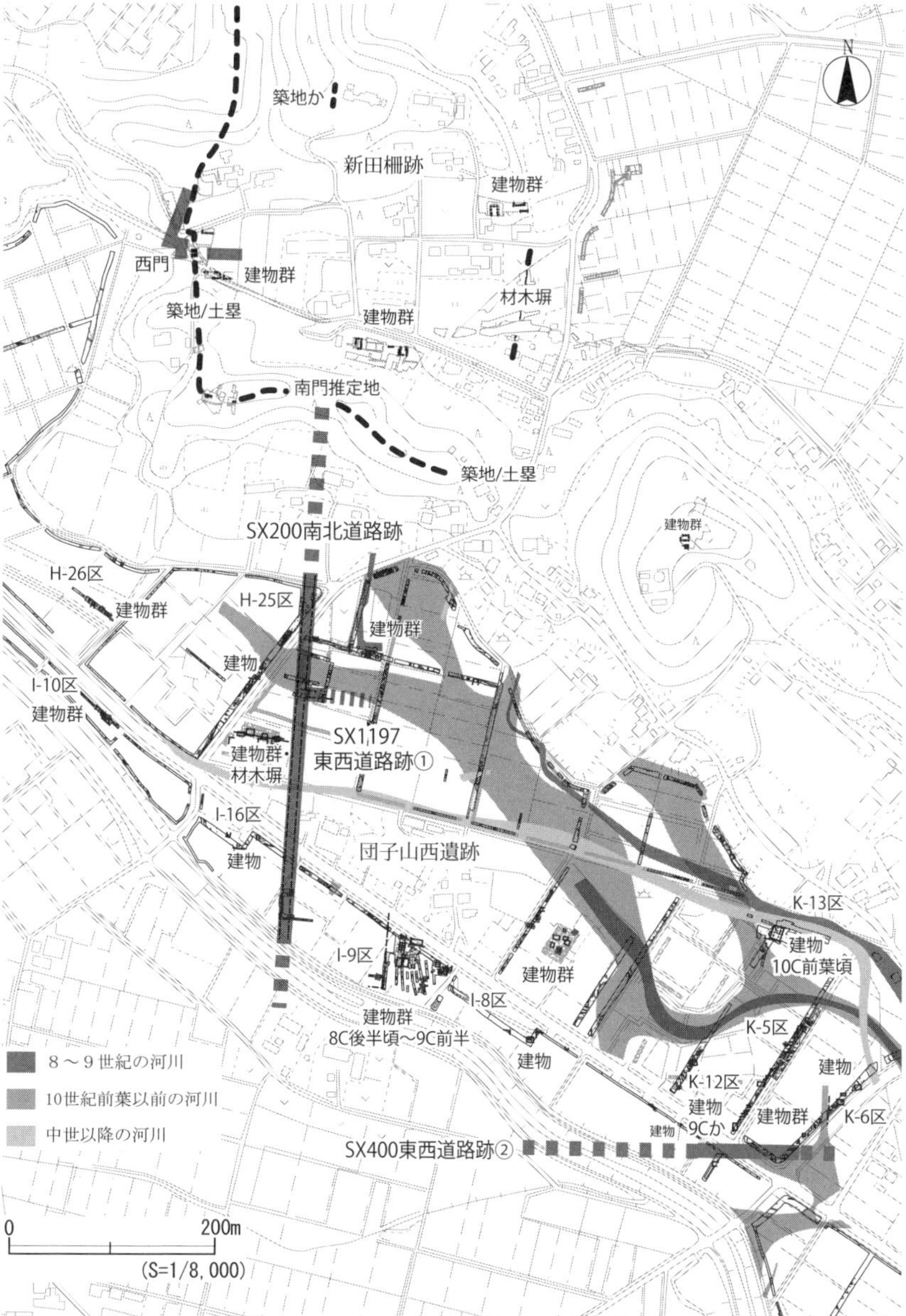

図2　団子山西遺跡・新田柵跡の主要な遺構の位置

道路跡　南北方向の道路跡一条、東西方向の道路跡二条を確認した。いずれも道路側溝が残存するのみで、路面舗装や波板状凹凸面などの有無は確認できない。

ＳＸ二〇〇南北道路跡の規模は、幅が側溝心々で七～九・七ｍである。一度改修されており、新期の側溝上幅が〇・三五～一・四ｍ、深さが〇・一～〇・五ｍであり、方向は北で東に三～四度偏る。検出長は、未調査部分も含めて約三一〇ｍであり、さらに南北へ延長するると考えられる。北側は新田柵跡南門推定地へ延びるとみられる（図３）。南側は後述するＳＸ四〇〇東西道路跡②の西側延長部分との接点まで延びると仮定すると、長さは新田柵跡南門推定地から約七〇〇ｍとなる。年代は、十世紀前葉に降灰した灰白色火山灰（Ｔｏ―ａ）を含む自然堆積層や遺構より古いこと、道路側溝及び重複する遺構の出土遺物から、八世紀後半頃に造営され、九世紀後半頃に廃絶したと考えられる。

図３　H-25区 SX200 南北道路跡

ＳＸ一一九七東西道路跡①は、南門推定地から南へ約二八〇ｍに位置し、南北道路跡東側溝とＬ字状に接続して東へ延びることから、ほぼ同時期に機能したものとみられる。規模は、幅が側溝心々で六・二ｍである。改修は確認されず、側溝上幅が〇・八八ｍ、深さが〇・一～〇・三二ｍであり、方向は東で南に九～十度偏る。検出長は、未調査部分も含めて二〇・八ｍであるが、東へどの程度延長するかは不明である。なお、南北道路跡より西側へは延びないと考えられる。

ＳＸ四〇〇東西道路跡②は、南門推定地から南へ約八〇〇ｍに位置する。規模は、幅が側溝心々で四・八ｍである。改修が認められず、側溝上幅が〇・四～〇・

図4　I-9区掘立柱建物跡の配置

六m、深さが〇・二～〇・四mであり、方向は東で南に二～三度偏る。検出長は未調査部分も含めて約八〇mであり、さらに東西へ延長すると考えられる。西側については、南北道路跡との接点まで延びると仮定すると、長さは約五一〇mとなる。東西道路跡①・②ともに遺物が出土していないが、灰白色火山灰を含む湿地層より古いことから、十世紀前葉以前に廃絶したと考えられる。

掘立柱建物跡・竪穴建物跡　河川の影響を受けにくい微高地上に建物群が展開しており、特にI—9区では、掘立柱建物跡十棟が確認された（図4）。これらは、建物の規模や方向、柱筋の通り、埋土の特徴などから、大きく二期（I期・II期）に分けられる。I期は小型の建物跡が散漫に分布するのに対し、II期は大型の建物跡と総柱建物跡などが柱筋をそろえて配置されている。全体が把握できるものでは、桁行三～五間（六・七～一一・五m）×梁行二～三間（四・四～五・二m）である。柱穴は隅丸方形を基調とするが、布掘り状や四隅がL字状のものが認められる。年代は、柱穴掘方埋土からの出土遺物や他の遺構との位置関係から、I期が八世紀後半頃、II期が九世紀前半と推定される。また、K—一三区のSB一四七五は、桁行四間（一二m）×梁行四間（一〇・五m）の南北棟であり、西側柱列で東に一八度偏る。一度建替えられており、建替え後の柱穴掘方埋土に灰白色火山灰が含まれることから、十世紀前葉頃とみられる。

竪穴建物跡は、全体を把握できるものは少ないが、規模は一辺三・六～六・〇ｍで、四ｍ程のものが主体である。年代は、八世紀後半～九世紀前葉と九世紀後半頃に分かれると推定される。

２　遺構周辺の景観

①遺構の配置　八～九世紀では、河川とその氾濫により形成された湿地のため、新田柵跡南面は土地利用に大きな制限があったと考えられ、道路跡や主要な建物跡は河川の影響を受けにくい微高地上に分布している。一〇世紀前葉頃となると、河川や湿地が埋没・乾地した場所に掘立柱建物跡が建てられるようになった。

②道路跡と建物群の関係　南北道路跡と掘立柱建物跡・竪穴建物跡の建物群は、共にやや東に偏っており、方向が揃っていることから、南北道路跡を基軸として一体的・計画的に整備されたと推定される。なお、道路が廃絶した九世紀後半以降の建物跡は、さらに東へ偏ることから、この頃には基軸が失われたとみられる。

③新田柵跡との関係　新田柵跡の中心施設は、丘陵南西部に展開すると推定されており、ＳＸ二〇〇南北道路跡を北へ延長すると、南門推定地に接続する。本遺跡では、他に南北方向の道路跡は見つかっておらず、ＳＸ二〇〇は新田柵跡から南へ延びる基幹道路であったと考えられる。建物群はこの道路跡を基軸として配置されたとみられ、特にⅠ―９区では、Ⅱ期に大型の掘立柱建物が整然と配置されている。これらは、基幹道路に隣接し、城柵の中心部とみられる丘陵南西部のほぼ正面に位置することから、他の建物より格式が高いことが想定され、新田柵跡の運営に関わる役人の「館」である可能性がある（宮教委、二〇一八）。

八世紀前半に新田柵跡が造営された後、同後半に道路跡と建物群が整備されたとみられ、新田柵跡の廃絶時期については明らかではないが、西門が九世紀前半までは機能していたと推定されることから、団子山西遺跡と新田柵跡はほぼ同時期に機能していたものと考えられる。

④大崎平野北辺の城柵官衙との関係　大崎平野の北辺

には、八世紀前半に城柵が陸奥国北辺を画すように数キロ間隔で配置されており（村田、二〇〇七）、これにより対蝦夷の防衛ラインを構築していたと考えられる（八木、二〇〇一）。本遺跡は新田柵跡と密接に関係しており、その周辺では、田尻川の上流・下流に城柵が並ぶように分布しており、河川を介した人・物資の移動など、連携しながら北辺の城柵として機能したものとみられる。

参考文献（本文中、宮城県教育委員会を宮教委、宮城県多賀城跡調査研究所を宮多研とした）

大崎市教育委員会、二〇〇八～二〇一〇『新田柵跡推定地一一～一三』宮城県大崎市文化財調査報告書第五・七・一二集
同、二〇一一『新田柵跡推定地一四ほか』宮城県大崎市文化財調査報告書第一五集
熊谷公男、二〇〇〇「養老四年の蝦夷の反乱と多賀城の創建」（『国立歴史民俗博物館研究報告』八四）
田尻町教育委員会、一九九八『新田柵跡推定地』田尻町文化財調査報告書第三集
同、二〇〇〇『新田柵跡推定地二』田尻町文化財調査報告書第四集
同、二〇〇一a『新田柵跡推定地三ほか』田尻町文化財調査報告書第五集
同、二〇〇一b『新田柵跡推定地四』田尻町文化財調査報告書第六集
同、二〇〇二a・b『新田柵跡推定地五・六』田尻町文化財調査報告書第七・八集
同、二〇〇三～二〇〇四・二〇〇六『新田柵跡推定地七・八・九』田尻町文化財調査報告書第九～十一集
宮城県教育委員会、二〇一八『団子山西遺跡一』宮城県文化財調査報告書第二四八集
宮城県多賀城跡調査研究所、二〇〇五～二〇〇七『木戸窯跡群一・二・三』多賀城関連遺跡発掘調査報告書第三〇・三一・三二冊
村田晃一、二〇〇七「陸奥北辺の城柵と郡家—黒川以北十郡の城柵からみえてきたもの—」（『宮城考古学』九）
同、二〇一七「宮城県東山官衙遺跡群の景観」（鈴木靖民・荒木敏夫・川尻秋生編『日本古代の道路と景観—駅屋・官衙・寺—』八木書店）
八木光則、二〇〇一「城柵の再編」（『日本考古学』一二）

〔遺構事例〕

2　千葉県国府台遺跡第一九二地点
—下総国庁へ向かう道路—

垣中健志

1　遺跡の概要

①時代・種別　奈良・平安時代官衙・集落遺跡（ほかに弥生時代中期以降の集落遺跡、古墳時代後期の古墳、集落遺跡、中世の城郭、集落遺跡など）。

②所在地　千葉県市川市北西部の江戸川左岸の標高約二三mを測る下総台地南西端にあたる国分台に位置する。国分台は西を江戸川、南を真間川、東を国分川によって区切られ、台地奥部まで細長く入り込む六反田支谷によって、東側を中国分支台、西側を国府台支台に分けられる。推定下総国府跡を含む国府台《こうのだい》遺跡は西側の国府台支台に立地している。

③周辺の遺跡・神社・古墳　古墳時代には、国府台古墳群が存在する。その中の最大の古墳は六世紀中葉に築かれた前方後円墳の法皇塚《ほうおうづか》古墳であり、石室からは武具や馬具など豪華な副葬品が見つかっている。石室の石材には房州石が使われ、墳丘の埴輪には埼玉県の生出塚《おいねづか》埴輪窯産の形象埴輪と下総型の円筒埴輪が見られる。

古代では、国府台東側の中国分支台に下総国分寺・国分尼寺が立地する。国分寺の東側に位置する北下《きたした》遺跡では、国分寺創建期の瓦を焼いた窯跡や、河川跡から多量の祭祀遺物などが見つかり、国分寺、あるいは国府域の境界を示す祭祀が行われていたと考えられている。さらに、国分寺の北側に広がる国分《こくぶ》遺跡からは「京」墨書土器が、国府台遺跡の南東に位置する須和《すわ》田《だ》遺跡からは「博士館」「右京」墨書土器が出土していることから、それぞれの遺跡が国府域に含まれていることを示唆する。なお、国府台南端には行基の創建と伝わる真間山《ままさん》弘法寺《ぐほうじ》がある。

④主要な遺構・遺物　本調査地点で確認された古代道路跡（図2道路①。以下同様）は南北約四五mにわ

〔遺構事例〕2　千葉県国府台遺跡第一九二地点（垣中）

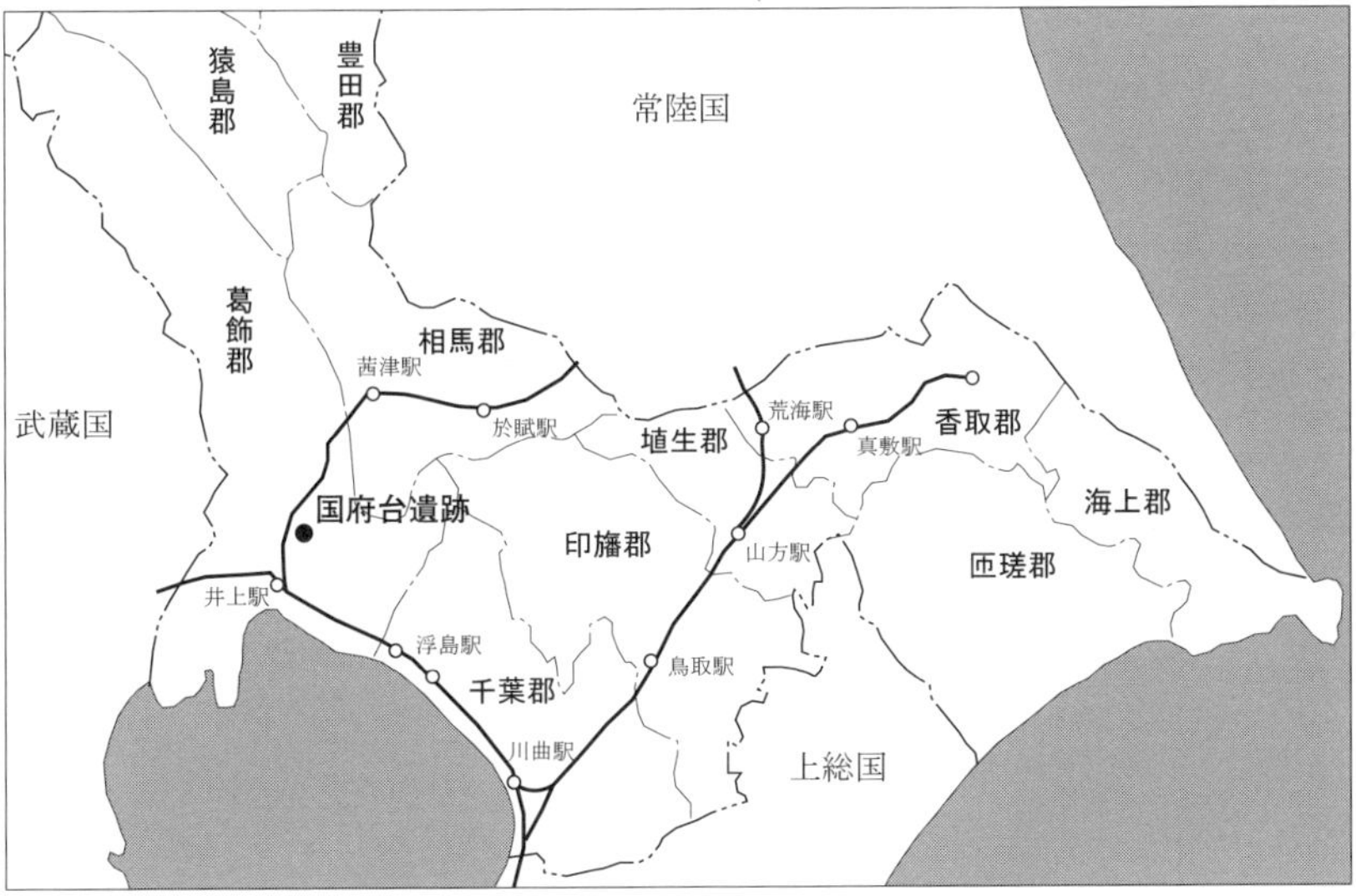

図1　千葉県市川市国府台遺跡の位置

たり、東西両側に溝を伴う。西側溝は一度の付け替えがあり、道路外側の側溝が古く、内側に付け替えられた側溝が新しい。側溝の心々距離は古い時期で約一一m、新しい時期では約一〇mであり、道路の路面幅は古い時期で約一〇m、新しい時期で約九mと推定される。

調査区南側の二ヵ所で硬化面を部分的に確認した。また、調査区内の道路幅の中央部からは、等間隔に直径約〇・七m・深さ約〇・二mの円形の土坑が連続して検出された。この連続する土坑は波板状凹凸面とも考えられるが、土坑の覆土には特殊な土が使用された痕跡や排水の痕跡、工具痕などは確認されず、道路を使用したことによってできたくぼみであるとも考えられる。

道路東側溝は、幅一・〇m、深さ〇・四mを測り、一度の掘返しがあった。道路西側溝は、二条確認された。溝はともに幅一・〇m、深さ〇・四mを測り、ほぼ同規模である。

調査区南西部で、道路西側溝を断ち切るように幅約四m、深さは最大で二mになる南北方向の大溝を検出した。この大溝は何らかの施設を区画することを目的とした区画溝であると考える。大溝には、二度の掘返しが認められ、溝内からは奈良時代から平安時代中期にかけての遺物が見つかっている。また覆土中の深さ一・〇m～一・二mの範囲には、天仁元年（一一〇八）に噴火した浅間山に由来する浅間テフラ（As-B）の火山灰を含んだ部分を確認した。

本調査地点の出土遺物は、八世紀～一〇世紀中葉頃の須恵器、土師器が多く、須恵器転用硯や蓋、甕の破片などが見つかっている。墨書土器はすべて土師器であり、一点を除いて大溝から出土している。判読できたものには「葛」「厨」「嶋」などがあり、下総国府または葛飾郡家との関係が想定される。

2　遺構周辺の景観

国府の中心施設である国庁の推定地は、現在の国府台球場付近とする説が有力である。球場の西側では古瓦が採取されているが、現在までの発掘調査でその痕跡は確認されていない。球場の東側にある下総総社跡の調査では、八世紀から九世紀にかけての竪穴建物一二棟、溝五条が検出された。八世紀前葉の竪穴建物からはカマド祭祀の痕跡や墨書土器「玉」が、八世紀中葉の竪穴建物からは墨書土器「相馬」が、八世紀後葉の竪穴建物からは土器集積遺構が見つかっている。また東西方向に延びる溝は、隣接する市営総合運動場調査地点まで続くことから、国衙の北側を区画する溝の可能性がある。市営総合運動場調査地点では、八世紀を中心に竪穴建物六六棟、掘立柱建物八棟、溝六条などが検出されている。国府の施設と考えられる遺構は検出されていないが、「井上」「葛」「郡」などの墨書土器や瓦、和同開珎、獣骨などが出土していることから、国府に関係する集落であった可能性が指摘されている。球場の南西側に位置する国府台遺跡第二地点からは八世紀の竪穴建物二棟、円面硯、塼が見つかっている。

今回の調査地点の北側に立地する千葉商科大学キャンパス内の調査では、第四地点―八で、八世紀前葉の竪穴建物から静岡県の湖西産須恵器、畿内産土師器、新羅系土器が見つかり、八世紀代の土坑からは埋納されたと考えられる馬の頭骨が見つかっている。また、八世紀後葉に構築された南北に延びる溝は国衙域の東西を区画する溝であったと推測されている。

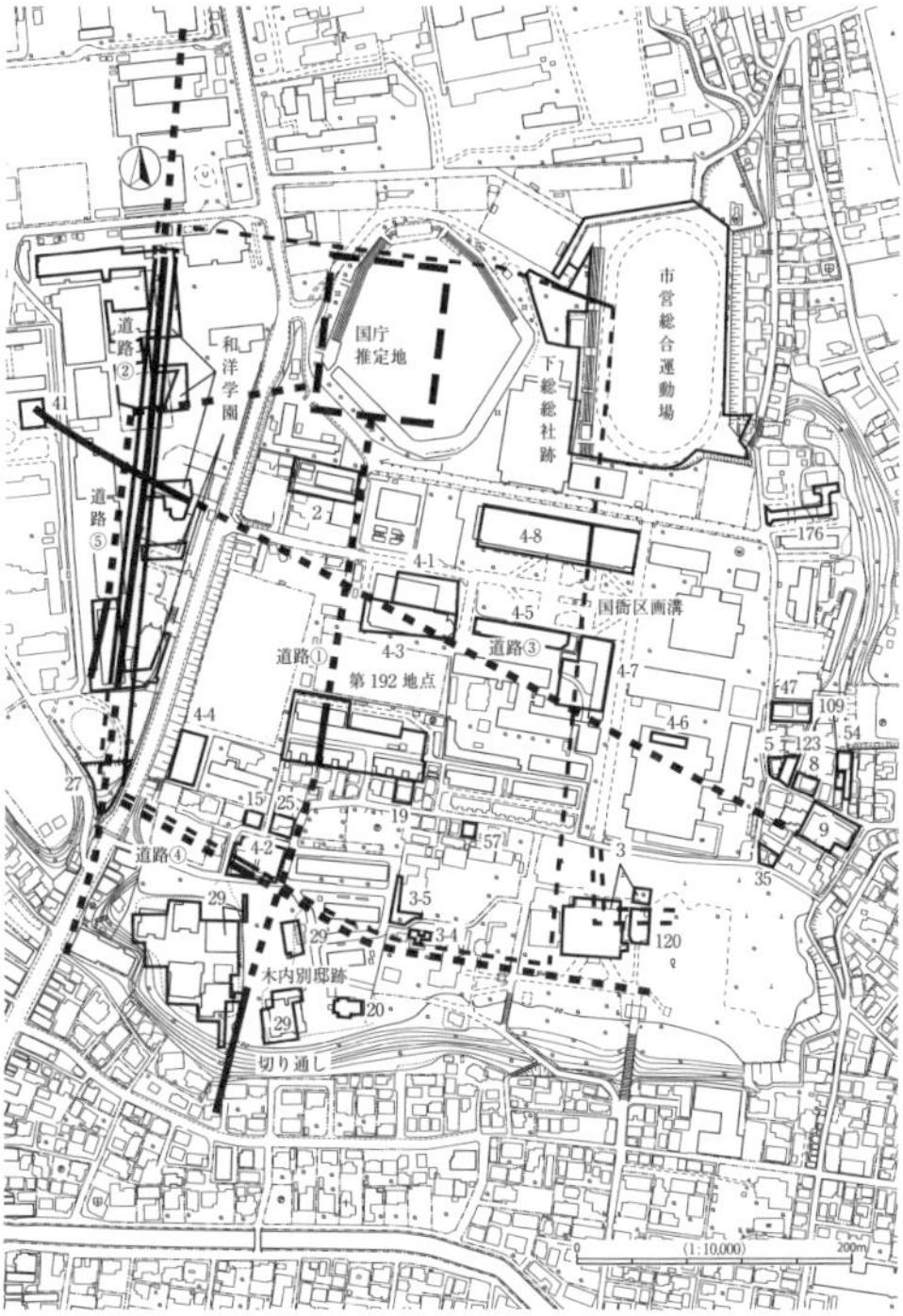

図2　国府台遺跡道路関係図

和洋学園国府台キャンパス内遺跡では、八世紀中葉から九世紀前葉にかけて区画溝や柱列が設けられ、竪穴建物や掘立柱建物が増加する。また、八世紀前葉の短期間だけ存続した南北道路（道路⑤）と、八世紀前葉から九世紀中葉まで継続する東西道路（道路③）が見つかっている。南北道路については国庁造成のための道路であったと考えられている。また九世紀前葉から中葉までの間の、南北に延びる二条の並行する溝が検出され、溝間が約一五m～一八mであることから、平安時代の東海道本道（道路②）であった可能性が指摘されている。出土遺物は、墨書土器「国」「葛」や獣骨、鉄滓などが見つかっており、国庁に付随する厨施設や鍛冶工房の存在が想定されている。なお、国府台遺跡の北側にある新山遺跡からは、八世紀中葉頃までさかのぼる幅六mを測る南北方向の道路跡が検出されており、奈良時代の東海道相馬路、平安時代以降の東海道本道の一部であったと考えられている。

弘法寺境内の国府台遺跡第三地点では八世紀前葉から中葉にかけての掘立柱建物と平行して柱列と溝が検出されている。これらの遺構は、当初は北東方向に傾いて造られたが、八世紀中葉には北向きに変わる。また、八世紀中葉以降、掘立柱建物が消滅し、北を軸とする方形の区画溝が掘削される。出土遺物には灰釉・緑釉陶器や円面硯などがある。また近在の第五七地点からは倉と見られる掘込み地業がなされた基壇建物も見つかっていることから、弘法寺周辺には葛飾郡衙が存在したと推定されている。

今回の調査地点の南西に位置する国府台遺跡第四地点―二では、東西方向に延びる古代道路状遺構が検出されている。さらに、台地南端に位置する第二九地点では、八世紀〜九世紀にかけての墓壙七基と九世紀〜十世紀にかけての竪穴建物とともに、台地南端に切通し状道路遺構（道路①）が確認されている。この切通し状道路遺構の時期は正確には特定できないが、市川砂州から台地上の国府に向かって登る位置にあり、今回の調査地点で検出した道路跡に続くものと考えられる。

国府台遺跡第一九二地点で確認された古代の道路跡は、下総国庁が推定されている国府台球場のほぼ真南に位置する。下総国府域では国庁に到達する南北方向の直線道路の存在は早くから指摘されていたが、今回の調査で国庁の南面から南下する朱雀大路のような直線道路の存在が裏付けられたことになる。下総国府域に含まれる国府台遺跡や和洋学園国府台キャンパス内遺跡からは、東西方向や南北方向に延びる道路跡、区画溝などが見つかっていることから、国府域全体で計画的な道路整備と土地整理が行われていた可能性があり、本調査地点の道路跡もその中の一つであったと考えられる。

今回の調査で確認された道路が造成された時期については、東西の側溝から見つかった遺物の多くが八世紀中葉以降のものであることから、この道路が八世紀中葉までに造成されたと推測できる。国府台遺跡の調査成果によると、下総国府域の整備が八世紀前葉から始まることが指摘されている。また、和洋学園国府台キャンパス内遺跡で見つかった国庁造成のための南北道路が八世紀前葉の短期間しか存在しないことも考えると、八世紀前葉の国府域の整備によって国庁が完成し、その後に国庁に向かう直線道路も完成したと推定する。一方、道路が廃絶した時期については、道路西側溝を断ち切って掘削された大溝が一〇世紀前葉の溝と推測されることから、道路はそれ以前に廃絶したと考えられるものの、詳細は不明である。和洋学園国府台キャンパス内遺跡で見つかった南北方向に延びる東海道本道とされる九世紀以降の道路や、国府台遺跡内に造成された道路や区画溝との関係についても、今後検討する必要がある。

〔遺構事例〕2　千葉県国府台遺跡第一九二地点（垣中）

図版出典

図2　（千葉県教育委員会、二〇一九）を編集

参考文献

市川市教育委員会、二〇〇一　『下総国府跡―国府台遺跡緊急確認調査報告書―』（市川市教育委員会）

木本雅康、二〇一六　「古代の地方道路」（舘野和己・出田和久編『日本古代の交通・交流・情報　三　遺跡と技術』吉川弘文館）

千葉県教育委員会、二〇一九　『市川市国府台遺跡第一九二地点』（千葉県教育委員会）

山路直充、一九九七　「下総国府における主要道路」（『平成九年度企画展図録　古代の道と旅』千葉県立房総風土記の丘）

山路直充、二〇一五　「手児奈の風景」（市立市川考古・歴史博物館編『図説市川の歴史』市川市教育委員会）

和洋学園校地埋蔵文化財調査室、二〇〇四　『下総国府台　和洋学園国府台キャンパス内遺跡第一～四次発掘調査報告』（学校法人和洋学園）

〔遺構事例〕

3　鳥取県青谷横木遺跡
―駅路・条里・官衙―

坂本嘉和

1　遺跡の概要

①時代・種別　青谷横木《あおやよこぎ》遺跡は七世紀後半から十一世紀にかけての官衙・交通・生産・祭祀遺跡である。

②所在地　遺跡は鳥取県鳥取市青谷町、青谷平野の東側を流れる日置川下流域にあたる（図1）。古代では、因幡国気多郡日置郷に位置する。

③周辺の遺跡・神社・古墳　青谷平野には、弥生時代の遺跡として著名な国史跡青谷上寺地《あおやかみじち》遺跡が北西一・五kmに位置する。丘陵を越えた東側には、気多郡衙とされる上原《かんばら》遺跡群や寺内《てらうち》廃寺、郡衙の出先機関とされる戸島《としま》・馬場《ばば》遺跡などが存在する。青谷平野は『延喜式』兵部82山陰道駅伝馬条に記された柏尾駅の候補地の一つで、遺跡の隣接地には「上馬ノ子」「下馬ノ子」という字名が残る。

④主要な遺構・遺物　発掘調査は一般国道九号線（鳥取西道路）の改築に伴い実施された。鳥取県埋蔵文化財センターが二〇一三年度から二〇一五年度にかけて行った発掘調査では、古代山陰道の駅路と考えられる道路遺構や条里遺構、掘立柱建物跡などが確認されている（坂本他、二〇一八）。遺物は墨書土器や木簡、木製祭祀具、檜扇、木トンボなどが出土し、とくに木簡は約八一点を数え、木製祭祀具は約二万二五〇〇点に及ぶ。また、高松塚古墳壁画に次ぐ国内二例目となる飛鳥時代の女子群像が描かれた板絵も出土している。

道路遺構は丘陵裾に位置し、低湿地に盛土で築かれている。道路敷の大部分は埋没した自然河道上にあたり、古墳時代後期の阿古山《あこやま》古墳群の一部を破壊し、敷設された可能性が高い。

確認した道路の長さは約三〇〇mで、巨視的にみれば北西から南東方向に直進する（図2）。道路幅は路面にあたる石敷部分で最大六から七mを測り、道路盛

図１　鳥取県鳥取市青谷横木遺跡の位置

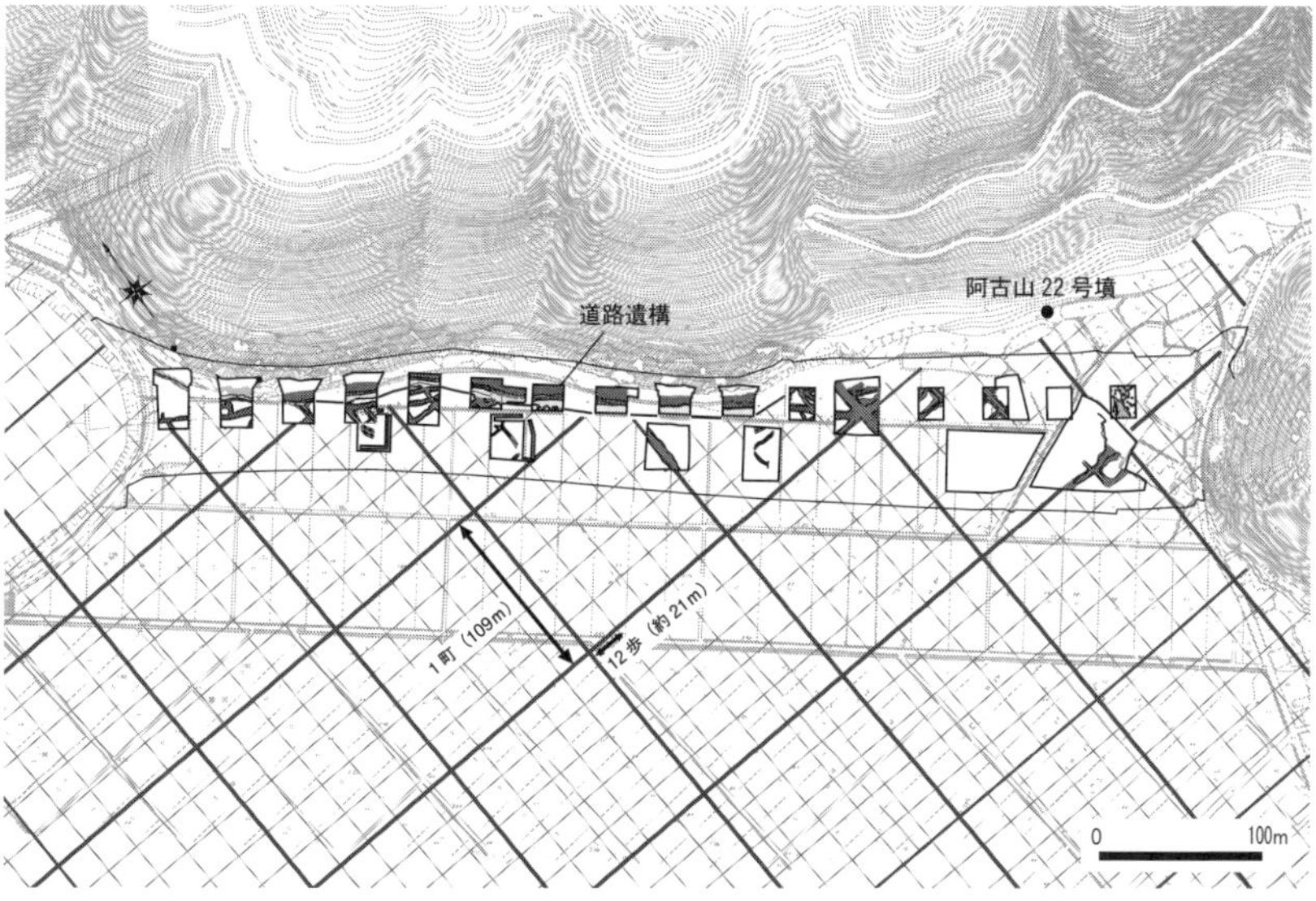

図２　青谷横木遺跡の遺構配置図と条里地割の復元

土の高さは最大約一・四mである。平野側では側溝が確認されている。なお、この道路規模は、十一世紀頃の道路廃絶時のものであり、敷設当初の規模や側溝の有無は明らかではない。

道路は七世紀後葉から八世紀初頭に敷設され、少なくとも四回の改修が行われている。改修時期は一回目が八世紀後半、二回目が九世紀代、三回目が十世紀後半、四回目が十一世紀代である。道路の規模や構造は二度にわたって大きく変化し、まず、八世紀後半に路幅が六～七m程度に縮小された可能性が高い。その後、十世紀後半に道路遺構の外側に盛土（「道路外盛土」と呼称）が築かれ、それにより道路との間に側溝が造り出される。さらに、平野側には条里地割が整備され、その地割を示す盛土が道路外盛土に取り付く。道路外盛土は道路空間と耕地空間を明確に区画する役割を果たす一方で、道路盛土の崩落や流出を防ぎ、補強する機能を兼ね備えていたと考えられる。

道路盛土は丘陵裾をカットし、その切土を利用して低地側を盛り上げる構造である。路床では軟弱地盤のみに敷葉・敷粗朶工法が採用されている。敷葉・敷粗朶は一層のみで、基盤に緻密な粘土層を貼った上に敷設されている。粘土層は軟弱な基盤層との分離を図り、混合を防いだとみられる。敷葉・敷粗朶層の構造は、まず、粘土上に葉付きの枝や草本を敷設し、敷設範囲の端部に大型の礫を並べ押さえる。その後、上部に木端（削り屑）や小礫、土器細片を混和させた植物遺体を充填している。樹種はイヌガヤやヤブニッケイ、クスノキ、カヤなどが用いられている。路盤は拳大から掌大の礫混じり粘土からなり、路面はさらに細かい礫が混和され、石敷きの路面に近い。

道路外盛土では、側溝側の肩部に打設された杭列に沿うように樹木根が確認されている。樹木根は樹種同定によりヤナギ属であることが判明し、街路樹として柳が植えられていたと考えられる。

古代の街路樹は、文献や和歌などで都に槐や柳が植えられたことが知られる。『万葉集』巻十九―四一四二番には、越中国国司であった大伴家持が都大路の柳を懐かしんで詠んだ和歌がある。また、『類従三代格』巻七・天平宝字三年（七五九）六月二十二日乾政官符によると、東大寺僧普照が天平宝字三年に旅人の飢えを癒やすために京外の街道に果樹を植えることを奏上している。発掘調査で街路樹が確認されたのは国内初であり、古代の道路景観を視覚的に捉えられるようになった意義は大きい（図3）。

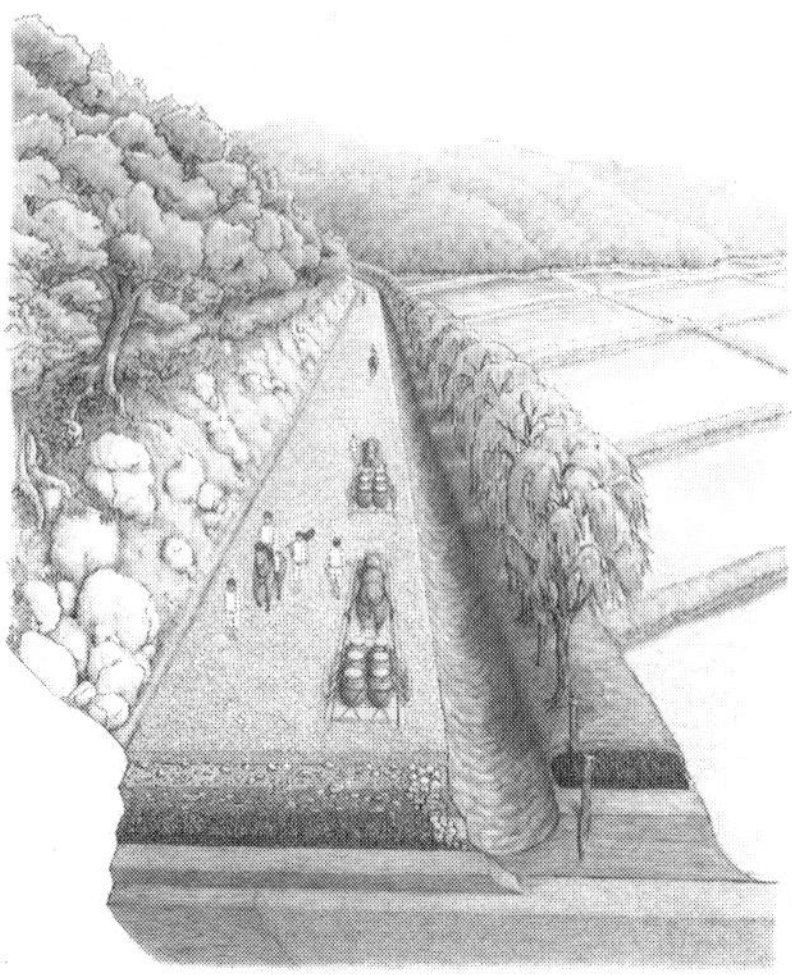

図3　青谷横木遺跡の古代山陰道復元イラスト

条里地割は概ね東西南北に設計され、五度ほど西偏する。条里地割の規格は一〇七から一〇九m前後と想定される。一町方格内の地割は、一般的な長地型と半折型とは異なり、長幅とも一二歩（約二一m）四方に分割していた可能性が高い。

条里遺構も道路遺構と同じく盛土によって構築され、一町方格を示す条里遺構は上面幅三～四mと規模が大きい。盛土の表層近くに粗朶を敷き、さらにその上に大型の礫を並べる。それに対して、一町方格内の小区画は上面幅二～二・五mと規模が一回り小さく、礫敷きもみられない。

条里遺構の構築時期は、十世紀後半と考えられる。出土土器に加え、一体で構築された道路外盛土の敷粗朶層から「天慶十年」（九四七年）と記された題籤軸が出土している。したがって、青谷平野東半の日置川下流域における条里施工は十世紀後半まで下る可能性が高い。

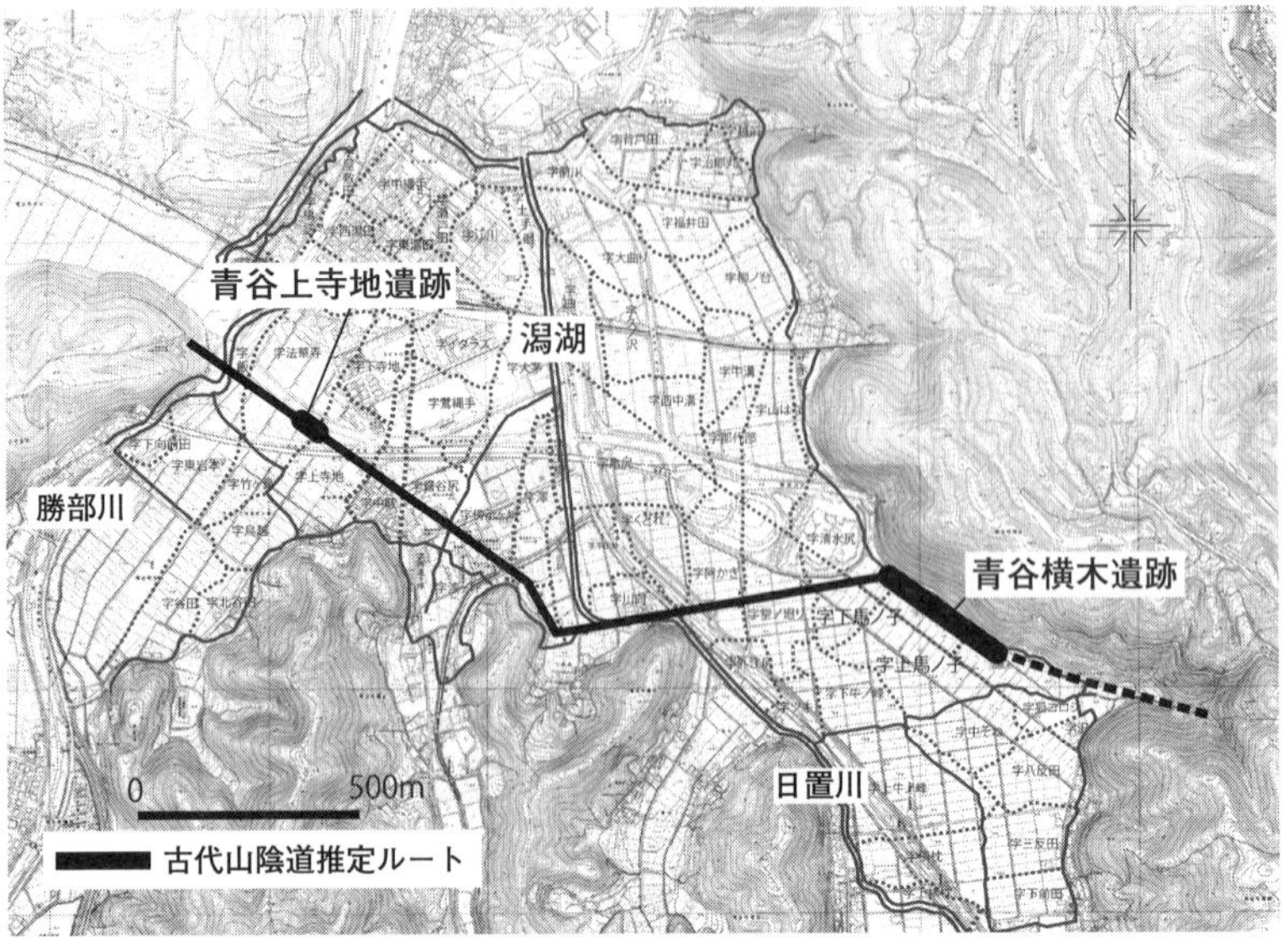

図4　青谷平野における駅路復元

2　遺構周辺の景観

青谷横木遺跡の道路遺構は、七世紀後葉から八世紀初頭にかけて敷設され、改修を繰り返しながら十一世紀頃にかけて長期間にわたり維持された。道路の敷設年代や規模に加え、青谷上寺地遺跡で確認された道路遺構の延長線上に位置することから、古代山陰道の駅路にあたると考えられる。柳の街路樹は官道としての格式の高さを示すものと評価され、軟弱地盤における敷葉・敷粗朶工法などの先端的土木技術の採用もそれを示唆するものであろう。

青谷平野における駅路の路線を復元したのが、図4である。青谷平野は周囲三方を急峻な山々に囲まれ、狭小な平野部も弥生時代から続く潟湖が八世紀後半から九世紀まで遺存していたと考えられている（家塚・村田編、二〇一二）。さらに勝部川と日置川の二河川を立て続けに渡河しなければならず、極めて交通の難所であったことが窺える。そのため、駅路は低湿な平野を最短距離で通過し、地盤の安定する丘陵裾を結ぶように直線的に設計されたと考えられる。

従来から想定されていた内陸部ではなく、作道には適さない沿岸部に駅路を施工した理由は想像の域を出ないが、潟湖の畔に置かれたであろう津などの港湾施設の存在が大きいと考える。律令国家が遠距離直達性とともに、この地が水陸交通の結節点として果たす役割を重視していた可能性が高い。

条里地割は、青谷上寺地遺跡でも道路遺構と一体で確認されているが、青谷横木遺跡とは施工時期が大きく異なる。青谷上寺地遺跡では駅路敷設時の七世紀後葉から八世紀初頭に道路と一体で構築されている（森本編、二〇一四）。このことは、青谷平野の条里地割が、同時期かつ全面的に施工されたのではなく、段階的に整備されたことを示している。日置川下流域の耕地開発が遅れたのは、勝部川流域に比べ低湿で、前述のとおり、潟湖が平安時代まで遺存していたことが一因であろう。

青谷横木遺跡にみる駅路建設は土地開発のみならず、官衙の造営や大規模な律令祭祀を伴うものであった。出土木簡からは気多郡の郡衙別院や正倉別院などの末端官衙が置かれ、郡西部の日置郷と勝部郷の二郷を管轄下に置いていたと考えられる。また、膨大な木製祭祀具は国境近くに位置する立地等から交通に関わる国家レベル境界祭祀が執り行われた可能性を示唆する。中央集権国家を目指す律令国家にとって駅路建設が、単に情報伝達や都鄙間交通のためだけではなく、在地社会を再編する国家プロジェクトとして、その根幹をなすものであったことを示している。

参考文献

家塚英詞・村田泰輔編、二〇一一『青谷上寺地遺跡景観復原調査研究報告書』（鳥取県埋蔵文化財センター）
坂本嘉和他、二〇一八『青谷横木遺跡』（鳥取県埋蔵文化財センター）
森本倫弘編、二〇一四『青谷上寺地遺跡一三』（鳥取県埋蔵文化財センター）

〔遺構事例〕

4　島根県魚見塚遺跡
―隠岐へ向かう駅路―

江川幸子

1　遺跡の概要

①**時代・種別**　古代（奈良・平安時代）・道路。

②**所在地**　島根県松江市朝酌町にあり、奈良時代の区分では出雲国島根郡朝酌郷にあたる。

③**周辺の遺跡・神社・古墳**　当遺跡の西四十ｍには全長六一ｍを測る古墳時代後期の前方後円墳、魚見塚古墳が築造されている。また、古代道路（魚見塚遺跡）の推定ルートに沿っては奈良～平安時代の遺跡である天井遺跡、キコロジ遺跡、朝酌橋ノ谷遺跡、朝酌菖蒲谷遺跡が立地しており、天井遺跡とキコロジ遺跡では、灰釉陶器や漆液容器などの出土から、有力者層と手工業生産の存在を窺うことができる。

魚見塚古墳の南にある丘陵端部には、式内社の朝酌上神社に比定される多賀神社が鎮座している。

④**主要な遺構・遺物**　古代と近世の道路遺構、近世の井戸などを検出しているが、主だった遺構は、古代の道路遺構である。おそらく中世にも継続したと思われるが、遺構としては確認できていない。

道路遺構は、まず開発（道路拡幅）に伴う小規模な本調査区で発見された。ここは以前より『出雲国風土記』（以下『風土記』）に記された〝枉北道〟の有力な推定地であったことから、本調査区のほかに九本のトレンチを設定して追加調査を実施したところ、全長一〇ｍにおよぶ道路が復元された。道路の直進性や大がかりで丁寧な普請の状況、遺物の時期などから古代の官道であることは間違いなく、歴史地理学の研究成果（中村、一九九二）からも、『風土記』に記された隠岐へ向かう駅路、枉北道とみて間違いない。本遺跡において、枉北道が初めて考古学的手法により、遺構としてその姿を現すこととなった。

枉北道の道路工法は、谷部では盛土工法、低丘陵を

〔遺構事例〕4　島根県魚見塚遺跡（江川）

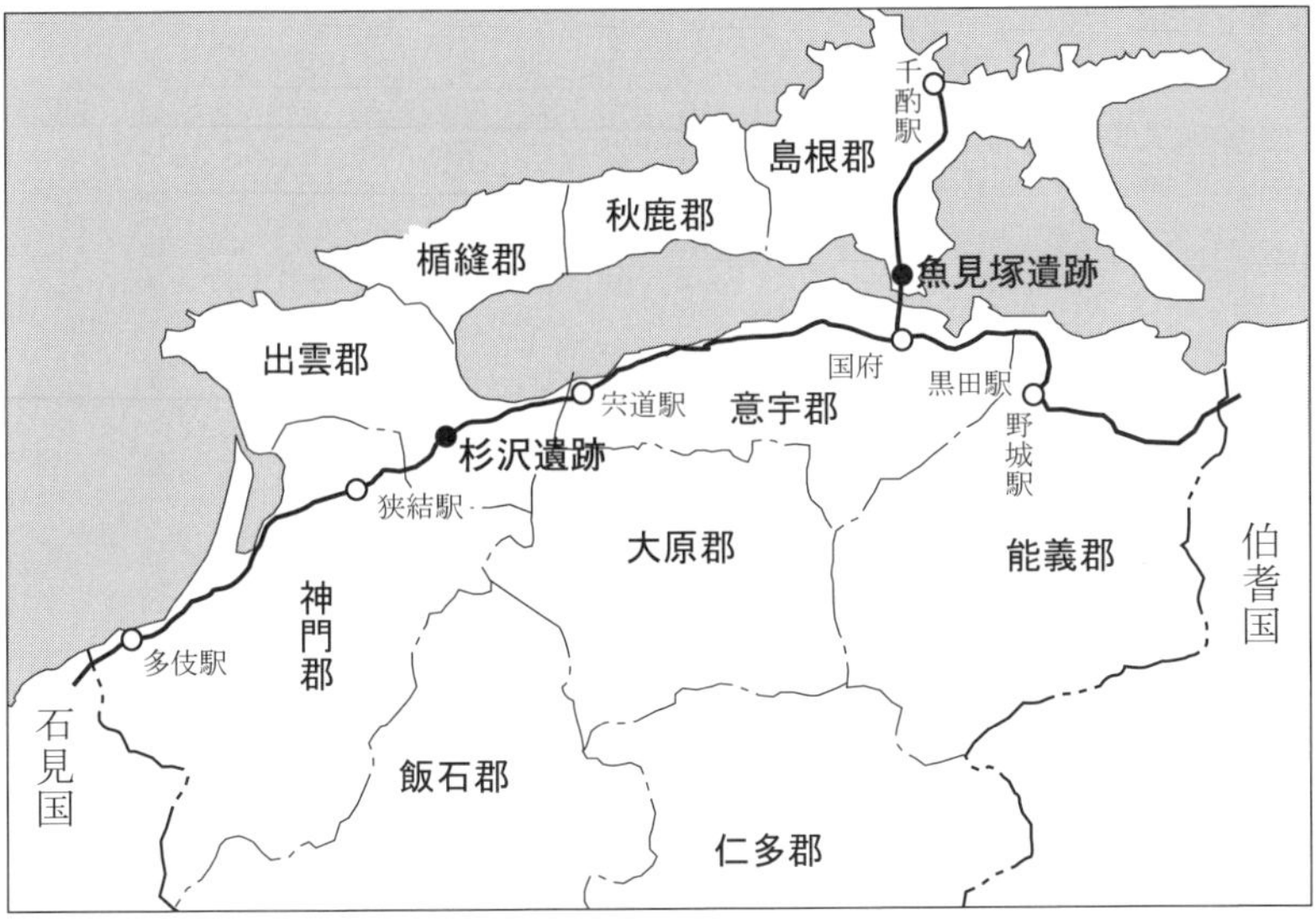

図１　島根県松江市魚見塚遺跡・出雲市杉沢遺跡の位置

横切る場所（本調査区など）では東西の地山を一ｍ程度カットした切土工法で造られていた。本調査区の道路遺構には三時期（1～3期）が存在したので、以下で概略を記す。

1期（7世紀末～8世紀中頃）

両側に側溝を持つ可能性を残すが、確認できた範囲では西側に側溝を持つ片側側溝の道路で、道幅は最大で四．八ｍを測る。路面は残存していない。

道路構造は、路床から側溝にかけて褐色土を目土にして丸味のある小礫を密に敷き、その上をクロボクで覆い路盤としたものである。路床に敷かれた小礫は、ほとんど上下に重ならず、上から叩き締めたかのように礫の広い面が上向きに揃う点に特徴があり、このような例は奈良県御所市にある鴨神遺跡の古墳時代中期の道では認められるが（近江、一九九四）、今のところ古代では本遺跡以外では確認されていない。

なお、小礫に混じって多数の摩滅した土器片が出土したことから、小礫は集落の周辺で採取されて道路の敷設現場まで運ばれていたと推察される。

2期（8世紀後半以降）

西側に直進性の強い側溝を持つ片側側溝の道路で、道幅は二．五ｍに縮小されている。路面は明確でない。

道路構造は地形の勾配により異なるようで、北の緩傾斜地では波板状凹凸面、南の平坦地では礫敷路床を持つ路盤となっている。

波板状凹凸面は、平面プラン楕円形の土坑が長軸を道路の進行方向に対して直交方向に向き、芯々距離七五㎝前後でほぼ等間隔で並んでいる。土坑の大きさは長径一一〇㎝、短径三〇㎝、深さ一〇～一五㎝前後で、土坑の底には角張った石が多数置かれ、クロボクで充填されている。波板状凹凸面の上は粘性の高い褐色土で覆われていた。

路床の礫敷は1期と異なり、道路の中央付近に大小不揃いな礫が集中して敷かれており、それらをパックするように粘性の高い褐色土が被せられ、その上から叩き締めが行われたと考えられる。粘性の高い褐色土の表面には路肩も含めて硬化が確認された。ただし、硬化面の一部には路床の礫が露出しており、これが故意的に造られた道路構造なのか、廃絶期における路面の状態であるのかについては判断できなかった。

3期（古代）

1・2期上層の、幅四ｍ前後のクロボクが路盤を形成していたと考えられる。後世の削平等で路盤構造は明確にできていない。時期については、新しい要素が見いだせないことから古代のうちとみる。

2　遺構周辺の景観

七三三年に勘造された『風土記』によれば、出雲国府が置かれた意宇平野には、伯耆国から出雲国を経て石見国に至る山陰道（正西道）が東西方向に通り、出雲国庁の真北には、黒田駅が取り付く十字路がある。その十字路を起点として北に分岐する道が枉北道で、国庁から海辺（隠岐国に渡る千酌駅）に通う道とされている。

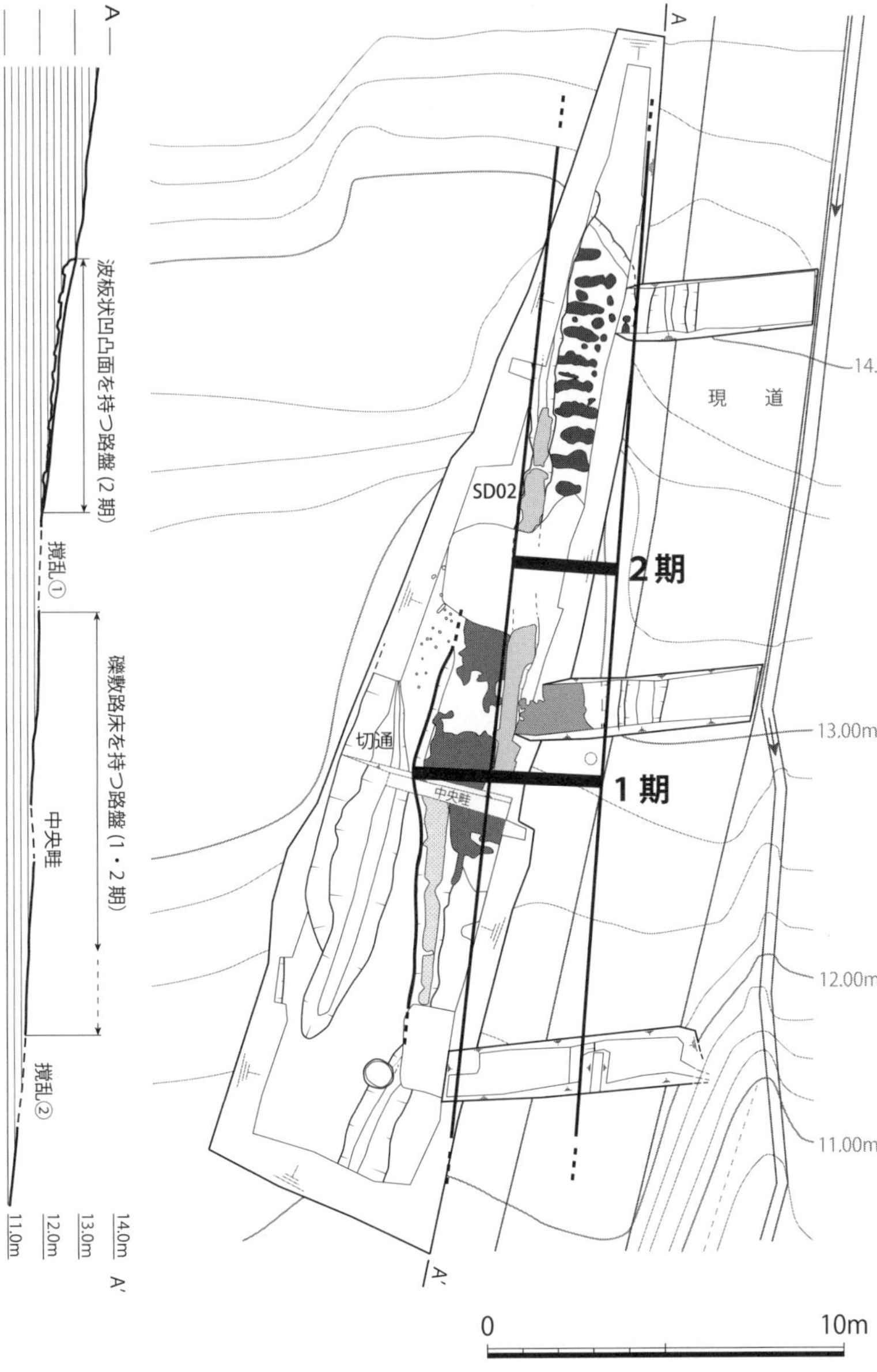

図2　本調査区の地形と道路遺構の関係（S＝1:250）

図３　２期の波板状凹凸面（下の溝は側溝、上の溝はサブトレ）

図４　本調査区の道路遺構（左が１期、右が２期）

杠北道を北に進むと島根郡との郡界、現在の大橋川を渡る〝朝酌渡〟に至る。朝酌渡がどこにあったのか詳細は分からないが、朝酌渡の北岸では魚見塚遺跡を南に延長した川岸付近に想定されている。朝酌渡周辺の様子については『風土記』島根郡の朝酌促戸条に詳しく、春秋には筌を仕掛けて大量の魚が捕れたほか、海藻も豊富で、周辺には自然と廛（市場）ができて賑わっていた様子が具体的に描写されている。また、島根郡には八世紀まで出雲国の須恵器生産を独占した大井窯跡群のほか、邑美清水、前原崎といった歌垣の場、牧といった重要な施設がある。朝酌渡は渡船場であるとともに、水上交通の結節点、港としても大きな役割を果たしていたと考えられ、項目1の③で挙げた奈良～平安時代の遺跡は当時の朝酌様子を彷彿とさせる。

朝酌渡を渡ると大橋川から約三～四〇〇mの地点で魚見塚遺跡の本調査区に至る。本調査区での杠北道の道幅は最大で四・八m、八世紀後半には二・五mに縮小され、石見国へ向かう正西道（九m前後）と比較すると、道幅はかなり狭いようだが、地形の制約を受けている可能性もあろう。

当遺跡で杠北道の位置が明確になったことを端緒として、今後さらに奈良時代の朝酌郷の景観が復元されることを期待したい。

図5　魚見塚遺跡と周辺の環境
（島根県古代文化センター、2014「朝酌地域の景観」『解説出雲国風土記』をトレース、加筆）

参考文献

近江俊秀、一九九四「鴨神遺跡検出の道路状遺構」（『古代交通研究』三）
中村太一、一九九二「『出雲国風土記』の方位・里程記載と古代道路―意宇郡を中心として―」（『出雲古代史研究』三）

〔遺構事例〕

5　島根県杉沢遺跡
—『出雲国風土記』の正西道—

宍道年弘

1　遺跡の概要

①時代・種別　杉沢《すぎさわ》遺跡で発見された道路遺構は、遅くとも奈良時代前半代には機能していたと考えられる。廃絶時期については、道路遺構と重複する東西大溝（放射性炭素年代測定により十一世紀中頃〜十三世紀初頭を示す）の年代から、おそらく中世には機能していなかったと推定できる（出雲市教委、二〇一七）。

②所在地　杉沢遺跡は島根県の東部、出雲市斐川《ひかわ》町《ちょう》直江から神氷《かんび》に位置し、斐伊川《ひいかわ》の沖積によって形成された出雲平野の南部にあたる仏経山《ぶっきょうざん》（標高三六六m）から北へ派生する丘陵上に立地する（本書遺構事例4の図1）。道路遺構は地形測量やトレンチ調査などによって、東西方向に延びる丘陵尾根上にも約一kmにわたって良好に残されていることが明らかとなった。

なお、本報告では、杉沢遺跡に隣接する長原遺跡と三井Ⅱ遺跡でも道路痕跡が連続して確認されているが、ここでは代表して杉沢遺跡として報告する（図1）。

③周辺の遺跡・神社・古墳　『出雲国風土記』（七三三年）によると、遺跡がある辺りは、出雲郡漆治郷に属している。出雲郡家は漆治郷の西側に隣接する出雲郷に所在したといわれている（島根県古代文化センター、二〇一四）。

一九九二年からの後谷《うしろだに》遺跡の調査により、水田の一・八m下から大型総柱の礎石建物跡や掘立柱建物跡、大量の炭化米、「□□倉」と書かれた墨書土器などが発見された。その規模や配置などから郡家に伴う正倉跡と想定された。郡家の政庁については、後谷遺跡の東五〇〇mのところにある小野遺跡で、総柱や側柱の掘立柱建物跡、軒丸瓦、墨書土器、円面硯、土馬などの遺物が発見されていることから、小野遺跡周辺に郡庁、館、厨など官衙関連遺跡が存在すると推定されて

〔遺構事例〕5　島根県杉沢遺跡（宍道）

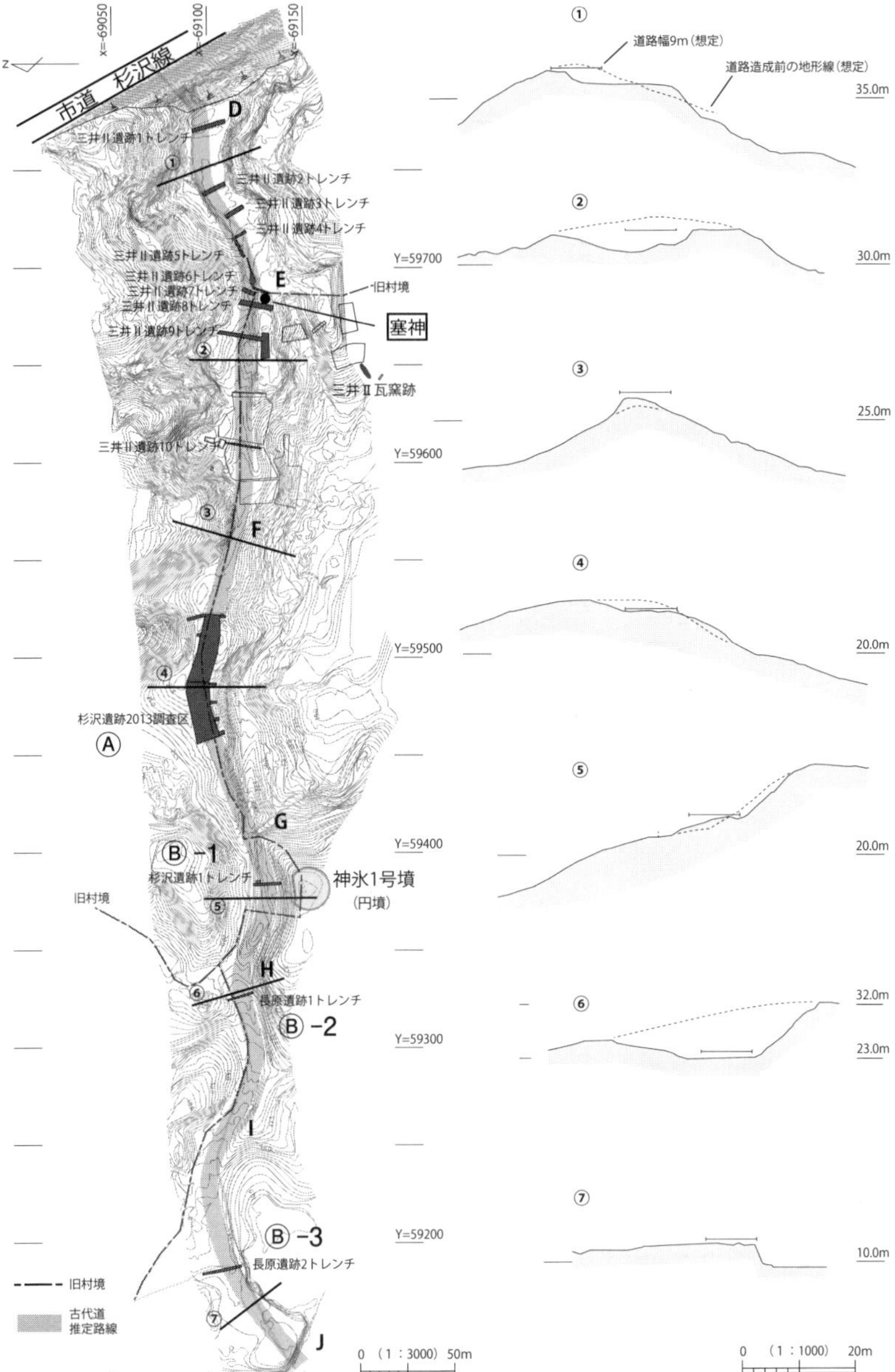

図１　杉沢遺跡等調査区周辺地形図

いる（斐川町教委、一九九六）。

杉沢遺跡周辺における『出雲国風土記』記載の社としては、御井《みい》、加毛利《かもり》、曽枳能夜《そきのや》などの神社があげられる。しかし、古代から現在地にあったかについては実証しにくい。すなわち、御井神社は奈良時代後期〜平安時代初期の神社建築と推定される九本柱建物跡が発見された杉沢Ⅲ遺跡との関連（斐川町教委、二〇〇一）が、また、加毛利神社は現新川通り（旧新川）地内に、曽枳能夜神社は仏経山（「神名火山」に比定）頂上に元宮があったとのそれぞれ伝承があるからだ。

なお、附近には神氷古墳群（五基）や杉沢古墳群（四基）など尾根上の小規模古墳群や、杉沢横穴墓群（一五基）が存在する。とくに、神氷古墳群の神氷一号墳（径二〇m）は円墳の墳丘北側が道路遺構の法面で削平されている可能性が考えられる。

④主要な遺構・遺物　杉沢遺跡の発掘調査は、出雲斐川中央工業団地造成に伴う調査（Ⓐ）とその成果を受けて行った遺跡の保存目的による調査（Ⓑ）であった。

まず、工業団地造成に伴う調査（Ⓐ）では、丘陵尾根上において、切土と盛土による道路造成の痕跡、道路遺構の側溝と考えられる複数の溝、道路の中央部分で波板状凹凸面が発見された。また、道路遺構ではないが、道路の存続時期を考える上で重要な遺構となる東西大溝（前掲）がある（図2）。つぎに、保存目的による調査（Ⓑ）では、道路造成に伴う大規模な切土・盛土および切通しの痕跡、そして道路側溝や版築状の盛土が確認された。道路痕跡は全体として残りが非常に良いため、現状でも当時の様子を目の当たりにすることができる。

尾根上を縦走する古代道　道路遺構は、標高二五mの東西方向に延びる丘陵尾根上で発見された。両側に側溝を備え、側溝の心々間距離は九mを測る大規模なものであった。

道路造成にあたっては、起伏があり曲線的な尾根の頂部を、平坦にかつまっすぐに通すため、切土・盛土

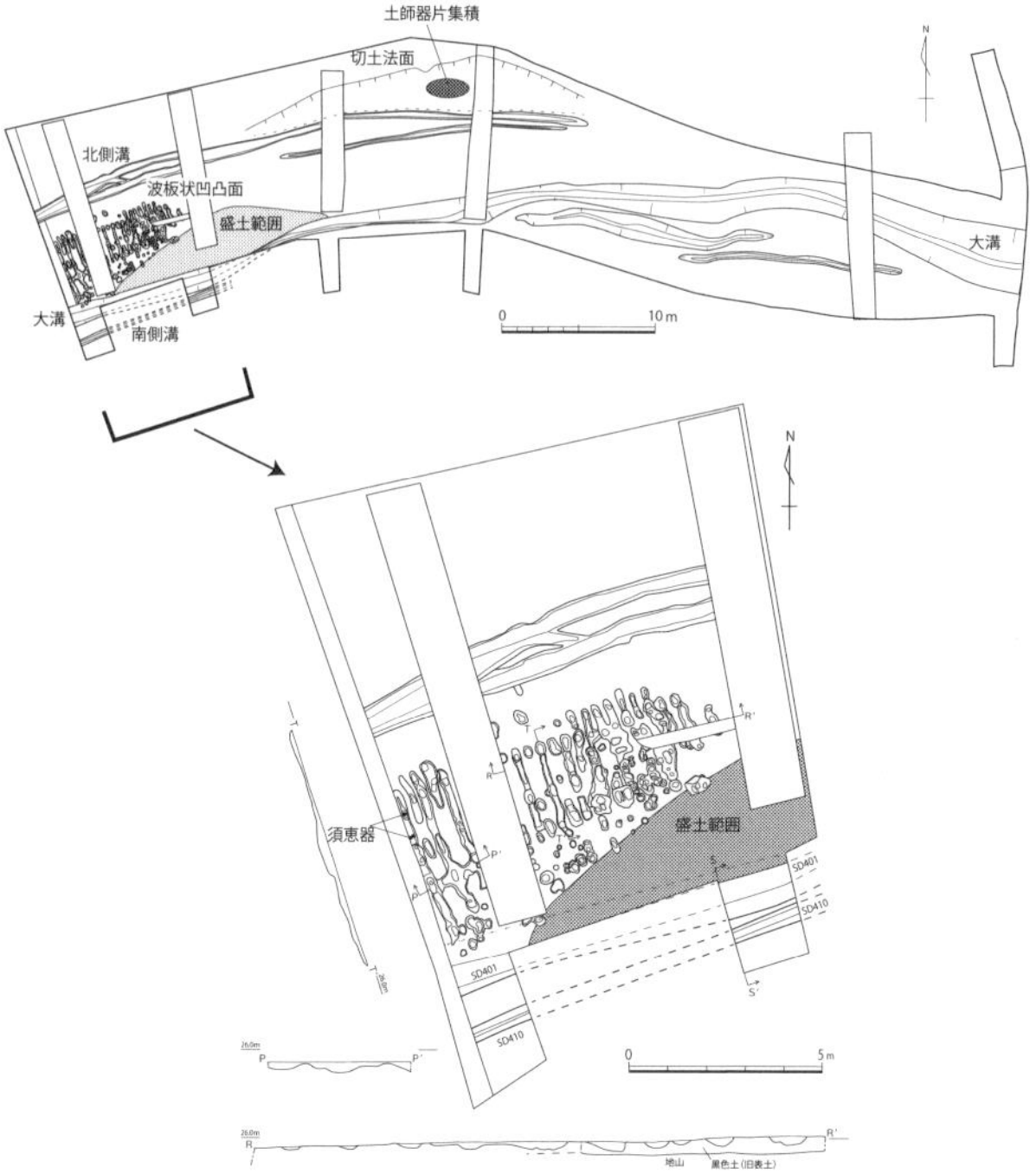

図2　杉沢遺跡道路遺構平面図（Ⓐ、上）、拡大図（下）

工法が用いられていることを確認した。盛土上面は固く締まっており、路盤形成の際に締め固めたと考えられる。

　道路側溝は、重複関係にある複数の北側溝（六条）と南側溝（一条）を検出した。溝幅は五〇cm前後、深さは二〇cm程度であった。北側溝については、法面排水と道路北側の境を示す機能があったと考えられ、三回以上の掘り直しがあったとみられる。

　道路の中央部で発見された波板状凹凸面は、南北六m×東西一〇mの範囲で、楕円形のピットを浅く細い溝で連結したような形で、道路の主軸と直交方向に検出された。埋土は、きめ細かい黄色の砂質土で、灰色のシルト成分と酸化した鉄分がマーブル状に混じる状況であった。杉沢遺跡の波板状凹凸面は、旧表土や盛土部分を含む軟弱な地盤を補修し、強化するために施工されたと考えられる。

図3　杉沢遺跡道路遺構全景（Ⓐ、西上空から）

出土遺物は数少ないが、切土法面や崩落した盛土内、波板状凹凸面の溝底で発見された。切土法面では、八世紀前半の土師器の坏ないし皿の破片一〇個体以上が集積された状態で出土し、崩落した盛土内からは、七世紀末〜八世紀初頭の平瓦片一点が出土した。波板状凹凸面の溝底からは、七世紀後半以降の䟽《はそう》あるいは小型の壺の須恵器片が出土した。

なお、道路遺構と重複して発見された東西大溝は、上流部となる東端では地表からの深さ〇・八m、溝幅四mであるが、西端では深さ〇・四m、溝幅一・六mを測り、東から西へ次第に規模が縮小する状況であった。道路の縮小または廃絶後に掘られた溝と考えられる（図3）。

多様な土木工法を用いた古代道　道路遺構が発見された場所から西へ続く尾根上に三ヵ所のトレンチを設定し、路線位置と道路の残存状況を確認した。その結果、切土・盛土工法や切通しなど大規模な土木技法が用いられ、道路側溝や版築状の盛土が良好に残存していることがわかった。

まず一つ目のトレンチ（南北一五m×東西一・五m）は、先に説明した道路遺構から西八〇mの位置にある南北五m×東西三〇mの斜面中腹にある平坦面に設定した（図1・Ⓑ—1）。調査の結果、トレンチの南側の高さ八mある法面は、道路造成によるもので、法面上端にある神氷一号墳の墳丘の一部が削平された可能性がある。また、法面下からは幅一m、深さ〇・八mの側溝が検出され、土層断面から少なくとも三回以上の掘り直しがあったと考えられる。道路南側法面を切り崩した土は、道路北側の谷を埋め、その厚さは二m以上であった（図4）。

図4　杉沢遺跡道路痕跡（Ⓑ－1、西から）

一つ目のトレンチの西六〇mの位置に二つ目のトレンチ（南北一四m×東西一・二m）を設定した（図1・Ⓑ—2）。調査の結果、六条の溝が検出されたが、いずれも灌漑用水路や雨水等の流水によりできた溝の可能性がある。しかし、丘陵を横断する切通しであることは間違いなく、その規模は切通し上面で幅三〇mを測る。切通しの下幅は九m以上を測ることから、両端の溝は道路側溝の可能性がある。今回の調査の中で最大の切通し遺構である。

二つ目のトレンチの西一四〇mの位置に南北幅最大三〇mの平坦面があり、ここに三つ目のトレンチ（南北二一・五m×東西一・二m）を設定した（図1・Ⓑ—3）。調査の結果、トレンチ南側に地山を水平に削平後、きめの細かい砂質土を厚さ一〇㎝ごとに水平に締め固めた版築状の盛土を確認した。土質は均質で、砂質土の間に黄褐色の鉄分の層と、灰色のシルト層が挟まれて互層状に見えている。このトレンチの南側にある崖面においても、版築状の盛土が露出している。トレンチ内で二条の溝を確認した。そのうちの一つの溝については、流水痕跡はないため、道路として使用された可能性があるものの、断定するには至らなかった。この版築状の盛土は上部が削平されていると考えられ、路面はこの上にあった可能性がある。

以上のように、杉沢遺跡の道路遺構は、丘陵尾根上において発見され、両側に側溝を伴う幅九ｍの大規模な道と、軟弱な地盤を改良するための波板状凹凸面を確認した。また、大規模な切通しや切土・盛土工法など大掛かりな土木工事によって、可能な限り道路をまっすぐに、平坦に造成した様子が見てとれる。道路の築造時期については、遅くとも奈良時代前半代には機能し、中世までには縮小または使われなくなったと考えられる。

2　遺構周辺の景観

山陰道は古代日本の律令制下における全国七道のうちの一つで、都を起点として山背、丹波、丹後、但馬、因幡、伯耆、出雲、石見、隠岐の各国府を経由する古代官道でもある。出雲国内では、これまで歴史地理学の分野から山陰道ルートが想定されていたが、考古学的には具体的な道路遺構や駅家跡の発見がなかったため山陰道の研究は低調であった。

そうした中、一九九五年に松江市乃木福富の松本古《まつもと》墳群（島根県教委、一九九七）の一角で幅八～一〇ｍの古代の道路遺構が発見された。大規模に谷筋を切通し状に整形したこの道路遺構は、出雲国意宇郡内では初めての発見であった。さらに一九九三、二〇〇一～二〇〇四年には松本古墳群の東側一・七㎞に位置する深田《ふかだ》遺跡、揩松《くぐりまつ》遺跡、勝負谷《しょうぶだに》遺跡（松江市教委ほか、二〇〇六）において八世紀代の溝状遺構や波板状凹凸面が発見され、山陰道が連続して確認されるようになった。そしてこの度の出雲郡内では初めてとなる杉沢遺跡の道路遺構は、一㎞にもわたって丘陵上を通る事例として全国的に稀で、山陰道を考古学的に研究する上で、重要な発見となった。

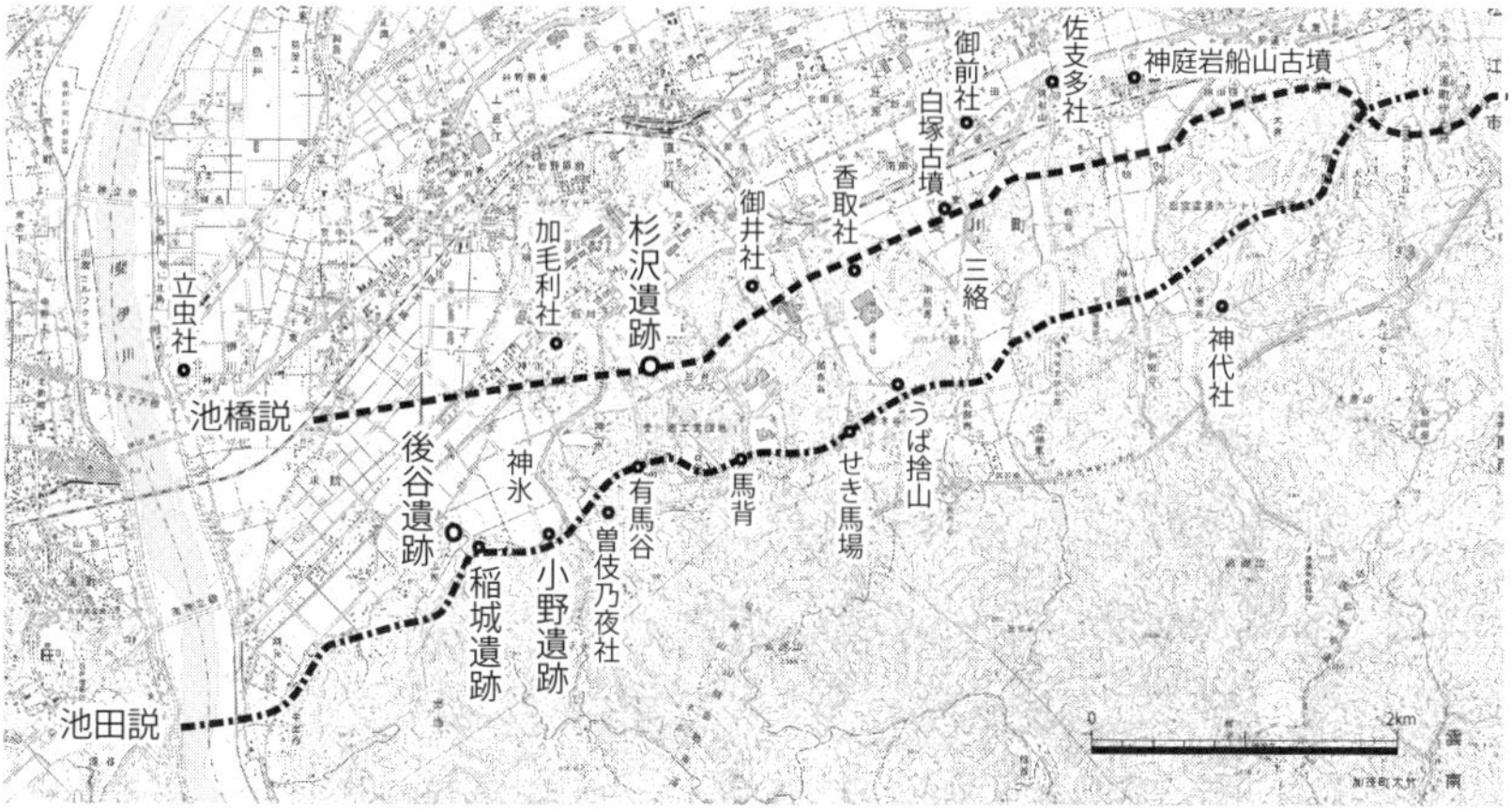

図5　山陰道駅路（「正西道」）ルート想定図

『出雲国風土記』には、巻末総記に国の東の伯耆国境から出雲国府を経由し、西の石見国境に至る道として「正西道《まにしのみち》」と駅家が記されている。杉沢遺跡は宍《しし》道《ぢ》駅家と狭結《さよふ》駅家の中間に位置し、出雲郡家想定地の東側にあたる。歴史地理学のこれまでの研究を踏まえると、この道路遺構はまさに「正西道」の想定ルート上であり、山陰道の一部とみなされる。

なお杉沢遺跡周辺は、文政六年（一八二三）の「漆沼郷下直江村繪圖」（個人蔵）に「筑紫海道《ちくしかいどう》」の名で直線的な道が描かれている。「筑紫海（街）道」は地元では、菅原道真が大宰府へ向かう際に通ったとの伝承があり、都から九州へつながっていた道として認識されている。

これまで遺跡周辺の古代山陰道のルートについては、大きく二つの説が論じられていた（図5）。一つは池田敏雄の説で、『出雲国風土記』に記される古社や馬に関する地名、自然地形の条件などから、山陰道は宍道湖岸ではなく、より南側の丘陵の裾付近を通る考え方である。これに対し、池橋達雄は池田の想定ルートより北側を通り、「筑紫海（街）道」は、部分的に直線的形態をとることなどから、駅路（「正西道」）を踏襲した道であるという考え方である。今回の杉沢遺跡の道路遺構発見により、池橋説が山陰道の最有力説と考えることが可能となった（出雲市教委、二〇一七）。

今後の課題としては、未だ確認されていない出雲郡家の中心である郡庁の所在を解明すること、「正西道」とともに出雲国庁から宍道湖北岸を通る「枉北道《きたにまがれるみち》」がどのように「正西道」や郡家に取りつくかを解明することなどである。

杉沢遺跡は以上のような成果に基づき、二〇一八年二月一三日に国の史跡として指定された。

参考文献

池田敏雄、一九九二「出雲郡家の所在地考」（『島根県斐川町遺跡分布調査報告書』斐川町教育委員会）

池橋達雄、一九九八「宍道町西部の古代山陰道をめぐって」（『宍道町歴史叢書二』宍道町教育委員会）

同、二〇〇一「「筑紫街道」についての一考察―「出雲国風土記」駅路記事および地籍図遺称地名との関連から―」（『平成一一・一二年度斐川中央工業団地造成に伴う杉沢Ⅲ・堀切Ⅰ・三井Ⅱ遺跡発掘調査報告書―本文及び図版編―』斐川町教育委員会）

出雲市教育委員会、二〇一七『出雲国古代山陰道発掘調査報告書―出雲市三井Ⅱ・杉沢・長原遺跡の調査―』

島根県教育委員会、一九九七『松本古墳群・大角山古墳群・すべりざこ古墳群』

島根県古代文化センター編、二〇一四『解説出雲国風土記』（今井出版）

木本雅康、二〇一一『古代官道の歴史地理』（同成社）

関　和彦、二〇〇六『『出雲国風土記』註論』（明石書店）

斐川町教育委員会、一九九六『後谷Ⅴ遺跡』

同、二〇〇一『杉沢Ⅲ遺跡』

松江市教育委員会・財団法人松江市教育文化振興事業団、二〇〇六『渋ヶ谷遺跡群発掘調査報告書』

〔コラム〕行基と道路・池溝・橋

行基の社会事業

奈良時代前半に活躍した僧侶である行基は、畿内を中心に各地を遊行して布教活動をおこなった。その際、後に「四十九院」と称される多くの寺院（道場）を建立するとともに、人々の生活に益する施設の整備も実施した。その具体的な内容は、安元元年（一一七五）に泉高父宿祢が著した『行基年譜』によって知ることができる。

『行基年譜』の「天平十三年辛巳記」とある以下の部分には、行基が関わった施設として「橋六所」「直道一所」「池十五所」「溝七所（マヽ）」「樋三所」「船息二所」「堀四所」「布施屋九所」が掲げられ（溝は実際には六ヵ所しかみえない）、それぞれ具体的な施設名や所在地、規模などが記されている。これらは、行基とその弟子たちだけでなく、現地住民や場合によっては他地域からやって来た人々が協力して、新規に造営したり、既存の施設を改築・修復したりする形で整備したものである。その種類は多岐に渡るが、本コラムでは道路・池溝・橋をとりあげる。

橋

行基らが整備した諸施設は、機能によって交通施設と灌漑施設に大きく分けることができる。まずは交通施設である橋からとりあげよう。

『行基年譜』は、「橋六所」として、泉大橋（山城国相楽郡泉里）、山﨑橋（同国乙訓郡山﨑郷）、高瀬大橋（摂津国嶋下郡高瀬里）、長柄・中河・堀江（同国西城〔成〕郡）の計六ヵ所を列挙する。いずれも、淀川水系に架けられた橋である。このうち、山﨑橋は神亀二年（七二五）九月十二日に起工されたことが記されている。この頃は、行基の布教活動に社会事業が加わる画期であった（中井、一九七三）。他の橋は起工時期が明記されないが、関連する寺院の年代がわかる場合は類推が可能である。

長柄・中河・堀江の三橋については対応する寺院が明らかでないが、摂津国西成郡には他にも比売嶋堀川（津守村）や白鷺嶋堀川（津守里）が掘られ、度布施屋（津守里）も設置されている。同じく津守村にある善源院・尼院が天平二年（七三〇）に起工されていることから、それと関わる堀川や布施屋もこの頃に施工されたとみることができよう。

天平二年といえば、神亀三年（七二六）から始まっていた難波京の整備事業が展開した最中であった。西成郡における行基らの活動は、国家事業としておこなわれた難波造都を補完する意義があった。例えば比売嶋堀川などは、難波宮造営のための物資を西国方面から運ぶ船を、難波津に安全に導く施設であるとされる（薗田、一九九〇）。西成郡でおこなわれた架橋も、難波造都を補完する事業の一環として天平初二年前後におこなわれたものであろう。天平三年（七三一）八月、行基に随う優婆塞・優婆夷の一部に入道が認められるが（『続日本紀』同年八月癸未〈七日〉条）、こうした難波での活動が背景にあるとみられる。

恭仁京の造営においては、行基らの関与がより顕著にあらわれる。天平十二（七四〇）年十二月、聖武天皇は恭仁宮に入り造都を開始した（『続日本紀』同年十二月丁卯〈十五日〉条）。『行基年譜』によると、行基は泉大橋を架けているが、その年代は対応する発菩《〔提カ〕》薩院＝泉橋院（山城国相楽郡大狛村）の記事が配される天平十二年に求められる。泉大橋の設置は、遷都の動きに機敏に対応して実施されたことになろう。さらに天平十三年（七四一）十月、七月から始められていた賀世山の東の河における架橋が完成した（『続日本紀』同年十月癸巳〈十六日〉条）。架橋にあたっては畿内と諸国の優婆塞らが使役され、完成にともなって計七〇五人が得度している。この優婆塞らは、行基に随う人々であったとみるのが通説的理解である。つまり恭仁京の造営では、国家によって行基の集団が動員されたのである。

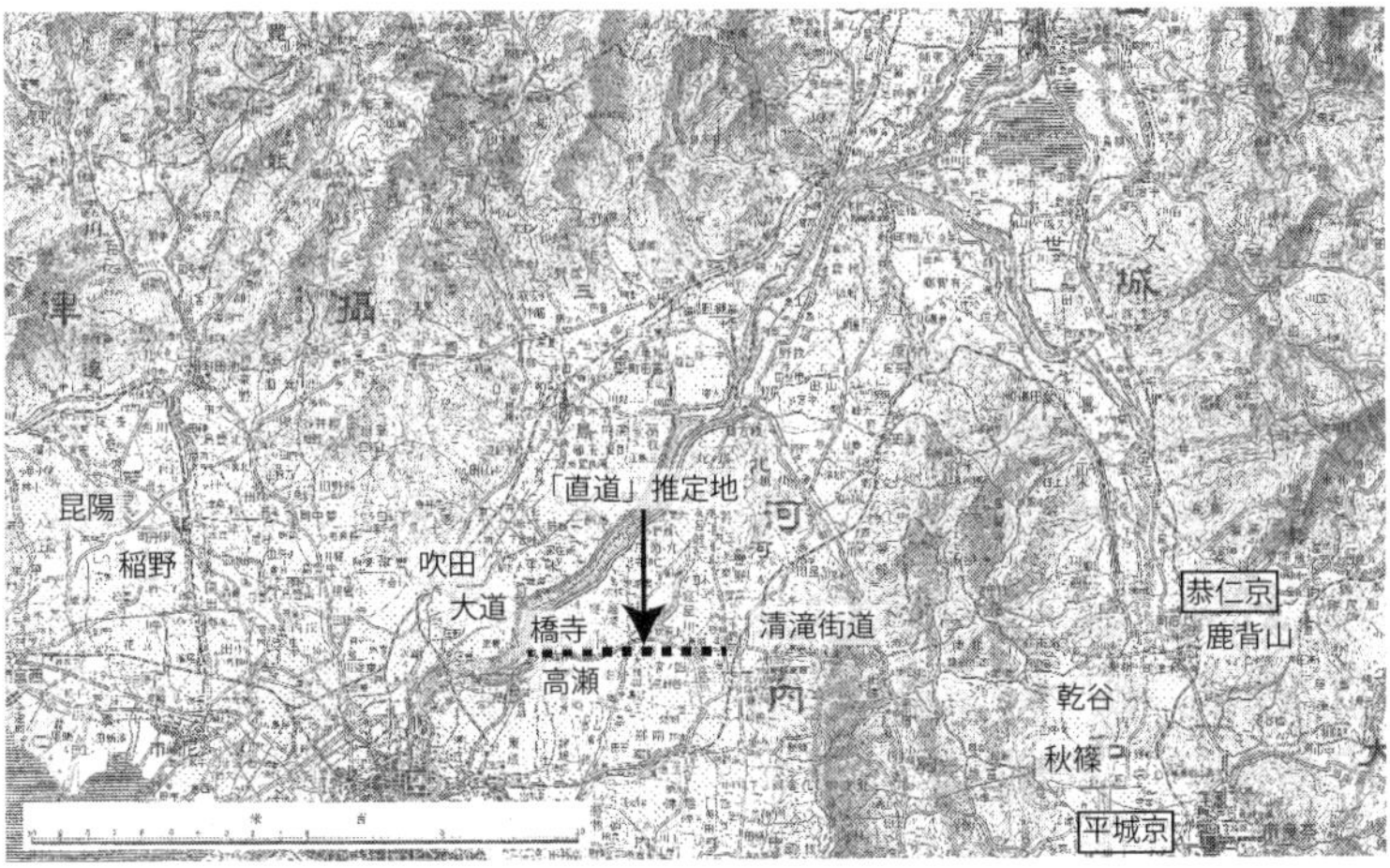

図　「直道」推定地とその周辺
（国土地理院の20万分の1地勢図「京都及大阪」〈1932年発行〉を元に作成）

道路

行基らが整備した交通施設としては、橋の他に道路もある。『行基年譜』は「直道一所」について、「高瀬より生馬大山に登る道に在り」と記し、河内国茨田郡・摂津国にあるとする。その比定はいくつかの説があるが、ほぼ東西に位置する現在の守口市と木津川市を結ぶルートの一部、すなわち高瀬から東へ延びて清滝街道につながる道路であろう（直木、一九七五）。なお、この道路から高瀬大橋を渡って西へ進むと、吹田を経て、行基の活動が顕著にみられる昆陽（摂津国河辺郡）で山陽道と繋がる。問題は、この地で直道が整備された背景である。

直道が整備された時期について、起点となる高瀬大橋との結びつきを重視し、それと対応する高瀬橋院（摂津国嶋下郡穂積村）の起工年と同時期に求めるならば、難波造都が進行中の天平二年頃と推定できる。ただし、高瀬大橋や直道の整備が難波造都といかに関わるのかは、やや判然としない。一方で立地に注目すると、大和・山背方面との結びつきも考慮される。近年、平城京への木材や物資の輸送ルートをめぐって、泉津から山田川—乾谷—秋篠を経て平城京西側へ至るルートの存在が指摘されている（馬場、二〇一七）。行基らが整備した直道から生駒山地を越えて東へ進むと、この乾谷に至る。こうした点に注目すれば、高瀬大橋や直道の敷設は、西国方面と平城京を結ぶルート整備の一環とみることもできる。また、乾谷からさらに東に進むと恭仁京に至る。仮に高瀬橋院の起工年を度外視するならば、恭仁京造営との関わりも想起されよう。

なお、直道の所在する茨田郡は、かつて茨田堤が築かれた地であり、それに関わった茨田宿祢や茨田勝といった氏族が郡内に居住していた。ここで興味深いのは、堤や道路の造営に、敷粗朶・敷葉工法という共通の土木技術が用いられたことである（青木、二〇一七）。茨田堤や行基の直道の遺構は明らかでないものの、こうした土木技術の共通性を念頭に置くと、築堤の技術を保持する現地住民の特性を生かした事業として、この地では直道の整備が選択されたとの見方もできるのではないか。

池溝

『行基年譜』は計十五ヵ所の池をあげるが、その分布は行基の生地たる和泉国大鳥郡を中心とした一帯と、摂津国河辺郡（猪名野）に集中している（井上光貞、一九六九）。また、計六ヵ所みえる溝は、例えば久米多池溝といった名称が示すように、池と結びつくものが大半である。こうした池溝は基本的に灌漑施設であり、道路や橋といった交通施設とは性格を異にする。ただし、池溝が移動・輸送とまったく関係がなかったわけでもなさそうである。

池溝の分布に注目すると、布施屋と重なるものがあることに気づく。すなわち、和泉国大鳥郡の土室池・長土池（土師郷）および鷹江池（深井郷）は野中布施屋と、同じく大鳥郡の鶴田池（早部郷）は大鳥布施屋（大鳥里）と、摂津国河辺郡の崐陽上池・同下池・院前池・中布施尾〔屋カ〕池・長江池・崐陽上溝・同下池溝（山本里）は崐陽布施屋（崐陽里）と近接する。布施屋とは、通行人を宿泊させ、食糧を提供する施設であり、交通の要衝に設けられることが多い（井上薫、一九五五。本書第Ⅲ部1藤本論文参照）。このような布施屋とともに、灌漑施設である池溝が交通の要衝に設けられたことも偶然ではないだろう。

行基らが整備した布施屋は、例えば崐陽施〔池カ〕院が崐陽布施屋と結びつくように、併設された寺院によって管理されたとみられる。そして行基が関わった寺院のなかには、寺田を有するものもあった（『続日本紀』宝亀四年〈七七三〉十一月辛卯〈二十日〉条）。行基らが整備した池溝は、併設された寺院によって管理されるとともに、場合によっては寺田の灌漑に利用されることもあったのではなかろうか。要するに、人々の移動・輸送を支えた布施屋は、併設された寺院によって管理され、その寺院の経営は、寺田を潤す灌漑によって支えられるという構造を想定することができる。こうした構造が行基関係の全ての寺院や布施屋、池溝に当て嵌まるわけではないが、大鳥郡や河辺郡においては、行基らによって整備された池溝が、間接的に人々の移動・輸送を支えていたとみることもできそうである。

（溝口優樹）

参考文献

青木　敬、二〇一七『土木技術の古代史』（吉川弘文館）
井上　薫、一九五五「行基の布施屋と貢調運脚夫」（平岡定海・中井真孝編『日本名僧論集　第一巻　行基　鑑真』吉川弘文館、一九八三年に所収）
井上光貞、一九六九「行基年譜、特に天平十三年記の研究」（『井上光貞著作集　第二巻』岩波書店、一九八六年に所収）
藺田香融、一九九〇「吹田地方における行基の活動」（吹田市史編さん委員会編『吹田市史』第一巻、吹田市役所）
直木孝次郎、一九七五「摂津国西成郡江北の荘と駅家について―延暦二年太政官牒の一考察―」（『ヒストリア』六六）
中井真孝、一九七三「行基の伝道と社会事業」（『日本古代の仏教と民衆』評論社）
馬場　基、二〇一七「都城の造営と交通路」（鈴木靖民・荒木敏夫・川尻秋生編『日本古代の道路と景観―駅家・官衙・寺―』八木書店）

〔コラム〕渡・浮橋と古代官道
―造設・維持管理・輸送をめぐる諸問題―

『伊勢物語』第九段・在原業平東下りの段の舞台となった隅田川の渡（現荒川区南千住～墨田区堤通付近）は、平安時代以来の著名な歌枕として知られている。またそこは、古代東海道が通過し、渡河手段の維持・管理に関わる文献史料が残されている交通の要衝であった。このコラムでは、隅田川の渡に関わる史料を出発点としながら、古代官道における渡河手段の成立と維持・管理、輸送をめぐる諸問題について考えてみたい。

後期駅路における渡船・浮橋の設置
―延暦二十年五月勅―

隅田川の渡船は、『類聚三代格』巻十六・承和二年（八三五）六月二十九日太政官符に初見し、古代東海道上に位置した「武蔵・下総両国堺住田河」の渡船を二艘から四艘に増やすことを命じた記録が残されている。この場合の渡船は、国家が官道上の渡河点に設置した「官船」ということになるが、それは、いつ、いかなる経緯で設置されたのであろうか。

勅すらく。諸国の庸の入貢、而して或は川橋無く、或は津舟乏し。民の憂い少なからず。路次の諸国をして、調を貢ぐの時、津済の処、舟楫・浮橋を設けしめよ。永く恒例とせよ。

（『日本紀略』延暦二十年〈八〇一〉五月甲戌〈十三日〉条）

勅では、調庸物を諸国から都へ運ぶための官道上で「川橋無く」「津舟乏し」という事態が発生しているため、路次の諸国に「津・済（わたり）」の「舟楫」（渡船）・「浮橋」設置を義務づけている。大宝律令制定から百年も経過した八〇一年という時点で、官道上に「川橋」「津舟」が乏しいというのは、一見、不自然に見える。しかし、それについては、延暦十五年（七九六）八月二十一日勅（『日本後紀』同日条）で駅路や地形の調査を踏まえた国別地図の作成を指示している事実が参考になる。この地図について中村太一は、それまでの駅路（前期駅路）とは異なる新たな後期駅路の敷設計画図と位置づけている（中村、一九九六）。中村の指摘を踏まえるならば、諸国の「川橋」「津舟」の欠乏とは、五年前に新設が決まったばかりの後期駅路計画線上の橋と渡船の不足を問題にしていると考えることができる。天長元年（八二四）六月二十九日格には「諸国の渡船は廿年已上を期と為し買い替えよ」（『日本三代実録』貞観十五年〈八七三〉五月十五日条）とあり、渡船の耐用年数が二十年と定められ、それ以上過ぎた場合は国司による買い替えが指示されている（『延喜式』主税上100渡船条にも規定）。天長元年は延暦二十年から数えて二十三年目に当たり、諸国の渡船の整備が延暦二十年勅を契機に開始されたとみると、格の背景が理解しやすい。

一方、武蔵・下総間の駅路の場合、前期駅路が整備されたのは神護景雲二年（七六八）、それが東海道の本道に格上げされたのは宝亀二年（七七一）であることがわかっている（『続日本紀』同年十月己卯条）。しかし前期駅路は、武蔵国豊島郡衙（東京都北区・御殿前遺跡）と下総国府（千葉県市川市）を結ぶ直線ルートで、隅田川の渡を通過する承和二年段階の後期駅路とは異なる路線をとっていたと推定されている（中島、一九九七）。以上の事実から、まずは延暦十五年の新国土計画に基づき、隅田川をはさむ新たな後期駅路（陸路）が整備され、それよりやや遅れて延暦二十年の勅により、最初の渡船（官船）が隅田川における後期駅路の渡河点に設置されたと考えられるのである。

臨時の渡船─民間渡船の雇傭方式─

延暦二十年勅を注意深く読むと、津・済には「川橋」「津舟」の恒常的な設置が命じられたわけではなく、「調を貢ぐの時」、すなわち、毎年、調庸物を都に運ぶ時期（八月中旬から遅くとも十二月末まで）に限り、「舟楫」（渡船）・「浮橋」を設けよという指示にすぎなかったことがわかる。たとえば、文末の

「永く恒例とせよ」という文言は、恒常的な渡船や橋梁の設置が計画されていたならば意味を成さない言葉であろう。調庸輸納時に仮設する臨時の「舟楫」「浮橋」であるからこそ、以後の「恒例」とするという指示が必要になってくるのである。ちなみに「浮橋」は、構造橋（桁橋）と異なり、舟を並べて繋ぎその上に板を敷いて両岸の杭と綱で固定したもの（『一遍上人絵伝』巻六）にすぎず、随時、解体可能な仮設性を特徴としていた（黒済、二〇一五）。

しかし律令の原則では、官道上の津・橋・道路は国司・郡司が徴発した農民を人夫にあて、常時、修繕・維持が義務づけられており（営繕令12津橋道路条）、渡船が破損した場合は国司の責任で修理し、新たに造設する場合は太政官に申請しなければならなかった（営繕令15官船行用条）。律令法では、太政官の統制下、国司主導のメンテナンスにより恒常的な橋・渡船の維持・管理が義務づけられていたのである。

一方、延暦二十年勅では、この原則が変更され、国司は毎年の調庸輸納時における渡船・浮橋の確保だけが求められることになった。その結果、経費のかさむ橋梁・渡船（官船）の恒常的管理を国司が積極的に行わなくなるのは必然で、これを契機に、従来の官船は維持するものの、必要な時に代価を支払って民間から渡船を調達する雇傭方式が蔓延することになったのではないだろうか。

少し時代が下るが、永延二年（九八八）の「尾張国郡司百姓等解文」によれば、尾張国守藤原元命が「海道第一之難処」馬津の渡の渡船について、帳簿上に予算計上しながら「大勢之船」（大型渡船）を「買い渡し」せず、津辺の「少船」を徴発したことが非法として告発されている。ここでは、律令制下のように国司が渡船（官船）を維持・管理しなかった罪が責められているのではなく、予算計上されていた民間大型船の「買い渡し」が為されなかった事実が追及されている。代価の支払いにより渡船を調達する「買い渡し」という方式が、すでに常態化しているのである。また寛平六年（八九四）七月十六日格（『類聚三代格』巻十九）によれば、諸国で王臣家の使が調庸や官米を運ぶ船を「津辺」で「強雇」（強制的に雇傭）する事態が蔓延し、国家が禁制を加えている（佐々木、一九九四）。こうした現象は、王臣家の庄園からの貢納物や国家の調庸物輸納が同一の民間渡船の雇傭・調達に依存していた事態を想定すると理解しやすい。

そして延暦二十年勅以後、国司の民間渡船（私船）の雇傭調達方式への傾斜に伴う官船・橋の維持管理の怠慢は官道上の「渡船」「橋梁」の不足に拍車をかけ、承和二年六月官符により改めて問題として提起されることになるのである。

渡船（官船）・浮橋の管理と官僧
—承和二年六月太政官符—

上述の承和二年六月官符は、隅田川の渡にとどまらず古代の渡船・浮橋に関する著名な史料であるが、律令国家の交通政策としていかなる意味を持つのかという問題については十分に明らかにされていない。

そこで、事実書に記された渡船の設置と維持・管理に関わる政策意図に焦点を絞り、改めて検討を試みたい。問題の箇所は以下のとおりである。

以前、従二位行大納言兼皇太子傅藤原朝臣三守宣を被るに偁く、勅を奉るに、聞くならく、件等の河、東海・東山両道の要路なり。或は渡船数少なく、或は橋梁備わらず。茲に因りて、貢調担夫等、河辺に来集し、日を累ね旬を経て渡り達《とお》ること得ず。彼れ此れ相争い、常に闘乱を事とす。身命破れ害し、官物流失す。宜しく諸国に下知し、預大安寺僧伝燈住位僧忠一、件に依りて修造せしめ、講読師・国司、相共に検校すべし。但し渡船は、正税を以て之を買い備えよ。浮橋ならびに布施屋料は、救急稲を以て之に宛てよ。一作の後、講読師・国司、同色稲を以て相い続けて修理し、損失せしむること得ざれ。

承和期に入っても渡船・浮橋の不足による調庸物の輸納停滞は解消されず、中央政府は調庸輸納時における渡船・浮橋の確保のみを命じた延暦二十年勅を改め、正税稲・救急稲という国衙財源による官船・浮橋の設置という恒久的な維持管理策に方針を転換した。特に官符では、大安寺僧・忠一と講読師という諸国僧官のトップが主体となり、国司が「共に検校」するというかたちで登場するところが注目すべき点である。これについては、行基等に先駆的に見られる利他行としての僧侶の土木事業の伝統を踏まえ、弘仁末から貞観期にかけての財政悪化の中で、国家が「化他」（仏教による民衆教化）を得意とする僧侶の力を活用した政策とみる見方が有力である。たとえば貞観九年（八六七）、元興寺僧賢和が近江国和邇船瀬や播磨国魚住船瀬を国司の協力を得て修造したケース（『類聚三代格』巻十六・貞観九年〈八六七〉三月二十七日、同四月十七日官符）は、その好例といえよう（堀、二〇一一。佐藤、二〇一二）。

　しかし、講読師には、本来、国衙財源である正税・救急稲にアクセスする権限はない。したがって、講読師による正税・救急稲活用の具体的な方途が保証されていなければ、国衙財政の危機の最中に、官船・浮橋の維持管理を目的とした国司の財政支出を継続することは困難であったに違いない。この点に関して、次の史料は、講読師による国衙財源活用問題の解決がいかに図られたかを知る上で、重要な手がかりを提供してくれる。

（前略）伝燈大法師位義真の表に偁く、（中略）今、天台一門、已に円宗を立つるも、大乗三学、流伝未だ周らず。望み請ふらくは、別に講読師と為すに堪えたる者各一人を当て簡び、毎年、官に申して之を補し件宗を演伝せしめんことを。其の一任の内、毎年の安居の法服施料は、先の大法師最澄奏する所の年分の式に依り、便即《すなは》ち当国の官舎に収納し、国郡官司、相共に検校し、将に国内の池溝を修し、荒廃を耕し、船橋を造り、樹木を殖え、麻紵を蒔くの料に用いんとす。然らば則ち、復た皇風遠く振《ふる》ひ、慧日再び明らみ、像教を宣揚し、妙法を弘闡《こうせん》し、菩提の由漸を作し、彼岸の良因と為らん。謹んで官裁を請ふてへり。（後略）

（『類聚三代格』巻二・承和二年十月十五日太政官符）

承和二年十月十五日、僧・義真は天台宗の弘通のため、弘仁九年（八一八）に最澄が嵯峨天皇に上奏した「天台法華宗年分学生式」第六条（「最澄奏する所の年分の式」）に記された施策を提言し、太政官に認可された。それによれば、天台宗から諸国国分寺に割り当てられた講読師の一人を選び、正税から支給される料物のうち安居（年一回の瞑想修行）の法服施料（『延喜式』主税上48安居条によれば絁五疋）を国内の官舎に保管した上で「船・橋」修造料などに充当するという。つまり、天台の講読師は正税から支給される料物の一部を国府に蓄積しているという名目で、その分の正税を国庫から自由に出納し、「船・橋」の維持・管理費として活用できるようになったのである。もちろん、これは天台出身の講読師の事例であるが、他の六宗出身の講読師が国司と共に正税を運用する場合も、それは国から支給される布施料物の一部と観念されたに違いない。とすれば、承和二年六月官符は、蓄財のため正税を死守する国司から、仏教の力により官船・浮橋の維持・管理費を供出させる中央政府による巧みな誘導策とみることが許されよう。こうした承和期の政策転換を経て、官道における渡船・浮橋の維持・管理の主体は、国司から次第に中央大寺院の統括下にある僧侶の手に移っていったのではないだろうか。

（田中禎昭）

参考文献

黒済和彦、二〇一五「東国の河川と渡し場」（鈴木靖民・川尻秋生・鐘江宏之編『日本古代の運河と水上交通』八木書店）
佐々木虔一、一九九四「古代の渡し」（『古代交通研究』三）
佐藤泰弘、二〇一一「九世紀の輸送体系」（角田文衞監修・古代学協会編『仁明朝史の研究』思文閣出版）
中島広顕、一九九七「武蔵国豊島郡衙と豊島駅」（『古代交通研究』七）
中村太一、一九九六『日本古代国家と計画道路』（吉川弘文館）
堀　裕、二〇一一「「化他」の時代―天長・承和期の社会政策と仏教―」（角田文衞監修・古代学協会編『仁明朝史の研究』思文閣出版）

あとがき

本書刊行の契機となったのは、序において述べられているように、二〇一七年六月二十四日と二十五日に日本大学経済学部において開催された古代交通研究会の第十九回の大会であった。

古代交通研究会では第一回の大会以来、一日目には事例報告、二日目にはテーマを決めてシンポジウムを行っている。第十九回のテーマは「移動を支えた人・場・道」である。

十年一昔というが、二〇〇四年十月二十三日に新潟県で地震が起きたことをおぼえておられるだろうか。それは最大震度七を記録する新潟県中越地震であった。その直後、土砂崩れや地滑りが各地で発生し、山古志村と小千谷市とを結ぶ国道二九一号線が寸断し、山古志村は陸の孤島と化した。この事実は、ライフラインとしての道路の維持管理がいかに重要かという事実を私達に突きつけている。

古代交通研究会において、古代の交通史を研究することは自明の理であろう。しかし、何のために古代の交通を研究するのか。この本質的な問いを発した時、これまであまり注目されてこなかった交通を支える諸要素の研究がもっと行われてしかるべきである。第十九回は、その第一歩であった。本論文集の刊行はこのテーマの重要性を広く内外に喚起する絶好の機会である。

本書の刊行には、以前よりたびたび古代交通研究会の書籍刊行のお世話になっている八木書店にお願いするのが一番よいと考えていたが、幸いにもご快諾いただいたので、佐々木虔一会長と第十九回大会の会場開催校で実行委員長を務められた武廣亮平氏と大会の企画委員長を務めた森田の三名は、八木書店におもむき、恋塚嘉氏と協議を重ねて本書の企画案を作成した。

すでに述べたように、本書は古代交通研究会第十九回のテーマである「移動を支えた人・場・道」に関わっている。「移動を支えた人」と言えば、その中で重要な位置を占めるのは「輸送を支えた人」である。「移動を支えた場」と言えば、誰でも思い浮かぶのは駅家であろう。しかし、移動を支えていたのは駅家だけなのか、といった問題が生ずる。そこで「移動を支えた施設」の究明が課題となる。もちろん、移動するには道路の整備が必要不可欠である。

このように考えを巡らし、全体の構成として、「移動する人々と輸送を支える人々」で一つの柱を立て、「移動を支える施設」でもう一つの柱を立てた。さらに道路を移動や輸送を支える存在としてとらえなおし、これを三つめの柱に据えた。

しかし、本書自体があまりに特殊なものに終わってしまってはいけない。そこで、I部には総論を配置し、本書が古代交通史研究においてどのような位置を占めるのか、なぜ移動を支える人や施設の研究が必要なのか、これらの点を理解していただくための一助とした。

以下、各論文の概要を紹介しつつ、本書の成果についてまとめておきたい。

I部「総論」のうち、佐々木虔一「1　古代の輸送と交通―人と駄馬の活動―」は、諸国から都城への調庸物の輸送について、脚夫（担夫）が担う方式と駄馬に運ばせる方法の二つがあることを指摘し、その具体像を明らかにしている。佐々木論文によれば、七世紀後半頃において、村落の有力者層の間に馬の飼育・所有が始まり、乗馬・駄馬として長期間の旅に利用できるような状況になっていたという。

大日方克己「2　奈良・平安期の逓送・供給—その展開と国家・地域社会—」は、律令制下の駅伝制のもとにあった逓送・供給の体制が平安中・後期以降、どのように変容していくのか、この点を明らかにしたものである。大日方論文によれば、十世紀以降、路次諸国の逓送・供給については受領に一任され、受領の裁量によって行われるようになっていったという。

ちなみに九世紀末から十世紀にかけて坂東諸国では「僦馬の党」と呼ばれる駄馬によって物資を輸送する集団が活動する。加藤友康「僦馬の党」はその活動について平易に解説したコラムである。

また、川尻秋生「流人と交通—菅原道真と小野篁—」は、流人として大宰府に移送された菅原道真や隠岐に移送された小野篁が陸路で護送されたことを指摘する。

Ⅱ部「移動する人々・輸送を支える人々」のうち、小野一之「1　防人」では、防人に任じられた人々が東国から筑紫へと向かう行程が文献史料にもとづき具体的に語られる。その文献史料とは天平勝宝七年（七五五）の防人歌である。列島を横断するような千人単位の防人の交通が定期的に繰り返される一方で、防人歌が防人宣誓式やそれに関わる宴の場で誕生したこと。交通体系の整備と和歌文化の形成が軌を一にして行われた点が重要であろう。

今津勝紀「2　脚夫・乞食・死穢」は、調庸物の輸送に関わる脚夫が自弁であるが故に、京中において容易に乞食に転化し、死に臨んだ場合に生ずる穢については、公的権力以外に救養・埋葬されなかったという事実を指摘する。ここから国家が支えざるを得なかった移動の本質が浮かびあがってくる。

永田一「3　俘囚の移配」は、帰服した蝦夷が「俘囚」身分に編成された場合に、それは移配と深く関係していたという事実を確認した上で、移送中の様子と移配先での支配の実態、移配後の俘囚の動向について検討がなされる。永田論文によれば、防人と俘囚の移送は同じ次元でとらえられていたこと、移配先の国に俘囚が到着すると、数ヶ月間は国府の近くに集住させ、新たな地で生活するための教育を実施した。その際に衣服や食料を支給し、俘囚の生活基盤となる住居や口分田なども用意されたという。中には延暦十九年（八〇〇）の出雲介石川朝臣清主のように「撫慰」が手厚くなり過ぎるという批判が出る場合もあった。そして、そこまで腐心しても反乱が起きる場合もあった。その一方で西海道に移配された俘囚の中には富豪に成長したような者もいたという。

武廣亮平「4　部領使—移動を管理した役人—」は、兵士や役夫などの集団や物資の輸送を統率した部領使の果たした役割を検討したものである。部領使には目的地まで特定の使者が専使として移送する場合と国ごとに使者が引き継いでリレーの形で引率させ、目的地まで導く場合があった。防人や俘囚を移送する部領使は国司や軍毅であり、二人のセットであるので、部領使は先頭と最後尾にあって、隊列を維持したのではないかとする。この他、部領使は京上の貢進物の移送も担っており、その中には「御贄」や「御馬」「御鷹」など王権に深く関わる品目の移送も担当していた。よって、伝馬の利用は認められ、白丁身分の者もいたが地域社会において一定の権力を持っていた存在とされる。

河内春人「5　遣唐使—その船員—」は、船の運用に当たって活動する人員を対象とするが、それを動かす役割を果たした人々だけではなく、船舶内の秩序維持に関わった人々や造船・修繕に関わった人々にも焦点を当てる。河内氏によれば、遣唐使の船員は船舶の管理を担当する知乗船事・船師・船匠と現場作業を担当した柂師・挟抄・水手長・水手に分けることができるという。

渡辺一「6　須恵器と「居宅交易」—武蔵国を例として—」は、須恵器生産の主体者の居住する集落の居宅において行われた須恵器交易の可能性を検討したものである。立論の出発点となったのは、『続日本紀』宝亀八年六月乙酉条に登場する武蔵国入間郡の大伴部直赤男という人物であった。この人物は、西大寺に商布一千五百段、稲七万四千束、墾田四十町、林六十町を西大寺に施入した。これだけの施入物や施入地を獲得した背景として、どのような形での居宅交易が想定できるか。施入量から見た収納施設の問題、施入量から見た蓄財の問題、施入地から見た営田に関わる労働力の問題などが検討されている。

この他、Ⅱ部では、コラムとして吉井哲「鹿島使・香取使」、堀川徹「国造制と馬」が古代における移動の多様性を彩る論点を提示する。

Ⅲ部は移動を支えた施設を検討した論考により構成される。

藤本誠「1　古代の交通を支えた仏教施設と福田思想―八世紀後半～九世紀前半の貢調運脚夫の交通と救済をめぐって―」は、八世紀後半から九世紀前半に仏教施設が貢調運脚夫を支援する施設としての機能を果たし得た前提として、官大寺僧が福田思想を在地社会にもたらしその実践を勧めていたことを指摘する。仏教施設周辺には樹木や果樹が存在し、それらが運脚夫の移動を支えていたとする指摘は興味深い。

河野保博「2　唐代の交通を支えた仏教施設と福田思想」は、唐代において移動する僧侶や巡礼者、商人といった国家的な供給を受けることができない人々を支えた仏教施設として蘭若と寺院を取り上げ、藤本論文と同様に福田思想を取り上げるが、それだけではなく道教の陰徳思想にも着目する。

森田喜久男「3　国司巡行を支えた施設」は、国司の部内巡行という任地における公務としての移動を支援した施設として郡院の他に、郡境の施設について注意を喚起する。そして、加賀国加賀郡に属しながらも能登国や越中国との国境付近に位置する加茂遺跡の出土文字資料を検討し、郡境における風俗歌舞の奏上の実態に言及する。

小嶋芳孝「4　渤海日本道と加賀・能登」は、渤海使が渤海の王都である上京から平安京へと向かうルート、すなわち、上京から日本海へ通じている「日本道」及び日本海沿岸の加賀・能登に来着した後、都へと通ずる北陸道に存在した渤海使の移動を支援する施設について考察を加えたものである。「日本道」に存在する「駅館」の可能性が指摘されている遺跡や渤海使の来着地の一つであった加賀国の現状について、文献史料と照合しながら最新の発掘調査成果を踏まえつつ、文献史料に登場する「加賀便処」の実態に迫ろうとしている。さらに渤海への渡航地であった能登国の関連施設として文献に見える「福浦津」に比定されている石川県羽咋郡志賀町の福浦港の現状についての言及がなされている。小嶋氏も指摘されているように、加賀・能登におけるこのような研究成果と北日本や山陰地方との比較検討が今後の課題となるだろう。

この他、Ⅲ部では、コラムとして西別府元日「続命院」や浅野充「調邸」を掲載させていただいた。続命院が大宰府と諸国郡郷との交通体系を補完するものであったことや相模国の調邸が調庸物運送の際に果たした役割が述べられている。

Ⅳ部は、移動や輸送を支えた道路の分析である。

十川陽一「1　交通路の管理―八～九世紀における道路・橋の修理を中心として―」は、日本古代の道路や橋の管理体制について検討を加えたものである。結論としては、古代日本における道路修理は、国司の職掌として実施されるものの、実施にあたっての中央への事前報告の必要や中央からの直接的な介入・関与もほぼなかった。交通体系としてみた場合、道路ベースの線的維持ということにはならないという。

井上正望「2　京内の道路・橋・溝（堀）」は、このような道路管理の問題を九世紀の平安京内に限定して考察したものである。弘仁期においては朱雀大路の整備は京職が担当し、それ以外の区域の整備は諸司諸家が行っていたが、この事実の背後には京内の整備は、天皇が整備をさせる官司を通してそれ以外の官人らと一体となって行われるべきであるという理念があったのだという。しかし、このようなやり方は天長年間には挫折して貞観期は検非違使が中心になって整備が行われるようになったことを指摘する。

道路状遺構の事例としては、鈴木啓司「1　宮城県団子山西遺跡―新田柵へ向かう道路―」、垣中健志「2　千葉県国府台遺跡第一九二地点―下総国庁へ向かう道路―」、坂本嘉和「3　鳥取県青谷横木遺跡―駅路・条里・官衙―」、江川幸子「4　島根県魚見塚遺跡―隠岐へ向かう駅路―」、宍道年弘「5　島根県杉沢遺跡―『出雲国風土記』の正西道―」の五篇を掲載できた。

城柵に向かう道、国庁に向かう道、山陰道で街路樹に柳が植えられていた道、『出雲国風土記』に登場する道や出雲から隠岐へと向かう船が出航する港へ向かう道など重要な道路の最新の情報が報告されている。

この他、Ⅳ部にはコラムとして、溝口優樹「行基と道路・池溝・橋」、田中禎昭「渡・浮橋と古代官道―造設・維持管理・輸送をめぐる諸問題―」を掲載した。社会事業として道路や橋を敷設した行基集団の果たした役割や古代東海道隅田川における渡船や浮橋の維持管理の様子が簡潔にまとめられている。

このあとがきを書くために本書のすべての初校ゲラを一読してみて、古代交通史は、まだまだ多彩な切り口があるということを実感した。たとえば、本書には「運脚夫」をキーワードとする論考がいくつか見られる。その中で国家としての関わり方、移動を支えた宗教施設としての関わり方、あるいは運脚夫を引率した者との関わり方など視点を変えることで、「運脚夫」という移動する存在のさまざまな実像が浮かび上がってくる。

本書の刊行により古代交通史は新たな段階に入ったと述べておきたい。これまでの古代交通史では、陸の交通であれば駅路、海の交通なら津という具合に交通の諸要素の個別のテーマにもとづく研究が進められてきた。しかし、本書のように交通史を複合的な視点でとらえ直すことにより、現代社会の抱える課題にもリンクできるような問題提起ができる。

古代史に限らず、歴史学という学問では個別分散化が進行しているが、あらゆるテーマを包括的に取り上げることが現状の改革につながるとは必ずしも思えない。むしろ小さくても現代につながるようなテーマを取り上げ、多角的に学際的に検討することで新たな問題提起ができるのではないか。そこに古代史という学問分野が生き残っていく道筋があるように思えてならない。

寄稿をお願いした執筆者の中には、職場において多忙を極める方々もおられ、やむを得ず督促をかけさせていただいた方もいる。しかし、本書において力作をそろえることができて編者の一人として安堵している。本書刊行に向けて多大なご支援を賜った八木書店の皆様、特に恋塚嘉氏に心からの感謝とおわびの言葉を申し上げる。

本書が刊行される頃、早稲田大学で古代交通研究会の第二十回目の大会が開催される。新たな古代史像構築の一端を担うために、古代交通研究会が果たすべき役割は大きい。同学の士が数多く集うことを願って本書を擱筆する。

二〇一九年五月

森田　喜久男

執筆者紹介（五〇音順）

【編者】＊略歴は奥付に記載
佐々木虔一（ささき　けんいち）
武廣亮平（たけひろ　りょうへい）
森田喜久男（もりた　きくお）

浅野　充（あさの　みつる）　日本大学、山梨県立大学、関東学院大学非常勤講師。日本古代史。〔主な著作〕「古代宮都の成立と展開」（『日本史講座　第二巻　律令国家の展開』東京大学出版会、二〇〇四年）・『日本古代の国家形成と都市』（校倉書房、二〇〇七年）・「古代の東海道と座間」（『座間むかしむかし』四〇、座間市教育委員会、二〇一八年）

井上正望（いのうえ　まさみ）　早稲田大学大学院文学研究科研究生。日本古代史。〔主な著作〕「儀式作法の評価と実態─大江匡房説を例に─」（『史観』一六九、二〇一三年）・「九世紀弾正台の京内巡察体制─検非違使成立後の弾正台の体制強化─」（『日本歴史』七九八、二〇一四年）・「日本における宗廟観の形成─宇佐宮・香椎廟と伊勢神宮─」（『歴史学研究』九六八、二〇一八年）

今津勝紀（いまづ　かつのり）　岡山大学大学院社会文化科学研究科教授。日本古代史。〔主な著作〕『日本古代の税制と社会』（塙書房、二〇一二年）・「古代の家族と女性」（『岩波講座　日本歴史４』古代四、岩波書店、二〇一五年）・「古代における国郡領域編成の一考察─備前・美作の事例─」（吉川真司・倉本一宏編『日本的時空観の成立』思文閣出版、二〇一七年）

江川幸子（えがわ　さちこ）　公共財団法人松江市スポーツ・文化振興財団埋蔵文化財課調査員。考古学。〔主な著作〕「弥生の土笛」（『古代文化研究』五、一九九七年）

大日方克己（おびなた　かつみ）　島根大学法文学部教授。日本古代史。〔主な著作〕『古代国家と年中行事』（単著、吉川弘文館、一九九三年）・『島根県の歴史』（共著、山川出版社、二〇〇五年）・『松江市史』通史編１　自然環境・原始・古代（共著、二〇一五年）

小野一之（おの　かずゆき）　府中市郷土の森博物館館長。日本古代中世文化史。〔主な著作〕「聖徳太子墓の展開と叡福寺の成立」（『日本史研究』三四二、一九九一年）・「国府をめざす他阿真教―中世都市と時衆―」（武田佐知子編『一遍聖絵を読み解く』吉川弘文館、一九九九年）・『新版　武蔵府中くらやみ祭』（府中市郷土の森博物館、二〇一八年）

垣中健志（かきなか　けんじ）　千葉県教育庁教育振興部文化財課文化財主事。日本古代史。〔主な著作〕「長屋王家と難波」（『ヒストリア』二五七、二〇一六年）・「皇子命宮についての一考察」（『東京大学日本史学研究室紀要別冊「史学論叢」佐藤信先生退職記念特集号』二〇一八年）・「税使・税司考」（『日本歴史』八四一、二〇一八年）

加藤友康（かとう　ともやす）　東京大学名誉教授。日本古代史。〔主な著作〕「古代文書にみえる情報伝達」（藤田勝久・松原弘宣編『古代東アジアの情報伝達』汲古書院、二〇〇八年）・「日本古代の情報伝達と出土文字史料」（吉村武彦編『日本古代の国家と王権・社会』塙書房、二〇一四年）・「平安貴族による日記利用の諸形態」（倉本一宏編『日記・古記録の世界』思文閣出版、二〇一五年）

川尻秋生（かわじり　あきお）　早稲田大学文学学術院教授。日本古代史。〔主な著作〕『古代東国史の基礎的研究』（塙書房、二〇〇三年）・『シリーズ日本古代史5　平安京遷都』（岩波書店、二〇一一年）・『シリーズ古代の東国2　坂東の成立』（二〇一七年、吉川弘文館）

河野保博（かわの　やすひろ）　京都造形芸術大学・産業能率大学・立教大学兼任講師、国立公文書館アジア歴史資料センター調査員。日本古代史・東アジア交流史。〔主な著作〕鈴木靖民・金子修一・石見清裕・浜田久美子編『訳注　日本古代の外交文書』（共著、八木書店、二〇一四年）・「唐代廐牧令の復原からみる唐代の交通体系」（『東洋文化研究』一九、二〇一七年）・「唐代・日本古代の馬と交通制度―日唐廐牧令の比較から―」（鶴間和幸・村松弘一編『馬が語る古代東アジア世界史』汲古書院、二〇一八年）

河内春人（こうち　はるひと）　関東学院大学経済学部准教授。日本古代史・国際交流史。〔主な著作〕『東アジア交流史のなかの遣唐使』（汲古書院、二〇一三年）・『日本古代君主号の研究―倭国王・天子・天皇―』（八木書店、二〇一五年）・『倭の五王―王位継承と五世紀の東アジア―』（中公新書、二〇一八年）

小嶋芳孝（こじま よしたか） 金沢学院大学非常勤講師。古代北アジア考古学。〔主な著作〕『日本海域歴史大系1 古代篇Ⅰ』（小林昌二との共編、清文堂出版、二〇〇五年）・「環日本海交流史の様相」（前川要編『北東アジア交流史研究―古代と中世―』塙書房、二〇〇七年）・「古代日本の境界領域と能登」（鈴木靖民編『古代日本の異文化交流』勉誠出版、二〇〇八年）

坂本嘉和（さかもと よしかず） 鳥取県埋蔵文化財センター文化財主事。日本考古学。〔主な著作〕「青谷横木遺跡の道路遺構と条里地割」（『条里制・古代都市研究』三三、二〇一八年）・『青谷横木遺跡』（鳥取県埋蔵文化財センター調査報告書六七、二〇一八年）

宍道年弘（しんじ としひろ） 荒神谷博物館企画員。日本考古学。「郡衙と正倉跡」（山本清編『風土記の考古学③』共著、同成社、一九九五年）・「山代郷正倉跡・後谷遺跡」（条里制・古代都市研究会編『日本古代の郡衙遺跡』共著、雄山閣、二〇〇九年）・「杉沢Ⅲ遺跡」（浅川滋男他編『出雲大社の建築考古学』共著、同成社、二〇一〇年）

鈴木啓司（すずき けいじ） 宮城県教育庁文化財課。日本考古学。〔主な著作〕「一二世紀奥羽における陶器の研究―平泉柳之御所遺跡を中心に―」（『平泉文化研究年報』九、二〇〇九年）

十川陽一（そがわ よういち） 慶應義塾大学文学部准教授。日本古代史。〔主な著作〕『日本古代の国家と造営事業』（吉川弘文館、二〇一三年）・『天皇側近たちの奈良時代』（吉川弘文館、二〇一七年）・「律令国家と出羽国―地域的特質についての基礎的考察―」（『山形大学歴史・地理・人類学論集』一八、二〇一七年）

田中禎昭（たなか よしあき） 専修大学文学部准教授。日本古代史。〔主な著作〕「武蔵国豊島郡統一条里の復原」（関東条理研究会編『関東条理の研究』東京堂出版、二〇一五年）・『日本古代の年齢集団と地域社会』（吉川弘文館、二〇一五年）・「古代戸籍における戸主の地位継承―大嶋郷戸籍と半布里

戸籍の比較から―」(『すみだ郷土文化資料館研究紀要』三、二〇一七年)

永田　一(ながた　はじめ)　法政大学・成城大学・明治大学・横浜美術大学兼任講師。日本古代史。〔主な著作〕「俘囚の節会参加について―隼人・吉野国栖との比較を通じて―」(『延喜式研究』二三、二〇〇七年)・「西海道俘囚の再検討」(『弘前大学國史研究』一三六、二〇一四年)・「俘囚の節会参加と近衛府」(『ヒストリア』二五五、二〇一六年)

西別府元日(にしべっぷ　もとか)　広島大学名誉教授。日本古代史。〔主な著作〕『日本古代地域史研究序説』(思文閣出版、二〇〇三年)・『広島県三原市トントン古道跡・同Ⅱ～推定古代山陽道における道路状遺構発掘調査報告書』(広島大学大学院文学研究科、二〇一一・二〇一三年)・「備後国『看度(者度)』駅について」(『内海文化研究紀要』四四、二〇一六年)

藤本　誠(ふじもと　まこと)　慶應義塾大学文学部助教。日本古代史・古代仏教史。〔主な著作〕「日本古代の在地社会の法会―『東大寺諷誦文稿』「卑下言」を中心として―」(『仏教史学研究』五八―一、二〇一五年)・『古代国家仏教と在地社会―日本霊異記と東大寺諷誦文稿の研究―』(吉川弘文館、二〇一六年)・「官大寺僧の交通・交流・ネットワークと在地社会の仏教」(蔵中しのぶ編『古代の文化圏とネットワーク』〈古代文学と隣接諸学二〉竹林舎、二〇一七年)

堀川　徹(ほりかわ　とおる)　日本大学・獨協大学・星槎大学非常勤講師。日本古代史。〔主な著作〕「人制から部民制へ」(篠川賢・大川原竜一・鈴木正信編『国造制・部民制の研究』八木書店、二〇一七年)・「評制の展開と国司・国造」(『ヒストリア』二六六、二〇一八年)・「県・県主小考」(加藤謙吉編『日本古代の氏族と政治・宗教』上、雄山閣、二〇一八年)

溝口優樹(みぞぐち　ゆうき)　大阪大学大学院文学研究科助教。日本古代史。〔主な著作〕『日本古代の地域と社会統合』(吉川弘文館、二〇一五年)・「「凡河内」考」(篠川賢・鈴木正信・大川原竜一編『国造制・部民制の研究』八木書店、二〇一七年)・「土師氏の改姓と菅原・秋篠・大枝氏の成立」(『ヒストリア』二七〇、二〇一八年)

吉井　哲(よしい　あきら)　千葉県立薬園台高等学校教

論、木更津市史編集部会委員、千葉市史編集委員。日本古代史、房総古代史。〔主な著作〕「古代王権と鷹狩」（『千葉史学』一二、一九八八年）・「神郡と征夷―鹿島・香取郡の性格」（『千葉県の歴史』四六、一九九四年）・『千葉県の歴史　資料編・古代』（共著、一九九六年）・『千葉県の歴史　通史編・古代二』（共著、二〇〇一年）・『袖ヶ浦市史　資料編一　原始・古代・中世』（共著、一九九九年）・『袖ヶ浦市史　通史編1　原始・古代』（共著、二〇〇一年）

渡辺　一（わたなべ　はじめ）　大東文化大学非常勤講師。考古学。〔主な著作〕『古代東国の窯業生産の研究』（青木書店、二〇〇六年）・「須恵器の諸段階」（吉岡康暢先生古稀記念論集刊行会編『陶磁器の社会史』桂書房、二〇〇六年）・「南比企窯と関東諸窯の生産史的検討―古代窯業生産の主体者像―」（窯跡研究会編『古代窯業の基礎研究』真陽社、二〇一〇年）

【編　者】

佐々木 虔一（ささき けんいち）

古代交通研究会会長。日本古代史。

〔主な著作〕『古代東国社会と交通』（校倉書房, 1995年）・『地図でたどる日本史』（共編, 東京堂出版, 1995年）・『日本史小百科―交通』（共編, 東京堂出版, 2001年）他多数。

武廣 亮平（たけひろ りょうへい）

日本大学経済学部教授。日本古代史。

〔主な著作〕『武蔵村山市史（通史編 上巻）』（共著, 武蔵村山市, 2002年）・「渡嶋エミシの朝貢とその展開」（『古代蝦夷からアイヌへ』吉川弘文館, 2007年）・「古代のエミシ移配政策と出雲国の移配エミシ」（『歴史評論』802, 2017年）他多数。

森田 喜久男（もりた きくお）

淑徳大学人文学部教授。日本古代史。

〔主な著作〕『日本古代の王権と山野河海』（2009年, 吉川弘文館）・『やさしく学べる古事記講座 原文を読むと神話はもっとおもしろい』（2012年, ハーベスト出版）・『古代王権と出雲』（2014年, 同成社）他多数。

日本古代《にほんこだい》の輸送《ゆそう》と道路《どうろ》

2019年5月20日　初版第一刷発行　　定価（本体9,000円＋税）

編　者　佐々木虔一
　　　　武廣亮平
　　　　森田喜久男

発行所　株式会社　八木書店　古書出版部
代表　八木乾二
〒101-0052 東京都千代田区神田小川町3-8
電話 03-3291-2969（編集）-6300（FAX）

発売元　株式会社　八木書店
〒101-0052 東京都千代田区神田小川町3-8
電話 03-3291-2961（営業）-6300（FAX）
https://catalogue.books-yagi.co.jp/
E-mail pub@books-yagi.co.jp

印刷　上毛印刷
製本　牧製本印刷
用紙　中性紙使用

ISBN978-4-8406-2224-0